# 全祖望集彙校集注

三

【清】全祖望 撰　朱鑄禹 彙校集注

上海古籍出版社

# 第三册目録

## 卷四　碑銘一



## 卷五　碑銘二



## 卷六　碑銘三

## 卷七　碑銘四

## 卷八　碑銘五



## 卷九　行狀一



## 卷十　行狀二

## 卷十一　行狀三



## 卷十二　傳

## 卷十三　廟碑



## 卷十四　祠堂碑



## 卷十五　雜碑銘

## 卷十六　記一


## 卷十七　記二

## 卷十八　記三



## 卷十九　記四

## 卷二十　記五



## 卷二十一　記六

## 卷二十二　記七



## 卷二十三　序一

## 卷二十四　序二



## 卷二十五　序三

## 卷二十六　序四

## 卷二十七　題跋一

（一）原本外編目録後有識語云：『全謝山先生鮚埼亭集外編五十卷，門人董少鈍手鈔於那地州判官署。少鈍既歿，同門蔣樗菴重加審定，更正篇卷，較有條理，惟辭句删潤過多，閒有失其本意者。今所校録，一以董本爲主，序次則從蔣本，其董本所無，補以蔣本者，注於目録之下。董本以讀易别録、孔子弟子姓名表别爲附録一卷，蔣本則編入第五十卷。今按讀易别録自爲一書，鮑氏業刊入知不足齋叢書，弟子姓名表體例粗具，似非定本，故不入梓。先生他所撰著：七校水經注，就簡端行際，細書夾注，叢殘錯雜，理董爲難。宋儒學案，以補梨洲之遺，梨洲後人華陔大令復爲纂輯，僅有手藁。續甬上耆舊詩、國朝甬上耆舊詩皆未竟之緒，譌脱亦多。四明族望表，篇袠寥寥，不能單行。公車徵士録，最先刻。漢書地理志稽疑，朱滄湄比部刻於鄞縣。經史問答十卷，杭州萬氏雕版，今歸餘姚史氏。文集三十八卷，史氏據杭堇浦侍御家舊本寫樣，或云即先生求序於侍御，祕而不出者，然與年譜所言文集五十卷之數不符，疑未能明也。原書中有蠹蝕，史刻悉仍其舊，第二十八卷脱去李元仲别傳，亦未校補。此外詩集十卷、句餘土音二卷,出自先生手定,若能彙付剞劂,俾傳奕禩,所望於四方同志之士矣。』
案:嚴元照注:鮚埼亭集三十卷,餘姚史氏所編。此集五十卷不署刻者姓名,實蕭山汪吏部繼培也。吏部既成進士,便歸養親,讀書嗜古,恂恂雅飭,少予一歲,與予締交。昨戴刑部北上,枉顧山齋,知吏部已歸道山矣。
乙亥七月廿二日午後元照記。

# 鲒埼亭集外编

# 鮚埼亭集外編卷一

## 賦一

### 泰陵配天大禮賦 有序

臣祖望承乏翰林，竊念漢、唐、宋以來，凡有大禮，則其臣若揚雄、杜甫、范鎮之徒，皆有纂述，其文麟麟炳炳，爲百世稱。今臣幸逢皇上重熙之盛，得預世宗憲皇帝配天大禮，雖文字譾劣，無能爲前人役，而朝廷盛事，遠邁前代，謹拜手稽首而爲之賦，以志皇上世德之隆於萬一。其詞曰：

皇帝御極之二年，秉首出之元運，衍繼照之重光。丹券絢五期之牒，紫垣生八會之芒。溯本天本祖之精於〔校〕黄本無『於』字，作『以通』二字。合漢，備享帝享親之制於〔校〕黄本無『於』字，作『而邁』二字。百王。即一氣之流注，成殊〔校〕黄本作『百』。禮之堂皇。曲臺峻極，郊祀嚴莊。緊凝承之有寄，於大烈乎丕揚。

節值純陽，月當既望。實沈次華日之躔，大火離初昏之象。朱天鼓其噓舒，凱風司夫長養。赤后之炎井東開，文祖之明堂南向。亢龍見而舉大雩，新麥登而陳時饢。寒食之餕已終，含桃之薦欲上。驗祭服於春蠶，合飲酎於重釀。撫嘉會而秩序爲昭，聽夏聲〔校〕黄本下有『之恢臺』三字。而感乎莫尚。

時則方奠橋山之弓劍，藏寢室之衣冠。吉主作於既練而後，〔校〕黄本作『復』。新廟釁於禘祀以還。修易檐改塗之工於匠氏，播昊天、執競之詩於樂官。〔校〕黄本注：『榕村李氏以二詩爲成康祔廟之詩。』新故以序，昭穆以班。皇帝永懷梓材丹雘之勿替，敬惟陟降左右之必虔。宗子則聿思主鬯之寄，嚴父則熟聞教孝之編。矧我國家之郊祀也：志天命於巨人之降，原祖功於豐水之垣。大一統於會朝之燮伐，成久道於百年之貞觀。惟蒿宮之世應夫天德，斯陶匏之同食於天關。彼四配原有待而成五，知五座之繼進而靡偏。殷薦之聲初出地，右享之命乃自天。而特自〔校〕黄本下有『是』字。需南至則其期尚遠，取北郊則其序罔先。期久曠而不合，序或越而未安。用諏六甲之吉日，特舉肆祀於崇筵。且夫受命於祖廟以涖事，卜龜於禰廟以選賢。泮宮之文有可證，上辛之期未盡沿。今則都宮之祔甫逾月，世室之祀方乍遷。斯固揆之古而不謬，質之義而當然。

皇帝於是御太極之邃殿，涖皇邸之深帷。進雞人而問夜，呼〔校〕黄本作『戒』。銅史以按時。七萃肅以成旅，萬燎合而成圍。辨三商而迓夫曙色，當四月而永夫春暉。圜丘〔校〕黄本作『園邱』。迢遞，都亭逶迤。赤旗赤騂，朱路朱衣。翕赫曶霍，震疊迂迴。嚴鼓之聲方動，景鐘之響如飛。停雲蓋而戾止，肅版奏以陳詞。

惟時閣道平，附路闢。肅勾陳，迎太乙。天門蕩蕩，星光歷歷。卿雲護之森熊熊，薰風繞之清瑟瑟。旄胡拱北兮林林，土緯司南兮兀兀。亘青城兮紫宮，經黄道兮絳闕。慶陰陰兮靈之來，般從從兮神之入。其前則天帝之八螭春容，其後〔校〕黄本作『從』。則列祖之六龍超忽。依稀度析津而降精，俯鼎湖而踐室。

皇帝乃出大次，搢大圭。先奉禮，導司儀。自中嚴而外辦，乃豐盛而潔齋。組蒼璧其比德，奠青帛其如綦。燔桂燎兮取蕭脂，啟犧尊兮斟虎彝。迎牲則帝牛稷牛繼至，進器而獻血獻腥交馳。奏十平之大樂，追九夏之歌詩。莖英疊奏，干羽紛披。圜鐘之均六變而帝格，黄鐘之管九變而鬼釐。鏘璇珩以拾級，澹容與以徂基。削祕祝於巫史，會明德於淵微。以昭十三載燕天之鴻業，以邀億萬年綏壽之純〔校〕黄本作『神』。禧。斟酌於配郊配禘之典，則會通於郊祀宗祀之時。宜榮光集於長白之麓，淑氣朗於鴨綠之湄。北戍之山川肅穆，西山之草木葳蕤。試觀於良辰之蔚蔚，能無歎盛事之巍巍。

且夫配天之議，詎易擬與？自內出者無匹不行，自外至者無主不止。故禋祀之有配，蓋肸蠁之所恃。擬天帝以嘉賓，責主道於丕子。而後攄昭事之誠，降茀禄之祉。然而合食於於穆之神，必求其不顯之似。量或虧兮德有歉，功弗隆兮誠難跂。苟其強有所推，終難引之使邇。

恭惟世宗憲皇帝，本上聖之姿以建極，應下武之運以受圖。體天行健而歉然弗逮，與天合德而退乎不居。丕冒之量如溟海，厚載之德如坤輿。一暘一雨而必思其休咎，或威或福而必驗其慘舒。敷文教則經藉同光於天漢，振武功則戎蠻慴服於天弧。〔校〕黄本下有『睦九族而天潢普被，禮百官而天衢共孚。』兩句。陶鈞符乎臺鼎，運旋合乎帝車。夫〔校〕黄本無此字。是以二曜合璧而呈瑞，五星聯珠而獻符。四野徵丹鳳、白麟之蹟，是處拾靈芝、瑞麥之蕒。猶且旰食宵衣之乾惕，上法夫陽變陰化之元樞。不見夫宮車之晚出，羣恫夫天柱之莫扶。則夫青丘之大享，早懸左席以相需。

皇帝凝大命於丕顯丕承，遵舊章於或張或弛。基命於宥密而不敢康，單心以緝熙而安所止。即法祖以憲天，蓋垂裳而成理。則夫大禮之成也，豈徒以夸隆儀，循故時；祀求豐，禮求哆。實則念監觀之明威，求昭格之微旨。父事天而母事地，寧有外於仁率祖而義率禰。

載稽禮志：分配之制原於古，並配之文見於唐。漢之初，幾廢配而不舉；宋之初，則迭配而難詳；彼其典章之棼謬，皆由儒説之誕荒。大帝蒼帝之同異，祀嚳祀稷之低昂。以昊天爲自出之祖，以太微司帝籍之倉。五神配以穆考，五官侑以寧王。或降坐紫壇之側，〔校〕黄本作『下』。或對祠汶水之旁。或大廟别室之接日而頻致，或宫觀符籙之同日而紛張。又其甚者，若嘉靖之特舉，推興獻以狓猖。以致議禮者之喋喋，法古者之茫茫。蓋其功德不臻於美盛，斯其措施未免於周章。惟合宫既罷享於秋季，則大報宜允升於一堂。而要未有如我國家之一本五葉，繼美增〔校〕黄本作『争』。芳。超帝王之升降，而克世其德；際貞元之終始，而長發其祥。天神歆接，國祚遐昌。至若禮文具舉，經術是襄。有典有則，不愆不忘。允追蹤於姚姒，而接武於炎黄。

於是昭事利成，自天申篤。崇基非因，景命有僕。通酬酢於升中，本休和爲戩穀。欽帝謂之昭明，彰聖神之赫濯。既滂洋而汪濊，亦駢隱而優渥。即皇極之用敷，滋天休而尤擴。昭五運之靈長，羅五雲之紛馥。一人〔校〕黄本下有『則默』二字。荷〔校〕黄本下有『夫』字。告孝告慈之休，四海〔校〕黄本下有『則旁』二字。推〔校〕黄本下有『夫』字。文子文孫之福。德廣九圍，恩覃百族。肆眚賓賢，議蠲賜復。媲春風之芳信兮二十四，沛洞天之神膏兮三十六。觀禮者拜手於神庥，沐德者輸誠於廣育。皇帝則已洗心清虚，遊神冥漠。謂文王之既饗，凜儀型而已足。溯於昭之在上，長翹首而遐矚。

乃更爲之頌曰：

峩峩天帝，運五辰兮。降爲上聖，乃作之君兮。太皞、五帝，如垣野各分兮。元會之盛，萃我皇朝兮。承承繼繼，五德遞高兮。先天後天，功烈岧嶢兮。不見圜丘，列坐五兮。依稀端門，星精可數兮。天帝顧之，欣其不吐兮。誕降嗣皇，綿世紀兮。心法治法，升中亹亹兮。重以祖宗，左右之曰以兮。繼今以往，宗祀熿熿兮。億萬斯年，前輝後光兮。斯民之慶，樂且康兮。

# 西安學宮石經賦 有序

諸經刊石：漢本流傳不過數紙，幾如赤文緑字矣；魏本早亡；晉本、拓跋本原屬人間所無；自唐以後，如蜀本，如汴本，如杭本，予皆得見之，然皆殘斷，弗能完善也。唐之陝本亦不盡皆故物，顧予所見者爲嘉靖以前本，較近日稍可貴焉。因極道其原委，而爲之賦。

尋有唐之石墨兮，得開成之舊經。急束帶而捧觀兮，穆然肅拜於南榮。笑予生之蹇足兮，未得浮渭而次涇；僅遇之紙上兮，恍神遊於陝學之庭。

溯聖經之傳於先漢兮，諸師狎主夫齊盟。蝌文出於魯宅兮，漆書傳於杜生。紛流傳困於口授兮，將折衷其安憑？京房署及門於焦贛兮，或竊笑其無所承。趙賓之師孟喜兮，求仞者而莫應。降而末流之更下兮，半出於蘭臺令史之減與增。將同文其何日兮，徒郢書燕説之争鳴。乃中郎之奮起兮，羌得請於熹平。聚碩儒而讐校兮，楊、盧、張、馬之齊升。本大小爾之遺法兮，成今古體之雜形。當時固六經之並舉兮，其後胡三百篇之未曾？意者見光和之被逐兮，或一簣之未成。〔李注〕全謝山謂蔡中郎書熹平石經未及寫詩，至魏正始中，乃補立毛詩、魯詩，此特以章懷太子注引洛陽記止有尚書、周易、公羊、論語、禮記以符五經之數。然蔡邕本傳明言六經，則不應無詩，是謂魏時所立，已屬無據。至洪氏隸釋所載詩，經文皆是魯詩，其間有『齊』、

『韓』字，蓋兼載二家異同之説，本未嘗有毛詩。全氏因隋書經籍志載『一字石經魯詩六卷』，下注云『梁有毛詩三卷亡』，遂謂石經魯、毛并列，亦恐未確。

我聞橋門之初樹兮，諸生雷響以觀型。馬蹴踏而填陌兮，車狎獵以駐旌。下以規鴻都門倖進之技兮，上以慰白虎觀諸儒之靈。其中蓋十四博士之説具在兮，同異可據觚而細聽。按熹平石經兼載諸儒之説於下，惟不列學官者不預耳。故予嘗謂石經亡，而漢儒之學與俱亡，詳見答石經問目。何轉盼而失鹿兮，遭郿侯之縱兵。漢社亦既屋兮，國寶幾贏於甄井之瓶。彼金人之淚如雨兮，曷禁是經之摧零。暨當塗之遷鼎兮，乃摭拾於灰炭之所贏。邯鄲爲補其未備兮，振墜緒而復熒。不特風雅頌之大書兮，并淹中之本亦觥觥。據七略，〔嚴注〕何從見之？熹平一字石經五種之外，有魯詩、毛詩各六卷，儀禮九卷，又有康成尚書八卷，春秋左氏經文一卷。〔嚴注〕熹平石經有毛詩六卷，有康成尚書八卷。春秋左氏經文一卷，吾未之前聞也。〔馮注〕卷十二毛撿討別傳『有不考古而妄言者』。如熹平石經春秋，并無左傳是謝山亦不考古而妄言矣。隋志遂誤以中郎所書有七經。予考魚豢魏略，知爲邯鄲淳所補書。〔校〕黃本下有『詳見答石經問目』八字。石經有六經、五經之別者，蓋後漢以六經合論語爲七經，見張純傳注。中郎所云六經，係易、尚書、詩、春秋、禮、論語。其後石經有論語而無詩，故予斷以光和之逐，殆未及卒業而止，不然則未聞以論語列五經也。〔校〕自石經起至此，黃本在上『或一簣之未成』句下。

嘆太和之誕妄兮，附驥尾以蒼蠅。列典論於其次兮，謂足欺夫蚩蚩之氓。適招夫火浣布之恥兮，忽如夢之得醒。彼邯鄲之書學兮，中郎尚見而魂驚。別〔校〕黃本作『矧』。傳夫手書之古文兮，寒芒伏而未呈。

暨政始之中葉兮，復兼三體而並營。聚以中散諸公之摹勒兮，乃猶蒙夫子禮之名。豈知其漸遠而失真兮，曷不考書勢於衛恒。盤洲謂邯鄲淳在魏初已耄，不逮政始之時。衛恒書勢可考。據晉書趙至傳，則嵇康等所書。

未幾而典午之車書來同兮，裴頠思鼓其休明。雖講堂之既築兮，實則未罄所施行。彼清談之波蕩兮，誰則實學之嶒竑。

歷六朝而至拓跋兮，崔浩染翰於平城。導諛者謂實過於古注兮，取鄴都之文〔校〕黄本作『丈』，是。石如鯨鏗。雖已立之郊壇之左兮，卒同燼於國史之濫刑。豈成事之綦難兮，抑歷劫之易嬰。徒令人撫經苑而三歎兮，諒昔儒之有同情。

我聞漢、魏二刻之傳兮，與球璧而同矜。拓跋之主爲再至兮，石虎尚遺博士以鈔謄。胡然而有常、馮之惡吏兮，視若弁髦之輕。浮圖取以資精舍兮，棄餘僵卧於榛荆。曾不若洛陽伽藍之足尚兮，貝書瀰漫於山岭。歷觀〔校〕黄本作『以』。西行南行東行之喪失兮，矧又偕大河之岸石以俱崩。宇文以之充礙兮，普六茹供柱礎而登登。入水或隨蛟龍以逝兮，發牆不聞絲竹之聲。嗟此厄亦非小兮，又何殊咸陽之焚坑。逮唐初之羅網兮，鄭公所得如晨星。藏之天府三館之籍兮，課之國子三歲之程。彼完書既不可見兮，拾斷簡如片瓊。

奈唐人之務詞章兮，聞經術而不興；乃數傳而有篆學兮，實仙李之陽冰；欲書九經而勒明堂兮，又敗之以天寶戈甲之紛乘。雖鷇乳而未出兮，要其力足偕籀、斯以同征。吾觀復之所以贈韓子兮，知其父書之未盡晦冥。陽冰子復之以蝌文孝經贈韓退之，載昌黎集。今胡一紙之不傳兮？長懷古而怦怦。忽敦煌司業之崛起兮，通六書而研精。呼顔子以正文字兮，書太學之兩廳；蔚爲壁上之偉觀兮，異彼圖畫之丹青。『讀書不如寫書』兮，斯言洵學者之金衡。伊先河之有祭兮，是實開成之句萌也。於時鄭相國之好文兮，輔以高祭酒之在黌；周學士之流司校勘兮，唐待詔尤諳其户扃。更愛夫司業之有後兮，家本完善而可仍；洵儒林之胄〔校〕黄本作『曹』。裔兮，不愧國子之簪纓。遂徧十二經而書丹兮，皇哉焜耀於陝京。大廓夫十八章石臺之業兮，承先烈而恢宏。本歐、虞之書法兮，慎點畫而冰兢。惟史臣之有貶詞兮，謂師法多所變更。顧蕪累雖未免兮，猶遠出於後世之墨卿。矧後此麻沙坊本之遺誤兮，尚藉此以釐清。彼儀禮之脱文兮，將舍是其何徵。詎不遠勝於大航頭〔校〕黄本作『河』。之簡兮，宜其見許於深寧。獨月令用林甫之著兮，是則荒謬而雜凌。夫何而龐、黄之繼作兮，碭山之孽轟轟。遭韓建之毁棄兮，幾幾乎熹平、政始之覆車可懲。何下吏之有尹氏兮，鴞鳥之林而來鶩翎。託詭詞以誘頑夫兮，扶神物於將傾。吾觀春秋、儀禮之避梁諱兮，定汴人之所賡。但斯事之攸寄兮，豈康、劉諸帥之所能。殆即尹氏之苦心兮，轉惜其遺集之無稱。

入宋而遇向、韓之二厄兮，至元祐而保護始〔校〕黄本無此字。逾於楚珩。歷以金、元之修立兮，總未罹暴客之笞榜。獨惜夫明中葉之又當厄兮，諸儒綴拾之逕廷。即中丞補夫孟子兮，未敢齊年於舊碑之評。彼魚宗會其何人兮，亦長邀著録之榮。嘆是碑之福命兮，經八百載而峥嵘。蓬萊幾清淺兮，尚屹立如列屏。面華山之磊磊兮，聽汧水之泠泠。【校】黄本下有『覆以卿雲之蓋兮，環以帶草之莖。摩挲浄夫苔蘚兮，穿穴絶夫鼯鼪。』四句。含元之黍離離兮，乃貞珉之稜稜。

繼此則有成都之刻兮，昭裔以一人而獨膺。其字畫之清謹兮，亦非俗書之敢争。況避唐諱於易代之餘兮，見規矩之未替於高曾。説者謂三宗之德人人深兮，感悍帥而守貞。吾則美沙陀紹唐之勛兮，臣節猶貽於諸甥。田席爲之卒業兮，實比珍於百朋。嗟合州之賓館兮，安得貯藏【校】黄本作『堂』。於千齡。悵文淵閣本之殘斷兮，安得盡豁吾之雙睛。

方汴都之初隆兮，亦嘗合篆楷以昭晦盲。將以追説文之古學兮，發玉箸之新英。緬雙行之遺蹟兮，同積山之可盈。南仲出身之賜敕其未遠兮，胡戎馬之雜沓於蒿艿？遂使深明之好事兮，寶一種而題楹。況經歷劫而到今兮，雖一紙其可馨也。若光堯之手蹟兮，半雜以憲聖之華菁。惟御書其固可寶兮，況彤管亦助其琮琤。輝映於温公磨崖之蹟兮，又掃除夫秦相之跋之可憎。幸未遭楊髡之屠薙兮，天挺夫申屠之錚錚。不見夫蘭亭之龍穴兮，痛鬼戰於『攢陵』。迄今猶覆之以簷廡兮，復甃之以盎瓴。庶幾匹休於唐碣兮，吾欲合尹、申以爲銘。

嗟舊經之蹟不一兮，永睠懷而勿勝。固世事之靡常兮，或亦天運之所丁。彼漢、隋史官之謬誤兮，或展轉而合并。撫盤洲殘字之編兮，猶古意之晶瑩。悵昭德之書未見兮，少城之石誰拎。四十六枚其可遇兮，三百二科之安聆。乃令〔校〕黄本作『今』。豐氏之贋本兮，徒貽笑〔校〕黄本作『誚』。於荒傖。

方今值重離之繼照兮，文教敷於八紘。家有石渠之册兮，户窺東壁之闳。陋三爻之妄啗兮，棄五際之拘縈。獨麟集梁騶之苑兮，五鳳翔軒窗之櫺。野田獲蝌文之石兮，空山抽書帶之莖。方圖通而書流兮，與虹蔚而霞蒸。遂令遺經之光氣兮，偕日月以同横。聊述舊聞而載筆兮，長剔蠹以捎螢。

〔嚴評〕篇法句法，掃地都盡，師心自用，遂至於此，可以爲戒。試問有一字半句通得去否？觀之令人氣塞。

# 鮚埼亭集外編卷二

## 賦二

### 九夏賦

限韻「盛德形容分樂而序」 有序 〔校〕黄本列於閣道賦後。

「九夏」之説，杜子春、韋昭俱屬附會，惟康成以爲樂亡而詩逸者最是。至陳暘、鄭樵之説，更不可信。然吾就本文繹之，尚疑有錯簡焉。蓋四夏主祭祀，「王夏」之下即當接以夫人祭之「齊夏」，而後及「肆夏」、「昭夏」；四夏主燕享，當先以族人侍之「族夏」，而後及「納夏」、「章夏」遂終之以「裓夏」；而以諸公之「驁夏」附之。據儀禮則「王夏」而下，亦未嘗專主祭祀，然周禮所云是以鬼神爲重。至燕享則必無居「族夏」之先者，稍釐定之，而秩然矣，是則先儒所未及也。詞科同年治所業，以是題問，因及之。

原夫樂事所關，鐘師最盛。居八音之最先，於特懸而釐正。播古調以爲章，諧元音而依永。溯瞽宗之職掌，羣雅合而成編，問詩什之集成，大歌誰其克並？乃有夏聲之裔皇，擬之九紀之比應。事各分乎其目，門户罔差；用必按乎其宜，等威以定。

爾乃八音播管而成聲，六律審辰而分直。豫順則天地同和，條理則始終合德。一趨一步，舂容昭元氣之流；或陰或陽，陶冶藉中聲之力。堂上賡其文明，階下資其考擊。每一奏而三章，發長言以永繹。體則本乎頌以爲庸，音則兼夫雅而有則。固非寥寥斷簡，徒以寓其閒情；落落短章，聊爾鳴其自得者也。

類物既不一而足，分曹必用九以成。彼夫天子穆穆，四昭庚庚。出則取震之迅，人則擬艮之貞。右五鐘之和黄鐘者，以動告静，而静皆協；左五鐘之和蕤賓者，以静告動，而動不争。太師既規周而矩折，少師亦玉色而金聲。蓋表王度故首隆其禮，在祀事尤莫與之京。初祼畢，亞祼興。坤儀協德，瑋瓚通靈。雍雍肅肅之風，觀刑已久；僮僮祁祁之響，鳴佩可聽。斯惟至德齊於我后，所以和聲達於無形。至若既朝服而莅事，期陟降之可憑。迎靈保以惠然，張次而侍；告工祝於既醉，廢徹以行。孝孫膺夫壽考，神聽喜其和平。若乃嚴在滌於三月，虔備物於六牲。司士割羞，將明昭其肥腯；封人歌舞，用敬致其凝承。所以既灌之後必恪，大祭之體全烝。

爾其合上治、旁治、下治以展九族之愛，即統天揖、時揖、土揖以御百國之同。當夫明德懋親之畢集，能無嘉肴肥羜以相從。睠天顯而戚戚，敘燕私以融融。葛藟之庇本根，禮則溯源於祖；行葦之坊踐履，樂則同人於宗。而或際晝接之康侯，蕃庶之馬用錫；咏西來之嘉客，萋苴之旅有容。報最既嘉其謹，助祭益致其恭。茹挹之心所注，懷柔之量斯洪。迨夫廓殊禮，報豐功。釐一秬鬯，賜十彤弓。宿則文王、武王昭穆之廟，拜則周公、魯公前後之蹤。廣山川於賜履，熙名號於無窮。而司樂乃瞿然離席，儼然鞠躬。謂夫禮飲必取吏於觚之角，累舞或昭罰於羖之童。於是歌鐘之聲渺渺，陔鼓之音逢逢。無不凜天威之在邇，酬執酺而有終。

夫天澤判而高卑定，冠履殊而上下陳。冕則鷩呈其羽，衮則龍降其鱗。宮縣軒縣之不紊，八佾六佾之有分。是以讀大射之禮，而知夫避『王夏』之奏，必別著夫『鷔夏』之文。蓋期其守欹器之戒，即以綿大啟之勛。至於『肆夏』而下，其通用於王朝者固廣，即下逮於五等者亦均。

而吾因思夫有周盛時，九敘惟歌，八風時若。求舊人則師疵、師疆，問成童則舞象、舞勺。綏萬邦，志類禡之祝詞；武宿夜，昭成功於合樂。繹靈星而奏絲衣，昭先德而歌南籥。薦魚則矢潛流，謀廟則陳訪落。真極盛之鴻規，蓋耿光之猶昨。豈期洛邑之東遷，竟致樂章之棼錯。用『肆夏』而無慙色，原於趙孟之荒唐；聞三夏而謝行人，誰似叔孫之洽博。

今則篇章半闕，精義空垂。學禮誰徵杞宋，談詩空究乎而。繁遏渠之分編，均屬傳疑之說；牘應雅之遺器，誰傳大樂之詞。縱有日休之補闕，祇同束皙之貽譏。

更訝夫長樂之遺書，乃以爲姒氏之述著。雖國號之允符，於周禮乎曷據。言祇合於慎餘，書孰傳其墜緒？悵尼父之已遥，并萇弘之莫遇。幾紬繹於菁華，尚難諳其節序。空沈吟於儀禮之箋疏，墨守夫周官之章句而已。

## 聘禮圭璋特達賦

限韻『比德於玉無物可稱』〔校〕黄本列於卷一西安府學宫石經賦之後。

若夫天啟瑶華，星分井里。温潤而澤者其文，縝密而栗者其理。自玉人之善彫，遂太璞之漸啟。儲神皆山嶽之精，吐氣盡虹霓之比。然而用每以獨而尊，禮有以少爲貴。必其先百物而徑申，乃能越同岑而自遂。

今夫璧琮則天地之儀，琥璜司秋冬之職。或居六祭之最先，或分四時之一德。固角立於瑞符之場，亦狎主夫明禋之役。獨聘享之所推，則圭璋其必特。原夫上剡成模，射剡著式。體或全而或半，色或青而或赤。七寸之權，四寸之冒。執之則縮縮動容，奉之則峩峩生色。前朝則照耀山龍，中宫則輝煌褕翟。終葵之首屹然，紅牙之邸如織。是以四器偕瑑而推爲最崇，六幣齊登而讓其獨陟。

蓋執玉之有殊也，用以聘者爲瑞之致，將以享者爲財之餘。聘則昭其典禮之寄，享則通其情好之紓。是以瑞之先也，推爲國信之重；財之繼也，等諸庭實之敷。當夫賈人既啟，隆儀肅穆；擯者告辭，讓德紆徐。序坫之間，所側而受；宰臣之職，所捧而趨。斯其嚴重，莫或並驅。詎資束帛，以爲之俱。

彼有加而往德，聊以志燕飲之歡娱。以視夫令望之簡貴，蓋藐乎其弗如。且也有藉者裼，文以見美而炳；無藉者襲，質以充美而儲。故韋衣以爲之繅，絢組以爲之樞。五采之須，屈垂互用；三物之薦，蒼赤交於。獨乎尹之有美，竟緼藉之可除。遂巋然而直上，并白茅之不需。

至若幣之各有所屬也，錦帛斑爛，黼絺〔校〕黄本作『錦繡』。炳郁。皆足以旅進於庭除，正不妨交輝於珍櫝。惟夫圭之進也，九馬成羣；璋之進也，儷皮接幅。夸梁騶人之種，將以昭神駿於遠方；抗服不氏之藏，或以示嚴威於荒服。而置之兩楹之下，莫敢歷階；貢之一人之前，獨推寶玉。斯則以絶類而愈〔校〕黄本作『倍』。超，因失朋而倍卓。苟非品之克軼乎羣，抑亦天之生是使獨。

故追溯夫謁關人而置對，荷請事而停車。入境而布幕，斂旜而陳書。拭圭拭璋，雖同勞上介之違位；退圭退璋，已別乎羣幣之交輸。及計里而漸近，歷三展而如初。斯則致敬而不褻，洵僅有而絶無。

迨夫享多儀，禮備物。璧琮實爲致賄之資，琥璜亦在進爵之列。皆受之而不返，原報享而不竭。誰則皮弁而來歸，以重大禮而罔佚。主升西階而鉤楹，賓負右房而降碣。蓋在主則德不可取而攘，猶在賓則禮不可雜而越。伊典則之獨隆，豈儕輩之所能彷彿。

是以列在五等之封，獨推三恪之座。以圭代璧而非侈，以璋代琮而非叵。〔校〕黄本作『巨』。惟重愛夫振鷺之旅之有容，而深望夫白馬之賓之克荷。其人爲臣禮之所不加，斯其貨越常儀而亦可。彼求匹於戔戔，或對之而瑣瑣。

今夫疏食陳而精鑿不施，腥魚俎而和齊俱淨。太羹遺味，質而彌甘；明水遺醴，淡而彌永。鬱鬯灌則籩豆徹，脯醢薦則牲牢屏。一食一就，依然至簡之儀；特犢特牲，同此無加之敬。蓋德産之精有專通，而百材之配總未稱。以之比德，不亦盛歟。

康熙己未詞科，先試一日，閣臣擬題，有圭璋特達賦。或未解其旨，尚書新城王公記之池北偶談，然所見亦未備。蓋特達之義有七：凡聘用圭璋，既聘而享用璧琮，是圭璋爲國信，而其餘爲財，一也。圭璋無加，璧琮則加束帛，二也。執玉有藉者裼，無藉者襲，圭璋特而襲，璧琮加束帛而裼，三也。及境展幣，圭璋以尊不陳，四也。六幣中皮馬不得上堂，五也。既享受財，獨還圭璋以重禮，六也。若以圭璋施於享，則亦與羣幣同受，然非二王之後不得用，七也。尚書但據皮馬一節言之，陋矣。然余讀唐楊諫賦，亦泛指玉言，豈儀禮固難熟歟？乃別爲賦而疏其大意如此。

## 閣道賦 有序

〔校〕黄本列卷二之首。

予觀歷史，皆有重閣複道之作，何其勞且費也。近世始廢之。顧昔人以準天象爲詞，是特文其侈耳。爰爲指其附會之謬。

瞻娵訾之列宿兮，偉哉飛陛之穹窿。連拳及於降婁之次兮，承倒影於高墉。亘西北之浮雲而不絶兮，云是天帝之離宮。形罄折而互狎兮，勢層累以相從。脈忽起而忽伏兮，階或卑而或崇。蜿蜒有似同宮之天蛇兮，迤邐又疑合朔之蒼龍。晴煙夾道而杳窱兮，初日就道而朦朧。紛雄雌之莫認兮，誰其爲嬰茀之蜺與美人之虹。扼以都關之兀兀兮，護以華蓋之童童。架以礪石之髓兮，表以苕華之叢。其在下界，有似孤竹之懸車兮旌旗飛度；又疑岷山之乘棧兮人馬行空。否則城陽道中之崎嶇兮，束版重重。北極以之爲輔兮，輦路以之得通。環以外屏如堵牆兮，備以不虞之路如附庸。於時日則在亥兮，定之方中。埏陶精類而立物紀兮，土木應時而啟公功。立廟則斗分其野兮，蓋屋則危肖其容。勤事者誰？曰土公吏；庀材者誰？曰土司空。揆八引以正之兮，不爽於東西朔南之景；環六星以傳之兮，乃及於臺池苑囿之工。

客或訝曰：『愚竊追原夫事始，而疑閣道非天家所宜僕僕也。是蓋由於山國之嶒嶝，巖險之錯愕。三襲之陟累陳，重甗之隒相攫。九折之阪魂消，左擔之城膽落。目欲展而眩然，屩欲前而半卻。北斗墮脅而斜行，南箕咋舌而退縮。於是始施版築以濟其窮，爲璒躋【校】黄本作『路』。以度其曲。使窘步之稍寬，或危峰之可蹴。固非逞侈心以自雄，嫌坦途爲未足也。是以披金石之遺文，或銘析里之橋，或表楊母之閣。豈其規撫所至，八駿之轍未窮，東升之磴首築。南山之巔可齊，阿房之輦繼矗。原廟嗣高寢之遺，梁苑侈平臺之樂。雖東都之至簡，尚北宮複道之纚屬。曹魏則銅雀、金鳳，延樓肆其宏規；石趙則華林、凌霄，長牆師其遺躅。直爲徑，周爲廓；堵如壘，窻如幕。或運石則成雷，或飛丸則作雹。

溯揭巇以上征兮，幾乘虚而遐【校】黄本作『遥』。矚。乃反夸神行而不見兮，誰則民勞之在膜。據諸史，則閣道之築，始於秦，然穆天子傳已多山磴，是穆滿實先爲之。夫以六宫之星布，寧有所謂絶谷之艱；以五府之雲連，豈有所謂飛坡之甓。然而駕口者，總以昊天之懸象，恣其興作。吾讀晉史江逌之諫章，心折其爲一士之諤諤也。則是宿也，得無徒爲汰驕者之所托歟？』

予應之曰：『善哉子言，聞之足懲。顧別有説，請坐而聽。夫天帝之於下民，亦疲精兮。皇極之居曰天營兮，句陳口中乃陟降之所馮兮。而且心見則明堂是坐，房見則天府是經兮。朱鳥之峙，實四阿之長衡兮。靈臺以觀象，龍角以爲廷兮。極南極北，由星紀而玄枵如踐更兮。下行上行，由中央而太乙罔少停兮。彼其一日二日萬幾之餘，或偶逢其暇豫，寧無寫其閒情。斯固圖無逸者所弗禁，戒燕遊者所弗争也。况夫三時順序兮，百穀告馨。物以之息兮，民以之寧。彼除道成梁之遍夫草野兮，已南褒西斜之畢營。而於是瞻天策之焞焞兮，實宜力役之征。維彼人星兮，其來烝烝。絶漢抵室兮，何途之經。審兹虚梁兮，實爲曠陵。西瞻天苑兮，如田接塍。乃以天鉤兮，度其直繩。賚以天錢兮，工直倍增。雖復告以勿亟兮，河鼓登登。其如忘勞兮，鼛戒弗勝。宫則兼三而各兩兮，道可歷級而次升。連延蕭曼，詰屈峥嶸。天帝於是慶遂事，歌落成。王良執御兮，造父從行。掃除既潔兮，豫儲已贏。將軍坐歗兮，徒御不驚。宫車既過兮，有聞無聲。導以紫宫之旗兮，擁以神府之旌。雖遊心於冥漠兮，何嘗弛其淵冰。蓋即以玄宫擬之玄堂兮，於以保合而利貞。豈有如道書之荒唐兮，謂天帝貸聘錢而取盈。

果爾則牽牛之輸作兮，不亦類左校之淫刑。』

客曰：『至治之時，聰明四闢。盛王之世，城府弗隔。況夫天帝之臨下，何所不徹，其必以閣邸擁之者，果何説歟？』

予告之曰：『夫望風而清塵，出警而入蹕。凡天子之隆儀兮，皆以倣天帝之行列。然或一豫一遊兮，隨出隨入。進既戒其擾民兮，退復虞其自褻。故浮階之施靡兮，庶往來之繹繹。彼其外雖重閣以自藩兮，究其中何礙於民隱之洞悉。豈猶夫秦代之佞臣，欲令君絶人以四闕。與夫漢家之母后，借便私以自〔校〕黄本作『日』。恣其要謁。吾故謂後世之借象緯以漫言者，皆未嘗緣經義以爲述也。』閣道本室所屬，而實入奎，故賦中兼西北諸星言之。

## 房心爲明堂賦　限韻『天王布政大火之宫』　有序

司馬遷、劉向、班固皆專以明堂屬心，以天府屬房。其兼房心言之者，始於甘石星經及春秋説題詞文耀鉤二緯。然宋均曰：『房近心，爲明堂也。』則房固不得與心並舉。故爾雅曰：『大火謂之大辰。』郭璞曰：『心在中最明也。』自郎顗而後，竟混列之以爲同宫。不知天王居心，而太陽居房，擬於日之附天而行，則房不過心之輔耳。故前後星皆麗心，而四輔麗房，有親疏之别焉。明堂之所以屬心者，祇以中星之天王，則前後諸子尚歸統轄，不敢並尊，而何況於房？予友錢唐吴通守中林賦此題極工，顧猶沿郎顗之説，乃別爲是篇。

端居惟帝，懸象在天。惟宿體之最著，儼堂構之自然。蓋出震者萬物之命，而繼離者一人之垣。是以四序則自東而運，中星則面南而旋。溯蒼龍之列宿，底大火之星躔。乃知夫松雲棟牖之規，仰觀可得。陰陽偭偝之制，不言已宣。沖贏台室，炳蔚天田。彼太史之詔王居者尚後，乃大辰之當帝座者實先。

伊夫三星角立，迤邐寒芒；中有大横之庚庚，乃首出而稱王。前導者誰？貳君所當。瞠乎後者，庶子之光。惟擁衛之必亟，羅積卒以周防。彼六寢之祓除，於五營乎趨蹌。二六其數，參三其行。其取於旭日之初出，神威足被夫四表；其象夫淵衷之獨運，靈府洞燭乎八荒。是以列宿最多，向明莫逮；九重雖峻，翹首可望。

更有房星，與心並布。實據蒼精之腹，以充四輔之數。就中一星之横，是爲太陽之寓。而於是有兩楹之列道，詄蕩階除；有兩咸之分標，峥嶸門户。有鉤有鈐，以主閉藏；有驂有犖，以司行路。雖其别成爲府，未嘗漫附於同垣；而其德協於辰，實則以近而有助。是以左班則爲上相之階，右省則爲大戎之幕。

厥有哲后觀天，乘時發政。本交泰之三陽，撫循環之五勝。乃以盛德在木之仁，昭其日永星火之敬。用大建夫明堂，將仰膺乎休命。享帝於焉告虔，視朔於焉出令。胡夏屋之落成，乃榮光之上應。以璿璣之中箭，諦審方圓；以玉衡之外規，詳觀邪正。天松帝柳，盡供『句陳』〔校〕黄本作『絶』；野葆星榆，均歸『斧柄』。階有十五莖之朱草，合朔罔愆；庭占十三葉之孤桐，左扉是聽。河鼓之旗拂雲，天市之樓四騁。墨食不卜而諧，繩直不糾而定。重檐則上準重霄，複廟則遠連複磴。居然天闕之尊，詎藉靈臺之詠。

蓋大明者心之宇，既照臨之不遺；況四達者房之途，亦蔽虧之悉屏。是蓋神運成模，天開鴻裁。北通營室，閣道衺延；西泛咸池，天潢津逮。轉觀夫朱鳥之舍，列五座以相符；遊息於太乙之庭，撫九宫而斯邁。問圖書則萬仞之壁巍然，數流泉則勿幕之井宛在。即以在東之七宿言之：大角居攝提之間，騎官環坐侯之外。氐爲路寢之區，亢別廟廷之界。箕則三宫之府是司，尾則九子之場嗣代。列屋若藩屏，連甍如襟帶。莫不共護神居，爭熙帝載。

然要其環共以攸歸，則斯堂之所圖最大。況夫定時則乘東作以赴功，計日則仗晨光而致果。時則心以青龍之象，噓氣成雲；房以天馬之神，應時出火。鼓卿雲之糺縵，逷我天門。扇明火之堂皇，護茲靈瑣。十華之蓋輪囷，六符之階碟硪。鸞旗旆旆，降臨者炎帝之精；暘谷熊熊，互易者勾芒之座。

是以分辰雖有專屬，啓宇則有兼司。區十二野而析圭，原屬閼伯商丘之地；割十二州而辨宅，乃近逢公泰岱之祠。樂奏圜鐘之管，神來南至之時。蓋其道操夫五府之宰，其用應夫八風之期。而要其東爲宮，南爲會；理可據，象可推。豈猶夫赤熛淫祀，文祖支詞。尚書中候所妄托，薦紳先生難言之。

方今皇上，大凝承於九廟，廣樂育於三雍。運化機以神斗，妙退藏以合宮。軒轅之紀飛鳳，崑崙之道乘龍。大之則陰火陽冰，都歸茂對；細之則原蠶野馬，共樂春融。端門（屹）〔吃〕其四闢，帝座穆乎潛通。八荒吾闥，率土來同。善政畢修，已括吕不韋書中之舉措；遺經大闡，不須公玉帶以來之折衷。瞻扶桑之紫氣，挹閶闔之薰風。媿濡毫而陪太液，聊戴斗以望空桐。

## 東井賦

爲望南雲：八星横列，一道微淪。金瓶縹緲，玉檻嶙峋。倒茄披其龍藻，懸蒂附乎天根。寒露之涓涓誰注？冽泉之汩汩如聞。谷裏何人射鮒，宮中有首懸鶉。時則甫值四乾之命，七舉之旬。逼赤精而不涸，偕丹穴以長新。

爰有客告予曰：『是乃東井之分也。彼其水衡是掌，泉脈攸存。先化益之生而横碧落，應金人之杵而著蒼旻。有勿鑿之奇而非浪，居不遷之所而愈神。改邑未聞波累，汲綆莫克手捫。甃不能蓋，泥不能堙。智井之茅所不能塞，鹽井之火所不能焚。』

予乃作而問曰：『夫盈天地間皆水也。其在天而成象，亦浩乎其無垠。彼歷坤艮爲地紀，閱箕斗爲天津。統衆星之所出，秉金精之最純。斯雲漢所以獨尊也。合五車而成舍，連三柱以爲鄰。穀庇蔭而得實，魚泳游以樂羣。斯咸池天潢所以惠民也。歷髦頭之東偏，邂逅夫天河之元辰。斯九曲之洪流，所以應精於崑崙者也。渡神宮而解衣，天江耀其星文。斯濫觴之大川，所以合德於峨岷者也。天淵環南斗之廟，天溝列西奎之門。亢池繞大角而維楫，梗河列騎官而成屯。天海即類尾間之會，天淮即取水務之均。九坎以寫亢陽之厲，羅堰以禦潦漲之奔。天桴則筏柎旁午，天船則舳艫紛綸。天橋橫夫古渡，天罝亘夫修鱗。井於其間，渺然莫論。彼夫觀星則譏其狹小，近市則苦其囂塵。形或同於一甕，郭不越乎一輪。其用則褻於堂皇庖湢之近，其祀則夷於門行霤竈之倫。其機特一俯而一仰，其牲僅一魚而一豚。在地而河渠書之不載，胡在天而象緯志之獨陳？』

客曰：『先生蓋以常見推之，而未識其懸象之切也。不見夫南宮之次，芒寒而色正者，蓋象魏之揭耶？明五帝之滅除，疏毀過於王歷。其象天子，則爲雙闕之懸；其象諸侯，則爲兩觀之列。而於是水府右開，水位左設。水官十三，辨方分職。案玉尺以爲引，牽玉衡以爲繘。相與夾輔斯井，以求其平；有不平者，斷之以鉞。是以往來有常，過續不絶。桓桓五侯，屏藩帝室。天弧不彎，天矢不折。文子文孫，長操宰割。無使天狼，汙我井渫。蓋天一之氣水最先，水泉之流井最潔。故一區而五州以之爲源，百川以之爲窟。彼星家傳兩戒之文，古傳有分戉之説。雲漢之潛萌者，蓋上升至此而始出。南轅而入河者，以六相從；北轅而出河者，以二相綴。或負終南地絡之陰，由燕、代以達三韓；或負嶓冢地絡之陽，由荆、吳以達百粤。是以河源則取道於秦、雍之北，歷華陰而克逢；江源則發晛於梁、益之南，底華陽而罔失。西被則巖險阻修，東漸則文明炳蔚。窮下流則倚山負海，貨賄所歸；遍大荒則近徼循邊，戎蠻是集。斯弘農分陜，所以稱神皋奧區地靈之穴也。而在天之門庭，則爲東井，一左一右，莫能飛越。是以四瀆之星熊熊，争斂衽而入謁。試觀夫積水之湯湯，詎挹注之可竭？彼河圖括地之位，僅以爲岷山之分垣；洛書推度之占，衹以爲荆山之發脈。斯其説皆偏而不咸，而詎足以盡上帝井疆之式廓。』

予曰：『是則然已。顧吾讀管子幼官諸篇，聖王應時，不特以燧易火，抑且以杼易水，用成歲功。是故夏井以赤后稱，今其托名於東者，何也？』

客曰：『彼其宅辰則於午位，合朔則於條風。雖體分於朱鳥，實類比於蒼龍。春水夏雲之所合，温泉寒火之所融。而況「玉井」之擁屏以峙，「軍井」之荷戈以從。皆西參之所部，實受命於北宫。曷若此井之乘木，力足惠養而不窮。黄道之所過，亭侯之所縱。方者象地之厚，圓者象天之穹。五雲之出以五德，二至之别以二風。明義有生涼之用，華清擅蕩邪之功。以治原田，則會歸於溝洫；以分疆理，則派别於圻同。凡芋區而瓜疇，皆取象於其中。若夫野雞喔喔，不笑無禽；天樽盈盈，居然勿幕。養老則爲同功之頤，積薪以資用火之革。凝露之桐有華，拂雲之榆成碧，帝囷之韭如林，仙子之砂盈石。太陽過之而消其災，大白入之以止其渴。焚林竭澤，井稅不加；石爛海枯，井榦不裂。豈猶夫瀾汋之時有時無，敝漏之无喪无得。」

予乃謝客，辰拱而立；仰視東井，謂可用汲。

# 鮚埼亭集外編卷三

## 賦三

### 土圭賦

限韻『馮相致日以辨四時』。有序　〔校〕黄本列衢尊賦下。

周官建都取地中之説，先儒辨之備矣。予謂當以大司徒所載，參之典瑞，然後知其本非周官之文。大司徒所云『測土深求日景』，即典瑞所云『致日致月』也。大司徒所云『土地制域』，即典瑞所云『封國則以土地』也。而大司徒獨於『日至之景尺有五寸』以下，接以天地、陰陽、日月、風雨七句。吾疑此七句者，漢人之言儳入經文，舊經必無是也。況讀其文，乃類考工記句法，五官中不概見。從來辨此者，祇攻鄭、賈，不知本文中明有之，不指明經文之錯，則鄭、賈烏可折〔校〕黄本作『析』。也。善哉唐志之言曰：『古人所以步圭景之意，將欲節宣和氣，輔相物宜，而不在於辰次之周徑也。』詞科諸公偶拈是題，乃序其說於端。

聖天子握五部，秉七衡。暘谷、昧谷嚴其宅，曲阿、纖阿審其程。涖觀臺而樹槷，迎靈曜之著明。六幕則地朔天南之畢協，九紀則箕風畢雨之俱平。黍爲實，竹爲筩，固同屬黃牙之産；璿其中，玉其外，亦均資孚尹之精。埋葭管之土灰，或有崇而有庳；懸玉衡於土炭，時一重而一輕。而究彼墨景之不爽，蓋別有元符之可憑。乃命匠氏笵新型。思極於毫芒之細，用參夫神物之靈。依工則勞司徒之掌，析圭則仿國瑞之名。欲質諸天而罔渝，雖蒼璧之享有弗若；苟錯諸地而已可，并白茅之藉亦弗營。

今夫大圓者，本高厚之渾成；代明者，或東西之殊向。長日短日之極，牛、井各著其垣；日中宵中之平，婁、角迭呈其象。月【校】黃本作『日』。主分而日【校】黃本作『月』。主至，其致【校】黃本作『考』。之各以其時；日主望而月主弦，其至也本同其量。惟辨秩之最殷，斯功成乎輔相。必其瑤光四布，愆伏俱消；玉燭長調，陰晴無恙。布四和以求中舍，震、離、兑、坎之罔渝；列四鈎以問偏隅，乾、艮、巽、坤之相望。然後春容帝座，與八風之節俱諧；肅穆天庭，偕庶民之星共暢。

然而地一定而不移，天至神而難恃。二極則三十六度之隱見，一出一入之位非易推；四游則萬五千里之升沈，假上假下之宮誰克既。或行黃道之外，晷以稍進而移；或行黃道之中，晷以稍遲而退。退者或陰之嬴，進者或陽之厲。是雖化機流布所偶差，抑亦大均調燮所有事。是以觀四仲之命官，宅明都而敬致。則度高而測深，雖放勳其不廢。

爾乃瑑則終葵之杼，珽原天子之笏。杼以朝王，笏以朝日。上剡者鋭其首，四出者僢其末。舊屬黄流之尊，今爲坤儀之率。八神繞之，儼衆星之迴環；八表共之，恍中星之突兀。方圜方案，端拱而居；内規外規，縝密以栗。玉尺之布，不假廷平；玉軫之徽，不須瑶瑟。更無五采五就之繁，何有同邸異邸之别。既去飾於韋衣，但象形於中必。

於是二至二分計其時，一股一勾計其里。八月不必滿八日之期，四時即以分雙曜之時。當夫亭午之漏初中，天半之華方霽。或赤龍之氣蠕蠕，或黑烏之陰旎旎。是則尺五寸而近爲南轅，丈三尺有奇爲北紀。至若晨光熹微，暮雲徙倚。或暫辭東沼之輪，或繼照西崦之軌。是則七尺三寸之攸同，二十四分之妄指。是以窺天而知其和謬，盈減不失其宜；度地而知其中邊，增損各有所以。彼〔校〕黄本無此字。大采朝日，識地德以凝承；小采夕月，虔天刑而糾擬。斯天子所以參三才之位，祛四時之累也，而要非推測之精，曷以有此。

慨自緯候諸書之支離，漢、唐羣儒之汗漫。陽城、浚儀，因易代而累移；交阯、金陵，更參觀而益遠。不知四方中土之説，無所據依；千里一寸之文，誰爲質辨。彼夫平陽放勳之都，蒲坂重華所踐；安邑則九鼎攸居，亳京則五遷始奠。即在有周，亦復安宗祏於西豐，建行所於畿甸。不過求道里之適均，取朝宗之所便。安得陰陽風雨之會，經百世而不移；帝王升降之區，嬗累朝而弗變。

吾嘗以匠人水臬之文，比合於司徒土圭之例。圭則司天者觀化之所需，臬則營作者辨方之所自。

雖所司之不同，顧致用者無異。原無預〔校〕黄本作『豫』。於宅中，又奚〔校〕黄本作『何』。有於卜地。況歲差之難齊，安得土中之長峙。豈有揆日之隆儀，乃朝三而暮四。

至若『渾天』既北斗之分過峻，『蓋天』亦南方之度不齊。五寸三寸之文莫定，五嶽五表之説難稽。是以守敬舍六家而弗道，置四丈以審規。豈知法先觀象，道在乘時。苟剛柔之適協，參覆載以無私。土應黄鐘之德，圭宣春氣之滋。終始妙貞元之運，弛張措文武之宜。斯則又何有於偏端之推步，曲説之駢枝。

## 衢尊賦

〔校〕黄本列於卷三之首。

王者坐神府，運道腴；握斗柄，流地符。酒漿不挹而徧，醴泉隨在而瀦。釀淑氣以薰蒸，微禽亦歌既醉；播晴光爲膏沐，小草共樂咸濡。時則前朝穆穆，後市愉愉。明堂則四門五室，大田則一井九區。表以靡華之九葉，環以交枝之五株。窺夙夜之元神，淡如明水；溥寰方之茂育，濃似春湑。五齊六清，人人酩酊；十酘九醖，户户醍醐。如澠如淮，如河如濟，争赴杜康之宅，旁流儀狄之廚。以故洗爵而中達早具，奠斝而周道先儲。

爰有一尊，其名曰『衢』。是尊也，剛亦不吐，柔亦不茹。裒其多兮不爲不足，益其寡兮不爲有餘。

執中同欹器，建極似斂盂。爾乃以筐曰釃，以籔曰湑。紀則有甗，魯則有壺。象以鼻而善吸，犧以背而能噓。匽取其動，鴟取其虛。或金爲飾，或玉爲樞。然而用各有地，度不可踰。卜夜之諫凛凛，太康之箴瞿瞿。或一獻而止清其渴，或三爵而惟罰是虞。或范昭酌之而不免見徹；或杜蕢揚之而媿其有渝。

至若在官曰庫，在野曰罏；家釀曰醞，市釀曰酟。而苟乞漿不得，博醉焉如。目斷天河之水府，涎流道左之麴車。斯空聞夫揚觶，究未免於向隅。孰若斯尊，不竭不淤；其取之也，無礙無拘。望總街兮如鶩，遵大路兮不嶇。撫黄目兮朗可拭，溯縹醪兮清不汙。罔計多寡，遑論有無。

抑不聞緼精之始，作麴之初也耶？真宰以大順宣説豫，以太和化嫗煦。玉燭之精以爲釀具，庶民之星以爲酒徒。明水大火以爲醴齊，嘉禾瑞麥以爲蓄租。坐八風谷，合百花莩。而於是天囷啟，天乳酥。張素主觴，旗官建旟。始以空桑之飯，終以烏梅之醹。以蚩蚩而來者，昭其不速之敬；以混混而出者，大其勿幕之孚。

其籔維何？彼山之麓，有筍蔬兮。其菹維何？彼水之滋，有菰蒲兮。幕以圓蓋如穹廬，席以平壤如大輿。缶以土，鼓以桴。藉以茅，薦以芻。雖丁男大小，或分其户；品流清濁，或各有俱。甘苦之種既别，伯仲之行亦殊。而要之左陶匏，右康瓠。見淺見深，不至罄瓶而罍恥；一挹一注，寧論石贏而斗輸。

當是時四學横經，士鄉資其觴咏；三農負耒，原田慰其辛劬。市有醉人，商不復以爲瑞；闕無酒禁，旅皆願出其途。高賢以設醴而維縶，三軍聞投醪而奮呼。列仙借爲容身之地，荒外資爲難老之需。縱卧甕之有人，不登新格；即挈瓶之寡智，亦足歡醵。可以十榼，可以百觚。可累而戴，可負而趨。既不嫌於無算，自共樂其於胥。頌堯尊之德者亹亹，鼓唐衢之腹者魚魚。

蓋『衢』以昭其推行之博，『尊』以示其翕受之敷。井養而不窮者，四海一家之量所以大；鼎烹以爲飪者，十漿九饋之用所以舒。是故後刑兮念室，先惠兮天渠。筮易得大畜之上，觀星在黄道之墟。豈猶夫一觴之小施，更何須三日之大酺。

# 石鏡舞山雞賦 有序

〔校〕黄本列卷二東井賦下

予向疑劉敬叔異苑山雞事，以爲特因罽賓孤鸞舞鏡一案而少變之。況魏公子倉舒之言，不見陳志與裴注，又似因巨象一案而附會之。然即令果如所言，亦甚不吉，非體物家所樂道也。及讀唐詩有『石鏡舞山雞』之句，始爲恍然。空山文石，嵌空如鏡，幽禽樂之，顧影自憐，斯則協静觀之情狀，寫咸若之性靈者也。昔晉廷徵曲水故事，摯仲治以所言不吉左遷，後世之據異苑者，得毋類是？今觀唐賦，亦祇於篇中略及，不敢詳其顛末，殆以此歟？乃别爲石鏡舞山雞賦以正之。

有鳥翩翾，秉重熙之淑氣，觀元化於空山。賦種則繼離之明炳烺，應時則大夏之色朱殷。星散璿璣之宿，序逢鶉火之躔。偕晴霞而錯落，迎麗日而璘斑。然而棲神雲岫，匿影人寰。問譽命雖偶作五工之氏，愛羽毛或間登九貢之班。要其幽貞獨處，耿介誰攀。啄粟陰崖之黍，同心幽谷之蘭。

豈意巨靈融結，文石巑岏；一片虛明之鏡，千巖淡蕩之天。對古洞之寒泉而更澈，沐危峰之飛瀑而彌鮮。苔影染之而愈碧，霧氣浴之而倍堅。清蒼以爲玄錫，沆瀣以爲白旃。

時則山草吐菱花之豔，山嵐凝月魄之圓。山都遇之而慙其形穢，山鬼望之而覺其神寒。於是山雞過之，四顧欣然。縱令羣儕之共賞，未若寸心之自憐。乃回翔而諦視，遂妙舞於轉圜。以健翮爲長袖之運，以輕身比細腰之孱。惟四時之產俱備，斯八風之節各嫺。生憎鸜鵒之眼未化，差喜鷓鴣之翥同媥。翠羽迎風而裊裊，赤翎浥露而僊僊。問好逑則空中即是，窺真色則阿堵能傳。差池披其金粉，宛轉拂夫雲鬟。不羨衣上華蟲之豔，不慕冕中赤鷩之妍。當其矜疏趾，夸朱顏；下復上，往復還。知天機之自得，識樂意之相關。態以乘虛而動，神因遺世而閒。或五粒之松偶集，或百尺之絲忽扳。千仞鳳輝遙接，中逵鴻羽爭先。

蓋其幽情原寄之天際，塵障不染於世間。苟未逢夫徙北圖南之會，姑長永其棲桐食竹之年。肯浪蹟以博如皋之笑，抑獻符以隨陳寶之肩。用求知於冰鑑，戒妄出於玉環。方將見彭籛而遠舉，又何惑乎遇相高而孤騫。斯幽園所以明處士之志，而三贊正以立貞士之閑也歟。

# 追琢其章賦 有序

是詩之旨，古序以爲能官人也。蓋國之大事，在祀與戎，今入廟則奉璋瓚以相禮者有人，行軍則帥六師以從王者有人，作人之效，於此盛矣。歐陽公曰：『言文武之材，各任其事也。』夫是雖一時人材之盛，要非文王之能官人不至此，故孫毓以爲專美官人，非稱周地之多材。蓋官人之術在作人，而作人之功，則於末章追琢金玉見之。朱子泛以爲歌咏文王之德之盛，而爲人所歸，恐非詩中之意，而末章尤爲未協。然考康成以來，雖皆宗古序以爲官人，而於末章則亦如朱子所云。王肅曰：『以興文王聖德，其文如雕琢，其質如金玉。』是與全詩絶無呼應。今本之古序，參以曹放齋、嚴華谷諸家，仍主作人而言。作追琢其章賦。

惟天地之菁華，日旁皇於川麓。披沙而遇金，撈石而得玉。或三品之最尊，或五德之具足。或堪庀飭物材，或能庇蔭嘉穀。經百鍊而愈剛，遭烈焚而不燠。蓋堇子之銅未可倫，而岐山之珉不足録。然其初也，金則尚胎，玉則尚璞。閟於滇海之涯，韞於崑岡之谷。如太極之方含，疑先天之初伏。又似混沌未分，鴻濛未副。雖其光則旦旦熊熊，而其神則渾渾穆穆。既恥炫其珍奇，遂自甘於寂寞。神物不可以終晦，哲匠於是乎挺生。謂是秉乾道之剛健，得天氣之清明。蓋六府之所祕，百物之至精。五百年而始産，一萬鎰而猶輕。推原夫九牧之作貢，以志夫一代之鍾靈。

況夫金之萌也，有苗有秀；玉之長也，有華有榮。亦幾歷夫氤氲之妙，始得萃爲特達之英。雖成材已落其實，而利用未成其形。是故不追則光不著，不琢則器不成。

夫質之陋者，巧無可施；才之薄者，文無可飾。縱切磨之空加，要闇然其無色。蓋外襲者非光輝，而中乾者乏潤澤。乃兹希世之珍，豈意應時而獲。於是椎鑿是營，刀鋸并力；礪以羊頭之鋼，攻以他山之石。模範各制其宜，肉好不渝其則。從革不妨於紆回，瑕瑜無嫌於别白。

迨夫雕鏤成，攻治息；其聲鏗鋐，其氣英特。奂如者可遠觀，瑟若者可近識。北斗之芒宵寒，白虹之氣晝射。

夫文以質而足重，質以文而備昭。匕鬯陳而（春）〔舂〕容樽俎之上，旌節動而輝煌矢石之交。金鏞玉瓚以致孝，玉戚金戈以示豪。

是以居則爲介福之助，出則爲禦侮之寮。緬周王之壽考，燦文治於重霄，秉中和以建極，萃瑰瓌於盈朝。宜詩人之比物，示百世之斗杓。乃泰階之盛事，歷千載而非遥。御中天之離照，舉一世而甄陶。秉金聲與玉質，〔校〕黄本作『節』。收乾符與坤苞。行見麟趾之中皆周、虢，兔罝之内有顛、夭。祭則膺神祉，戰則服天驕。小臣方將效鉛刀之一割，敢自甘朽木之不雕。

# 宵雅肄三賦

蓋聞道德一於太學，教化垂於先師。是以鼓篋而入，釋奠有儀。爰進蘋蘩之菜，導以皮弁之司。濟濟有瞽，皇皇聲詩。

其詩伊何？宵雅之葩。始於鹿鳴，終於皇華。原夫三詩所用，於古實誃：交聘則肆夏、文王迭奏，鄉飲則南陔、嘉魚並夸。

一編之材，七十四兮斯其綱；正聲之作，二十二兮斯其冠。其在入學之初，尤爲定志之撰。桑弧蓬矢兮，墮地所期；桐陰竹實兮，生平所願。舍是三詩，孰當樂玩？

彼夫草茅出於環堵，天闕遠於九重。雖芹曝之欲獻，望閶闔其難通。巷可遇兮不屑，牖欲納兮何從。斯則咷笑所以莫卜，歌泣所以未融。聖主乃開公道以布誠心，本深情而將厚意。大燕衎以笙簧，宏賚予以帛幣。縱嚴肅者堂廉，而感通者志氣。惟鳴鶴之音既孚，斯羔羊之節益勵。當其時也，酒旨且有，物多維偕。有他之虞弗作，不富之鄰無猜。賡歌成而爲謨誥，笑語洽而非俳諧。豈以夸豐亨而耽豫樂，將以佐乾度而佑泰階。

若夫身將許國，公且忘私。寒暑飢渴之不憚，東西南北其奚辭。乃或戀晨昏以致嘆，陟屺岵而興悲。懷白華兮岑寂，悵彩服兮睽違。而義已割情，忠能移孝。即令生前致舍肉之誠，身後極椎牛之報。甘脆徧於慈筵，寵榮賁夫墓道。脈脈此情，悠悠誰告？豈期下吏衷情，早入大君寤寐。瞻周道兮有懷，望征夫兮長喟。謂此子職之疏，實係官箴所累。不煩告勞之歌，已諒望雲之淚。

至若周物者其智，遍物者其仁。惟一人之首舉，已包舉夫八垠。猶於簡書之使，備求聞見之陳。博采於親禮事難，旁搜於謀度諮詢。所以旌節遠行，輶軒四出。非徒夸長駕遠馭之規，乃以收明目達聰之術。用不遺於一芻一蕘，地詎分於在原在隰。倘所至兮不虛，則有英兮必掇。

然則凜訓詞之惕厲，敢任意於壯遊。送以禮樂，責以謨謀。必訪善兮爲咨，必秉忠兮爲周。斯可以見泰山之不辭土壤，河海之不擇細流。

夫婚姻不備兮，貞女不行；恭敬不至兮，賢士不處。斯體羣臣之所以列於九經者也。然則學古入官，委身事主。徒爲温飽之圖，莫副弼諧之舉。斯不亦負國家而羞儕侶歟？大學之官，其始也，當其幼學之日，期以有用之材。將使之昕夕吟咏，〔校〕黄本作『朝吟夕詠』。神動志開。固宜辟雍之多髦士，鄉國之皆俊才。於以輔壽考作人之化，而侔雲漢之昭回者歟。

# 觀霧淞賦

雍正癸丑冬十二月乙卯，京師夜氣如霧，重之以霜，凝於木上，熠熠有光。旦起視之，飛滿空堂，良久始化，亟呼童子輩共賞之。蓋自渡江而北，數千里無梅花，説者以爲皆變而爲杏也。今木上所成，令人大有月落參横之勝。〔嚴評〕是何句法？

是日客有過訪者曰：『嘻！是於五行家爲何祥也？』曰：『客不聞夫東人之諺乎？「霜淞打霧淞，窮漢置飯甕。」兹之溥枝泫葉，靚陽不晞，一望瑩然，委素成脂，正所謂霧淞也。古人之言霧者，謂其爲百族之殃。本於地而應於天，以陰冒陽。然而太平之世，浸淫被泊，則有不塞望之祥。故其爲凍洛也，苦寒而出，見晛乃消。歲將順成，此實其招。稽之於古，則有若曾文定公之詩：「園林初日静無風，霧淞花開處處同，記得集英深殿裏，舞人齊插玉籠鬆。」所以描畫雍熙之象者，宛然在目。蓋其本一時天地清明之氣，而非積水之上溢。故其出也，不爲冥氛，而爲麗景。其會合於沖融之運，而非窮陰之鬱沍，故飄揚而不整。然則其乘晴霞，迎朝爽，御淳風而燦爛於高旻者，豈偶然哉？〔校〕黄本作「也」。夫乾苞通而甘露至，坤符流而醴泉見；斯固太平之慶，然不若豐年之足羡也。固不必登於符瑞靈徵之志，而後爲洪範春秋之所善也。乃者五日風，十日雨；休和磅礴，遍及六宇。而宵衣旰食，時如負疚；偶有微祲，修省恐後。是以薰蒸醞釀，輝兹堯天。榮光不夜，以報有年。諺云：「豐年穀，儉歲玉。」客而知此祥也，其可賀矣。苟不然者，山林拂戾，或爲木冰，五行列之，以爲災眚。吾亦將與客抱杞人之憂，愀然長嘯。安得留連光景，志其遊傲。』

客曰：『善。』

於是春酒初熟，南榮之日正曛。林閒殘馥，淹潤軟塵。民有脱羊裘而嬉者，長老以爲昔所未有，予亦陶然竟醉，信筆賦之。

## 半夏賦 有序

〔校〕此序用韻，實即本文部分，不宜作序文分列。

南訛正永，暑氣漸厲。閒吟時訓，静按卦氣。主人方驚隕杞之自天，欲決莧而未逮。但見帶草森森，繞我階砌。乃有半夏一叢，嫩緑無際。托木槿爲同岑，作王萯之後輩。主人方撫而玩之，忽爲過者所薙。曰是有毒，不可近也，噫亦深慮矣，乃抽毫而寫意。

是其茁於微丘之野，盛於槐里之川。厥名『地文』，别署『守田』。水玉志潔，和姑表妍。著之農帝之録，載在不韋之編。匹練比白，列錢同圓。謂宜映榆莢於神州大社之座，伴蓂莢於明堂太廟之間。以爲芍藥殊其甲，以爲旁蘞異其酸。彼羣疑爲堇葛之難制，豈知益以薑芥而始完。

今夫百物之産，與時偕行。春枝八千歲而猶茂，冬花十二月而長青。獨夏日之可畏，蓋觸目而神驚。是草也，當春半而花已吐，迨秋半而實始盈。惟其中氣之秉，適應蕤賓之聲。蓋正符乎咸章之會，猶守以含章之貞。僅僅乎十分而得五，已虞其太剛而莫嬰。

時則六乾已過，一巽方受。嬴豕之行莫牽，包魚之薦有臭。彼晏陰之已成，胡炎火之尚驟。嫣然茲草，偕時而茂。鹿解角以來眠，蟬鼓翅而相覆。彼愛之者，方思仿薄夜之粉以重羅，擬十旬之麴於醇酎。子儀之嘗藥所不遺，紫靈之和丸所幸遘。然而自托幽芳，漫誇獨秀。縱掩身以自理，終垢角之有咎。

小草雖微，遠志具在。合八能之樂而五日可期，驗八神之表而中天可會。比之煮梅將以調大官之羹，蓄蘭將以紉王者之佩。誰當登黍之期，乃犯刈藍之戒。將無剪伐所加，資材有待。或因陶鑄而成，或俟和齊而備。吾竊恐夫白鵲之成，餘辛更倍。捫舌可虞，挽腸滋礙。平仲之詩，略聞梗概。終難充夫藥籠之需，祇應付之經師之載者耶？

## 曼陀羅賦

蓋嘗邂逅豐臺之花逕，有客贈予以曼陀羅之英。駢葉外包，有藉者襲；捧心内美，用晦而明。蕭晨半開以迎曙色；薄暮瞑合以聽宵征。有縞其蕊，有碧其莖。一枝挺挺，其上亭亭。予不識也，問曰：『請舉其略。』

客曰：『是蓋登之帝座皇華之録，爲北斗使者星槎之手拎。又如蒼頡書成之所雨，爲佛王説法而降精。布以牽牛之種，灑以天女之靈。握節者愛其駢葩之古，拄杖者疑聞落葉之零。今夫閬苑之松花盈石，祇林之金粟滿籯。玉洞則仙麻不老，慈雲則紫竹常青。各有樹蓺，未克合并。曷若兹花，釋老均稱。斯其所以矜貴而莫京與？』

予曰：『否否。夫異説之荒唐，無稽弗聽；空花之誕謾，非予所馨。彼山茄之佳植，底妄錫以二氏之名。信斯言也，固宜其爲惡客而見憎。吾獨憐其醞膏實而醴具芳心，載之酒經。笑而采者，令人笑口之綽約；舞而摘者，令人舞腰之娉婷。半酣而動，有引必應。樊素見之而頤解，小蠻遇之而神傾。當是時二豪在側，如蜾蠃之與螟蛉。』

客曰：『善哉，夫子之言乃如見夫花之情也。』

# 鮚埼亭集外編卷四

## 碑銘一

### 明兵部尚書兼東閣大學士贈太保謚忠襄孫公神道碑銘〔嚴注〕嘉績。

有明三百年，天下稱世家者莫如姚江孫氏。其官則閣學而下，六部、三法司、七寺、翰詹、坊局、科道以及五府等官，無不備也。而其人則忠孝、政事、風節、文章，亦無不備。蓋自忠烈公遞傳至忠襄公，而明與之俱亡。

忠襄公諱嘉績，字碩膚，燭湖先生應時之後。燭湖，宋乾淳閒碩儒也。忠烈公燧之五世孫，尚寶司卿墀之玄孫，上林苑丞鑛之曾孫，大學士文恭公如游之孫，工部郎中樽之子。

公少嗜讀書，先世自月峯尚書喜儲藏四部，甲於姚江，至是盡歸於公，按其首尾而讀之，不以膏粱廢攻苦。及冠，應以門資得官，公不欲也，成崇禎丁丑進士，授南京工部主事。時嘉興徐忠襄公石麒爲應天府丞，公從之，分别當路君子小人流品，及廟堂諸文獻。調爲北京兵部主事。

戊寅大兵薄都城，傅城閉壘，莫能測其進止。公曰：『此不難知，當俟後隊至，即南下耳，曷乘其未集而急攻之。』楊嗣昌曰：『彼已傾國而入，安有繼耶？』又三日大兵果挾西戎六萬由青山口入，即日拔營而南。於是以公知兵，不次進職方郎中。是役也，總督盧公象昇與奄人高起潛分辦東西二路。督臣主戰，奄人主和，公論是督臣，嗣昌是奄人。故督臣死戰不予恩恤，而奄人敘功求世蔭。公憤甚，疏格之，奄人大恨。適上幸觀德殿閱軍器，起潛能辨其良楛，稱旨，乘間譏公下獄。

時漳浦黄忠烈公亦得罪，上以嗣昌故，欲殺之，先拜杖而後入獄，其家人以橐饘至，俱遭阻遏。公徹己服用，奉〔校〕黄本作『遇』。之甚謹，稍間從而受易，世所稱漳浦『三易洞璣』之學，莫有知者，公兀兀聽之。會諸生涂仲吉上書救忠烈，上益震怒，移忠烈於廠獄，其獄中相與往來者，盡掠治之。公與黄文焕、陳天定、文震亨、楊廷麟、劉履丁、董養河、田詔皆被責詰。〔校〕黄本無『公』字至此二十六字，有『嗣昌加以福黨之目』七字。或謂當巽詞以求免。公曰：『吾得爲夏侯勝之黄霸足矣，何必諱乎？』聞者以爲名言。

宜興再相，請清獄，尚書徐忠襄公遂出公，歸而買地築室，將隱矣，乙酉，赧王起爲九江道僉事，未上而南京亡。

先是，公之同里吏科都給事中熊公汝霖聞大兵將至杭，奔告潞王，欲發羅木營兵拒之。潞王已議迎降，不聽。熊公歸見劉忠正公宗周而泣。劉公歎曰：『吾已絶粒待死，諸公倘有能爲田氏即墨之守者，天下事未可知也。顧悠悠之輩，其誰足語者？君其勉之。』熊公歸而商於公，然計無所出。姚之知縣王曰俞已棄官去，其司教王元如迎降，遂署知縣，發役夫治馳道，以其不勉扶之。役夫譁，反毆元如，衆遂攘攘不可止。公方遣家人偵衢巷間，聞之，遽率健兒鳴金鼓，突入縣署，擒元如，斬以徇。公以宰相家兒舉事，百姓從之者如雲。乃急邀熊公出治軍，分爲兩營，公主左，熊公主右，時閏六月初九日也。浙東列郡人情，正在恇擾閒，所至竊竊偶語，特覵望莫敢先發。而公以中流之一壺，激而行之，遂皆響應。公遣急足西告會稽，東告鄞。次日會稽章公正宸以鄭公遵謙等應之。又次日，鄞錢公肅樂應之。又次日，慈谿沈公宸荃應之。又次日，紹之屬縣皆應之。天台以東無不應者。乃迎監國魯王於天台，諸軍會於江上。張公國維指公言曰：『此真五世相韓之子弟也！』王加公都察院右僉都御史，督師瓜里。

時諸軍分汛瓜里者，公與熊公、章公、錢公、沈公、太僕前分守寧紹台道于公，江上人呼爲『六家軍』，而公營於瓜里之龍王堂前。公至江上，薦故吏科林公時對，請爲監軍；薦前進士王公正中以御史知餘姚縣事，又請許其募鄉兵以助防守；薦諸生屠獻宸以職方參軍務；薦章欽臣爲大將，使治火器，江上人呼爲『火攻營』。同里黃公宗羲以義兵數百人從，公薦之爲御史。

公於烈廟時，雖以知兵起，然將略實非所長，江上所仗庇者惟方國安、王之仁，顧悍甚，於是有分餉分地之議。公等無所得軍賦。之仁之軍視國安稍弱，其子鳴謙留守定海，思所以張之，乃招張國柱軍以爲助。國柱遂劫鳴謙入内地，大掠餘姚，越中震恐，朝議欲封爲伯以安之。公與宗羲等議，以國柱凶暴，既不能討，誠不可無官爵以羈縻之，但列之五等，則有功者其何以加之，請署爲將軍。時皆服公之守正。國柱雖去，遂據定海爲巢窟，鳴謙反爲所制，之仁從此懷内顧之憂，無心復戰。前此，江上物論謂之仁稍愈於國安，至是大壞於鳴謙之手。公悒悒日甚。已而王加公兵部右侍郎兼都御史，督師如故。

公又言故御史姜埰及其弟垓之賢，近聞其避地天台，乞主上特敕召之。埰知事不可爲，以疾辭不至，垓亦從公幕而不受官。會聞黄忠烈公自閩出兵，不克而死，公慟哭曰：『先生竟先我去乎！』阮大鋮嗾方國安疏糾東林餘蘖，公與林公時對、沈公履祥等並豫焉。公遂乞休，不許。公之令欽臣治火器也，製作甚精，既力陳西渡之策，方、王不與同心。至是師日老，餉日竭。宗羲言於公曰：『願得以此軍獨出，必得當以報公。』公喜，命欽臣汰其不中步伐者，熊公亦簡軍中精鋭，合之得三千人，以正中副之。於是公定議由海道西渡，取海寧、海鹽一帶，而揚聲由盛嶺出軍，請給監軍等官敕印。錢公肅樂聞之曰：『孫公殆有成算，必非由此間攻其有備者也。』

五月，王加公兵部尚書兼東閣大學士，督師如故。公以老營駐龍王堂前，而宗羲等潛師出潭山，會太僕陳公潛夫軍，議取沿海諸縣。尚寶司卿朱公大定、平吴將軍陳公萬良、職方查公繼佐等皆來聽命，浙西震動。公蒿目望之，俟捷音至，欲令鄭公遵謙等夾攻杭城。而國安七條沙之軍已潰，列戍四竄。公急還會稽，則王已登舟而去，乃亦航海入翁洲以觀變。時公已疽發於背，至翁洲疾篤，問從者曰：「此何地也？」從者曰：「道隆觀也。」公歎曰：「吾聞建炎時，宋高宗至此，金人以刃斫柱，血流如雨，金人驚仆，而宋提領張公裕以大舶擊之，今五百年矣。」因唏噓泣下。二十四日，賦絶命詞。錢公已先在翁，來視疾，和公詩，相向哭。公謂子延齡曰：「倘聞王所在，宜急從之。」語畢而卒。生於萬曆甲辰九月十四日，得年四十三歲。配陳氏，封夫人。延齡槀葬公於蘆花嶴。錢公具疏爲公請恤於閩，而閩又破。

明年王復出師長垣，延齡從之，以遺言奏，贈公太保，賜祭九壇，謚忠襄；以延齡爲右僉都御史，奪情巡撫閩南，錢公草制曰：「爾父唱黄鐘之孤管，以存一綫，有大功於國，爾尚克繼之。爾年少中丞哉！」王次健跳，延齡進兵部侍郎，中途遇大兵，家屬俱被執，延齡獨奉其太夫人及妹免。王次翁洲，延齡進户部尚書。

初，公少應童子試，其師夢公簪花以第一人出。丁丑計偕，縣令梁佳植夢亦如之。公亦頻夢與古之大魁者遊，私自喜孫氏於科名無不備，所少者此耳，或以己承其乏，其後不驗。迨公之葬，適在明初狀元張信墓南，以爲異事。予謂周官六夢，良多徵應，然如此夢，則鬼神之陋者，以公之所豎立如此，區區科第曾何足道，而況於冢木之鄰比，足以重公乎？必欲比擬，其必求之文丞相、陳參政之科第而後可，餘子非其匹也。

翁洲既成域外，公家亦梗，康熙乙丑始復爲内地。延齡子訥，渡海求公墓不可得，方慟哭，忽有一老人扶杖至，問所以，則曰：『吾故公蒼頭也，吾識之。』導以往，扶歸姚江，改葬於燭湖，蓋不作寒食者四十年矣。公所著，有五世傳贊、存直録，其詩文不盡傳。

嗚呼！世之論是舉者，皆謂『畫江』之始，不當以軍旅大枋拱手而予之方、王，以是爲孫、熊諸公咎。予謂公等固未必知兵，然以當時之匆匆，亦不能不資一二宿將以爲衛，不料其狓猖至此也。方國安縱恣無狀，蓋已有年，至是突然以客軍來，本難位置，若王之仁則浙東故鎮，一切營兵衛軍皆其舊轄，公等欲不予之，得乎？且以顏太師之忠，輸一著於賀蘭進明，而卒隳其業；鄭畋之忠，困於李昌言而不展；王庶之忠，亦不足以制曲端；〔嚴評〕王庶、曲端事不足比。事勢有無可如何者，忠臣義士求諒於天而已。而況天心既去，雖以諸葛孔明、姜伯約之才之力，不能有濟，而何論其餘者。

至於江上諸公事蹟，其脱略莫甚於公。予見錢公肅樂集中有爲公辨誣疏，雖存其目，而失其文，不知時人所誣者何事，錢公所辨何語，諸家作公傳志，皆寥寥少考索。予以乾隆丁巳拜公墓下，孫氏後人爭來問公遺事，因請予爲埏道之文，以補諸家之闕。見聞荒落，不足以稱孝慈惓惓之意，良自媿已。其銘曰：

聖朝受命，百國來同。稽山甲楯，詎足成功？奮臂一呼，浙東雲連。雖然爝火，殘喘所延。以酬高廟，以報烈皇，以見忠烈，世臣有光。蘆花寒月，夜色漫漫。公尸雖返，公魂未還。

## 明户部右侍郎都察院右僉都御史贈户部尚書崇明沈公神道碑銘

〔嚴注〕廷揚，崇明人。〔校〕黄本無此篇。

崇明沈編修文鎬，予同年友也，以予曾觀舊柱下之史，屬纂其先司農公神道之文。惟公精忠大節，足與日月争光，而於吾鄉尤有遺愛，所不敢辭。況編修爲公羣從孫枝，能以表章先烈是念，尤可尚也。

按公諱廷揚，字季明，一字五梅。自少喜爲有用之學，不屑屑章句。由蘇州府崇明縣學諸生入太學。崇禎九年丙子，河道累決，漕運艱阻，不以時至，思陵患之。公應詔上書，言海運可復。思宗召見，公言：『元時百年俱海運，從太倉劉家河放洋，計半月可抵天津。雖風波之險不無損失，先臣邱濬考元史，歷年運到米數，除所損失，費尚省於内運。臣生長海上，訪問水手，頗知其道。但不若從淮上截漕，竟出淮河口入海，放洋尤便，臣以爲可行。』因上海運書五卷，思宗下户部覆奏。户部諸臣無知水道者，奏言元時故嘗海運，每歲風波飄蕩，累有沈溺，則人米俱失。國初軫念民命，故開濬會通河故道，改從内運。今一旦欲復海運，則必另造船隻，召募水手，費用既多，未易猝辦。一旦風濤不測，傷人失米，誰任其咎。思宗不以爲然，凡三覆議，而户部終莫敢任之者。於是户部言：『臣等書生，未諳海道，不敢安議。廷揚以爲可行，莫若竟委之督運，令其自僱舟楫，召募役夫。令漕撫量撥漕糧試行之，果然有效，則海運可復也。』思宗以爲然，於是以公試户部主事，一切船隻水手皆自行辦理；詔漕撫以漕米二萬石予之。公奉命出，相視山東膠州與南岸相對者爲廟灣，公以廟灣六船由淮河口出，七晝夜抵天津，馳疏以聞。而遣其家人致箋於户部，户部諸臣驚曰：『前日已奏汝主人就道，奈何尚在。』家人笑曰：『運船抵津矣。』思陵大喜，而户部諸臣尚疑之，以爲海道艱難，安有七日即至之理，廷揚饒於財，恐自東省買米以充數耳。不數日而漕撫所奏公撥米開洋日期，暨津撫所奏公登岸日期，皆與公所奏合。思宗出以示羣臣曰：『朕固知其無僞也。』於是定議每歲春秋二運，增米至二十萬石。春運以三月，歸以四月；秋運以九月，歸以十月。隆冬盛夏，則避風濤不出。船隻水手之費，仍委公任之，而以運到之日，給其費如内漕之半。公歷官主事、員外郎、郎中，督運凡七年。癸未加内府光禄寺少卿，仍督運，駐劄登州。

初大兵之下松山也，繞出洪承疇軍後，圍之急，十三鎮援兵俱不得前，城中餉絶，道已斷。思陵召公議之。公請行，自天津口出，經山海關，左達鴨緑江，半月抵松山，軍中皆呼萬歲。公還，松山竟以援絶而破。時論以爲初被圍時，若分十三鎮之半從公循海而東，前後夾援，或有濟，而惜乎莫有見及之者。

甲申正月，流賊事急，京師糧儲告匱。公言於户部尚書倪公元璐曰：『事急矣，請以大部檄，借漕糧二十萬石從海運，不可復拘常期，僥天之幸，得達京師，或可以濟。』倪公然之。公以户部檄馳至淮，漕撫路公振飛然之。顧漕運甫發，而三月十九日之報至，路公馳使追還。

赧王稱制，詔公以原官督餉，饋江北諸軍。公疏言：『臣歷年海運，有舟百艘，皆高大完好，係臣自造，中可容兵二百人，所招水手，亦皆熟知水道，便捷善鬬，堪充水師。但曩時止及於運米，故每舟不過三十人。今海運已停，如招集水師，加以簡練，沿江上下習戰，臣願統之，則二萬人之衆，足成一軍，亦長江之衛也。』疏上不報。〔一〕時廷臣或請由海道出師北伐，公聞歎曰：『誠使是策得用，吾願爲前軍以啟路。』皆不行，但遣公運米十萬以餉吴三桂。而劉澤清在淮上，欲得公舟，公曰：『須俟朝命乃可。』澤清縱兵奪之。時漕撫田仰，亦時相之私人也，軍務一切不問，淮上瓦解，公以部下歸崇明。

〔一〕〔馮注〕温寶忠先生璜遺稿中庚辰北征日記一條云：『七月，報中書沈廷揚自坐沙船二隻，於淮安城下出淮，至海口開洋至鷹游山。初六日，趁風行。十一日，過成山。十五日，至天津。自淮至津三千四百里，除守候外，實行十日到。』據温氏此條，足證侍郎之復海運，必始辛巳以後事，第官中書，與此言試户部主事稍異耳。又劉忠端公來斯行墓誌銘云：『補永平推官，駐天津，管南北二餉。南北餉者，海運也，由山海而進爲北道，由登、萊而進爲南道。先生請復元人膠河故道，直達天津，在今日爲救遼之急着。一旦中原有事，漕渠爲梗，可恃以無坐困。因繪圖，自南海芝蘇灣，至北海海倉，凡二百四十里，系之以説。當事者心韙之，不能決。』是忠節前，來布政已有此議矣。是皆今人所尟知者，故附著之。

嗚呼！唐德宗之自奉天歸也，不有韓晉公，幾於再致大變，是雖李渾諸元老所無能爲也。以公之才，亦幾幾乎晉公之流輩，而天亦厭明，不佑其成。宋南渡之不振甚矣，然海陵大舉，尚有膠西李寶之師以撓之。使乙酉之議得行，南牧之兵寧無返顧？而明亦自絶於天，羣策總屈而不施。

大兵下江南，公航海入浙，監國加以侍郎兼右僉都御史總督浙直，欲令公由海道以窺三吴。時田仰爲相，忌公，公乃之翁洲，欲以翁洲將黄斌卿之兵入吴。閩中亦授公總督。時諸軍無餉，競以剽掠爲事，至於繫累男婦，索錢取贖，肆行淫縱，浙東之張國柱、陳梧爲尤甚。公謂斌卿曰：『師以恢復爲名，今所爲如此，是賊也，將軍其戒之。』斌卿曰：『公言是也，惟軍中乏食，不得不取之民間。今將何以足食？』公乃爲定履畝勸輸之法，而軍士不敢復鈔掠。斌卿故無大略，其後卒以不迎奉監國，被誅。而翁洲之人頗念之，以其軍稍有紀律，民無所擾，則皆公一言之力也。

丁亥，松江提督吴勝兆送款於翁洲，斌卿猶豫不欲應之。公曰：『事機之來，間不容髮，奈何坐而失之。』定西侯張名振，慨然請行，邀公爲導。公曰：『兵至，必以崇明爲駐劄地，禁打糧然後可。』名振許之。至崇明而食盡，名振重違前約，乃趨壽生洲打糧，泊舟鹿苑，五更颶風大作，舟自相擊，軍士溺死者過半，大兵逆之，岸上大呼薙髮者不死。名振與張都御史煌言、馮都御史京第皆雜降卒中逸去。公歎曰：『風波如此，其天意耶？我當以一死報國，然無名而死則不可。』乃謂大兵曰：『我都御史也，汝輩可解我之南京。』大兵以舟護之至江寧，四月十四日事也。經略洪承疇以松山之役與公有舊，然不敢見，使人説公曰：『公但薙髮，當有大用。』公曰：『誰使汝來者？』曰：『洪經略也。』公曰：『經略以松山之難死，先帝賜祭十三壇，建祠都下，安得尚有其人。此唐子也。』承疇知公不可屈，乃行刑。部下贊畫職方主事沈始元，總兵官蔡德，遊擊蔡耀、戴啟、施榮、劉金城、翁彪、朱斌、林樹，守備畢從義、陳邦定及公從子甲皆死之。而公之親兵六百人，斬於婁門，無一降者，時以比田横之士焉。

公之死問至，翁洲哭聲如雷，立祠祀之。生於萬曆某年某月某日。曾祖某，祖某，父某。娶某氏，子某，葬於某鄉之原。

予讀諸家所作公傳，其事多不覈：如公之應詔請復海運在丙子，其後督運七年，而苕人温氏作公傳，以爲倪公元璐在户部時，則是辛巳以後事，其誤一也。公於甲申春至淮，欲運米入京，漕撫爲路公振飛，而鄞人董氏作公傳，以爲田仰，不知田之持節在赧王時，其誤二也。松江之役在丁亥，而淞人楊氏移之至庚寅、辛卯之間，則其時江南已大定矣，其誤三也。温氏又謂公上書時，已官舍人，不知其爲諸生也。生乎百年之後以言舊事，所見異詞，所聞異詞，所傳聞又異詞，不及今考正之，將何所待哉。

編修曰：『善。』請更爲之銘，其詞曰：

鴨緑之運，不救松山之危；直沽之運，不救太倉之飢。盲風狂祟，吴淞失期。到頭一死，降臣忸怩。吁嗟乎！天實爲之謂之何？其翁洲之枝北向，崇沙之鵲南飛。

# 明故兵部右侍郎兼都察院右僉都御史王公墓碑

〔校〕黄本下有『前石』二字。〔校〕黄本列孫公神道碑銘下。〔馮注〕此文本梨洲四明山寨記。〔嚴注〕翊。

嗚呼！是爲殘明浙東督師大蘭洞主王公之墓。予考古今歷代官制，未有所謂『洞主』者，有之，自蕭梁之末所稱新吴洞主余孝頃輩是也。其時值侯景之亂，諸遺臣起兵者，倚山立寨，居民因以『洞主』呼之，史臣亦因而書之，要之非朝廷之稱也。明之亡也，浙東山寨大起，於是復有『洞主』之稱，其後或降或竄，不能盡詳，惟諸死節者姓氏彪炳人間，而王公之死爲尤烈。

公諱翊，字完勳，别號篤菴，浙之寧波府慈溪縣人也。曾祖某，祖某，父某，至公始遷姚江。公五歲而孤，少不喜理家事，其弟翃且耕且讀以助之。補諸生，好言兵，見天下方多難，思以功名自見。未幾，國變繼至。『畫江』之役，王公正中以御史仍知餘姚縣事，集姚之鄉兵從孫、熊二公於江上，上疏薦公爲職方，盡以軍事付之。已而正中與同官黄公宗羲連營，將由龕山西渡，而江上破。黄公引其殘卒入四明，思結寨自守以觀變，居民雜擊之，寨不得立。時公方走海濱招兵，謀與黄公合，大兵購之急，因公之弟翃以招公，公不顧；乃殺之，公亦不顧。軍既集，聞黄公軍破，馳入山中，語父老曰：『前此以諸將横擾居民，遂至激變。今吾軍來，足爲是山之衛而無所擾，父老念故國，其許我乎？』居民許之，遂結寨於大蘭。大蘭者，四明山之西北境也，唐時裘甫作亂，嘗以之爲巢穴。其地猝不可登，宋時皆置砦設兵以防守，至是而公據之。其與之同事者，慈溪王公江也。

威（鹵）〔虜〕侯黄斌卿守翁洲，寧之義士董志寧、華夏等謀引其兵會山寨之軍以起事，來告公，使會李公長祥軍共定浙東。公許之，刻期相應，而爲人所首，事遂潰，寧城戒嚴。志寧脱走，夏死，斌卿舟師泊城下，不得要領而去。〔校〕黄本無「寧城」至此二十三字。大兵急擣大蘭，公攝軍避之，丁亥十二月事也。

戊子正月，公以軍還，三月破上虞，殺其署縣事者。時浙東山寨相繼起：故御史李公長祥軍上虞之東山，故翰林張公煌言軍上虞之平岡，故都督章公欽臣軍會稽之南鎮；其餘則蕭山石仲芳、會稽王化龍、陳天樞，台州俞國望、金湯，奉化吴奎明、袁應彪，浙西之湖州柏襄甫等亦應之，至於小寨支軍以百數。然諸營招集無賴之徒，不能不從事於鈔掠，惟李公、張公與公三寨不擾民，而李、張二軍單弱，不如公所部之雄。於是大兵欲平山寨，以公爲的。提督合寧、紹、台三府之軍，由四明之清賢嶺而入。公合諸寨軍屯於丁山以待之，久而弛，大兵猝至，公敗，喪其卒四百人。是役也，有孫説者，不知何許人，來救公，中流矢死，直立不仆。大兵不能久駐山中，公得復振，與馮公京第合軍守杜嶴，以巖險爲關，軍容整肅。提督乃調浙西之兵，下教亦選四明山民之團練者，以爲前導，破公於杜嶴關口，長驅直入。公亦獲其别部邵不倫，〔董沛注〕邵一梓，號不林，以音轉，或呼作「不倫」。山寨記謂「别部邵不倫見獲」，翊之别部也，謝山誤爲大兵之别部。而以四百人走天台，乞天台洞主俞國望之兵，沿道招集流亡，一月復至萬餘人，間道入杜嶴擊破團練。大兵失團練，遂亦〔校〕黄本無上兩字，作『踉蹌』。出山，公復振。

己丑春，又破上虞，浙東震動。公軍既盛，設爲五營、五司：五營以主軍，公統之；五司以主餉，王公江任之。視山中田可耕者，且耕且屯，而其餘則履畝而税，無横征；富室則量爲勸輸，下户安堵如故。異時雖有巡方之訪緝，徒爲故事，公直按有罪者而決之，無枉者。於是四明四面二百八十峯之民，其租賦不之官而之公，其訟獄不之官而之公，其耳目消息皆不之官而之公。浙東列城晝閉，胥吏不復下鄉，汛兵遠伏，以相眺望，而不復近山。浙東長吏，甚且有私通書於公以相講解者。公以沿海方有事，欲以是軍觀變而應之。時閩中正徵師於浙，以公之故，浙師不敢盡出。是夏，公自上虞出徇奉化，大兵方攻公塘洞主吴奎明，破之，奎明奔至河泊所，追將及之，猝遇公兵而戰，大兵失利。

六月，監國至健跳，公發使奔問官守，并致貢。王遣使，拜公河南道御史。時黄公宗羲以副都御史從行，上言：『諸營，文則自稱侍郎、都御史，武則自稱將軍、都督，不肯居三品以下。主上嘉其慕義，亦因而命之。惟王翊不自張大，而兵又最多，今品級懸絶，非所以獎翊，且無以臨諸營也。』大學士劉公沂春、尚書吴公鍾巒皆以爲然。而定西侯張名振方當國，持之不肯下。初，諸營迎表，皆由名振以達，獨公不然，名振不樂曰：『俟王道長來，吾當爲主上言之。』

是秋，公朝於王，晉右僉都御史，公曰：『吾豈受定西〔校〕黄本下有『侯』字。指麾哉。』當是時，王以翁洲爲行在，石浦、健跳爲畿輔，彈丸黑子之區，金湯盡焉。而大兵所以不遽下者，以山寨欲乘其後，所以畏山寨者，不在諸營而在公。或謂大兵諸帥曰：『此皆喪職之徒所嘯聚耳，苟招之以高官，可解散也。』會稽嚴我公知之，請於大帥，願充使，大帥爲之請於朝，遂以都御史充招撫，令徧歷浙東西諸山寨，以抵翁洲。公部下左都督黄中道言於公曰：『田横烹酈生，是耶？非耶？』公曰：『當是時而烹之，亦姑以洩其憤耳。』中道曰：『田横不烹酈生於説降之時而款之，其志屈矣，固願降矣。齊之士心已摇，豈可復鼓。其後始烹之，不已晚乎？』公曰：『君言正合吾意。』於是，發使請我公入山，欲烹之。我公不敢直入，先以使來，中道遂醢之，分於諸營，我公夜遁。自大兵南向，一紙所至，多俯首聽命者，惟閣部朱公大典嘗烹招撫於金華，至是而挫於公。

庚寅三月，公朝於王所，再晉兵部右侍郎，兼官如故。八月破新昌，拔虎山。時大兵定計下翁洲，以爲不洗山寨，無以塞内顧，乃大舉，將軍金礪由奉化，提督田雄由餘姚，會於大蘭，軍帳瀰漫三十里，游騎四出，仍用團練兵爲導。諸寨多逆請降，或四竄，公累戰不能抗，以親兵入翁洲。公固與定西【校】黄本下有『侯』字。不相能，不樂居翁洲。

辛卯秋，聞大兵三道下翁洲，公曰：『事急矣，請復入山，集散亡以爲援。』七月，遂還山中，諸將死殆盡，旁皇故寨，山中父老勸令招兵榆林、白溪之間，乃出奉化。二十四日，有大星墜於故寨，野雞皆鳴，父老憂之。是日也，公將由奉化出天台，至北溪，爲團練兵所執，同行者，公之參軍蔣士銓也。公神色自如，賦詩不輟。二十五日入奉化，二十八日抵寧，八月初一日赴定海，以大兵將下翁洲，羣帥皆赴定海也。海道王爾禄延之入見，請觀絶命詞，公援筆書之，書畢，以筆擿其面而出。每日從容束幘，掠鬢修容，謂兵士曰：『使汝曹得見漢官威儀也。』十二日，總督陳錦〔校〕黄本下有『公』字。訊之，公坐地上曰：『無多言，成敗利鈍皆天也。』十四日行刑，羣帥憤其積年倔强，聚而射之，或中肩，或中頰，或中脅，公不稍動，如貫〔校〕黄本下有『朽』字。植木，洞胸者三，尚不仆，封額截耳終不仆，乃斧其首而下之，始仆。而從公者二人：其一曰石必正，揚州人；一曰明知，餘姚人；皆不肯跪。掠之使跪，則跪而向公，并死公旁，大兵見之有泣下者。

公生於天啟丙辰二月初六日，得年三十有六。一女許嫁黄公宗羲子百家，時年十三，以例没入勳貴家，遂爲杭州將軍部下參領所養。參領憐其忠臣之女，撫之如所生，女亦相親依如父。及參領欲爲擇配，女出不意自刎，參領大驚，葬之臨平山中。

於是以公首梟示寧城西關門，鄞之故觀察陸公宇𤋮、故都督江公漢以奇計竊得，藏之陸氏書櫃中，襲之以錦，其家人亦弗之知也。康熙癸卯，觀察以海上事牽連赴逮，其家被籍，有司見書櫃中故紙，斷爛陳因，棄之而去。既去，觀察之女屏當書櫃，得一錦函，發之則人頭也。觀察之弟宇燝哭曰：『此侍郎之首也，而得不爲有司所録，其天也夫。』時去公死之時蓋十二年，乃束蒲爲身，而葬之城北馬公橋下。

蔣士銓者，字右良，嘉善人也，諸生，在公軍中三年。山寨之破，他人多散去，獨士銓以死從，八月初五日先公受刑，賦絶命詞，公在獄爲文祭之。

嗚呼！予嘗遊大蘭一帶，良屬巖關，然在浙東天盡之處，即令大兵不以一矢相加遺，豈能有所成。故以四明爲桃源，庶乎其可；欲以四明爲斟鄩、斟灌，此無惑世人之笑其愚也。然當時殘明正朔，猶延海上，而諸寨爲之内主，資糧扉屨，遥相援接，則以四明爲安平之即墨雖有所不能，而以四明梗平海之師，不爲無助。故黄公宗羲以爲忠臣義士之志，竭海水不足較其淺深者，此也。

百年以來，遺事凋殘，公魂耿耿，諒猶在丹山赤水之間，而荒城埋骨之區，莫有知者，是後死者之責也。爰因觀察之子經異之請，爲之立石墓上，而繫以銘，其詞曰：

成則東漢下江之元臣兮，敗則爲後梁郢州之枯髑頑石。嗚呼！以當野哭。

## 明故太師定西侯張公墓碑〔嚴注〕名振，江寧人。

予家先族母張孺人，爲蒼水尚書女，先族父〔嚴評〕族母、族父加『先』字，殊不妥。以是避地居黄巖。康熙庚子，先族母以展墓歸，予時年十六，從之問舊事。族母曰：『吾父與定西侯同事久，每言其志節之可哀，而謗口之多屈。』且曰：『定西墓在蘆花嶴，汝他日可爲之謀片石焉。』予曰：『諾。』蹉跎二十餘年，未之踐也。乾隆戊午始克爲之，參稽諸野史之異同，以成定論，使異日考翁洲遺事者，得有所折衷焉。

定西諱名振，字侯服，南直隸應天府江寧縣人也。少伉爽有大略，壯遊京師，東廠太監曹化淳延之爲上客。時奄人中，惟化淳以王安門下故，與東林親，公亦遂得與復社諸公通聲息。熊公開元之廷杖也，公陰屬杖者得不死，而公實未嘗識面也。

崇禎癸未，授台州石浦遊擊。乙酉，南都破，安撫使至浙東，公獨不受命。已而監國起事，加公富平將軍。時肅(鹵)〔虜〕伯黄斌卿以閩中之命守翁洲。翁洲與石浦相犄角，斌卿因與公爲姻，薦之閩中。閩、浙方争，而二軍兼受閩、浙之命，議由海道窺崇明，擾三吴，以爲錢唐之援。未行，錢唐師潰。方國安欲以監國降，監國脱走至石浦之南田。公棄石浦，扈王，欲保翁洲。會叛將張國柱以軍攻翁洲，斌卿求救於公，公破之，因勸斌卿納王，而斌卿不從，公計無所出。適永勝伯鄭彩至，以其軍共扈王入閩。時王晉封公定西伯。

公見閩中諸將林立，請歸浙中，招故部以壯其軍。及還，而石浦已入本朝，乃之翁洲，依斌卿。斌卿見公之以孤軍依之也，稍侮之。丁亥，松江帥吴勝兆來歸，請一軍爲援，願以所部合力向南都。斌卿猶豫不欲應，公方有自遠於翁洲之志，因請以其軍赴約。而故都御史沈公廷揚等争勸之，公遂整軍抵崇明，遇颶風，盡喪其軍，沈公死之，公得逸，復入翁洲，而其弟及甥皆死。斌卿以公之無軍也，益侮之。公乃招故部營於南田，而黄、張之隙始大搆。此據黄丈宗羲，董丈守諭、高丈宇泰〔嚴評〕其人既遠不相接，不合稱丈。所紀皆然，則黄曲張直顯然矣。黄之罪莫大於拒監國，而舟山志以爲黄欲應吴，張竊其旗先往，則誣甚矣。

初，公之救斌卿也，部將阮進最有功。斌卿不德公，而説進使叛公。及公北發，進以不習三吴水道不從，南入閩，招軍頗盛。王既晉封公定西侯，亦封進蕩（吴）〔胡〕伯。至是，公由南田復健跳，以書招進，進復與公合。時閩中地盡失，諸將以王復入浙，公與進迎王次於健跳，斌卿不至。大兵圍健跳，進使人告糴於斌卿，又不得。於是公與諸將議，海上諸島惟翁洲稍大，而斌卿負固，不若共討而誅之，則王可駐軍。乃傳檄討斌卿。斌卿見諸軍大集，度不能抗，乃上表待罪，請迎王以自贖。公許之，而進卒擊殺斌卿，沈之於海。斌卿頗能以小惠結士心，故其死也，多惜之者，甚且訴其死之屈，以爲公奪其地而誘殺之。然斌卿一拒監國於丙戌，微公棄地扈從，則監國閩中之二年不可得延；再拒於己丑，微公合軍誅討，則翁洲之二年不可得延；此事跡之顯然者，而乃據愚民之口，以混黑白，其亦昧矣。

監國既居翁洲，晉公太師當國。庚寅，公殺平西伯王朝先。朝先本斌卿將，公與進招之，預平翁洲之功，公頗忌之，遂襲殺焉。朝先驍勇，翁洲人仗之。及死，部將遂多降於本朝，請爲鄉導以攻翁洲。予嘗謂公之殺斌卿爲有功，而其以非罪殺朝先則有過，此則不能以相掩者也。

辛卯秋，大兵下翁洲，公以蛟關天險，海上諸軍熟於風信，足以相拒，必不能猝渡，乃留阮進守横水洋，以弟左都督名揚、副安洋將軍劉世勳守城，而自以兵奉王擣吴淞以牽制之。或謂公曰：『物議謂公借此避敵矣。』公曰：『吾老母、妻子、諸弟皆在城，吾豈有他心哉。』軍遂發，而進以反風失勢，戰死。世勛、名揚力守，急呼公還救，未至，城陷，公之太夫人范氏、夫人馬氏，名揚偕其弟及妾，闔門舉火自焚死，〔嚴注〕名揚有兄名甲，亦同死。參謀軍事順天顧明楫亦豫焉。公聞信慟哭曰：『臣誤國誤家，死不足贖。』欲投於海，王與諸將救之而止，乃復扈王次於鷺門。

癸巳，公以軍入長江，直抵金、焦，遥望石頭城，拜祭孝陵，題詩慟哭。〔嚴注〕張公金山寺題詩，據監國紀年、舟山紀略，是壬辰十月，非癸巳也。

甲午，復以軍入長江，掠瓜、儀，深入侵江寧之觀音門。時以上游有蠟書請爲内應，故公再舉，而所約卒不至，乃還，復屯軍南田。是年公卒，〔嚴注〕張公殁于乙未十二月二十八日戌時，有大星殞于海，光芒如電，有聲。亥時起擊牀，大呼『先帝』數聲而卒。葬日，有白鷺數千羣，盤旋數日而去。此據舟山紀略，而監國紀年則以爲殁於甲午十二月。遺言令以所部歸張公蒼水，悉以後事付之。論者以爲陶謙之在豫州，不是過也。蒼水爲葬之蘆花嶴。

初，翁洲之破也，沈公宸荃在公軍，咎公恃險輕出以致敗，不數月，沈公泊舟南日山，失維不知所之。或以爲公本奉王以逃，而覆沈公以弭謗。然公一門俱在危城，而但奉王以逃，固無是理。至沈公之死，亦何以定其爲公。要之，公之累蹶累起，以死奉王，其精忠不可誣，而恃險輕出，則亦天意爲之，不可以成敗逐雷同之口。至於當國之後，多病其專，諒爲事之所有。然以公有丙戌、己丑兩度之大功，吴淞、翁洲闔門之大節，卒之再入大江以求申其志，則其專命擅殺，與夫恃險輕出之罪，吾固不必爲之諱，而以爲賢於黃斌卿萬萬矣。今之作翁洲志乘者，曲筆於斌卿，而深文於公，混祀斌卿於辛卯死事諸公〔校〕黃本無工二字。之首，而公兄弟反不豫，何其謬戾一至於此耶？予故序公之事，鑱之墓上，固非但畢吾族母之志也。更爲之哀詞曰：

翁洲、石浦，彷彿於殘宋之厓山。公魂不死，長留此間。功過不掩，曲筆宜删。蘆花寒月，如聞哀淚之潸潸。〔嚴評〕哭可聞，淚不可聞。

## 張太傅守墓僧無凡塔志銘

〔校〕黃本列於卷五之末。〔嚴注〕汝應元，華亭人，隆武時官御旗牌總兵、都督同知。閩亡爲僧，名行誠。

無凡姓汝氏，名應元，字善長，明南直隸華亭人，故太傅張公麾下總兵官、都督同知也。少讀書，通文筆，頎大魁碩，有勇幹，善料事。以家貧，事同里張公肯堂，時年尚未二十，張公一見異之，曰：『此非隸役中人。』張公撫軍福建，無凡在幕府，最荷委任，往來海上指麾諸將，以捕盜積功至都司僉書，然尚侍軍未上也。

乙酉四月，以張公孫茂滋同歸松江，而南中亡，夏考功允彝倡義。時吴淞總兵吴志葵故出夏門下，以麾下應之，薦紳則沈尚書猶龍、陳給事子龍、李舍人待問，皆松之望也。無凡遽以便宜盡發張氏家丁，出家財，爲支軍一隊，與志葵合。或駴之曰：『此大事，何匆匆。』無凡笑曰：『我公志也。』於是夏、陳諸公相納以袍笏，列拜無凡於營前，且曰：『斯四十年領袖東林之錢尚書所不肯爲。』而無凡名大震。

志葵師敗，無凡護茂滋浮海入閩，隆武知之大喜，即授御旗牌總兵官、都督同知。福州軍政司之鄭氏，張公雖太宰不得有所展布。隆武議親征，以張公任水師，率麾下從禡牙，將發，鄭氏以其私人郭必昌代之。已而鄭氏降，隆武出走，張公浮海至舟山依黄斌卿。適監國魯王方失浙東，叩關求援，斌卿不納，張公力爭不聽。無凡曰：『斌卿意叵測，應元請使死士刺之，奪其軍，以迎監國。』張公曰：『危道也，汝姑止。』

張名振之應松江也，都督亦踴躍欲赴。張公曰：『事未可知，吾今不可一日〔校〕黄本無上兩字。離汝。』蓋自張公散軍入海，飄泊蠣灘鼇背之閒，瀕於危者不一，皆無凡扈持之。嘗撫茂滋謂之曰：『我大臣，宜死國。下官一綫之寄，其在君乎？幸無忘。』〔校〕黄本無上三字。無凡曰：『謹受命。』忽一日，大風雨，呼之，則已空閣不知所往，張公大驚，如失手足。次日，有補陀僧入城曰：『昨有一偉男子來，腰閒佩劍猶帶血痕，忽膜拜不可止，亟求薙度，麾之不去，不知何許人也。』張公家人聞之，亟歸告，公曰：『此必吾家應元也。』已而以書謝公，曰：『公完髮所以報國，應元削髮所以報公。息壤之約，弗〔校〕黄本作勿。敢忘也。』自是遂爲僧於補陀之茶山，所謂寶稱菴者，釋名行誠，而字無凡。

辛卯，舟山破，張公以二十七人死之，獨命茂滋出亡。無凡遽入舟山，則已失茂滋所在，乃詣轅門求葬故主。諸帥欲斬之，有一帥故佞佛，憐其僧也，好語解之曰：『汝亦義士，然此骨非汝所得葬也，不畏死耶？』無凡曰：『願葬故主而死，雖死不恨。』其帥乃曰：『吾今許汝葬，葬畢來此。』曰：『諾。』乃歸殮張公，並諸骨爲一大冢瘞之，徑詣轅門。諸帥皆〔校〕黄本下有『大』字。驚異，乃命安置太白山中。無凡既不得自由，密遣人四出詗茂滋，聞其羈鄞獄中，乃令同院僧之出入帥府者，爲前許葬之帥言無凡精曉禪理，可語也。其帥大喜，遽延與語，相得甚歡，則乘間爲言茂滋忠臣裔可矜，且孺子無足慮，請往視焉，許之。無凡乃請之當事求出茂滋，不得；以合山行衆請之，又不得；請以身代，又不得。會鄞之義士陸宇燝等以合門四十餘口保之，而閩中劉貢士鳳翥亦爲言之，茂滋乃得出。無凡又爲力請，竟得放歸華亭。數年，茂滋病卒，無凡遂終身守張公之墓，老死於補陀中。其銘曰：

都督晚年，頗遭誣屈。謂其居山，尚交張杰。懸嶴之役，實所決裂。嗚呼稗官，一何失實。不負鯢淵，忍負蒼水？宮山之言，了非曲諱。豈期思舊，鑄此疵累。敢曰大儒，遂無誤毀？〔嚴注〕殆梨洲思舊録亦有此言。

# 鮚埼亭集外編卷五

## 碑銘二

### 明淮揚監軍道僉事謚節愍〔校〕黄本無上三字。鄞王公神道碑銘〔校〕

黄本列眉仙馮公神道闕文後。〔嚴校〕此文已編入前集第六卷，略無異同，此宜删。

乙酉，王師南下破揚州。閣部史公之死也，或傳其已渡江而東，故其後英、霍山寨猶冒其名。或曰突圍出城死於野寺，莫能明也。幕府監司王公之死亦然。是時，僕從星散，或傳其已縋城逃之淮北者，故是時家中猶望其還，見於其姻家董户部德偁之詩。閣部之死於南城也，以史德威之目見而後信之。王公之死也，以應參軍廷吉自軍中歸，〔校〕黄本無上四字，寄其遺言而後信之。嗚呼！士君子斷頭死國，而其事猶在明昧之間，令人疑信相參，良久而始得其真也，豈不悲夫！

公諱纘爵，字佑申，鄞工部尚書莊簡公佐之孫也。父某，蔭生。公亦以莊簡身後恩得官。甲申，試知溧水。已而補應天府通判，時則赧王方登阼，馬、阮哆張用事，公無所見，故請赴閣部軍前自效，乃以同知揚州府監軍。而閣部亦内困於讒口，外則諸鎮不用命，待死而已。

尋晉公按察僉事持節。閣部憐公，一日謂曰：『時事可知矣，君徒死於此何益，吾當送君還留都，以爲後圖。』公曰：『下官世受國恩，願從明公死，不從馬、阮生也。』閣部改容謝之。時知江都縣周公志畏，亦鄞人也，與公誓共死，登陴分守，城破隕於兵。嗚呼！公志在死，即留都亦何嘗不可死，海岸之從容，足爲孝陵弓劍之光，正不必謂定偕馬、阮偷生也。而公所以不肯者，不欲負閣部耳，不負閣部，豈肯負國？斯其不媿爲莊簡之孫，而有光於故國之喬木者，不已重哉！

聖祖仁皇帝詔修明史，已爲公立附傳於閣部卷中，顧猶稱其故官。予以應氏所言參之嘉禾高氏忠節録，乃知其已爲監司也。公之大節豈在階列之崇卑，而權史則不可以荒朝之命而〔校〕黄本無此字。没之。〔校〕黄本下有『也』字。公一女，適董户部德偁子允珂，賢而孝，通翰墨，當公生死譌傳之日，昕夕泣血望父而死。一子兆豸，有異才，以公之殉於揚也，不忍家居食先疇，終身躑躅蜀岡、邗溝之上，遂以野死，君子哀之。兆豸詩尤工，里中錢退山、董曉山，關中孫豹人皆推之，予求之揚，竟無傳者。公之從孫丙，乞銘公墓，予故牽連附志之。其銘詞曰：

喟彼石頭，不如廣陵。願從明公死，不從馬、阮生。先公可作，葆兹家聲。

# 故儀部韋菴李公阡表〔嚴注〕棡，杲堂之父。

順治丁亥，吾鄉有『五君子』之禍，其時故家遺老，蓋多豫其謀者。及爲夫己氏案：謝三賓。所告，『五君子』被縶。夫己氏謂其客曰：『盈城士大夫讐我矣，當一網盡之。』於是復使其客上變，次年人日所名捕百餘人，而鄞故都御史高公斗樞、故儀部李公棡爲之渠，大訊於杭。然里中諸義士尚多，相與捐數萬金救之，其難得解。方事之殷，同獄思留身以有爲者，不能不爲遜詞以對簿，獨高、李二公誓死嘿不出一語。既得出，高公歎曰：『幸脱虎口之中，非始願所及也。』論者亦謂當此大厄，强項不屈，而卒得不死，以爲大慶。而李公曰：『吾前此不欲隕黑穽耳，今得見白日而死可矣。』於是閉氣絶粒數日，卒死之。家人問遺言，張目不答。高公歎曰：『吾媿之也夫。』時戊子二月十七日也，得年六十有二。

李公諱棡，字宗海，一字韋菴，鄞人，前兵部尚書謚忠毅槿之從弟也。崇（正）〔禎〕丁丑進士，釋褐知廣東潮陽縣有惠政。時思宗課吏急，特旨頒下四條，曰脩城隍，具器械，廣積儲，練士卒，公課以最。暇日重修韓吏部、文丞相諸祠，更築亭於東山，以爲觴咏之地，署曰『水許』，取坡公『水則許我』之旨也。尤喜得士，潮之生徒争師之。陳文忠公子壯，廣之南海縣人也，爲公座主，亦遣其子上庸師之。直指使者薦於朝，思宗召見，賜以白金，且用爲給事中御史。會畿輔被兵，守令多死，宜興當國，請以諸覲吏有幹力者暫承其乏。或曰首揆恐覬吏入臺省發其陰私，故外之。公得永清縣。永清再被兵，村落蕭然，居民流轉，公還定安集，食不下咽。讀公所作入境詩，皆比之元結春陵之遺。在官十月，宜興獲罪，公等皆召還。再入對，議用爲給事中，而三月十九日之變作，間關南歸。

福王之立，貴陽當國，政以賄成，遣人從公索賂不得，乃令浙之直指任大成疏糾公，欲入之六等爰書，以事無所據而止。公曰：『吾求諒於先帝已耳。』卧家不出。踰年而江上師起，以薦召爲儀部主事，尋復歸，又二年而及難。嗚呼！公當可以無死之際，亦豈不欲徘徊事變，以爲後圖，其所懼者再辱其身以辱國，故決計求死，以免王炎午之惓惓，其可不謂之志士也哉。

公之死也，有子文胤，亦囚蛟關馬櫪，六十餘日不相聞。有女文玉，已嫠居，傾家爲父。而前御史禾人曹溶方在杭，爲助殮事。同里萬泰以其喪歸。及文胤得脱，而公柩至矣。家人出公獄中所衣毳，其毛寸寸落，血痕狼籍。是秋，文胤再下府獄，竟得不死。其後風節甚高，浙東稱爲杲堂先生者也，葬公於東皋之省嶴。安人邵氏祔。文玉年二十，其夫溺於江，慟哭三日，躍身入水，屍從江面浮出，既喪父，削髮爲比丘，甬上稱爲梵淨師者也。又八十年，公曾孫世法勒石墓上，而予爲之次其略。

# 明嵩明州牧房仲錢公兩世窆域志銘〔嚴注〕鄞人，卒于雲南嵩明州知州任所。子美恭，萬里尋親，奉柩歸葬。

嵩明錢使君卒於滇中，其子萬里歸骨，梨洲前輩記其事矣。使君曾孫鍠還以爲未盡，奉其家藏使君滇中所寄手蹟，乞予更志其窆域。

嗚呼！使君以崇禎癸未令滇中之陽宗，不半年而北都亡；又一年而南都亡；滇中亦大亂，下邑長吏，魂驚魄散，無復宦情，多棄印綬逃去，獨使君撫循疲民，不震不動。時嘗集諸生，鳴琴講經，未嘗以喪亂形其草略。大吏交薦，以考最，擢嵩明州牧。天南道斷，故鄉親從遣人間行入滇，以勸其歸。使君復書曰：『乙酉之夏，江南已無君矣，止亭弟尚與孫、熊諸公「畫江」求君而事之；丙戌之夏，浙東已無君矣，止亭尚與諸公航海求君而事之。倘爾時吾家居，亦當隨諸兄弟後，自請效死，而況奉先皇之命入滇中，雖經喪亂，吾君尚在，其忍委而去之，更何面目入家廟見故人。吾豈不知天南之亂已極，非特小朝，抑亂朝也。其不能爲浄土在旦夕間，顧吾但求畢吾之志而已。』止亭者，大學士忠介公，使君族弟也。

乙未五月十二日臨終，謂家人曰：『幸得保兹首領以見先皇，莫以絶域爲恨也。』滇民聚而哭之，葬於通海之南山。使君先舉三子，滇中所攜小妻〔校〕黄本作『少房』。舉二子，長子先卒，仲子隨行，而叔子美恭，奉母家居，即所稱孝子者也。

使君之卒，家人未知。又八年天南大定，孝子日夜號咷告母，欲求其父，而家無一錢，奮足出門。適有伶人演院本所云尋親記者，孝子曰：『是我也。』乃習之，業成，買鼓板一副，每逢市鎮輒唱之，宛轉哀動行路，稍稍得錢，則又前行；錢罄復住，望門唱記數日，則又得錢。聽者訝其度曲之神，不知其爲寫心也。遂展轉依人，得入粤中，而一病於廣東，再病於廣南，瀕於死者數矣。及至滇，蹤跡茫然，遇土人之知者，始得使君死問及其葬地，而眷屬不知流落何所，哀哭無措。又遇土人之知者，得導至其舊僕所居，始得展使君墓下，并求庶母兄弟而見之。展轉乞哀告貸，又求爲人記室以得傭值，凡閲七年，始得歸骨。嗣是以後，鄞人演院本者，不忍復奏『尋親』之曲，比之王裒門下之廢蓼莪。

使君諱士驌，字房仲，一字道生，浙之鄞縣人也，天啓丁卯舉人。娶倪氏，葬於某原。孝子字西侯，娶徐氏，祔葬使君墓下，子懿綱，即鍠選父也。孝子既歸父喪，以貧出遊，卒於山左之濟寧。懿綱奉棺浮舟南下，中夜聞空中告以速行者，即促舟人鼓棹疾發。次晨河水大決，直抵揚子江口，餘舟多遭衝没，時以爲孝子之報。懿綱亦早卒，其婦周氏苦節撫鍠選以有成。一門三世，名德承承，天之報使君以報孝子者多矣。其銘曰：

嗟孤臣之戀主兮，甘心埋朽骨於滇池。嗟孝子之求父兮，赤手返羈魄於鳳溪。碧雞、金馬，忠孝所依。來伴慈烏墓門之棲。

## 明監察御史退山錢公墓石蓋文〔嚴注〕肅圖。

退山侍御墓文，予既令其子濬恭〔嚴評〕如此下筆，似是濬恭父執矣，得毋於義未安乎？援司馬温文正公序十國紀年之例，即用予所作東村集序上石。而濬恭以生卒月日子女之未備，令予補書，予乃援柳州墓石蓋文之例，另敘一通，以復濬恭。

侍御諱肅圖，字肇一，學者稱爲退山先生，浙之寧波府鄞縣人也。其世系則故封禮部主事鳳午之曾孫，知臨江府若賡之孫，瑞安訓導贈副都御史益忠之子，大學士忠介公肅樂之弟。以諸生倡義，歷官監察御史。辛卯，翁洲之役，被俘不屈，同輩已戮盡，次及侍御，監刑者熟視，忽釋之，非所望也。生於萬曆丁巳八月二十一日，卒於康熙壬申十月初二日，得年七十六歲。孺人周氏，副室史氏，合葬於東吴書院山之麓。子三：長濬恭，即爲忠介後者也；次澄恭、漸恭。〔校〕黄本無上五字。

濬恭嘗謂予曰：『不肖年十一，即隨先君出而索食，每至江上，先君輒惝怳四顧，指謂不肖：此汝世父故營，所稱「瓜瀝軍」者也；此故大學士孫公營，所稱「龍王堂軍」者也；此故大學士沈公營，所稱「盛嶺軍」者也；此故大學士熊公營，所稱「湖山軍」者也；又一營介乎龍王堂、盛嶺之間，故吏部侍郎章公軍也；又一營在潭頭，最與方國安營相近者，故都御史寧紹台道于公軍也。此則所謂「瓜瀝六家軍」者也。其夾瓜瀝左右而營者，故錦衣徐公啓睿及予之支軍也；其夾龍王堂左右而營者，故太常林公時對、駕部屠公獻宸及南雷黄氏之支軍也；其湖山之小營，則故侍御餘姚長官王公正中之軍也；其盛嶺之小營，則故侍御慈谿長官王公玉藻之軍也：此皆「六家軍」之麾下也。其獨當小亹者，故義興伯鄭公軍也；其在下莊一帶者，故太僕陳公潛夫軍也；其遥駐龕山一帶者，故尚寶朱公大定、平（吴）〔胡〕將軍陳公萬良、職方查公繼佐軍也；其在分水一帶者，故都督姚公志卓、太僕方公端士軍也；其控扼富陽、桐廬而軍者，故首揆張公營也。則又憤怒而言曰：『此逆帥方國安營，所稱「七條沙軍」者也；此王武寧〖嚴注〗之仁。營，所稱「西陵軍」者也。語至此，則必噭然而哭。至若翁洲、健跳、石浦諸藩帥之强弱，琅江、長垣、鷺門諸藩帥之順逆，先君嘗終夜爲不肖輩言之，而惜其時年尚少，不能强記。』又曰：『不肖輩隨先君於淮上時，河道制府靳公真賢者，延先君入幕，而先君辭以疾，制府乃爲假館於外，而就諮之，然先君終不自得。』又曰：『先君臨終戒不肖兄弟，故國故君之感，此吾輩所當没身而已者也，若汝輩則不容妄有逆天之念，存於其中。』

嗚呼！予生也晚，不及奉諸遺老履絇，而世更百年，宛然如白髮老淚之淋漓吾目前也。斯即見斯文者，猶將爲之涕泗不已，而何〔校〕嚴乙去此字。況於濬恭兄弟乎哉？

初侍御歸自海上也，杭人吴農祥晚出，欲爲名高，移書謂侍御不當出而爲索食之遊，侍御以良友謝之。及農祥應詞科之辟，人多笑之。侍御曰：『士之出處各殊耳。』其渾厚如此。今濬恭已爲忠介後，而有子懿蕖能追念本生，謀爲侍御置墓田，以崇祀事，是則可嘉也，爰即詮次其語列之蓋上，而繫之以銘，其詞曰：

荒朝柱史，東村老農。九死不死，有此幽宫。窮冬木介，吾疑爲血淚之所封。

## 明職方主事兼三錢公墳銘〔嚴注〕肅遴。

忠介錢公以戊子卒於閩之琅琦，其第五弟檢討殉於福安。又七年，其第九弟推官殉於鄞；明年，其第七弟兵部亡命發狂，而死於崑山。君子曰：『錢氏有四忠焉，而兵部有婦稱奇節，則又四忠之餘烈也。』

兵部諱肅遴，字兼三，其世系見諸兄碑志。兵部性樂易，喜爲詩，亦工書，以諸生從軍，初授監紀，未受；入閩以薦入樞曹。妻安人鮑氏，方未國難時已納采，未及娶而難作，閩、浙路絶，鮑氏父兄欲更擇壻，安人不可；父兄歎曰：『非不知其不可，顧錢郎播遷天末，必無生還之望。』安人遽嚙臂出血爲誓，其家愕然而止。己丑，兵部從亡翁洲。辛卯，翁洲破，來歸，始成婚，安人之年二十六矣。

甲午，張公蒼水以定西之軍入長江，兵部挈眷與弟推官間道赴之。張公倒屣迎曰：『段文鴦耶？

江子四耶？尊兄爲不死矣。』已而師退，兵部歸。

乙未，翁洲復歸海上，兵部復與推官赴之，時復潛行中土，結内主之助。丙申，大將軍宜爾德再下翁洲，兵部復與推官先期入告，未達，追兵及之，推官死焉，兵部亡命。是時，兵部同祖兄弟有通籍者，恐兵部兄弟出入焦原無已時，終爲家門之累，頗相齮齕，兵部乃挈眷居崑山，思得間爲入海計。

己亥，蒼水又入長江，兵部又從之。已而兵敗相失，流轉太倉、嘉定間，快快不自得。一日，嘔血數斗，大呼不絶以死，得年三十。安人勉治殯殮，祝髮爲尼，與長洲殉難忠臣劉公曙之夫人，同居一草菴中，泣血紡績，以求歸櫬，數年始得，呼其弟至崑，負骨以歸。或勸以焚化，輒哭拒之，卒葬之君舅瑞安公墓旁，而身學道於戒珠菴。及兄公侍御舉子濬恭，乃歸，撫之若己所出。臨終謂濬恭曰：『我死當葬汝叔墓旁，無得用空門禮也。』濬恭乃以命服殮，爲合兆焉。是時，黄山汪侍郎沐日，亂後爲僧，其卒也，議者謂當以儒服殮，而其徒不可，蓋泥於侍郎之無遺命也，安人之見卓矣。安人尼名定鎔，字覺幻。嗚呼！兵部之百折不回，必欲展其初心，而卒以之畢命，亦可哀矣。而安人以巾幗芳年，矢苦節以報之，何其烈也。

濬恭以忠介爲所後父，以安人爲慈母，故兼承其祀，而乞予爲文以立之墓上，予不敢辭。其銘曰：

斯其爲故國之雙雙兮，哀魂夜集於冬青之樹。鬼車過之，尚知所懼。

# 明監紀推官叶虞錢公墓志銘

〔嚴注〕肅典。

忠介錢公兄弟十有二人，而推官肅典居第九。起兵時，諸弟從軍者四人，推官年尚少，未豫也。丙戌，從諸兄浮海。戊子，忠介殉於琅琦。己丑，叔兄檢討殉於福安。推官展轉閩、浙之間。庚寅從亡，共保翁洲，始有監紀推官之命。翁洲内附之後又五年，卒以義死。嗚呼！何錢氏之多奇也。

推官故吾全氏壻，未及娶而航海，及歸，卒不克娶而死，其年僅二十六歲。嗚呼！錢氏故世受國恩，然忠介仗義於天地崩裂之中者四年，足以報矣。檢討抗守孤城，接踵喪元，亦足以嗣其兄矣。推官似亦可以無死，而卒死之，其殆有幸於得死，而恥託於可以無死之説者耶？其亦異矣。

推官之仲兄侍御有哭推官文，顧嗛嗛不敢詳其事。予嘗以問之先君，則曰：『翁洲以辛卯破，甲午推官與其叔兄樞曹航海復入閩南諸島，因同蒼水張公入長江。乙未，蒼水居翁洲，推官兄弟復赴焉。然又時時入内地，以諜消息。丙申，中朝遣大將軍宜爾德帥師再入海，推官方與樞曹渡海告警，追騎至，樞曹得脱走，而推官被執。帽落，髮毿毿然周臂。會大雨，騎入村廟，飲醉卧。土人至者，問知其爲忠介弟，競憐之，或遂欲脱其械，導之走。推官乃昂首歎曰：「吾亦安可以頻辱哉！」謝遣土人，呼騎起，偕之鄞之三江口，不屈而死，時丙申七月十有一日也。』嗚呼！推官欲逐虞淵之日，勢不至化爲鄧林不止，即令是時得脱虎口，亦終難必其免於死也；終於難免，則不若早從其兄於天上之爲愈矣，此推官之志也。顧如土人者，殆亦山谷中有心人乎。

推官當蹈海時，猶挾忠介遺集以行，尤可悲也。近者忠介嗣子濬恭以先集來，因與予語及諸父死節諸佚事，予舉舊聞以告之，濬恭喜其歲時之覈，足補家傳之闕，請援檢討大招之例，并爲推官置兆域，而皆摛詞於其石。

推官諱肅典，字叶虞，其世數見諸兄碑志，不復具。其銘曰：

不降其志，懼負其兄；不屈其節，懼累其生。所惡有甚於死者，相與羽化而同〔校〕黄本作『俱』。升。

## 明錢八將軍墓表〔嚴注〕肅繡。

故太保閣學忠介錢公，有同七世祖弟肅繡，字文卿，世所稱錢八將軍者也。

錢氏爲吾鄉望族，世用簪纓禮樂著，無以勇力見者，太保尤孱弱，而文卿獨力扼虎，射命中，飲酒可數斗，飲愈醉，膽愈壯，仰天振纓，意氣横舉。太保起兵，其同産弟從軍者四人，從子一人，又族弟二人曰肅文、肅度，忽於衆中見文卿，仗策請自效。太保以其恃勇，恐至蹉跌，遏之不許列名。文卿變姓名，注藉諸將幕下。及太保親誓師，見之，駴曰：『汝必欲隨征耶？』

江上出戰，文卿爲先茅，浮白大呼，挺矛直前。嘗中利刃，腸出不及納，一手攬之，一手搉鬬不止，卒連斫二人仆地，始得還營，一軍皆驚，而文卿意氣自若。其時，太保軍中多魁士，如江子雲、王征南，皆百夫之特，而文卿以兄弟，尤勤於護衛，幾如魏武之有許褚也。顧太保時時憒諸營濫邀爵賞，爲偏裨樹恩澤，故文卿在行間積功甚多，而官止參將。

嗚呼！吾讀諸史，北齊之彭樂，唐之郭琪，皆臨陣腸出，以爲何勇悍若此，近則攻臺灣時，藍理亦以此得大用，而文卿以一書生同此奇勇，則幾幾乎過之，乃僅效其長於爝火之一隅。兵解以後，窮老桑麻之間，掩關不敢輕出，惟恐爲霸陵之尉所呵，而日飲；無何，鬱鬱以死。身死之後，世亦無復知之者，悲夫！

文卿事太保甚謹，是時淡巴菰初出，然薦紳士人無用之者。文卿一見好之，太保見而怒鞭之，文卿惶恐扶服謝過，太保撫之而止。嗚呼！斯其所以爲忠義之子弟也耶？

太保嗣〔校〕黄本作『之』。子濬恭以予銘其家先德之備也，請并爲文卿表之。其銘曰：

扼毒龍，斬赤豹。萬户侯，安足道。乃數奇，投海嶠。老失職，嗟不弔。我銘之，表忠孝。

# 明故都督江公墓碑銘 〔嚴注〕漢。

錢忠介公之起事也，幕下列將較盛於張、熊、孫、沈諸家，故其中多健者。而忠介所恃，莫如江都督子雲。

都督諱漢，其原籍爲南直隸徽州府休寧縣，曾祖某，祖某，父某。黄山巨室推江氏，而多以商籍入浙，都督由是家錢唐。膂力雄捷，視瞻瑰偉，居然將種也。相傳都督之生，太夫人夢有金甲神臨之，故都督生而不凡，亦頗以此自奇。

丙戌，挈家而東，詣忠介軍門請自效。忠介大奇之，拔置諸偏裨之上，授以都督僉事總兵官。忠介故未嘗習軍旅，在江上，每日戎服登舟，鳴鼓放船，都督指麾既畢，則畫諾焉。及浮海至長垣，再出師，七閩震動，樓船幾下福州，都督之功爲多。馮侍郎京第之乞師日本也，願得都督同行，忠介遣之。既歸，曰：『東師必不出也。』聞者不信，爭叩之，對曰：『他日請念。』已而日本果愆約。

忠介既卒，都督旁皇無所之。而太夫人尚在鄞，乃變姓名來歸，因定居焉，日與諸遺民賦詩，以寫其磊砢，每語及忠介，則淚淋淋下。

辛卯，姚江王督師梟首城西門，陸副使宇爀謀竄取之，訪於督師之故卒，其人曰：『非得江都督，事不諧。』〔馮注〕黄太沖陸周明墓誌：『王明山與陸周明同詣汪子雲，計取其頭。』副使亟以情告，都督曰：『請以中秋日待我城下。』時都督家居，幅巾深衣，不執弓矢，屆期忽紅笠，披短後衣，縛袴，挾健兒數十，揚揚而出，家人駭之。而城禁方嚴，都督徑〔校〕黄本作『竟』。登之，守者以爲關東新將也，趨叩頭惟謹。既見所梟首，忽怒目視曰：『是吾仇也，亦有今日乎。』拔刀擊之，首墮城下，遂循雉堞周行，縱覽濠水，守者隨之凜凜，而副使已拾首去。〔嚴評〕南雷文敘此事，最奇崛，謝山改爲之，便不佳。是日也，城外方競渡，遊人目炫無見者。都督之出奇應變，大略如此。

都督既居鄞，無以自給，種蔬爲業，諸遺民竭蹶周之。四壁無長物，惟餘忠介所贈寶刀一具而已。病亟，先贈公往視之，都督咄咄曰：『金甲神不靈耶？』先贈公曰：『神或既錢、王二公之識也。』都督歎曰：『然則吾何望矣。』於邑而瞑。

都督生於某年月日，卒於某年月日，葬於某鄉某原。其銘曰：

桓桓神勇，布有從戎。故人其誰？宰相魯公。魯公既死，朱鳥哀號。誰憐蕉萃，爲賦大招。

## 明故都察院右副都御史東王公神道闕〔校〕黄本作『碑』。銘〔校〕黄本列於卷四『右僉都御史王公墓碑』後。〔嚴注〕江，慈谿人，以與王侍郎翊同屯兵杜嶴，稱『東、西王』以別之。

古今來節士，遭逢人倫之變，進退俱難者，蓋多有之：趙苞勢不能復顧其母，祇應以一死自謝，終爲恨事。徐庶之從魏，先儒不以爲非，然夷考之，則庶竟仕魏，無乃違其初心，豈方寸卒不自主耶？姜維自負遠志，長往不顧，亦未爲得。獨周虓入秦，始終不可屈節，一奔漢中，再徙朔方，可謂烈哉！至吾鄉王都御史而益奇。

浙東之僨事也，同里王公翊與公結寨四明山中。先是，畫江而守，二公連名上書監國，請募沿海義勇勤王自效。師甫集，而王航海，二公遂頓兵四明之杜嶴，以爲海上聲援；海上之人呼之曰東、西王以別之，西王公主兵，東王公主餉。當是時，浙東之師雲起，由寧、紹以至台、處，所謂山寨者相望也。既以不練之兵烏合，復無所得餉，四出劫掠，居民苦之。御史李公長祥在東山，翰林張公煌言在平岡，且耕且屯，最爲居民所安，而孤弱不能成軍，獨西王公招兵最盛。而公善理餉，計山中屯糧所收不足，親往民家計其產，用什一爲勸輸，以忠孝感動之，有額外擾民一粟者必誅。又時遣人入内地結連遺老，致其扉屨之助。故杜嶴一軍之强，甲於他寨。侍郎馮公京第、御史張公夢錫遂合軍來守大蘭。公總司三營之餉，浙東列城畏之如老羆當道，而胥吏不復下鄉催租，於是山中之民益樂輸。監國之居舟山，非此一軍，莫能安也。庚寅，大兵決計下舟山，先廓清山寨，以絶其援。

兩軍由餘姚、奉化會於大蘭，而游騎分道四馳。馮、張二公死之，西王公避入海。公亦走，大帥劫公太夫人以招之。公乃盡薙其髮，以浮屠服至【校】黄本作『入』。杭。時大帥方議勞來故國遺臣，得公喜甚，盛爲館帳如幕府而防閑之。未幾，太夫人以天年終，公忽買一妾，昵之甚。於是夫人晨夜勃谿詬誶，公乃控之吏而出之，夫人亦攘臂登車，歷數公隱微之過而去，鄰人駭焉。一日，公遊湖上，防守者以其妾在不疑，而公竟不知所往，乃知向者，特以術脱其妻也。

公既脱，攜其夫人復入海，朝監國於金門，張名振請爲監軍。甲午，引師入大江，抵燕子磯，望祭孝陵，題詩慟哭而還。乙未，名振卒，海師復下舟山，張公煌言駐軍焉。時有沈調倫者，復起四明山中，來迎，公乃赴之。山中人聞公至，壺漿以迎者如蝟。浙東大帥方以舟山爲急，聞公至，謂山寨且復爲舟山犄角，急攻之。公中流矢卒。公卒，而舟山復破。

公諱江，字長升，原籍紹興府餘姚縣，遷慈谿縣之葉嶴。曾祖某，祖某，父某。娶李氏。公少蹇於制舉，其起兵時，尚未爲諸生也。嗚呼！豈料公之所樹立，一至此哉。初授户部主事，改户科都給事中，遷都察院右僉都御史，晉右副都御史。

公之卒也，部卒竊其尸歸葬葉嶴。同時，李公長祥散兵隱山中。江督郎公廷佐於浙東物色得之，亦盛以禮致焉，居之白下，其實羈之也。李公亦買一姬，朝夕酣歌恒舞，窮盡荒樂，郎公稍稍薄之，謂其懷於此土，諒無他矣。一夕行遯，大索，卒不可得。李公蹤跡頗與公不謀而合，而公末年更多起兵一節，則幾過之矣。

公之事，已詳於黄氏四明山寨記，吾友鄭性令予爲其神道之文，乃即據黄氏所紀而删補之。其銘詞曰：

神龍見首，必護其尾。有時蠖屈，終於鵬徙。縱見其尾，孰見其髓。吁嗟王公，死而後已！亦有侍御，斯人敝屣。

## 明故太僕寺少卿眉仙馮公神道闕銘

〔校〕黄本列卷五之首，題作『明故都察院右僉都御史眉仙馮公神道闕銘文。』〔嚴注〕元飂。

公諱元飂，字沛祖，别號眉仙，浙之寧波府慈谿縣人也。太常卿若愚子，工部司務季兆孫，封布政使燮曾孫。太常子三：長元颺，右僉都御史，巡撫天津；次元飈，兵部尚書；而公最少。

馮氏於慈谿，代爲冠冕家，而津撫兄弟尤以盛名見重於世，時有『大、小馮君』之目。浙東自沈、朱二閣臣而後，聲息不與東林相接，至大、小馮君出，而操東林之柄。士子欲自附於清流，但得大、小馮君一言，則雖以碩儒如蕺山、漳浦亦無異論。公於其時，步趨二兄之側，所聞所見，莫非奇節偉行，而公不甚自暴白也。

崇禎壬午，以順天貢士待試春闈。時寇禍亟，思宗倚任尚書與户部倪公，調兵調食，委以心膂，而猜疑未化，謂尚書在中樞，其兄又爲畿甸開府，未必能盡潔身苞苴之外，思有以嘗之。一日已晚，忽有人叩尚書邸求見，尚書以事冗，顧左右請三相公出見之，謂公也。公出，則其人以三千金求一邊帥缺，公怒，標而出之，以告尚書。尚書喜曰：『真吾弟也！』次晨，尚書入朝，思陵迎笑而語曰：『卿家三相公，真卿弟也。』尚書駭〔校〕黄本作『駴』。愕，乃知昨夜之以三千金來者，上所遣也。津撫聞之亦大驚，而於是『三相公』之名，繼大、小馮君起。是科，公以五經成進士。時尚書爲國理樞務，日憂日瘁，又内懼思陵猜疑之跡，遂成沈疾。思陵疑其僞託，〔校〕黄本作『託疾』。久而知之，乃得假歸，而謗之者，終以爲避禍而去。津撫進南遷之策，既不得達，京師遂陷。津撫誓師討賊，監司内叛，自拔南歸。江左清議，亦頗以臨難不死加責備，於是大、小馮君相見於杭，執手流涕，共約赴南都請復仇自效。而赧王方翻逆案，東林黨人概置不用。

甲申九月，津撫與尚書，十日之中相繼以鬱鬱死。尚書臨終謂公曰：『吾無以慰伯兄未遂之志矣，汝其勉之。』公號咷曰：『敢不爲國盡死。』公以丙戌〔校〕黄本作『辰』。之春赴南都，授兵部主事。已而靖南伯黄得功出討左兵，請監其軍，乃改上江兵備僉事，持節視蕪湖軍。蕪湖告捷而大兵渡江，赧王蒙難，公跳身至錢唐，則潞王迎降，乃歸慈水。

會沈公宸荃起兵，公大喜，告於兩兄之靈而行。江干進公太僕寺少卿，公輸家財以充〔校〕黄本作『通』。餉，而江干又破。公歸，哭於兩兄之墓曰：『國事今已矣，賴宗社之靈，或可以一綫支，兩兄其冥助之。不然，弟當蹈海而死，更不得展拜先墓矣。』遂赴翁洲。時翁洲爲威〔鹵〕〔虜〕侯黄斌卿所守。公至，問以監國消息，則曰：『前數日已入閩。』公呼天長慟。公以貴介子弟，少未嘗遭困苦，至是驟加憂憤，神氣俱索，終日望海咄咄，不數旬而亦病，病甚，不肯進藥。斌卿往視之，公張目曰：『下官累世並受國厚恩，而先伯仲尤爲國家元老，先伯仲耿耿之志未遂而死，〔校〕黄本無上四字。將以望之下官，而今又死，天也！』言訖而瞑。

嗚呼！以予所聞公兄弟三人之生平而論之，津撫老成忠謹則有餘，而稍嫌才短；尚書才足辦事，而或言其過於博大，然要之皆正人也。津撫之不死於津，與尚書之聞變而未死，其意原欲以有爲，乃南都諱言討賊，於是二公悔當日之不死，而卒以死自明，此則心跡之昭然者也。然使二公少更濡遲，以及『畫江』之日，則必出而有爲。其出也，究之亦歸一死，則前日之志得申，而天下後世無異詞。故論者惜二公之死稍晚，而予反嫌二公之死稍遽，試觀公以甫經釋褐之進士，流離海外，視死如歸，夫孰非二公之志也哉？

公生於萬曆乙卯十一月二十一日，得年三十二歲。〔嚴評〕古人志墓書卒，書葬，而不書生。元明人始生卒並書。從未有書生而不書卒如此文者。〔按〕此殆以馮公卒於清，故諱之，以示遺民之志，未可遂以文體論謝山也。〔馮注〕馮氏家乘，公卒於順治丙戌七月二十一日，文當作卒於監國魯六年，從公志也。夫人某氏，子某。自公歿後，翁洲遂成域外，又四十餘年而始得歸葬先塋之次。又四十餘年而予爲之銘，其詞曰：

東林黨人大、小馮，有志未遂長負恫。誰其竟之三相公，野棠猶映棣蕚〔校〕黄本作『蕚花』。紅。

# 結埼亭集外編卷六

## 碑銘三

### 明故大理寺評事林先生阡表

〔嚴注〕時躍，鄞人。

古今來保孤之事，嬰、杵而後，如漢李、陳二太尉之有王成、朱震，唐張丞相濬之有葉彥明，方學士之有魏澤，莫不豔稱而樂道之。蓋不負師友之誼者，使其與人家國，必無慙德。倘盡如王、舒、甄、邵之徒，將取室毀子，必使覆巢之下竟無完卵，而人類可盡化爲鴟鴞矣。

順治戊子，吾鄉殘明諸臣思翻城迎故主，事洩，死者兵部華公嘿農、屠公天生、董公若思、評事王公石雁、推官楊公瑶仲，而推官之弟御史圓石〔校〕黄本無諸人之字，但作『華公』『屠公』等。亦連染於難。其發難者，降人〔校〕黄本無上二字，有『則』字。謝三賓也。三賓與推官之父最厚，而以反覆不持士節，見擯於清流。至是，刺得其事告之。

六人者既死，妻子皆應北徙爲勛衛役，華夫人陸氏、小楊夫人張氏最先死，大楊夫人沈氏、屠夫人朱氏相繼殉。華夫人將投繯，忽徘徊曰：『職方一子已殉，僅存一子，挈之死則絶嗣，留之則辱，將若之何？』其時董戶部守諭、高隱君斗魁輩，昕夕必造五家之門，勸以早自裁，恐一旦發遣，且卒卒莫措手足。既聞華夫人命，相聚商榷，林先生荔堂曰：『是易耳。』乃竊取職方之孤匿於家，而取瘽子以代。當是時，三賓方眈眈然，誓不盡殲諸人血嗣不止。諸大吏亦以事勢有關，偵邏四出，倘遭發覺，禍且不測。顧先生行之泰然，踰十年，累更肆赦，爲之婚，哭而誡之曰：『汝勝國忠臣之子也。汝父死，吾捧頭舐血而殮之；汝母死，吾躬市櫝木焉。吾亦不料其得保身以保汝也，今幸矣，吾不負汝矣。雖然，父不肯帝，子不肯王，不具此骨，汝終非華氏子也，汝負吾矣。』乃爲之復姓而遣之。諸遺民爲作孤兒行以紀其事。嗚呼！三賓殺故人之子以遂其私，先生不顧其身以存故人之子；氣類之相懸，一至此耶？

林先生者，諱時躍，字遐舉，別號荔堂，世爲浙之鄞人。曾祖某，祖某，父某。先生於太常卿時對爲兄行〔校〕黄本無此字。而先生之年輩爲太常所嚴事，以明經入太學。少弟時象亦有名，時稱『三林』。『畫江』之役，諸公累疏薦，先生謝曰：『時事不可挽也。』即家版授大理評事，固辭，而周旋忠義之徒甚篤。張公蒼水轉徙山海，密書往復，一歲數至。其出仕新朝者，求一覿其面不可得也。悲憤之餘，發諸詩歌，則晞髮、白石之儔也。

晚年與徐先生霜皋緝甲申以來枌社死事諸公，各爲之小傳，而取其生平著述之有繫於名節者附之，曰正氣集。其鶴山書院集如干卷。太常與同志，上私謚曰端節。

因思喪亂之際，如寧都彭兵部劍伯保清江楊閣部之孤，吾鄉陸公子披雲保華亭張閣部之孤，皆以知名。然而兩孤不過畏官司之不赦，非有怨家剚刃於旁也，如林先生者，則更危矣。乃百年以來，漸無知者，夫非文獻不足之故歟。

先生之族孫某聞予言而泫然，乃乞見之貞石之文以發之，予文雖劣，弗敢謝也。詩曰：

我聞防風，其骨一節，足見全體兮。先生之行，采薇采芝，差足比擬兮。手提孤兒，以還死友，不畏焦原兮。以彼其人，故國故君，死且弗諼兮。

## 明故按察副使監軍贛菴陸公墓碑銘〔嚴注〕宇爃，鄞人。

少讀南雷黃氏文案，最愛其陸周明先生墓志，其紀先生葬〔嚴注〕非葬也。姚江王侍郎首，文甚奇，顧於先生大節，尚有所未盡。近來著述家，但以黃志爲底本，不知當時之諱忌固多也。今已年運而往，吠堯之嫌，盡在蠲除，不及是時大闡幽〔校〕黄本作『潛』。德，將與桑海劫灰同歸脱落。先生之子經異亦老矣，每垂涕乞予文，乃更爲墓碑一通，以補其闕。

先生當南都覆没時，慟哭學宮，適董公幼安至，相抱而號，因聚謀爲起兵計。會張公雲生、華公吉甫、王公卣一、毛公象來不戒而集，董公出載書於袖中，先生遂連名署紙尾。顧徧謁諸薦紳，莫有以爲是者，計無所出。先生沈吟良久曰：『是惟錢刑部虞孫可語，但彼以咯血，踰年不應客，吾當排闥見之。』乃往，直入卧内告焉。錢公亟强起曰：『不敢辭。』先生曰：『決乎？』錢公曰：『決矣。』不告其家遂行，召募數日，事終不就。會聞紹興兵起，諸薦紳始稍稍集，虚左席以讓錢公。而夫己氏〔案〕：謝三賓。者方從江上迎降歸，欲敗其事，貽書定海鎮將，有『請殺「六狂生」以靖亂』之語，詳見予所作董公幼安碑志中。當時『六狂生』皆窶儒，獨先生以貴公子毁家輸餉，夫己氏尤欲殺之，不料其計之不行也。先生貽之以書曰：『昔德祐之季，謝昌元贊趙孟傳誘殺袁進士以賣國，執事之家風也。今幸總戎不爲孟傳，遂使執事不得收昌元效順之功。以是知賣國之智，亦不能保其萬全也。』夫己氏得書，咋舌而已。

監國次於會稽，授先生監紀同知，俄進按察副使，仍監軍。時馬士英亦逃至越，匿方國安軍中〔校〕黄本無『時』字至此十四字。先生陳士英十大罪，乞梟其首，以謝江左同朝。〔校〕黄本無上『同朝』二字，有『時』字。王詹事思任、莊給事元辰皆助先生言，不報。黄侍御宗羲亦廷争之，卒格於〔校〕黄本有『方』字。國安而止。先生歎曰：『即此，已不堪立國矣。』遽棄官歸。而士英果挾國安以争金華，江上軍事爲之崩裂。〔校〕黄本無『而』字至此十九字。諸軍航海，先生爲馮、王二侍郎募兵於榆林。已而皆破，於是『六狂生』者相繼死其四，而先生之志不灰。

翁洲之破也，先生捐金與諜者，令訪死事消息，乃得聞張閣部之孫以俘至，亟治槖饘入獄視之，語其弟宇爆使爲脱繫。董公幼安之喪在海上，先生致而葬之。

己亥之役，蒼水以孤軍入江北，先生爲之飛書發使。其家初亦不知，但見其喜形於色，私相語曰：『殆有好音。』聞其敗也，當食失箸。是時蒼水【校】黄本作『張公』。在海上，遥仗先生爲内主。

壬寅，降卒以先生之事告，捕至錢唐，先生已病，用奇計出獄門，抵館而卒。嗚呼！先生雖世臣子，然自甲申以前，未嘗一日有位於朝，而必自外於維新之化，濡首没頂以從之，亦可怪也。

先生諱宇爝，字周明，别署贛菴，浙之鄞縣人。贈太僕少卿大漳孫，右都御史世科子。生於萬曆戊申十月初二日，卒於康熙癸卯四月十二日，得年五十六歲。弟宇爆爲上私謚曰節介。娶周氏，再娶崔氏。子二：經巽、經周。女一，適經師萬先生斯大。祔葬於城西右都墓旁。

先生所唱酬者，周順德囊雲、王博士水功，矢詩不多，沈痛悲楚，合爲一卷，曰霜聲集。先生既以此落其家，遺言諸子雖貧，無得妄求宦達，聞者哀之。其銘曰：

莫辭百鍊，不磨者金。莫畏九死，不移者心。又惡知夫西崦之日，潮落淵深。彼一腔血，與之陸沈。力竭氣索，化於鄧林。試遊墓道，如聞杜宇之哀吟。

# 楊職方塋域志〔嚴注〕文琮，鄞人。

楊推官兄弟共七人，而嫡出者五：長推官，次職方，次文瑛早卒，次御史，次參軍，皆以殉義死，而職方最後。其絕命詞曰：『憑誰瘞我孤山上？魄是梅花鶴是魂。』故同難歸安韓炎士殯之湖南山寺〔校〕黄本作『亭』。旁，韓即求仲之子也。又十二年，石門曹給諫廣仗義，葬推官父子兄弟十棺，參軍死閩無骨可歸，而於職方則爲之兆，以待遷祔。後三年，同里林太常時對與先贈公復招魂以葬參軍，因議歸職方之柩，先贈公曰：『職方遺意，不必歸也。夫南屏數里，張公蒼水之骨在焉，而職方偕雪竇山人均以幕府賓客，其死同，葬之地又同，又奚殊骨肉之相聚矣。』於是諸遺民與楊氏皆以爲然，不果遷。

雍正甲辰，予館湖上，拜蒼水、雪竇墓，因訪職方殯，得之灌莽中，爲加封之。職方本末，已具予所作楊氏四忠雙烈合狀中，同遊厲君樊榭以爲當更志之，以備湖上掌故，予乃略舉其概以答之。

嗚呼！推官兄弟，其當甲申以前，未嘗邀解巾釋褐之恩，徒以文懿、康簡而後，世臣之誼，不肯負國。『截江』之舉，欲聯閩中以助浙者，御史最有勞。已而事去。其謀會同山海以復江東者，推官之力居多。禍作，牽連御史、參軍，而職方獨得脱。推官、御史被難，參軍逃之劉公中藻軍，次年，亦以守福安死。假令職方柴門謝客，自託於養父以終身，有何不可，而必不自晦，奔走海上，求遂其兄弟之志，以相從於焦原，則亦良可悲矣。

職方諱文琮，字天璧，鄞人，故諸生，監國授職方郎中。娶李氏，早卒。其死也，以海上將趙彪營中降卒來告，捕至錢唐，賦詩，絶吭而卒。於是其庶弟文珽、文玠及諸從子，皆遣戍，斃於路，其家再被籍，一門無復遺者。其銘曰：

推官之弟，御史之昆。蒼水之客，雪竇之倫。南屏山色，足慰精魂。何必鏡川，戀兹社枌。

## 明晦溪汪參軍墓碣

〔嚴注〕涵，奉化人。

丙戌之夏，浙東之勢不支，姚江督師孫公嘉績、熊公汝霖皆不復能軍，以其殘卒付之侍御黄公宗羲。黄公因與同官王公正中合軍，料簡士伍，尚及三千，欲渡海取鹽官，駐兵潭山，浙西烽火響應。其時總統列將者，吾鄉奉化汪涵叔度也。

叔度少學於侍御，忼慨喜言兵法，時中原鼎沸，累欲棄諸生從戎，至是遂參軍事。已而歸安茅翰飛卿以浙西諸公之使來，叔度與談兵，大喜。茅氏自鹿門、止生以後，皆好兵事，飛卿益甚，侍御留之，使與叔度共事。無何，浙東失守，監國由江門入海，潭山之師踉蹌而歸，沿途爲大兵及降卒所梗塞。侍御乃諭軍士不願從者任所之，尚得親兵五百，叔度爲前導，重趼間行，得達四明山中，駐仗錫寺。侍御再三申戒，以山民皆貧，不可就之求糧。一日，侍御偶出，部下糧絶，不得已取之山民。於是山民以語邏卒，導之焚寨。夜半火起，寨中倉皇出鬭，皆徒手，死者十九。叔度從烈焰中殺數人，已得出，歎曰：『所圖不遂，命也。不死，且自取辱。』還鬭而死。飛卿亦歿於圍中。是役也，論者皆咎軍律之疏，致崎嶇百死之義士，盡爲國殤。雖然，當日之搶攘，人力莫施，豪傑之士，不過存一穴胸斷脰之念，以求不媿於君臣之大義而已。不然，遠揚而去，又〔校〕黄本作『亦』。何不可，而必以身殉之乎？

叔度居奉化之晦谿。曾祖某，祖某，父某。娶某氏，子某。其死也，腰間有軍符，故其家得求其屍而合之。予求甬上諸忠遺事，於奉化祇得一叔度。至是其家來求銘，亟喜而爲之。其詸曰：

其事不成，其死無名。其志可矜，其目未瞑。其銘足徵，其人如生。

〔蔣評〕叔度自國難後，憤不顧身，卒以此死，是未可以成敗論之也。

## 明施公子墓碣銘〔嚴注〕邦玠，鄞人。

思宗以文武大臣多不足用，思得勛臣、戚臣，與同休戚，嘗曰：『此究屬吾家世臣也。』甲申之變，戚臣尚有劉新樂、張惠安、鞏都尉，而勛臣無之。李國楨降賊受拷死，其家行賂於南都，置之殉節之列，恥矣。南都則趙之龍、劉孔昭，朋附奸臣，以亡其國，之龍首迎附，孔昭遁去。自是而閩，而浙，而粵，而滇，祇沐黔公耳。嗚呼！明勛臣之無後也，中山、開平所爲飲泣於九原者也。而吾於勛臣之微者，乃得數人：如寧武周都督遇吉，揚州劉都督肇基，皆以襲爵起家者，然兩公已積功至大將，其死宜也；保定劉指揮忠嗣，金山侯指揮承祖、李指揮唐禧，福州胡指揮上琛，以末秩而死事，難矣。然諸公已列世爵者也。吾鄉施公子邦玠，則諸生耳，是尤難矣。

公子字仲茂，浙之鄞縣人。施氏自明□□中，予襲寧波衛指揮，數傳至都督，僉事翰，總戎開府，施氏始大，即公子之父也。都督雖以甲冑起家，而有儒將風，詩筆書法皆絕工。公子承家學，文事武備兼習之，既補諸生，思以科名自見，故於應襲世爵，懸而未赴。當是時，甬上世家極盛，薦紳子弟迭相酬酢，公子於其中，所謂碧梧翠竹者也。

國難既作，思執干戈以衛社稷，乃悔曰：『吾未襲爵，無可以號召人者。』錢忠介公師起，毀家輸餉。忠介言之監國，許以左班，從優換授部曹，以病未上，而江上破，益鬱鬱不得志。會華職方夏謀引海上師取浙東，公子知之，謂王評事家勤曰：『吾招集城東豪傑幾三千人，管江諸杜爲之魁，其餉，吾一人可任也，以之輔職方，可乎？』評事大喜，乃共議以職方主中甄，評事與公子主東甄，慈谿馮氏主西甄。先一日，爲夫己氏〔蔣注〕降臣謝三賓。所發，城中大索。公子時在管江，評事來奔，偵事者亦至，公子梟其首，以兵拒命。管江彈丸地，然山谷巖險，遂得負嵎三日，力竭，公子拔先世所遺佩刀自刎，曰：『吾不負此刀也。』

公子死而無子，都督遂絶。慈谿鄭副使平子，都督壻也，密遣人取其尸葬之都督大墓旁，命子孫世祀之。副使之子高州太守梁，太守子貢生性，至今弗替。予過鄭氏，見壁上懸寶刀，性曰：『此公子所殉也，吾以百金從老兵贖之。』言未既，流涕汍瀾，因乞予表其墓。嗚呼！國亡爵絶，昌平之陵且不祀，而公子有彌甥爲之主，亦已幸矣。銘曰：

上公出降，徹侯内附；廟社之羞，不徒門户。峩峩公子，攘臂求死；一雪此恥，總戎有子。

## 明婁秀才窆石志〔嚴注〕文煥，象山人。

桑海之際，吾鄉以書生見者，最多奇節，如所云『六狂生』、『五君子』、『三義士』，皆布衣也。當時多以嫌諱弗敢傳，年來已再世，遭逢天子寬大，屢下明詔，〔校〕黄本無以上四字。於是烈士之遺行，稍稍得出。而予謬以文章推於鄉里，諸公之碑表，多以見屬。吾友萬承勳，一日以婁秀才事來乞銘，謂於今將修府志，須君表墓之文，使秉筆者有所據，予曷敢辭。

秀才世居海上，江東之破也，秀才正衣巾，哭謝先聖廟及祖祠，徧詣親知與訣，家人環哭而止之，不可，則兀立海濱之沙上，俄頃海潮大至，浮之而去。家人爲具棺衾，議以大招之禮葬之。越數日，海濱漁者忽見一尸隨潮蕩漾而來，視之即秀才也，顏色如生，相與奔告，舁歸殮之，莫不驚以爲神。張將軍名振守石浦，聞之，來臨哭焉。

嗚呼！忠孝者，天地之元氣，旁魄而不朽者也。白馬素車，揚波重水，蓋千載如一日。其長往也，雖感之以女嬃、宋玉之誠而不返；其來歸也，則亦不可度思，斯其所以爲不測也。不然，渺然七尺之軀，天吴之呵護，未必如是其嚴也。

秀才少有大志，文章遠出流輩，落落不羣，或爲夸里中邵編修景堯及第之榮以祝之，秀才笑曰：『千里生民之業，而但爾乎？』於是其横舍中師友，聞之皆大驚。憂時之亂，慨然有請纓之志，至是竟死。

秀才名文焕，字長明，浙之寧波府象山縣人。曾祖某，祖某，父某。妻某氏，子某。葬於某處。更爲之詞以挽之，其詞曰：

痛星移而物换兮，誓將從彭咸之所居。彭咸勸予以首丘兮，返碧血於故廬。短碑三尺，怒潮所嘘。我銘可傳，何籍其餘。

# 薛高士塚闕文

〔嚴注〕士珩，定海人。

故國甬上巨室，於定海首薛氏。尚書恭敏、文介二公，以同産並登一品，時推名臣。而恭敏公長子士珩，最稱佳公子。

士珩，字長璵，别署白榆。少負異才，其爲諸生時，文介公尚未第。定海鄉校所推『四雋』，其一即文介，後官禮部尚書；其一文介族弟玉衡，後官歸德知府；其一謝渭，後官四川按察司使；其一爲先生，獨累試不售，以明經貢國子先生。生而鼎食，顧蕭然若儒素，内行尤醇篤。恭敏之卒，聞訃，勺水不舉，哀毁骨立，扺京扶櫬。其在苫塊，不入寢門。祖母病中思朱櫻，適非其時，尋卒，先生歿身見朱櫻不忍食。以恭敏恩得任子，讓之其弟，蓋其至性過人，非徒勉强名義者。同里邵尚書輔忠，奄黨之魁也，先生或與相見，有問則答，否則竟席無語，論者以爲不惡而嚴。生平動必以禮，或以非道犯之，怡然不校，其人亦内媿，終身不敢見。

國難既作，方嚴開薙之令，不奉者加以嚴刑。無賴之徒，乘此告訐，或始終崛强，至以身殉。而先生淳行内孚於里黨，託疾不出，無敢以此及之者。應門之童，長年謝客，非至契者不得入見。終歲以大布之巾蒙頭，盛暑不去。其園居即在城北，正未嘗入山入林以晦跡也。嗚呼！風塵澒洞，冒龍門積石之險，而不大聲色以過之，先生於是乎獨絶也。知定海縣朱懋華慕先生，再三致意，及門皆謝之。一日，攜具（經）〔徑〕入園中，先生避之不及，遂與飲極歡，酒闌送之，及屏而返，握手謝曰：『恕不報謁。』縣令歎息而去。是後再至，則稱病甚，不得入。晚年點定經史，以課子弟。海上方多事，先生爲世臣，風波不及焉。

予考同時遺民之高節者：宣城沈眉生、〔嚴注〕壽民。長洲徐昭法、〔嚴注〕枋。嘉善巢端明、〔嚴注〕鳴盛。錢唐汪魏美、〔嚴注〕渢。會稽余若水、〔嚴注〕增遠。鄞周唯一〔嚴注〕齊曾。六人，足與先生合傳，其餘雖完節，要猶未能謝絶人事。顧六人者，皆得有力者之文以行世，故世豔稱之，而先生之在里中，不過稱爲長者，莫能言其大節。先生固不求知於時，然遺民如先生者有幾，而聽其無傳耶？

先生世系，詳見恭敏大墓碑中。生於明〔校〕黄本無此字。萬曆某年月日，卒於順治某年月日，得年八十。娶某氏，葬某處，子某。所著有白榆集。同志者爲上私謚曰孝定。其銘曰：

章服之命，驅以刀鋸。誰稱完節，而無他虞？斯爲至德，冥然逃虚。我觀明季，遺民亦多。苦心畸行，或遭罔羅。孰如先生，保合太和。

## 湖上社老曉山董先生墓版文〔嚴注〕劍鄂，鄞人。

有明革命之後，甬上蜚遯之士，甲於天下，皆以蕉萃枯槁之音，追蹤月泉諸老，而唱酬最著者有四社焉：

西湖八子爲一社，故觀察贛菴陸先生宇燝、故樞部象來毛先生聚奎、故農部天鑑董先生德偁、故侍御衷文紀先生五昌、故樞部昭武李先生文纘、韞公周先生昌時、心石沈先生士穎，而桐城方先生授以寓公豫焉，其爲之職志者昭武也。

南湖九子爲一社，故農部青雷徐先生振奇、故太常水功王先生玉書、故舍人梅仙邱先生子章、故評事荔堂林先生時躍、故監軍霜皋徐先生鳳垣、廢翁高先生斗權、故徵士蟄菴錢先生光繡、故武部隱學高先生宇泰、杲堂李先生文胤，其後復增以故評事端卿倪先生爰楷、故徵士立之周先生元初，其爲之職志者隱學也。

已而西湖七子又爲一社，故徵士正菴宗先生誼、香谷范先生兆芝、披雲陸先生宇爆、曉山董先生劍鍔、天益葉先生謙、雪樵陸先生崑，而故錦衣青神余先生畬以寓公豫焉，其爲之職志者曉山也。

最後南湖五子又爲一社，故太常林先生時對、周先生立之、高先生斗權、朱先生鈫與曉山也。其餘社會尚多，然要推此四集爲眉目云。

曉山先生字佩公，一字孟威，鄞人。前翰林改官四川監司樾之曾孫，諸生光臨之孫，高士非能先生士相之子。少而清俊，工爲詩古文詞，非能先生自課之。甲申之變，非能先生尚茂齒，憤甚，謂先生曰：『兒曹無庸讀萬卷書，且挽五石弓耳。』先生抱父而泣，焚其衣巾。自是父子互相鏃厲爲遺民。當是時，大學士錢忠介公故董氏壻，尚書蒼水張公亦董氏壻，故國世臣之感，兼以姻眷所連，倒庋傾筐以相從於焦原者，董氏較諸故家獨多。先生方館於族兄推官德欽家，共參『五君子』之密謀，嘗潛行至海上，覘諸幕府。已而煙沈潮息，相繼淪喪，通判光遠以自縊死，推官以兵死，農部德偁兄弟父子四人以悒悒死，而先生力固首陽之節，不妄交一人，其所鬱結，皆見之詩古文詞。陸觀察宇爊竄取故督師王公之首藏於密室，先生歲往哭之，及葬於城北，哭之終身。杜秀才殉義，先生課其子讀書，撫之如子。海寧查職方繼佐最持標格，及遊粵中，得交范先生兆芝，因讀湖上七子集，歎曰：『吾每飯不忘佩公與披雲也。』又曰：『佩公真古人，兄弟更番負米，其事非能先生尤竭其力云。』

生於天啓二年九月初三日，卒於康熙四十二年四月初三日。娶陳氏。子允實、允寶。孫四。葬於柳隘。

所著有墨陽内編外編閏編、曉山遊草若干卷。

先生之弟徙山先生德鏕，亦有高節，不媿其兄。年運而往，文獻凋殘，諸社老之姓名且有不傳者。予友鈍軒董弦方輯董氏家乘，請予爲曉山表墓之文，予因牽連及之，庶後之學者有所徵也夫。其詞曰：

南嶽之遺民，西臺之故人，試過湖上之詩寮，猶令我黯然其消魂。百年過者，式此孤墳。

# 陸佛民先生志〔嚴注〕觀，鄞人。

佛民先生，姓陸氏，諱觀，字賓王，浙之寧波府鄞縣人也，廣西布政使銓之四世孫。少於書無不窺，其學元元本本，洞悉百氏之流別，絶工詩古文詞，而不自表見。丙戌以後，悵然棄其諸生。其時，族父觀察周明先生，鞅掌戈甲間，田、荆、高、宋之徒，旁午於庭。而先生與居相近，深坐複閣中，雖祖父忌日，俱不出臨，莫得見其面者，獨周明至則納之，語或移日而去，乃知二人之跡不相肖，而心相孚也。

周明嘗從容問先生曰：『今世之委身軍持者，以開布薙之令也。〔馮校〕手稿作『以季布之禍也』。子之種種者固無恙，而何以曰「佛民」？』先生笑曰：『非也，吾所謂「佛民」者，拂人也。夫吾之冥然而不有其生也，亦可哀矣，而尚奄然而未抵於死，拂孰甚焉。拂人者，「佛民」也。』周明曰：『甚矣，夫予之昧於六書也。』

先生前此授徒甚多，至是皆莫得至牀下，惟林都御史璽菴偶一見之；其複閣中詩文，亦惟周明與璽菴一見之。己亥，得年六十有七，病卒。周明枕之股而哭之曰：『吾家五世相韓之痛，更誰與吾分此志者乎？』是日也，諸子弟來會弔者，始見其髮毿毿然，未有損也，皆爲流涕。葬於某鄉之某原。又四年，周明竟以事死。蓋自國步改易，抗開薙之命以殞生者，大江南北所在多有。其不然者，或終身逃之島上。獨吾鄉蛟川薛公白榆與先生，偃然居城市中，風波不及，須鬢依然，斯亦高蹈之一奇也。然而柴門謝客，甘心於死灰槀木，以逃世網，斯尤難矣。

今先生之後甚衰，遺文散失殆盡，漸無知者。周明先生之子經異，以其事請予揭諸墓，予乃序以貽之。

## 陸披雲先生阡表〔嚴注〕宇爆，宇燝之弟。

吾鄉湖上前輩，二陸最多奇節。贛菴副使之墓，志於姚江黄公，其子經異以事不備，重乞予爲之碑。已而又以披雲先生阡表爲請，因曰：『昔宋季桐廬二孫之志，晉卿、華川先後争勝，何如子之兼之也。』予文於昔人何能爲役，而懼隱德之弗曜，曷敢辭。

先生諱宇爆，字春明，別署披雲，（贛菴副使之第五弟也）從黄本删。〔浙之寧波府鄞縣人也。贈太僕少卿大璋孫，右都御史世科子。先生兄弟五人，予序最少。〕從黄本補，董校本同。負才自喜，俯視一切。副使風格稜稜不可犯，而先生稍濟之以和，故世人親之，以爲夏日冬日之分，然其刻意厲行，雖嚬笑皆歸名節，則一也。丙戌後，棄諸生，與喪職之徒遊，荒亭木末，時聞野哭。同里杜秀才懋俊仗義物故，先生藏其遺孤憲琦，延師教之，長爲授室。憲琦羸弱，先生撫之如嬰兒，苟見其色理不和，輒有憂色。華亭張閣部孫茂滋囚鄞獄中，先生百計出之〔不得，遂以闔門保于有司，乃出之。〕從董校補。茂滋既出而病幾死，先生一茶一藥，無不躬親。葉布衣謙早夭，先生養其母終身。其後茂滋旋里，甫舉一女而卒，憲琦亦夭〔忠貞之後，完成國殤〕，從董校補。先生每與客言之，未嘗不於邑淋漓，廢餐竟日。桐城方授亦遺民之好奇者，避地來鄞，先生館之湖樓中。授遊象山而卒，先生經紀其喪，收拾其遺文以致其家。青神余高來鄞，亦館於先生。以是，盡喪其先世所遺之産而不顧也。副使崎嶇島寨之間，蹤跡詭廆，已而終以降卒所牽，逮入牢户，家門震動，禍在不測。先生上奉家廟，下撫諸姪，神色自如。風波甫定，而兄死矣。先生隻輪孤翼，身益窮，節益厲。故太史葛公世振登啓事，親從争從臾出山。太史尚壯年，先生以十斷〔校〕黄本作『絶』。句爲祖道，祝之以危學士和州之役。太史歎曰：『吾尚可以行乎？』力辭不赴。嗚呼！翘車弓乘，古人所以致畏於友朋者，至後世蓋希聞矣。先生以危行發爲危言，故聞者足戒，而太史累奉徵書，卒保高蹈。〔嚴評〕文氣不完。

先生性嗜異書，晚年家既貧，不能具寫官，乃手鈔之，瀕病不倦。從子官山左，令其訪東萊趙隱君士喆遺書，垂歿尚以其書未至爲恨。自棄諸生，即練衣蔬食叢林，或以爲佞佛，争勸之披緇，先生笑不答。及遺命不作佛事，衆始瞿然。少時嘗買苕娘爲婢，已乃知其爲宦家女，遽還之，不索其值。國難而後，傾家以贖子女之被掠者；三黨或以急告，雖出晨炊之米應之，弗計也。然以先生之大節言，則此特其緒餘耳。

董處士劍鍔評其集曰：『先生峩冠正衿，危坐一室，焚香溉花，意其人爲右丞、蘇州一流，乃唱歎之餘，則爲羽徵變聲，如風如雷，不知者以爲詩殊其人，其知者以爲人寄於詩也。』聞者以爲知言。所著觀日堂集八卷，藏於家。

先生生於萬曆己未十月二十六日，卒於康熙甲子六月十四日，得年六十六歲。娶朱氏，再娶沈氏。葬城西李家橋之原，其墓志乃自製者。子經旦。其銘曰：

西湖之西，喬木蒼蒼。康、僖而後，三石争光。暨於右都，不屈逆奄。明之世臣，吾鄉所瞻。乃有高節，國亡彌厲。右都之子，副使之弟。

## 宗徵君墓幢銘〔嚴注〕誼，鄞人。

改玉之際，吾鄉諸遺老社會極盛，而湖上之七子，苦節爲最；七子之中，以詩言，正菴先生〔馮校〕手稿『先生』二字原作『徵君』，塗改爲『先生』。通篇如此。爲最。

正菴先生，姓宗氏，諱誼，字在公，原籍南直隸徽州府歙縣〔人〕，從黄本補。遷鄞。曾祖某，祖某，父某。徽俗以懋遷有無爲業，起家至陶、猗者，不可指屈。先生之父亦以此豪於貲，而先生之性所好獨在詩，繞牀阿堵，絶口不道，若窶儒然。

江東起事，議以正兵食正餉，義兵食義餉。正兵者，方、王諸營是也；義兵者，孫、熊、錢、沈諸營是也。正餉之出自田賦者，既盡隸方、王，而浙東數十州縣各有義兵，但食其地勸輸之餉，勢既不給，尚時時爲正兵所掠奪，於是遂乏食。鄞之義餉，以故太僕富，推之爲主，其人已迎降江上，爲諸公脅之以從，則日輦兼金賂貴戚，得入閣，反乾没里中所輸，而出内於軍中甚吝。先生慨然發其家，得十萬金，徑送錢督師營，督師疏請奬之，且言其才宜在館閣。監國召詣都堂，先生曰：『是將以卜式出身也。』辭不赴。江師航海，資糧扉屨，不能不仍仰之内地。先生家已落，猶貨其田園奴婢之未盡者以應之，蓋至是屏當一空，遂無擔石之儲，而先生怡然。

湖上之結社也，陸披雲、董曉山、葉天益、陸雪樵，皆鄞産，范香谷則定産，而蜀人余生生以寓公亦預焉。七子以扁舟共遊湖上，或孺子泣，或放歌相和，或瞠目視，岸上人多怪之。

先生之詩，如怪峯奇瀾，嵯峨淡冽，不自人間。所著有南軒、南樓二集，湖上集，蘿巖集，西村集，療飢集，晚年合爲愚囊稿，删定得六卷，然此皆其外集，頗和平，至内集則無見者。

先生性狷急，嘗在先贈公座中，擁爐圍火，適有客至，其人頗遊時貴之門，將以淡巴菰引火，先生拂然遽曰：『汙吾火矣。』晚年所居僅破屋，時至絶粒，哦詩不衰。

先生生於某年月日，卒於某年月日。夫人某氏，葬某鄉某原。其愚囊稿今藏董生秉純，蓋周即墨證山所手書。其銘曰：

於國有益，於家奚惜。其命雖窮，其詩則工。荒江夕照，靈禽所弔。讀我銘文，如見其人。〔馮校〕手稿銘文作『於家則窮，於國則忠，於詩則工。嗚呼！是爲先生之幽宫』。刻時用改本。

# 范處士壙版文

〔嚴注〕兆芝，定海人。

范處士者，諱兆芝，字香谷，浙之寧波府定海縣人，工部員外郎我躬子也。處士少不羈，負才自異，揮霍一切，家漸困，里人多笑而遠之。其婦翁謝氏爲豪宗子弟，裘馬炳赫，處士視之若無有，而諸謝亦以其落拓，弗喜也。獨其婦弟二人者，嚴事之，處士曰：『吾婦家祇此二人者稍可，餘俱奴才耳。』時以比之趙岐。同里華職方嘿農負風節，處士宗之，一步一趨，皆以爲準。職方鞅掌國難，處士助焉。戊子翻城之役，亦牽連被囚，將行刑矣，謝徵君時符，其婦叔也，以奇計脱之，遂挈家避地鄞之東偏。處士自遊江上諸幕府以來，家盡落，連遭挫折不自得，每酒闌日暮，語及平生，則怒髮裂冠，彈指出血，座上人咸惴惴，惟恐其辭之未畢也。好義日益甚。華亭張茂滋被俘，陸公子披雲出之獄，未能爲其歸計也，處士曰：『在我。』而已爲之治行李，設祭於閣部墓前，送之歸華亭，復爲之謀，其家事方去。已而窮甚，乃訪故人於廣東，甫至而病，遂不起。其從人爲旁皇作歸櫬計，適有自慈溪至者，過之，泫然泣曰：『是嘗拯我於厄者，殯當於我歸。』即爲輿致其喪至家，然其家終不知處士之於是人，所拯何事也。

處士之出遊也，中途遇查職方方舟，相得甚歡，職方攜女妓一部於舟中，日邀處士過船飲酒，醉則相與卧妓側，至其密語，人莫得而聞也。臨别，與處士約，以次年同歸湖上脩史，而處士死。

處士生於天啓甲子某月日，卒於順治戊戌某月日。子一基宥。女二，其長者許陸經旦，披雲子也，未娶以哭父瞽；范氏辭於陸，請更娶，陸氏不可，而女竟以毁卒。披雲痛之，乃更娶基宥女，配經旦子。

處士卒之十五年，其孺人卒，而謝氏二弟皆已貴，爲之營護其家，重以姻好焉。處士所著復旦堂集及諸書，皆散佚於廣東，經旦以其殘稿歸予，而請爲之墳記，予不敢以蕪劣辭。其銘曰：

雖灰其心，未瞑其睫；嗤彼皮相，目爲遊俠。

## 葉處士志

〔嚴注〕謙，寧波衛人。

葉處士謙，字天益，浙之寧波衛人也。其始祖自灊山以功賜爵，世襲百户，來寧波，居北郭。曾祖武略將軍紳，當嘉靖時，海濱方有王直之亂，寧波東隅日被兵，城門晝閉，浮梁中斷，大吏僅保郭内。武略憤甚，出家財募死士爲禦賊計。一日傳賊至，開門叱纜徑渡，遇賊先鋒於七里墊，直前揮殺，賊大創。而兵不繼，賊踵至，武略與二子俱死之，詔晉其所襲爵爲千户。時武略年僅三十六。相傳其人放誕，好飲博市廛中，一旦臨大節，始服其義。至處士，乃以儒學起，而亦以國亡爵絶。

處士爲人守規蹈矩，跬步不妄，工爲詩，其嚴格律，審流派，亦如其人。顧自謂忠節之後，不肯屈身二姓，嘗曰：『我家雖不敢與晉之陶氏比大，然其爲世臣則一也。』聞者多笑之。當是時，甬句東〔校〕黄本無『句』字。遺民極盛，而寓公亦多，桐城方子留、成都余生生、華亭宋菊齋皆重處士，詩筒往來，無日不相唱和。顧蕉萃特甚，嘗於夏日曝衣，持武略所遺緋袍，泣曰：『此茜色者，尚與當日沙場戰血相映紅也。今孫輩之生存，負乃祖矣。』

所居不蔽風雨，其徒或爲之謀徙宅，則曰：『此所踐者，先將軍賜第之土也，弗敢易。』一時遺民共爲賦城北破廬詩。周鄮山過之，歎曰：『昔人之稱東發，一餐竟日，不願長生，今於天益見之。』時處士母在堂，束脩所入不足供甘旨，則稍爲人應詩文之請以潤筆，然非其人不許也。

尋病瘧不起，訣其母曰：『兒所恨者，以母在也，不然兒死晚矣。』無子，葬於城北武略大墓旁。嗚呼！處士之齎志柴門，其與武略之横身馬革一也，顧不得之軍師國邑之世臣，而得之草野，乃知忠孝之禀，各有所鍾。數十年以來，耆老殆盡，固無能知處士之大節者，即以其詩，亦在湖上七子集中，而今知者鮮矣。

予友董弦既屬予撰曉山先生墓版文，更爲處士請，予乃爲之志，以俟他日之録遺民者。

# 周徵君墓幢銘

〔馮校〕手稿作『明遺民鄞山周先生墳版文』，謝山手批云：『此改作傳，入正集』。〔嚴注〕容，鄞人。

鄮山先生周姓，諱容，字茂三，浙之寧波府鄞縣人也。曾祖某，祖某，父某。先生少即工詩，常熟錢侍郎牧齋稱之，謂如獨鳥呼春，九鐘鳴霜，所見詩人無及之者，録其詩於吾炙集。國難後，棄諸生，放浪湖山，世多方之徐渭，非其倫也。先生以布衣詩人名，顧其素心，原不肯以山澤臞夸篇什者，即其救徐御史心水一事，要非東、西京人物不足語此。先生未知名時，首爲御史所識，揄揚不啻口出。海氛四起，多掠資糧於内地。御史一日遊山莊，爲土兵突至縛之去，賓平西將軍王朝先營，索餉數萬不得，囚水牢中，親友莫敢赴。先生故常來往海上，諸營多相識者，挺身往請之，朝先握手道故，遽釋御史歸。而部下大譁，謂『是必周生受賕故來請，或力而拘，或暫而免，將軍乃爲秀才欺邪？』朝先故武人，忽發怒，下先生獄，榜掠之，先生不屈，賴座客方君伯吕、萬君旋吉百方營護，而沈閣學彤菴亦以爲言，伯吕等再請之，得放還，然先生足由是躄，嘗自笑曰：『吾今且爲半人。』因别署躄翁。嗚呼！由其報知己者觀之，而其君臣父子之間可知也。

先生蹤跡遍天下，所至皆有詩，於浙最厚查方舟，於山右則申鳧盟、傅青主，於江右則王於一〔嚴校〕

作『于一』。於閩則許有介，於山左則于公治、紀伯紫。喪亂而後，嘗盡薙其髮爲僧矣，未幾以母在，返初服。晚年已倦遊，適有以非意干之者，乃復出門。時里中史侍郎立齋官於京，招先生往。已而有博學鴻儒之辟，朝臣争欲薦之，先生以死力辭。次年卒於京邸。

生於明萬曆己未某月某日，卒於康熙己未某月某日，得年六十有一。初娶金氏，亦工詩，乙酉之秋方産女七日，喧傳土寇入城，先生欲奉親出避，而堂上徘徊不前，孺人知之曰：『以吾故，使舅姑瀕於危不可，然吾亦豈可辱。』乃爲素羅之歌，引羅自經，婢急解之，雖未絶，然已困不能起，時人歎其義烈。再娶梁氏，合葬於某村。子宛春。

先生所著有春酒堂詩集十卷、文集四卷、詩話一卷，乃其手定之稿。其生平秘惜之作，多付之火。因鹿島時，著滃志一卷以紀時事，今亦不傳。先生有一僕甚義，先生卒時，或欲以兼金賄僕取其集以去，僕固執不可。

先生最工書，亦喜畫，飲酒數斗不亂，詼諧間作，輒傾一座。丁亥游閩，有以千金屬一事者，揮去弗顧。太原閻徵君百詩嘗曰：『鄮山吾家白耷山人之儔，而詩過之。』

雍正癸丑，宛春寄予書京師，以餘杭孫海門所作傳，乞予表阡，忽忽六年，未及掇稿。予罷官歸，宛春來請益力，且言海門之文不工，然予文豈敢謂其必傳耶？其讚曰：

先生之節，不愧遺民。浮海急難，幾困波臣。出其餘事，乃作詩人。我銘其阡，以慰後昆。

## 耕巖沈先生續志

〔校〕黄本列葉處士志後。〔嚴注〕寿民。

少讀南雷前輩所撰沈徵君志，愛其文，顧不知其有志而未葬也。蹉跎至今六十七年，猶未葬。徵君之孫兆符，以賣畫遊江湖間，語及之，即流涕，嘗曰：『先公生平重至性，每展轉以應〔校〕黄本作『周』。朋友之急。其在甲申以前，不可勝紀。甲申以後，尚多有之。崑銅先生〔嚴注〕沈士柱。殉節，暴骨雨花臺後，適有石埭令姚六康介人求見。先公曰：「若能爲我瘞崑銅，殊勝於見我也。」六康亟召崑銅弟予以葬資，而其弟中飽其金。先公復貽六康書，卒葬之。蘭谿令李滄葦餉百金，先公故不受達官一絲粟，時適欲葬故人，乃以其半爲葬費，而以其半坎而埋之。先公之於朋友如此，而今何如矣。』

猶憶二十年前，吾友長興王豫者，志節士也，曾聞而悲之，爲書以告浙中好事之士，謀裒金以成此事而不克，今王豫亦死。予官京師，有以寧國守來見者，予將屬之，及見其人，則俗吏也，恐言之亦無補，乃止。及歸，而予連遭先人之變，不暇念及此。去年之江都，聞臨川李閣學持節試白下，予渡江訪之，欲〔令〕〔令〕從黄本改。檄下有司爲助，而臨川病甚，弗能及，因歎麥舟高誼如斯之難，吾輩徒手之苦，賦詩一章志慨。迨返棹江都，朱上舍重慶見予詩而歎曰：『曾有如耕巖先生者，而忍聽其一棺淺土耶？吾力雖薄，當爲任之。』予狂喜，亟下拜。時已歲暮，予歸浙東。今年重慶以書來，促予束裝共赴宣城，而兆符館於桐鄉，予乃使人邀之同行。顧重慶亦貧，其里人馬曰璐聞之，致金爲助。而仁和趙昱，故前此王豫所致書屬之者也，亦以書來，且助金，遂以某月某日，卜葬於某原，勒南雷之文於石，納諸壙中，而予續紀其葬之歲月於後。

兆符曰：『予年十八，以先公志石乞銘南雷，拜謁牀下，猶憶南雷深衣幅巾，須眉龐古，流涕哭於寢門之外。南雷之文行天下，且三易棗黎矣，而先公至今始克歸黄土，悲夫！』

# 鮚埼亭集外編卷七

## 碑銘四

### 翰林院編修初白查先生墓表〔嚴注〕愼行。

初白先生之墓，方侍郎靈皋爲之志，其彌甥沈生廷芳復請表於予。猶憶初應鄉舉時，謁先生於湖上，時方學爲古文，先生見之喜，謂萬丈九沙曰：『此劉原父之〔詞〕〔儔〕據黄本改。也。』年來學殖荒落，慙負先生期許之意，然而知己之感，又曷敢辭。

先生名嗣璉，字夏重，别署查田；改名愼行，字悔餘，别署初白，浙江杭州府海寧縣人。明順天府尹某之五世孫，贈兵部主事某之曾孫，兵部主事某之孫，贈翰林院編修某之子。

先生少受業於姚江黄氏，〔校〕黄本作『公』。與講會，然所長最〔校〕黄本無此字。在詩。浙之詩人，首朱先生竹垞，其嗣音者先生暨湯先生西厓，實鼎足，至今浙中詩派不出此三家。自先生未通籍，詩名聞於禁中，顧垂老不第。康熙壬午，聖祖東巡守，以澤州陳公薦，驛召至行在賦詩。隨入京，詔直南書房。明年，特賜進士出身，改翰林院庶吉士，授編修。時公族子昇，以宮坊久侍直，宮監無以別之，呼先生曰老查。南書房於侍從爲最親，望之者如峨眉天半，顧其積習，以附樞要爲窟穴，以深交中貴人探索消息爲聲氣，以忮忌互相排擠爲幹力，書卷文字反束之高閣，苟非其人，即不能容。而先生疏落一往，辰入酉出，岸然冷然，或應制有所撰述，立即呈稿，先生非有意先人，顧不能委曲周旋同事。於是忌者思去之，乃以武英殿書局需人，薦充校勘官，稍外之也。聖祖故眷先生，諭書成仍侍直，在局二年而竣，再入直。不數月，〔馮注〕初白於甲申十二月二十日，未散館，特授編修，應補出。不數月忽有特旨免侍直歸院。辛丑十二月二十八日，書竣仍入直。壬辰正月二十四日，特旨免直歸院。是一月，非數也。忽有特旨，免侍直歸院。先生遂以病乞假，院長揆公〔馮注〕揆公爲納臘揆敘，字愷功，容若之弟，爲初白先生之門人。留之，遷延一年，先生請益力，竟歸。

先生長子克建，成進士最早。後三年，先生次弟嗣瑮繼之爲翰林。又三年，先生入館。又三年，嗣廷繼之，克建亦入爲刑部。其時查氏庭前有連桂之瑞，門户鼎盛，而先生片帆歸里，蕭然如老諸生，角巾野褐，徜徉湖山，當事希得一見，田父遇之，時相爾汝。克建卒官，先生益無意人世。

已而大難作，闔門就逮。先生怡然抵京，自陳實不知本末，諸大臣共訊，亦喟然曰：『彼固敝屣一官者也，其弟仕京，相隔遼濶，寧復知之！倘以此株連，不亦枉乎？』乃共以其情上聞。世宗亦雅悉先生高節，特令釋之，并其子。嗟乎，先生之掉首於要津者，乃其所以脱身於奇禍也，詩人云乎哉。

先生所注蘇文忠公詩五十二卷，搜羅甚富，施、王二家不足述也。敬業堂集四十八卷，已行於世，晚年所作者不預焉。乃爲之詩以勒之，詩曰：

世皆集菀，吾獨集枯。青山獨往，保兹故吾。人亦有言，何不競進。豈知明哲，置身安隱。

## 杭州府錢塘縣教諭左丈江樵墓幢銘 〖嚴注〗臣黄，鄞人。

江樵先生姓左氏，諱臣黄，字紀雲，浙之寧波府鄞縣人也。

國初，吾鄉諸老先生以古文有盛名於天下者，莫如姜編修湛園，次之爲萬五河管村，而先生古文更出其上，忽而精悍勁峭如孫可之，忽而回翔紆餘如曾空青、樓大防，忽而生澀如吴淵穎，從心變化，不名一家。顧湛園、管村皆遊京洛，京洛之元老，輸心推挹，以是得出入承明、未央之庭，並參明史館務，而先生落落穆穆，不求人知，其氣力無由達於廟宁，亦遂無有物色之者。

先生口吃，其爲人疏散，任本色，威儀率略，最重名節，雖先輩不肯少寬假，嘗以周徵君鄮山未謝酬應，累諷之。一日，諧之曰：『商容易代受寧王表閭之寵，赴謝鎬京，道逢伯夷，勸其改姓，信有之乎？』徵君笑而謝之，然不以爲忤也。其後，徵君之子宛春乞予銘徵君之阡，深以先生此言爲憾。予謂徵君大節終不媿於遺民，而先生不失爲諍友，並可傳也。

累試布政司，老而得薦，北應計車。仇侍郎滄柱在館中，自度是年必入春闈，親過之，屏左右，問所欲言，先生嘿不答。次日，侍郎赴鎖廳，猶留關節一紙，戒家人待左相公至〔一〕，密與之。先生聞之，卒不往。侍郎在闈，搜索先生文甚苦，及拆卷，乃知先生文固在本房，然已置下選矣。歎曰：『「平生浪説古戰場」，此之謂耶？』

先生晚以選人之籍，司教錢塘，寒氊索莫，不改其樂。弟峴，任廣西學使，有貲甚哆，先生不肯一分潤也。所著有江樵集，藏於家。先生之子如晦嘗乞予銘，予未及銘而如晦死，後十年始銘之。其詞曰：

不逢楊意，肯學王維。老我布褐，潔我儒衣。試看墓下，帶草離離。

# 順天府丞提督學政鹿亭胡公神道碑銘

〔嚴注〕德邁，鄞人。

故京兆鹿亭胡公，諱德邁，字卓人，由康熙丁巳舉人選中書科舍人，掌科事，遷江南道御史。歷掌

〔一〕〔李評〕時俗相公之稱，見於文字者，馮山公爲其老僕墓誌始見之。謝山則明太僕少卿眉仙馮公神道闕銘及此銘凡兩見。此猶作元史者于董摶霄傳直言老爺，雖以俗語入文，古亦有之，然質而近俚，究所不取。

山東、山西、陝西、河南諸道，管理登聞鼓院，稽察錢局，巡視南北二城。丁内艱，再補浙江道御史，掌河南道，遷順天府丞，署尹事，以康熙五十四年九月十一日卒於位。

公故徽人也，自其曾大父始爲鄞人，隱約者再世，至中憲大夫文學始以甲科起家，用御史巡淮鹺，内升超六階，已推太僕寺少卿，未上，以疾動乞假去，公父也。胡氏仍世爲臺臣，並有聲，然皆未展其用，論者惜之。

公之少也，承先世膏粱之蔭，顧十三歲而孤，遂遭家難。先是，公之嫡母邱太恭人無子，早卒；繼室以汪氏，亦無子；公生母洪太恭人之來歸也，稍後於汪氏，而汪氏以其有子忌之。太僕下世，宗親中有無賴者，導汪氏以一飯之先自尊，〔嚴評〕妾之于妻，自有名分，豈論歸來之先後。妻欲自尊，亦不必恃一飯之先。而别立後，且謀害公，舉家大譁。汪氏以多金重賓賂諸無賴，欲藉官司之力，把持其事。官司中有不謹者，亦從而鼓之，然卒不得直。汪氏訟雖負，而其所以蕩胡氏之資者且數十萬。及公長，舉家爲汪氏危之。公念其爲先人簪劍之遺，仍以諸母之禮事之，〔嚴評〕汪雖惡，繼母也，何謂諸母？且以繼母爲簪劍之遺，筆下太無分寸。兼珍之養，歲時行慶，上壽之禮，亞洪太恭人一等，〔嚴評〕亞洪一等，明言事繼母不如所生母矣。而未嘗少有愆忘，汪氏内媿而已。及公卒，而汪氏尚存，哭公大慟，曰：『吾悔當日之爲人所賣也。』嗚呼！世教衰薄，有以前母之子陵其後母者；有以爲人後之子，但知其本生父母，而不知所後父母者；有以嫡母之子，置羣母於婢列者，不必其有怨與否也；又其甚者，明張太后之於世宗，手挈神器以付之，大禮之争，於太后無豫也，而世宗妄遷怒焉，百種摧折，以終其身。其於人道，幾不可問。汪氏於公，其義絶矣，〔嚴評〕拉雜援引，殊可不必。又『其義絶矣』之語，亦須斟酌。公之坦然相忘，而寧過於厚，蓋懼傷太僕重泉之志，可不謂之孝歟。

公之爲臺臣也，所上奏疏，皆有關於國計民生，而最有關係者兩事：〔校〕黄本作『有二』。其一，以

〔校〕黄本無上三字。丙子夏，江南督臣題留知府在任守制，公言聖世首崇孝治，不應違例妄題，仰懇天語

申飭，以維人道之大經。其一，以丁丑春言聖主求賢若渴，臺省風聞之禁，宜加寬宥，以作敢言之氣，時以爲有古諫臣之風。他如請發積貯以邮民隱，加矜慎以平刑，禁計典大吏之歛索，皆名言也。豪民有强據人妻者，公痛懲之。八旗人有强勒人歸户者，刑曹朦混不得其情，公訊釋之。精明强固，莫之能〔校〕黄本作『敢』。撓。又嘗有薦商逼殞平民，以重賂求免死，薦紳亦多爲之請，公卒不可。然公之接物煦煦如冬日，望之不知其風概若此也。

公於童時已工詩，父友李隱君杲堂器之。甫冠即追隨黄都御史菉園、方外嘯堂之徒，爲西園之集。及丁洪太恭人艱，服除，徜徉林下，若不欲出山者。太僕有小築在所居之西，曰適可軒，曰岸上船，曰隱心書屋。公於其中更增廓之，曰賨墨齋，曰野意亭，曰涉趣園，曰延月廊，曰含緑牕，曰書畫船，曰悠然閣，曰天香逕；其巖岫曰雲壑，曰雙虬峽，曰飛鷟，曰青芙蓉：日與賓從唱酬其中，湖曲風流，於斯爲盛。取黄山松液製墨，博采方、程故物，舂以爲胎，故所作甲於江左。於是張大尹蕚山、杲堂之子東門、

董太學可亭，皆仿其法製墨。

已而部檄敦促入臺，副京兆，治三輔，睠懷里社，未嘗一日忘，命諸子更闢所居之東，欲别有所營，而公卒矣。義襟敦篤，里黨之中蒙其惠者不可指屈。風趣真率，家居青鞵布襪，不知爲貴人也。書法大肖趙、董二文敏公云。

生於順治十七年九月二十二日，享年五十六歲，葬於城東紀家山之陽。有適可軒集。〔校〕黄本無『享』字至此二十字。娶張氏，封恭人，〔校〕黄本作『孺人』。亦工詩，其與洪太恭人以姑婦相唱和，有世德堂集。簉周氏。子四：銘彝、銘常俱貢生；銘嶧舉人，知南充縣；銘鑑監生。女二，孫七人，曾孫五人。

公之卒三十年，而銘嶧偕冢孫鼎台以神道之文爲屬，乃爲之銘曰：

天都之望，集於我邦。世襲繡衣，兼有文章。蔚爲清門，世德克昌。佳城鬱鬱，表兹鄞江。

## 署湖北承宣布政司使武威孫公誄〔嚴注〕詔。

雍正十有一年天子特命江西提刑按察司使孫公前往署理湖北承宣布政司使，未及離任，卒於南昌之邸。其門下士全祖望聞訃於京，既已，爲位而哭，因念使君之歷任外臺暨榷使也爲名憲臣，其任牧守也爲循吏，是皆班班在人耳目，國史家傳，當自能詳其顛末，即以使君之莅吾鄉而言，遺愛所存，亦更僕不能悉指也。獨有一事，實創行於吾鄉，而其功遂流布於浙河東、西，然莫知其出於使君〔校〕黃本作『臣』。者，斯予不能不於哀誄之中，仿柳子厚狀段太尉例，表而出之。

先是，浙中以大逆累出，天子爲世道人心慮，欲加警飭。於是詔罷浙江春秋貢士，設觀風整俗使以訓之。時奉簡命持節至者爲大宗丞奉天王公，既宣揚國家所以激厲風俗之意，人人當知大義，甚諄且備。未幾即與總督宮保尚書彭城李公、學使翰長交河王公先後上言，浙人感當宁教育之恩，洗心滌慮，痛自湔除，而復科一事，尚未得間以請。使君之以太守至也，嘗言諸生以立品奉公爲尚，而有倚託青衿，不急國課作四民倡，其罪尤甚。是在平時業有嚴律，今約於試士時，先使有司覈報，苟有此輩，即令停試，俟其既完，方得從有司具狀補録，倘能久而成風，則士以逋糧爲恥，相率奉公，民風亦歸厚矣。時里社不肖，驟聞其事，不能無怨，使君弗爲動也。已而學使行部至寧，聞使君之所行，善之，即令行之通省。是歲浙人之課爲天下最。是時天子已嘉浙人自新之速，有意施予恩澤，及聞此事大喜，即降俞旨，准令復開科試，且以學使訓迪有方，敕所部議敘。前此浙人惕息震雷之下，深以舍生負氣忽見屏於聖明之世，高天厚地，俯仰無措；至是觀光有路，歡聲雷動，而不知實自使君成之。

猶憶戊申之夏，予適以事在杭，時學使方膺寵命，予往賀之，學使笑曰：『孫使君之功也，然而使君未嘗與人言，故人鮮知之。』居嘗竊讀邸鈔，窺見聖天子愛民如子之意，如江蘇積歲浮糧，一時蠲貸；山左折留漕米；以至直省少有水旱，即令停徵。催科之不急，三代以後實所未有。然而夏税秋糧，則內外官寮禄廩，以至邊海軍需，一切祭祀賜予之用，皆所取給。使長吏務爲姑息之政，釀成罷民，將恃學校爲狡窟，馮巾褐爲護符，愚者效之，相習莫瘳。及其決裂而莫止，勢必復出於鞭箠敲朴，是適所以罔之也。使君之爲此，所謂本雎麟〔校〕黄本作『關雎』。之精意以出之者，不學之徒，寧足以見其意哉。

使君之初下車，訪士於萬先輩九沙，始知有予姓氏，其後顧予最厚。然予未嘗以非公一至使君之室，而使君之重予者更甚。夫上以爲天下慟，而下以哭其私，固人之所不能自已，而不得拘之以少長貴賤之分者也。爰拜手而爲之誄，詞曰：

西涼之域，茂陵所開。晉、十六國，繼翦蒿萊。歷唐、宋、元，頗稱乏才。運際中天，乃起其衰。峩峩使君，破荒而出。如鍊石手，以補天闕。花磚綾被，三館矜式。洊歷方面，樹藩秉臬。彼名與位，有如飄蓬。惟茲令聞，可以無窮。吾家枌社，桐鄉之東。甘棠蔽芾，我思召公。

## 馮丈南耕墓碣 〔嚴注〕明遠。

梨洲黄公之學，吾浙東英俊多出其門下，而最先推挹之者，慈水馮氏也。當是時，津撫留仙先生兄弟，首傾倒其學，躋仲侍郎以文章風節相顔行。嘗有冒梨洲名致箋鄴仙者，躋仲舉其中誤字以爲疑，鄴仙曰：『太沖多學，當有所出。』時人傳以爲雅語。留仙兄弟既逝，芾皇、道濟皆嚴事焉。而馮氏後起之秀，乃有崛强特出，則爲南耕茂才。南耕嘗聞梨洲之論，又讀其所著書，不盡以爲然。嗚呼！以歐陽兖公之學，而原父、介卿皆不甚服之，古人正不以苟同爲是也。南耕之學未必皆足以匹梨洲，要其所以角逐於膏肓墨守之間，自有不可泯没者，而惜其阨窮以死，世遂無知之者，嗚呼，可悲也夫！

初，吾鄉前輩有講經史之會，梨洲歿後，萬八徵君石園實主之。〔校〕董本下有『已而以入忝史局中止』九字。南耕間從講會諸公得其所記録，以爲未盡核，多所彈駁。石園於書無所不讀，然南耕所考據，證佐嶽嶽，莫能難也。嘗謂學人言胡梅磵通鑑注地理之誤，隨口舉示，如河決下流而東注，則近來釋地諸儒，如顧亭林、胡朏明、顧景范、閻百詩莫能過也。顧南耕長於持辨，而嬾於著書。既不遇，頗怏怏，得酒即喜，劇飲頹然，有問所疑者，隨口〔校〕董本無『隨口』二字，作『南畊張目』四字。答之，雖甚醉，井井如故。而或勸以筆記之，則曰：『汝曹識之可耳，何以記爲？』或言其於春秋傳地理有成書，而總未嘗出以示人。學者固請之，則曰：『吾尚有所待也。』乃未幾而不戒於火。

晚年益自放，日穿穴於佛經，決隄倒瀾，若有所悟。然南耕故儒者，其忽逃而之禪，蓋有所不自得於中。而自其春秋被熸，遂卒無一編半册傳於後者，可悲也夫！予嘗與萬丈九沙偶舉通鑑胡注之誤者數條，九沙歎曰：『南耕嘗言之矣。』顧予及冠出遊，家居時甚少，未及一見而叩其所學，爲可恨也。

南耕諱某，〔嚴注〕第三十二卷中通鑑注跋云：『慈水馮君明遠極言是注之失。』則明遠，南耕名也。〔馮注〕馮氏譜：『諱景岐，譜名宗亮，字南耕，號茗園，康熙五十六年歲貢生。』字茗園。生某年，卒某年，年若干。晚年一貧如洗，好事者或載酒餉之，則庋佛經於閣，相對極歡，陶然而醉，客去不知，真古之狂也。

## 張丈韞山墓表銘 〔校〕黄本列『武威孫公誄』後。 〔嚴注〕錫璁。

張先生諱錫璁，字德符，别署韞山，浙之寧波府鄞縣人也。

張氏舊以多財雄於甬上，至進士雪汀先生士塤，始受業姚江黄先生之門稱高弟，是爲先生之父；進士之長公漁溪錫璜亦舉於鄉，是爲先生之兄。先生讀書承其家學，鄭高州寒邨、范延平筆山、萬徵君石園皆契之。其賦性醇厚而和平，聖門之所謂善人也；其造詣不言而躬行，漢世之所稱長者也；其爲詩古文詞，温乎如玉，莫非有德之言，東野所云『賢人之心氣者也。』

顧先生所難及者，尤在處兄弟之間。方張氏之隆，長公委家政於先生，租賦貨賄，無不出内其手，所以應阿兄之需者，惟恐不至。既〔校〕黄本作『然』。而家中落，勢不支，從子輩請析居，肥瘠之間，淡然弗問也。蓋其兄弟間，畢生有姜肱之好，集枯集菀，皆能以春容之元氣消其城府，斯其所養可知已。

豪於飲，其觴政亦風流緼籍，意味深長，與老友胡京兆鹿亭、萬編修九沙、張大令蕚山、李東門、柴漁山、鄭南谿每歲爲消暑、消寒之會，唱酬無虚日。晚年遂成窶人，又得足疾，終日兀坐三餘草堂之西樓，童僕迸散，四壁蕭然，不改其樂也。』

先生於通家子弟最愛予，謂他年可以與斯文者。先舅蓼厓先生嘗有不快於予，偶及之，先生笑曰：『天下豈有以舅氏而與外甥争名者耶？』〔嚴評〕此豈古文句法乎？甥舅不合，亦非佳話，屢見於文字中，殊可笑。通席爲之軒渠。是日，先君亦在座，歸而詈予曰：『汝無以張丈之言妄自怙也。』先生之善解人頤類如此。先生於康熙壬寅月日，卒於雍正辛亥月日，得年七十。娶胡氏。子五，孫七。葬於城南之虎狼潭。〔校〕黄本無以上六字，作『葬于某鄉之某原』。所著有韞山集。先是觀風整俗使宗人府丞左吾王公至鄞，聞先生之懿行，表其閭云。

卒之後十年，其孫炳來問業，請予表先生之墓，予始爲之表，而繫以銘。銘曰：

是爲有道，張公之塋。勒我斯銘，以當易名。

## 柴丈漁山墓表銘〔嚴注〕梓庭。

漢時於學校中必有高材生之選，以是知瑰偉軼羣之士，古亦難其人也。〔校〕黄本無以上六字。吾鄉自國初諸老先生逝後，陳先生宗獻爲古學，同時和之者爲董先生次歐、陳先生魯水、柴先生漁山。而漁山之材〔校〕黄本作『才』。最高，其爲文浩浩落落，不依傍人門户，如河決下流而東注也；如登高山而小一切也；如庖丁迎刃解牛，而磅礴自如也；充其所至，歐陽兖公、蘇學士、晁詹事之流。詩則渭南一派。於是前輩鄭高州〔校〕黄本作『士』。寒邨一見驚倒，許其以詩古文詞名世。前此先生不甚愛惜所作，及聞寒邨之言，始稍稍收拾之，題其集曰鄭存草。然先生筆力殊絶於人，而讀書略見自許，以故少深造精進之功。生平嚴事惟宗獻，相見多鏃厲，甚至垂涕泣道之。及宗獻殁，而先生漸浮沈於唱酬燕集之間。（嗚）〔嗚〕呼，有高材而不得竟其所至，中道而畫，良可惜也！且益以見師友之助，爲人生所不可少已。〔校〕黄本有『而』字。

爲人伉爽負奇氣，篤於古道，撫宗獻之遺孤二十年如一日。予聞宋魏文節公罷相家居，善引掖後進，張武子、王季彝之徒，日相唱酬。有柴張甫者，俠士也，下筆千言，文節尤喜之，然卒不達而死。漁山之才〔校〕黄本作『言』。頗類張甫，豈其苗裔耶？〔校〕黄本無此字。文節愛張甫而不克援，高州愛漁山而亦未展其量，悲夫！

先生諱梓庭，字上林，別署漁山，世爲浙之鄞縣人。曾祖某，祖某，父某。生某年，卒某年，得年若干。娶范氏，子二。葬於某鄉之某原。先生殁二十年，予求其遺文，欲爲論定，而所謂鄭存草者，以予少時所見，已不能得其什一矣。嗚呼！以先生之性禀，生前既未能盡其材，即其所小就者亦失亡於身後，不且將泯乎無傳耶？乃爲之銘，其詞曰：〔校〕黄本作『銘曰』。

掞天之才，而僅止〔校〕黄本作『僅見』。於斯。將無造物之忌人，有以敗之？我銘其幽，亦無愧詞。

# 墨雲董文墓志銘〔嚴注〕允爵。

予少時過鏡川，見黎洲黄聘君所撰蓬廬董贈公之墓表，摩挲石碣，愛其文。贈公者，墨雲先生之考也。又三十年，而墨雲之子又衡任以墨雲墓志請，予文不足爲黎洲役，顧先生之淳行，則善繼其家聲者也。

按狀：先生諱允爵，字參雲，一字墨雲，贈朝議大夫應遵之孫，蓬廬先生德巍之子。蓬廬子四：長國子學正允雯，次永昌知府雩，次膳部主事允霖，皆沈太恭人出，副室王孺人舉先生。家世膏粱，甲於甬上。天性孝友，接物以寬，應事以慎，喜怒不形於色。補太學生。或勸其從事於科舉，則喟然曰：『三兄俱在仕路，如偕出，孰與事親者。』奉沈太恭人左右無方，曲體意趣。雖與三兄析居，而田園賦税，一切皆掌於先生之手。三兄板輿迎養，旁午交錯，太恭人以先生之善養，不忍舍之而去，遂不復行。已而長公逝世，次公遠去滇中，太恭人哀樂遞傷，幸先生在膝下委婉承順，晨羞夕膳，得以加餐。從子弦先自楚歸，先生與共讀書，爲之授室於己之居。然而門户日闢，婚嫁日繁，先生以一身任之，雖資斧不繼，拮據從事，未嘗使太恭人與兄知之也。太恭人患足疾，卧牀數載，先生晝不解衣帶，終夜不敢熟睡。其逝也，哀毁骨立。嗚呼！世教衰薄，大倫乖刺，有以前母之子而凌其後母者，有以後母之子而摧挫前母所生者，履霜之痛，蘆花之悲，聖賢尚遭此厄，至於嫡庶之間，尤所不免。而先生之於沈太恭人，較之所生，有過之無不及，可謂孝矣。

永昌之貳守於東萊也，招先生爲左海之行，先生赴之，遂得遍覽大澤、天柱諸山洞，竹林寺、三山島、蓬萊閣諸故蹟，謁東海神廟，有吴道子畫，歸而摹之府署之壁，因謂兄曰：『坡公彭城風雨之夕，諒與吾兄弟對牀一致耳。』秋深，取道金山、虎丘一帶，縱遊而歸。城東之獨山舊有莊，其後傾圮，先生重葺之，題曰愛廬，時王孺人尚在堂，取『愛日』之義也。九宗七族之中，貧而無告者，竭力周之。顧以享年不永，未及四十而卒，君子惜之。

生於康熙某年月日，卒於康熙某年月日，春秋三十有九。娶黄氏，予中表姑也。子任，太學生。女二。葬於梅湖栗樹塘之尹嶴。銘曰：

宗族稱孝，鄉黨稱弟。聖門論士，得此非易；而况生於素封之家，長於貴介之地。純心篤行，春容無際。曾斯人也而不壽，吾不知大造之何意。千年馬鬣，蔥蘢佳氣。寒山片石，永言弗斁。

## 學正董筆雲〔校〕黄本無此二字。先生墓表〔嚴注〕允霦

六朝重世家，誠以宿德耆老，必於是乎出，其爲風俗所關不少。後世日凌日替，新秦之門户，狼犺

無狀矣。其猶有六朝之遺者，吾甬上爲最。甬上世家，近亦就衰，其能力持高曾之規矩者，董氏爲最。董氏之宿德耆老，以予所見，蓼存先生其最也。先生自其王父以來，累世擅膏粱之望，而好禮樂善，亦累世不怠。吾甬上世家之勤施流澤，莫之或先也。及先生之從兄弟，或官六曹，或守方面，或佐成均，相繼翺翔天路，而先生高文積學，累試不售，遂以明經上舍需次儒官。顧澹於宦情，終身不出，至其孝友睦婣任恤之行，盎然爲先人培元氣，則孔子所云『是亦爲政，奚其爲爲政』者矣。

先生之扶藉族黨者，事不勝書，書其大者。自王父創立先廟，先生又建崇本書院，於廟旁置田，以充膏火之需，董氏子姓皆得肄業。葺修始祖埏道，以及列祖丙舍，大會宗人，椎牛上冢。重纂族譜，又編遠祖純德徵君廟志。每歲青黄不接，出倉庾所貯以賑諸宗，歲杪又贈以銀物。太孺人張氏早卒，繼太孺人亦張氏，渭陽寒泉之慕，其於二家舅氏，一體同功，不分厚薄。外舅范君夫婦未葬，葬之；妻弟無子，買妾贈之。禮部侍郎甡中史公，先生僚壻也，未遇時窶甚，先生周之無算。女兄弟三人，或不永天年，或孀居，撫其諸甥，〔校〕黄本作『孤』。使得有成。有先業在鄮溪，溪上興築若塘、若堰、若橋，不惜多金。歲租所入，不以輸家，即存之溪上，次年平糶，以拯疲民。嘗有盜夜竊先生所糶金而去者，先生榜之於門曰：『吾之出内於此，略有古人社倉之意，以爲汝鄉緩急，今盜吾金，是互鄉也，汝其能無媿乎？』盜於是夜復還所竊金，次日謝過感泣。蓋先生之古誼出於天性，初非慕義强仁者流，故其心城血路，至於穿窬之輩，〔嚴評〕『故其』、『至於』等字面，皆棃洲所喜用者。謝山之學棃洲，亦大異於魯男子之學柳下矣。

俱爲悔悟。嗚呼！漢人引鄭長者〔校〕黄本作『老』。之語曰：『三世富貴知飲食，五世富貴知宮室。』予嘗以爲鄙言。夫累世富貴而惟飲食宮室之是曉，賢者損其智，愚者益其過耳。若先生之深醇豈弟，鄉井稱爲有道，士林推爲君子，豈非克世其家而不媿於宿德耆老〔校〕黄本作『舊』。者歟。〔校〕黄本作『焉』。

先生諱允霦，字筆雲，一字蓼存，廩貢生，候補州學正。曾王父光永，南京北城兵馬司副指揮；王父應遵諸生，以孫永昌知府雰，貤贈萊州府同知；父德嵩，諸生。孺人范氏，生子元裕、元毅。李氏之簉，生子元敬、敏政。胡氏之簉，生子元敘。女四，孫十一，孫女七，曾孫五，曾孫女六，玄孫女一。生於順治某年月日，卒於雍正某年月日，〔董注〕十三年乙卯正月初十日。享年七十有七。〔校〕董本有『其配范孺人，生於順治十八年辛丑八月二十四日，卒於康熙四十五年丙戌三月十九日，合』三十六字。葬於桃源鄉之姚王塔。

又八年而第四子敏乞表墓之文於予，惟敏也，恂恂有篤行，能嗣先生之風，予益樂爲之銘。其詞曰：

周官六行備厥躬，九宗七屬〔校〕黄本作『族』。慈惠鴻，世家喬木增穹窿，墓田高敞足有容，萬家他日壯崇封。

## 范培園墓志銘

城南老友范君培園，精於岐黄之學，其所造，蓋高鼓峯之流也。其人之仗義好古，亦高鼓峯之流也。

培園九歲喪父，十有四歲喪母，零丁孤苦，家無一壠之植。顧於殯葬大事，能要於誠信，雖成人有弗逮，識者以爲有道之器。補國子生，工於所業，可以進取於功名之路，而以貧故隱於醫，其治病巧發奇中，自當路及薦紳士大夫以至下户，無不延之，終日肩輿不得少憩，猶苦未遍。然培園寧先下户而謝豪門，或終日無所得，弗以爲恨，以是雖負盛名，而其家一貧如洗。

里中耆宿與培園同甲子者：前翰林蓼厓蔣先生、陳丈南皋、前磁州牧萬君西郭，皆與培園厚。歲在己未，予爲蓼厓先生稱七十慶，約同人集紫清觀下看荷，時西郭已逝，培園遊山左，南皋在昌國。蓼厓先生於席中睠懷齊年，正屈指興存殁之感，忽有一舟自塘外過，遥睇之，則培園之歸棹也，予急呼之，留與共飲。培園忘其自遠道來者，留連竟日。其諸子聞之，絡繹而至，培園麾之使去，其雅懷若此。

宗人有爲兩淮運使及鄢陵令者，培園貽之書，但以祖祠、祭田爲言，不及其私。培園嘗過予，歎曰：『以子之才，蕉萃菰蘆中，惜予之力不足以振之。』予曰：『子自謀之不暇，而皇皇爲予謀，宜乎其貧不可療也。』培園爲之軒渠。每賦詩，必與予商榷，頻年神力漸衰，吟咏少減。去秋出其東鄰陳氏夜飲作云：『愛客陳郎累投轄，畏寒范叔早添裘』，中唐人風調也。今春社後，予與南皋冒雨訪之，值其郊行未還，諸子治具留客以待，飲罷而培園歸，爲之狂喜。是夕止宿，和予詩云：『龐公夫婦忘機甚，肯教嵇生題字歸。』蓋實録也。相約叢桂既開，當謀再敘，而培園死矣。培園病前一日，猶爲予婦視疾，及病篤，口語期期，其所念者，則予婦之病也。嗚呼！其亦可感也夫。培園生於康熙庚戌某月日，卒於乾隆癸亥五月二十一日。曾祖某，祖某，父某。娶某氏。子八人，女一。葬於某鄉之某陽。其銘曰：

善人之資，俠士之骨。宛其死矣，賚志勃菀。故人有銘，千秋不没。

# 葉徵士桐君哀詞

〔嚴注〕翥鳳，宜興人。

同年宜興儲君寬夫來京，亟爲予言其鄉葉生桐君之材。桐君，故寬夫世父六雅編修弟子，因從之至太原，纂修山西通志，撫軍石君奇其才，延之使課子。踰年，桐君來太學，將應順天鄉試，然愿甚，不識九衢南北，欲與諸名輩還往不可得，其尤欲見者，莫如臨川先生，而無從訪其邸第，日倀倀然。最後始得見萬孺廬編修問之，編修笑曰：『此吾東鄰也，以君之才，正先生所願見者。』於是偕之登先生之堂，而予時方假館先生邸中，桐君向日從寬夫聞予名，并求見予。是日，桐君以所著史論來，先生與予挑燈讀之：其考索尤詳於唐以後六史，其議論尤悉於西北諸陲。先生歎曰：『此近日史學所希也。』

秋試不售，復赴太原，而詔求大科之選，撫軍心知君之才，顧以在己幕中爲嫌，遲回久之。臨川先生聞而笑曰：『豈有人才如葉生者，而乃以嫌爲言。』乃使人展轉致意撫軍，卒薦之。

桐君再入京，予已從臨川邸遷於街西南，然相去不遠也。桐君覓予之寓復不能得，而予適以俗務未遑過之。乃未幾而聞其病，病不數日遂死，其去臨軒策試，僅一月耳。嗚呼！天既予人以瓌異之才，而復困之短折之命，使其秀而不實，誠不解其何心也。如桐君者，即令以青衫終老，要其著述，亦當有以自表暴於世，而顧厄之一至於此。桐君之貌甚蒼，其爲人絶無少年才士習氣，萬編修嘗曰：『是人他日必成令器。』豈料其究竟乃爾耶？

桐君，諱翥鳳，字鳴周，江南常州府宜興縣人，以諸生入監，得年三十有三。歸安沈徵君東甫在太原，嘗見桐君〔校〕黄本無『桐』字。之文而心折之。其抵京，則桐君歿逾月矣，謂予曰：『子當思所以傳之。』予乃爲之哀辭，使其家鑱諸墓，而選其文之尤有關於舊史者，入詞科摭言中。摭言所載之文，莫有多於桐君〔校〕黄本無『桐』字。者，痛其死也。其詞曰：

以君之學，〔校〕黄本作才。足以追夾漈，跂深寧，而未見其止。以君之遇，亦幾幾乎入未央，登承明，而遽促之死。彼世之牆其面而錐其指者，方且童其顔而兒其齒。彼蒼者天，曷以有此！

## 汪孝子墓志銘〔嚴注〕之麟。

汪君萃宗請予志其尊人孝子之墓，予以方丈朴山、張君南漪之傳，已足盡其生平，詞難更設，遲遲未及答也。萃宗請愈力，會予有度嶺之行，萃宗遣人隨予舟中，必得文而始返。有是哉，表揚先德之殷，而媿吾文之不足慰其望也。

孝子諱之麟，字天石，一字怡菴，世爲徽之某縣人，今爲杭之仁和縣人。汪氏世爲天都甲族，孝子曾祖某，祖某，父仕周，母丁氏。孝子至性過人，九歲失父，擗踊哭泣，變除之節，罔不中度，其檢點附身附棺之物，有如成人。既長，自以養不逮父，所以事丁孺人者，竭誠盡慎，日食飲，必偕婦侍於旁，撫摩哽噎，審其嗜好而進之，呼其所愛子女而使共之，以承色笑。中帬廁牏，身自浣濯，盛暑嚴寒，扶掖不離。蓋丁孺人春秋八十六，孝子不脱冠帶而養者五十年，其寢門詳悉，不可殫述。而精誠所至，通於神明者有二：方丁孺人初嫠居，傷逝致疾，昕夕涕泗，目爲之成障，醫治不效。孝子以舌舐之，一夕頓返光明。及年逾七十，復病泄瀉甚篤，孝子與孺人唐氏，焚香告天，願減算以延母壽，疾爲之瘳。予嘗謂忠孝人之大倫，無可軒輊，然而節烈之事，每以激昂忼慨，震蕩耳目，易於流傳，而家庭庸行，反多忽之。若孝子之醇德深情，天地爲之感動，況其餘乎。

晚年嘗患足瘍，痕深寸許，撫髀悼念，恐負全歸，已而平復。古傳所稱樂正子春之事，何以加諸。乾隆改元之歲，以其父諱日展墓，悲號泣血，遂以不起。年六十六。娶唐氏，少房虞氏。子四：萃宗、厚宗、鴻業、鴻涵，皆克家，而萃宗、鴻業與予善。孫九。葬於某鄉某原。於是浙中大吏採鄉論，下有司覈實，僉曰『應旌』，乃得請於天子，敕賜坊以表之。更爲之銘，其詞曰：

墓闕峩峩，慈烏哺之。墓田畦畦，孝筍護之。本支百世，天其祚之。

## 龔丈省齋壙志銘 〔嚴注〕茂城，鑑之叔父。

錢唐龔鑑，朋輩中之方聞〔馮注〕二字出漢書。者也。方其未通籍時，家貧甚。顧予過之，見其（難）〔雞〕黍之養，不匱於堂上，猶能以餘力爲吾曹蔥湯麥飯之驩，因叩其所由來，則曰：『非我叔父之力曷至此。叔父七歲而孤，吴回爲虐蕩吾家，世父與吾父皆出遊，以希一遇。叔父始棄書卷，習計然策，牽車奉母，稍足自給，而吴回又困之。顧叔父才敏幹，不數年復振。會世父薄宦，資其行李；吾父困於久客，清其逋。蓋叔父自六十以前，幾三致千金，陶朱公不足多也。世父卒於官，家早罄，叔父任其八口之事。吾父病羸，不肖依賴者益多。惟叔父所以教吾兄弟者，非徒推肥就瘠，衣食之惠，而時時以立身行己，先正格言，諄諄三致意焉，是尤世俗中所未有。』又曰：『叔父所見卓然，如堪輿家鬼蔭之説，世爭信之，而叔父唾之。每言吾父子兄弟生爲一氣，死當一丘，斯古人族葬之説所以不可易也。』遂買地南高峰下，傍大父母墓，約他日左昭右穆，兄弟則同昭穆之位，以次並列，子孫輩無違也。不肖以拔萃上成均，叔父謂曰：『行矣，報國以光大其家，不必以老親甘旨爲念也。』當是時，鑑爲予言，感慨於邑至淚下。

是年，先生七十，因乞予文爲先生壽。鑑尋知江南之甘泉，六年，以丁艱歸，不名一錢。先生喜曰：『是吾家兒也。』未幾，鑑卒，子少無以爲喪，先生經紀而撫綏之。然先生之勤施，正不止期功以內，平生麥舟之惠，多至三十餘家，未嘗挂諸齒頰。有王之元者，里人也，作客久矣，忽得一官，過家以重幣致先生，且以書謝平生所受之恩，而先生茫然曰：『吾疇曩與之交，亦無甚施惠也。』蓋其不責報如此。人或挾詐以來，先生知而待之以誠，其人遂化爲善士。少年嘗客吴門，拒奔女，然終不自言。每逢忌日，雖年篤老，必屏酒肉，孺慕之感如一日。謂諸子曰：『財能益人，亦能害人，汝曹勿羨多金，惟讀書敦行爲可久耳。』嗚呼！如先生者，可不謂之獨行傳中人物歟？世道澆漓，斯人日自戕其元氣，如啖徑尺之野葛，而自謂足以長生，何其謬也。聞此風者，其亦可以瞿然矣。

先生諱茂城，字汝璞，一字省齋，先世由餘姚遷錢唐。曾大父某，大父某，父某。母某氏，苦節教先生以有立者也。生於康熙某年月日，卒於乾隆某年月日，年八十九。娶某氏，少房嵇氏，〖嚴評〗稱妾爲少房，本於宋景濂方愚庵墓版文，不典之甚。艱於得子，撫從子鐸爲子，已而得斌，皆諸生，學行不下於鑑。女一，適項根。孫六。鐸、斌乞予銘，銘曰：

鬼蔭之説，大儒惑焉。〖嚴注〗大儒指紫陽。孝友之至，悟彼妄言。南高先墓，昭穆訢然。

# 桐鄉朱母錢孺人祔葬志

吾友桐鄉程君尚賢，篤行人也，亟爲予道其祖母家錢孺人之賢。孺人者，朱君青崖之姬也。青崖娶魏孺人，生子豫而卒，繼萬孺人病不任事，於是孺人歸焉。孺人性貞淑，尤善治家，萬孺人遂盡以家政委之，曰：『吾得養病，必不咎汝專也。』然孺人無小大，必禀而後行。歸二年，舉子上錫。又踰年，青崖病，孺人甫孕，扶侍湯藥盡瘁。青崖病卒不起。又二月，復舉子上紛。孺人當大故，搶攘之際，支離牀蓐，加以悲恫，而附身附棺，巨細井井有度。萬孺人仗之如左右手，垂涕語其二弟，令以姊事之，孺人謝不敢。數年，二子稍長就塾，而長子豫病，豫之婦甫舉次子又病，塾師亦病。孺人以一身枝柱其間，藥餌茗粥，無事不經其手。豫之次子以母病，亦賴孺人撫之。

先是青崖臨終，分其田宅爲二，以授豫兄弟，然意猶躊躇。孺人曰：『君殆爲腹中兒懸懸也，庶子豈得視適子，幸而生男，分上錫所有予之可矣。』豫雖分產，同居如故，一切皆令孺人掌之。至是以病，益仗其力。塾師卒，無子，孺人令棺衾必如禮，七七之中皆上奠，護喪歸其家乃止。未幾豫卒。數年，萬孺人亦卒。蓋自青崖之逝十有九年，養生送死，皆孺人力任之。孺人督其家以勤，治之以儉，九宗三鄁之事無失禮，而加之以婣睦，教其子以立身行己，故其子皆兢兢以墮其母教爲懼。

雍正十有一年秋八月以疾卒，生於康熙八年夏六月，得年六十有五。上錫、上鈖皆太學生。孫四。上錫將以今年十月祔葬孺人於先墓，而介尚賢以乞銘於予，予因以平日所聞於尚賢者，書以答之。銘曰：

錢氏之箎，應女星兮。月則幾望，人不驚兮。其君之袂，亦退聽兮。亦有家嗣，視之若所生兮。慰我夫子，於九京兮。宜其身後，梧竹馨兮。百世而後，視我銘兮。

# 朱孺人李氏志

予遊江都，於朱上舍自天爲最契，征車南北，弭節之辰，未有不聯牀作十日話。而自天之孺人李氏甚賢而能，予以丘嫂事之。自天館予於齋中，寒暑飢渴，孺人能從壼内揣度無不中，乃知龐、馬漢陰過從，泊然兩忘於主客，固其交道之深，要必其内助之賢，足相副焉。

自天每以幹濟才自負，不徒伊吾雕蟲之技。顧孺人之擘畫，每爲自天所不逮。自天性疏宕，一往不羈，孺人每引而納之矩矱。以予所見閨閣之秀，大都才德不能兼備，獨於孺人以爲無憾。故自天不獨倡和之雅也，而兼以師資之敬。然自予累館其家，見孺人於家事，上自王舅姑、君舅姑，旁及先後娣姒，下逮子姓，賤而奴婢，外則親黨應酬，内則米鹽瑣屑，無一不勞其神，竊爲憂其不給。嗟夫！綺羅膏沐，笙管鶯花，江都之積習也。孺人反是而行之，無亦違時風衆勢，而過自苦乎？而況百感萬勞，旁午交錯，苟非金石，豈有不蕉萃而待盡者。乃未幾，而孺人果卒。其卒也，遺言片紙，了然於生死之際，而目猶强視，口不受含，可傷也。説者以自天之才，尚未得泥金之報以慰孺人，其耿然者，殆出於是。然此猶其淺者。蓋孺人門户所寄，一旦忽焉，老親惻惻，稚子呱呱，〔嚴評〕俗筆。長逝者有知，何能自已。自天以所作孺人傳來乞銘，予曷敢辭。

孺人姓李氏，世籍鎮江之丹徒，今居江都。康熙癸巳舉人某之女，生於某年月日，卒於某年月日，得年三十有八。子一，嘉穀。葬於某鄉某原。凡孺人之生平其見於自天傳中者，不復備。

# 鮚埼亭集外編卷八

## 碑銘五

### 非堂全先生墓碣銘 〔嚴注〕大震。

非堂先生姓全氏，初名大霦，字懋韜，後名大震，字二何，先宫詹公次子也。宫詹長子舍人，才筆華綺，而先生更横厲。宫詹晚年嘗撫先生，嘆曰：『此奇兒也，吾家文章之寄，其在斯乎？』壻於陽羡吴氏，故巨富，資妝數萬金，隨手而盡，放浪湖海，不可一世，遂成窶人，所至有殘杯冷炙之嘆，卒以客死茗中。其所著東皇集，散佚不傳。李杲堂輯其詩，僅得數十首，先公復加搜訪，始得四卷，而古文無存矣。顧杲堂所作先生傳，則於其大節有未及者。

先生初入京，其上世門舊尚多，顧心非韓退之上書求售，不肯自通，長安米貴，始大困。吴尚書生白、李尚書稽仲、江翰林柱北皆力吹嘘之，於是施相國存梅招之東閣。是時奄人方盛，相國依阿奉命而已，先生乃謂之曰：『閣下當有以制權璫，而顧爲權璫制乎？即令如茶陵之於逆瑾，已不能使天下後世白其心跡，況未能耶？竊爲閣下危之。』相國以是不喜，待之驟衰，先生謝曰：『一介書生，閣下即麾而去之，非所怨也。』遂不復往。周御史昌晉、陳御史朝輔，皆待先生厚，然先生以其附奄也，累斥之。於是連試順天，皆不得售。已而朝政一新，先生大喜，有極陳時政疏，將投匭，會亦有不慊於中者，嘆曰：『尚非其時也。』拂衣南歸。自是不復入京。關西許次龍者，亦豪士，贈先生詩有曰：『横犀貫玉高車馬，不見廠臣並陛下。如今天子忽異常，開口要進虞與唐。聞君萬言書滿紙，草成不上果何以。抱璞荆山每見擯，折弩千鈞羞再進。』紀其事也。嗚呼！先生所自立如此，而杲堂僅以詩人目之，是豈知先生者哉。

先生生於萬曆某年月日，卒於崇禎某年月日，以宫詹任子恩入太學，葬於贈宫詹公墓旁。子一，美閑。先生最工書，兼喜畫，醉後掃雪呵雹，隨意揮灑，老筆頽唐，至今戚黨中尚多有之。其銘曰：

有才撥天如同甫，詈曾詆龍〔嚴注〕曾覿、龍大淵。亦其伍，不屑大魁節更高，布衣何妨獨千古。孤墳四尺東湖東，夜有精光降白虹。

# 先曾王父先王父神道闕銘

〔嚴注〕大和，吾騏。

吾鄞之全氏，自宋太平興國中，侍御府君由錢塘來，卜居城南之桓谿，十六傳而遷城中。檢討府君始以篤學懿行稱人師。侍郎府君以碩德大節在永陵講筵，直道不容，外遷陪都。和州府君以慈惠之政，歷守南畿，爲循吏。應山府君，文學淵奧，牽絲作吏，未展其用，祖望之高王父也。應山府君伯子諱大和，字介石，別號他山，國子監生；叔子諱大程，字襄孫，別號式公，府學生。他山府君無子，以式公府君子爲之後，祖望之王父也，諱吾騏，字聿青，別號北空。他山府君兄弟，當明之季，用錢忠介公薦，一以大理寺左評事徵，一以太常寺博士徵，見江上事不可爲，俱不受。

丙戌以後，甬勾東之人遠在天末，尚煩多士多方之訓，成化最晚，其在世禄家子弟尤爲甚焉，而吾全氏一日棄諸生籍者二十四人。他山府君議以東錢湖之東，最稱荒僻，而吾家有田十畝在童嶴，又爲東湖萬山之中，人跡罕至，欲避地焉。王父時年十六，他山府君問曰：『汝能絶意人世乎？』王父曰：『謹受命。』即披野服隨二父入山，一門共修汐社，力耕之餘，清吟而已。高先生隱學嘗嘆曰：『謝皋羽棄其子行遯，終身不相聞問；鄭所南則無子，未若全氏之駢聚也。』而家業自是蕩然，城中里第爲營將所踞，圖書法物無一存者，所有春雲軒池沼，廢爲馬廐。乃自以爲入山已深，而杜嶴起兵，管江搆禍，山中犬牙交錯，血瀑腥嵐，風鶴之警日至，雞犬俱遭物色，寨長土團雜沓來過，雖邀天幸，卒得免禍，而危機已遍歷矣。

辛卯以後，始得稍静，而他山府君暨孺人李，式公府君暨孺人翁，相繼逝世；又喪吾前王母，再娶始得舉先君子兄弟，而王母又逝，先君子兄弟皆王父所親字也。其（茶）〔荼〕苦益不堪，而怡然不改其樂。先君子既長，始返城居，得一椽於宫詹府君第中。湖上有不波航者，陸氏之詩樓也，王父與李先生昭武輩遊其上，日唱酬焉，望見之者皆知爲咸淳以上人也。

得年六十有八而卒，生於崇禎辛未十月二十四日，卒於康熙丁丑五月初二日。子二，先君暨仲父也。乾隆丁巳三月，以不肖祖望邀恩命，貤贈翰林院庶吉士，王母潘氏、董氏俱贈孺人。

贈公性方嚴，跬步不苟，而忠孝之行根於天性。和州府君之祭田，幾爲羣從所廢，贈公以死争之得止。他山府君仲弟亦無後，其繼子不肖，奉養有闕，贈公月致餼以饋之，羣從輩或加横逆，勿校也。所著有梓里諸忠傳略二卷，聽濤樓詩二卷。葬於城南和州府君墓旁。先君子欲爲贈公作志，而未就也，凡不肖之所述，皆先君子口授之，而次之以爲銘。銘曰：

肥遯之節，固窮之操。其身則厄，其道則高。作詩貞石，垂之罔極。

## 穆翁全先生墓志〔嚴注〕美樟。

族祖穆翁先生，諱美樟，字木千，晚年别署穆翁，先宫詹公之孫，而舍人公之次子也。先宫詹公家貧甚，舍人之殁，棺衾俱竭力而後備，故先生雖世胄，蕭然如儒素，獨與兄弟講求佐王之學，尤以名節自厲。熟於史、三漢，南北朝，兩唐紀傳，背誦如流。王節愍公令鄞，深器之。張督師蒼水爲諸生，放誕不羈，呼盧狂聚，窮晝極暮，自其父兄以至師友皆拒之，獨先生一見曰：『斯異人也。』乃盡賣負郭田三百金爲償其負，而勸以折節改行。督師於儕輩不肯受一語，惟見先生，稍斂其芒角，以女妻先生仲子。

已而江上大亂，先生驅馳其間，事既不克，幅巾歸里。而督師以蒼頭異軍，累蹶累起，崛强山海，遂爲大朝所指目。先生買屋〔校〕黄本作『田』。於黄巖，將以密置督師之家，未發，而其眷屬已被録，乃遣仲子挈婦往避地焉。先生自是遂爲目盲，一無所見，掩關静坐，如袁閎之居土室，如范粲之乘柴車，言笑俱絶，侍者但聞其中夜必有嘆聲。於時，督師戚里株連者多，先生門外邏舟之過不絶，顧風波不及焉。臨終，書末命曰：『吾未得爲蒼水延一綫，汝曹當世奉其祀。』嗚呼！太白之識汾陽，其與先生之識督師，皆出於風塵物色之外；一則爲中興之元老，一則爲窮島之孤臣，成敗不同，而其無愧爲天地間偉人，一也。

生於萬曆某年月日，卒於康熙某年月日。娶周氏。江上授禮部主事。子三，其仲爲督師壻者，遂居黄巖，葬於東錢湖祖墓旁。所著有崧窻集，風格亦九靈山人一輩也。

## 族祖葦翁先生墓志 〔嚴注〕美閑。

葦翁先生，諱美閑，字吾衛，先宗伯公之孫，二何先生子也。二何先生雄於詩，其草書尤偉。先生詩有父傳，而畫馬極似松雪。宗伯故清貧，二何先生更視財如土，隨手而盡，至先生遂窶甚。同里陸大行文虎與二何先生善，重之婚姻，故先生爲陸氏壻。大行最持標格，羣從子弟少可者，獨奇先生曰：『此郎他日不僅以風雅稱也。』

國難後，自以明室世臣，不仕異姓，集親表巨室子弟爲棄繻社。於是願入社者：楊氏則文懿公裔孫文琦、文瓚，屠氏則侍郎大山孫獻宸，董氏則侍郎光宏孫德欽、翰林樾曾孫劒鍔，周氏則尚書應賓孫御天，陸氏則都御史世科子宇爅、宇㸌，李氏則尚書康先孫振璣、振玘，徐氏則大理卿時進子鳳垣，施氏則都督僉事翰子邦玠，高氏則都御史斗樞子宇泰，吾家則族祖木千先生暨先曾王父兄弟，皆豫焉。而武進王忠烈公子之栻，以忠烈曾知鄞，故來僑寓，亦願入社。謝昌元聞而惡之曰：『此輩不復求死所耶？』〔馮注〕謝昌元爲趙孟傳誘殺袁進士以賣國，事在德祐之季，見卷六陸贛菴墓碑。此當作謝三賓。案謝山手稿作『三賓』，塗抹『三賓』二字，改爲『昌元』，蓋爲三賓後人諱也。順治丙戌，之栻以部曹爲金華朱閣部所招，守義烏死。戊子，二楊兄弟、獻宸、德欽、邦玠五人，謀以城應海上，不克，俱死。宇泰牽連入獄，幸免。先生不以懼禍自降其節。

己丑，監國至翁洲，先生爲之治其屝屨，則貨宗伯遺居應之。自是祇老屋兩間，有時晨炊不給，先生畫馬自若。監國召之爲樞曹，未赴，翁洲破而止。二陸之居與先生隔一垣，姚江王侍郎梟首城上，宇爗竊取以歸，藏書庫中，每年寒食，密邀先生，出其首以一卮祭之，雖其家人有不知也。壬寅，振璣以降人所告入獄。癸卯，先生與宇爗俱逮至杭，嘆曰：『吾不可辱。』一夕暴卒。明年，張尚書〔校〕手稿作張侍郎蒼水。難作，木千先生以其姻，亦幾不免。蓋二十年來，社中人物，或死或生，要皆以完節終。六朝最重門第，自唐以後始衰，今以先生社事觀之，乃知故國喬木，不可不亟爲封殖，而成周分殷民於諸國，漢人徙齊、楚諸族於茂陵，興王之慮，所必及也。

先生被難，詩稿散無存者。子二：宗然、宗岐，俱國子生，而無嗣，從孫國泰爲之後。雍正甲辰始葬於宗伯墓旁，先贈公嘗欲作先生傳而不果，予爲此志，亦猶先贈公之意也。

# 先公墓石蓋文〔嚴注〕書。

乾隆三年臘月二十六日，先公吟園府君卒於正寢，距生之歲康熙二年三月二十五日，得春秋七十有六。其時不肖孤祖望方摧毁苫塊，不能親楮墨，故乞表墓於李宫詹穆堂，志墓於謝觀察石林，皆本之萬編修九沙之狀。歲月匆匆，忽至卒哭。卜葬既有期，爲念僇民之恫，末由抒寫，輒瀝血濡毫，用訴〔茶〕〔茶〕從黄本改。苦，并取其與表、志足參稽者。

嗚呼！先公之舉不肖最晚，而不肖少多羸疾，先公憂之，嘗與吾母太孺人挑燈相對，舉柳河東與許孟容書，謂行年四十有奇，春秋祭祀，隻影煢煢，懼此藐孤弗克成立，未嘗不潸然淚下也。不肖年四歲，先公親課之，粗解章句。先是有兄祖謙最慧，甫就塾即遍通諸經大旨，親表中有聖童之目，六歲而殤，先公哭之，幾成心疾，至是嘆曰：『是子雖不逮其兄，然亦可兒也。』而一歲中多在牀蓐，先公竭束脩所入，拮据參苓，家日益困。不肖年八歲，先公於治經外，授以通鑑、通考諸書，講畢撫摩而時其寒熱，呼太孺人賚果餌焉。嗚呼！先公之於不肖，字之艱而教之瘁如此。

已而不肖稍長，薄有時名，緣家之貧，不能不衣食奔走，既不克親陔南朝夕之養，而期功强近，無一足恃，望雲之淚，與嗟子之夢，無日不交馳也。先公深以不肖疏率，憂其挫折，每一貽書，三致意焉。不肖卒未能折節，跋前疐後，所至輒困，先公之懸懸者，十年如一日也。雍正壬子，不肖流滯計車，而有婦張氏之喪，上累尊章，所生一女又殤，倚門一慟，老淚爲枯。嗚呼！不肖之於先公，其罪不祇在失養也。

先公性伉直，不設城府，與人言，洞示肝膈，胸中有不可，輒面折之，雖素憎其人，有善弗掩也；尤以尊祖敬宗爲急，羣姓中或廢棄先人之遺業，必力爭之；敗壞先人之遺教，必痛責之；不改，則疾之若讐，幾不欲與相見。不肖自京師歸，先公方作族祖義田宗老六公傳。六公者，前宋遺民叔和先生暨其子鼎孫、謙孫、晉孫、頤孫、鼎孫子耆也，實置義田，以贍吾宗，三世而始備。謂不肖曰：『先世之厚如此，子孫弗克守也。今以汝之力固有所未逮，惟是始祖侍御公墓道荒蕪，三春寒食，麥飯闕然。吾負郭之田十畝，欲捐之以供祀事，汝其行之。即他日東西南北，侍御公無匱祀矣。』不肖幸得遭逢大禮，貤封兩世，焚黄之日，先公曰：『非總憲以上不得封曾祖，即欲貤封者，亦必登三品。吾非敢無厭也，然安得再展一世恩命乎？』先公之不忘其祖如此。

不肖之續娶於京也，本謀迎養而不果。既歸，婦曹氏以新産女留京，先公故望抱孫，聞其爲女，不懌；又思見婦，日惘惘焉。會得疾，不肖私念八秩老人不可以豫凶事爲忌，乃竊爲之治諸壽器而諱之。先公聞而笑曰：『是謂我不達也，行年至此，其又何求。顧念汝鮮兄弟，支左詘右，故戚戚耳。』已而太孺人大病，入冬未愈，先公亦疾動，臨殁之日，坐牀簀間，猶諄諄以力不給爲虞。嗚呼！不肖所以嬰先公垂殁之念者一至於此，罔極之痛，豈凡爲人子者所得同乎？

吾全氏自宋侍御公遷鄞，二十三傳而至先公。五世祖諱元立，明掌翰林院學士工部侍郎；高祖諱少微，和州同知；曾祖諱天授，知應山縣；祖諱大和，國子監生；本生祖諱大程，以諸生徵。〔大〕從黄本補。父諱吾騏，以布衣徵，今贈翰林院庶吉士，世德清白，爲句餘望。

先公諱書，娶吾母蔣氏，其年少九歲。木皐山之原，墓道也。先公平日不輕著述，比其晚歲，始多作詩。至其考證吾家文獻，則所學之精，可概見焉。舊譜謂『北史商洛諸泉乃平東將軍全懌入魏，其子暉食邑白水，故改爲泉』。先公曰：『未敢以爲然也。全氏之先出於泉，非由全而改也。平東之後居商、洛，則誠有之。然唐末雄武節度使師朗，王蜀之勛臣也。其後有金川防禦使師郁，孟蜀之藩將也。世爲商、洛豪宗，不聞其改姓也，安得指北史諸泉以爲平東之後乎？』舊譜又稱『始祖侍御公之父，仕周世宗朝，官中書令』。先公曰：『殆吴越宰相耶？十國板蕩，中朝阻隔，鮮有越國而仕者。』又稱『侍御公出青州爲同知』。先公曰：『宋無同知州事之官，蓋知州也。』司空公有女葬其封公墓旁，即荆公女墓故址，先公曰：『此謝皐羽題詩處也。』不肖又嘗問明南都無詹事，而宗伯公自少詹改南都，應補何官？先公曰：『應借一級補祭酒。』先公之考證，蓋亦劉道原之流亞，而耿介之性，復相近焉。是爲銘。銘曰：

在昔柳州，志其先人；有文炳炳，萬年之邨。嗟予小子，望之赧然；聊以告哀，敢謂可傳。

## 先府君石槨銘〔校〕黄本無目有文。

乾隆己未三月，甬句東全祖望令匠氏爲先府君作石槨，告成，將以結壙，因援漢景君、宋歐公之例，而系以詞。詞曰：

死欲速朽，有爲而言。人子之心，豈曰其然？木峰之南，卜云其吉。白石不爛，斯文不滅。

## 先仲父博士府君權厝志〔嚴注〕馥。

嗚呼！先仲父客於外者五十年，而卒於京師，從子祖望力未能歸其殯也，權厝於宣武門之南。丁巳，祖望將歸省覲，而尚未能以殯行，乃爲之志。

先仲父諱馥，字子修，浙之寧波府鄞縣人。生於康熙丁未六月十三日，卒於雍正甲寅八月十八日，得年六十有八。先世系譜之詳，以權厝也，故弗備。

嗚呼！吾家自遭兵火，家業蕩然，仲父少於吾父五歲，生未幾時而王母逝，其零丁孤苦，吾父時時述之。仲父年十八即遊京師，借硯田以餬口，然其爲人豁達大度，雖在貧困中，於錢幣視之不甚經意。

其與人交，務歸於厚，而每失之過。同里先輩官於京者：如屠尚書芝巖、仇侍郎滄柱、陳大理心齋、胡府丞鹿亭、萬編修九沙，皆重之。橐中游資亦稍裕，顧謂黄金身外之物，散盡可復來耳。同里親舊至京者，即館之，爲之謀其所往，不得，則衣食之，疾病則扶持之，急難則調護之，死喪則殯殮之，雖百施無一報，不恤也。

蓋仲父雖與吾父同産，而所見不同。吾父嘗述魯齋之言，謂爲學亦當治生，所云治生者，非孳孳爲利之謂，蓋量入爲出之謂也。故吾父介於取，亦介於與，每遺書必三致意，而仲父弗甚省。吾父以其久客於京，乃資送仲母入京，食指愈重客愈多。掌司天監者，以仲父通星歷，薦授博士。受任歲餘，不自得，引疾罷。已而仲母連舉二弟，吾父遺書促歸，曰：『遊興亦當闌矣。』仲父亦竟弗歸，蓋其生平之志過侈，欲以有得而後歸，不知其遇之蹇也。

已而仲母以病卒，又喪季弟，哀樂遞傷，始漸困。仲父故嗜酒，以此得疾，久而愈困，意氣因日落。然偶得數金，見以急相告者，即解橐與之，未肯以力屈而阻也。雍正庚戌，祖望入京，仲父見之喜甚，急呼酒飲之。已而泣曰：『汝父累書遺吾，吾豈不願歸，顧當日之遠志爲何如，而今日尚小草乎？其待汝成進士，吾偕子而歸耳。』癸丑，長弟又殤，仲父益忽忽。甲寅五月，方遊潞河，及歸，聞仲父病，遣人迎之。既至，醫治小瘳，忽復沈篤，嘆曰：『汝之成進士必也，而吾不及見矣。』遂絶。

嗚呼！仲父之生平不無過於疏落，然而其意則歸於厚者也。以近日世風之偷，如仲父者，可多得乎？而究竟如此，天也。仲母董氏，亦有賢行，其在家也，撫視祖望如子，吾母每言之，未嘗不流涕也。

嗚呼！祖望不肖，使仲父之殯尚留滯於此，誠罪愆也。抑尚未有子，未能爲仲父置後。稍待之，將卜地而謀歸葬焉。謹志。

## 張孺人神誥

嗚呼！是爲亡婦張孺人之壙。孺人世居鄞江城北。曾祖某，祖某，父某，世以儒業其家。孺人之姑氏與吾太孺人家有連，故孺人歸於我。孺人及笄多病，尤不善飯，太孺人聞而憂之。其于歸也，予以衣食奔走，一歲中在里門不及數旬，孺人力疾爲堂上視〔校〕黄本作『親』。菽水。家君子性嚴重，雖子弟不輕假詞色，獨見孺人輒一霽顏。孺人嘗以予性地伉直，恐不容於時，多因事相規切。戊申之夏，予患齒痛甚劇，孺人笑曰：『是非雌黄人物之報耶？』予賦長句一章解嘲，孺人和之，今其詩附載予集中。予自山左還，孺人爲予鈔紀遊詩二卷。壬子之春，孺人卧病牀笫間，而家君子以闈期近，促予北行，孺人愀然曰：『吾不幸病甚，然君舍朝夕之養以遊京師，將以有得爲親榮，詎可以兒女子嬰情也。行矣，無多言。』已而孺人病少瘳，予遂束裝北上，孺人送予及屏而返，其所屬者則秋間吾外舅六十壽言也。予應曰：『諾。』嗚呼！詎知吾外舅稱壽後數日，即孺人屬纊之辰也，哀哉！當是時，家君子以予方及春試，家書秘其事，隔歲而始知之，而太孺人視婦如所生，撫棺一慟，絶而復蘇者再。嗚呼！予之負疚者，何如哉。

孺人自以年已三十，予又獨子，累舉息而不育，心爲憂之。身後止一女，未幾亦殤。嗟乎，予何罪而至斯也。孺人之歿十年矣，每逢齒痛，追憶疇曩之言，不禁腸斷。

孺人生於康熙壬午三月朔日，卒於雍正壬子八月二十二日，得年三十有一。乾隆戊午，始克葬於城南和州公大冢之旁。予去年幸邀大禮，孺人例得贈典，而以貤封不克及，焚黄之日，不覺歎然。嗚呼！『俸錢十萬，營奠營齋』，此鄙言耳，固非所加於吾孺人也。

## 殤兄壙銘

殤兄名祖謙，小字學郎，生而慧甚，四歲入塾，一年即能略通諸經章句。舅氏蔣先生蓼厓嘆曰：『是聖童也！』家君收税於鄉，兄隨吾母往省舅，忽於案上大題『鯉也死』三字，而破之曰：『聖人之不得有其子，聖人之不幸也。』是日，戲以小刀翦紙，傷其指，感風三日而篤，臨危猶張目曰：『阿爺來否？』家君聞兄病馳歸，已死，及過案上，見其題字，大驚。時年六歲。家君自是幾成心疾，而吾母亦大病者歲餘。兄之死十年，而予始生。予少時頗自負，藐視羣兒，家君叱曰：『汝兄如虎，使汝遇之，走且僵耳。』是爲志。銘曰：

吾聞諸圭齋之銘(曹)〔曾〕生也：『麟之不角，麛不如殰；鷃之不翰，彀不如𣪘。』嗚呼！造化亦何心哉。殰音獨，未生而胎敗。𣪘音段，卵不孚也。

## 殤女埋銘

嗚呼！吾妻張孺人之死也，生是女甫七日，是女字於吾母。是時，予方試於禮部，及被放而有徵書，又將試於吏部。於是吾家秘吾婦之死，不以告予。但於家訊中，夸是女之慧。及予歸，而女死矣。予負吾妻，亦并負是女也。既作張孺人壙志，并書磚以納於女墓。

## 先真志府君墓石蓋文

先真志府君，不肖祖望十四世族祖也。其墓在小白山中，結真心菴以守墓。明嘉靖中，先侍郎府君遊小白，嘗題詩曰『真志先塋三百年，至今抔土尚依然』是也。不知其墓志何以出於人間，而又仍歸於吾家先穆翁府君藏焉，亦異事也。穆翁之孫出以示予，予乃補記其石蓋，而令菴僧爲之修墓，仍納其中。志文出於府君弟頤孫之筆，簡質不甚詳，但言其以趙宋之故，闔門耕讀而已。

府君偕叔弟本心並修慈湖之學，吾家之言學統者，當自府君始。又增置其先人所刱義田，蓋儒苑中躬行君子也。府君子鼐，工於詩，詳見家乘，而志中皆略之。嗚呼！府君兄弟不言躬行，殆有漢萬石君之風，即此文可見。

今府君之後，遠居翁洲，而墓以菴故得無恙。然而志之出已久矣。柳州之於其姊，以其志未備而記其蓋，猶之碑陰之例，此同時也。府君之石出於四百餘年之後，而不肖得重取而記之，則又碑版文字中所未有〔校〕黄本作『及』。也。〔校〕手稿本末二句作『而不肖重收拾其後，君子之澤，不可謂不永矣。抑亦潘、王二家考碑版之例所無有也』。

志文稱大宋，不稱大元，雖書泰定四年，而較之但記甲子者，其倔强不異矣。

# 鮚埼亭集外編卷九

## 行狀一

### 明禮部尚書仍兼通政使武進吴公事狀

公諱鍾巒，字峻伯，别字稚山，〔校〕黄本作『巒稚』。學者稱爲霞舟先生，南直隸常州武進人也。弱冠讀王文成公傳習録悦之，繼遊於釋氏，又習養生家言，皆悦之。已聞顧端文公講學東林書院，執經從焉，遂盡棄所學，一意濂、洛之旨。又遊高忠憲公之門，而所宗主者爲孫文介公之困思鈔。是時，公年尚未三十，已嶽嶽稱人師，門下〔校〕黄本無上二字。江陰李忠毅公其最著也。公累應科舉不售，而忠毅以進士入臺，忤逆奄，緹騎逮入京。自江陰過武進，公出逆之，留歸其家飲餞。忠毅歎曰：『此後莫令吾兒讀書。』公曰：『弗爲真讀書人已耳，稍讀之，庸何傷？』忠毅笑曰：『然則莫令從真先生讀書。』因相與訂婚姻而去。

以明經授河南光州學正，遂舉光州籍，成崇禎甲戌進士，年五十有八矣。知長興縣，時與諸生講學，從之者如雲。顧以早潦相仍，催科甚拙。己卯，奄人崔璘以巡視鹽糧至，張甚，守令見之，蒲伏如撫按。公獨不往，及以公事見，長揖不屈。璘怒，而太守亦怒，中以蜚語削籍。襆被登舟，長興之人送之，公曰：『吾宦於此有三樂：其一，爲蕺山先生來弔丁君長孺，得與證明所學；其一，爲重九日登烏瞻山；〔嚴注〕登烏瞻山詩，今府志有之。其一，則丙子校士得錢生肅樂也。』

公性恬淡，既罷官，即有投老之意。宜興再相，頗以延攬清流爲事，遣所知道意，許登啓事。公笑曰：『公爲山巨源，請容我爲嵇叔夜；公爲富彦國，請容我爲邵堯夫。』宜興不樂，公泊如也。辛巳，湔除左降諸官，補紹興府照磨，陞桂林府推官。甲申六月，聞國難，絶而復醒，曰：『吾友馬素修〔嚴注〕士奇。必死矣。』已而果然。南中授禮部主事，未上，國亡。是年，公叔子福之以起兵死。〔校〕黄本下有『節』字。閩中以原官召之，遷員外郎。上書言事，權貴不喜，公曰：『今日何日，尚欲拒人言耶？』唐王將爲贛州之行，公曰：『閩海雖非立國之區，然今日所急者，選鋒鋭進，克復南昌，聯絡吴、楚以得長江，或可自固。若舍此他圖，關門一有騷動，全閩震驚矣。』唐王不能用，出爲廣東副使，未行，閩中又亡，遁跡海濱。

公憤士大夫多失節，乃作十願齋説：其一曰，吾願子孫世爲儒，不願其登科第；其二曰，吾願其讀

聖賢書，不願其乞靈於西竺之三車；其終曰，吾願其見危授命，不願其偷生事仇。又集累朝革命之際，

上自夷齊，下至遜國諸忠，爲歲寒松柏集，而從客問以寄其詞，曰：

客有問曰：『諸君子之死節誠忠矣，然無救於國之亡也，子何述焉？』應之曰：『子不云乎：歲寒知松柏。歎知之晚也。夫諸君子皆公忠直亮之臣，較然不欺其志者也，臨難而能勵其操，必授命而能盡其職。使人主早知而用之，用爲宰執，則如中國相司馬而遼邊息警；用爲諫議，則如漢廷有汲黯而淮南寢謀；用爲鎮帥，則如軍中有范、韓而西賊破膽；又安得有亡國事乎？惟不知而不用，即用之而不柄用，漸且憚其方正而疏之，惑於讒佞而斥之，甚且錮其黨而并其同道之朋一空之。於是高爵厚禄，徒以豢養庸碌貪鄙之輩，相與招權納賄，阻塞賢路，天下之事，日就敗壞，而不爲補救。及其亡也，奉身鼠竄，反顔事仇。嗟嗟！烈女不更二夫，況薦枕席於手刃其夫之人乎？若輩之肉，尚足食耶！易曰「小人勿用」，必亂邦也。吾將以告後世人主之誤於小人而後知君子者，又烏容以無述。』

客又問曰：『諸君子之抗節者誠清矣，曷不死之？』應之曰：『記云：君子謀人之國，國亡則死之；謀人之軍，軍敗則死之。諸君子皆不柄用，未嘗與謀軍國事。易曰介於石，不終日。儉德避難，夫安得死之，守吾義焉耳。』曰：『然則恢復可乎？』曰：『事去矣，是非其力所能及也，存吾志焉耳。志在恢復，環堵之中，不汙異命，居一室，是一室之恢復也；此身不死，此志不移，生一

日，是一日之恢復也。尺地莫非其有，吾方寸之地，終非其有也。一民莫非其臣，吾先朝之老，終非其臣也。是故商之亡，不亡於牧野之倒戈，而亡於微子之抱器；宋之亡，不亡於皋亭之出璽，而亡於柴市之臨刑。國以一人存，此之謂也。』曰：『其人亡，則如之何？』曰：『子不見朱子綱目之書法乎？書曰「晉處士陶潛卒，在宋元嘉四年」。是靖節千古存，而晉未始亡也。故商亡而首陽采薇之歌不亡，則商亦不亡；漢亡而武侯出師之表不亡，則漢亦不亡；宋亡而零丁正氣諸篇什不亡，則宋亦不亡。子謂空言無補，將謂春秋之作曾不足以存周乎？』客慨然而退。

時有以公流離海外，勸之歸者，公作止歸説謝之。

丁亥冬，監國至閩，閩中士大夫皆觀望不出。公曰：『出固無益也。雖然，不出則人心遂涣，以死繼之耳。』乃入朝，拜通政使，至則中明職掌，言：『今者遠近章奏，武臣則自稱將軍、都督，文臣則自稱都御史、侍郎，三品以下不屑署也。至所在游食江湖者，則又假造僞印，販鬻官爵，僵卧丘園，而曰聯師齊、楚；保守僕御，而曰聚兵十萬；以此聲聞，徒致亂階。臣請自後嚴加覈實，集兵則稽其軍籍，職兵則考其敕符。』王是其言，陞禮部尚書，原官如故，兼督學政。從王幸浙，所至録其士之秀者。入見於王，僕僕拜起，人笑其迂，公曰：『濟濟多士，維周之楨，可以亂世而失教士耶？』時朝政盡歸武臣，公卿不得有所可否，公歎曰：『當此之時，惟見危授命，是天下第一等事。不死以圖恢復，成敗尚聽諸天，非立命之學也。當此之時，惟避世深山，亦天下第一等事。徼幸以就功名，禍福全聽諸人，非保身之學也。』

姚江黄都御史宗羲，招公居四明洞天，公答之曰：『故人有母，固應言歸。老生從王所在，待盡而已。』遂退居補陀。舟山師潰，公曰：『昔者吾師高忠憲公與吾弟子李仲達死奄難，吾爲詩哭之；吾友馬君常死國難，吾爲詩哭之；吾門生錢希聲從亡而死，吾爲詩哭之；吾子福之倡義而死，吾爲詩哭之。吾老矣，不及此時尋一塊乾浄土，即一旦疾病死，其何以見先帝，謝諸君於地下哉。』乃復渡海入城。九月初二日，與張閣部肯堂訣曰：『吾以前途待公。』至文廟右廡，設高座，積薪其下，捧先師神位，舉火自焚，賦絶命詞曰：『只爲同志催程急，故遺臨行火浣衣。』時年七十有五。僕徐甲負骨以歸。

夫人劉氏。福之，字公介，公第三子，少聰穎，年十五能文，侍父之任光州，集光庠諸名士較藝，福之即與對壘。尋循例應州試，即成州諸生；尋歸，應本邑童子試，即成邑諸生；從諸生應歲試，即成廩膳生；從諸廩生應貢試，即成選貢生。故自成童以至弱冠，無不以科名期福之者，福之亦雅自負，落筆不作凡近語，奥思怪字，初閲之不可句讀，徐解之，法脈井然，非以艱深文淺易也。讀書該博，無所不窺，而尤留心經濟。感時事亟，嘗上箋其父曰：『天下事無非兵理，處今亂世，非將略兵法，無以處事馭人。杜牧注孫子云：「得其一二者爲小吏，盡得其道則可爲大吏也。」今見當事統數百兵即譁矣，大吏見數十亂民即倉皇矣。有地方之責者，凡其地弁將、營卒、縉紳、耆老、吏胥、役隸以及盜賊、土豪，無不留心著眼，以法詰糾部勒之，密密有心腹爪牙之用，則卒有事變，可以制置。』公深異其言。

乙酉，常州城破，〔校〕黄本作『失守』。職方吴（昜）〔易〕從嚴校改，嚴云吴字日生，其字从旦从勿音陽。起兵太湖，福之應之，兵敗死焉。

吴氏之先本無錫人，其遠祖有以革除去御史之官歸隱者，三遷至武進之横林，卒而葬焉，遂家於此。

公所著有周易卦説、大學衍注、霞舟樵卷語録藏於家，海外有稚山集在吾鄞。至今，長興人有霞舟書院。

# 明工部尚書仍兼吏部侍郎上海朱公事狀

〔嚴注〕永祐。

公諱永祐，字爰啓，别號聞玄，南直隸松江府上海人也。崇禎甲戌進士，釋褐刑部主事，調選部。爲人伉爽英駿，篤於朋友之誼，而中無城府，凡交際者，皆竭力奬借之；顧大節所在，則持之甚固，莫能奪也。

乙酉，南中大亂，預於松江夏、陳諸公之師，事去，棄家航海。唐王進郎中，改户兵二科都給事中，遷太常寺卿，兼原官。總制尚書張公肯堂，公同鄉也，力薦公，請以爲北征監軍，詔公監平（彝）〔夷〕侯周鶴芝營。而鄭芝龍密約降，諸將之兵不得發。鶴芝以軍入海，相機進止，屯於鷺門。芝龍之降也，棄福州入東石。東石與鷺門近，公偕鶴芝流涕諫之，不能得，乃謀遣刺客殺之。常熟趙牧者，勇士也，素常謁公幕下，公召語之曰：『足下往見芝龍，詭稱欲降北自效者，芝龍必相親，遂擊殺之，以成千古之名。』牧欣然請行。芝龍方匆匆，牧累晉謁不得通，遂止。於是公以鶴芝之軍移海壇。是時鄭成功雖起兵而未集，鄭彩自浙東來，亦未至。而公收拾已散之人心，以扶大義，海上翕然。明年正月，復海口，鶴芝之故里也，即以林學舞與牧守之。四月，大兵攻海口，牧出戰累勝，而大兵日益，城破，學舞、牧俱死之。魯王再出師，加公刑部侍郎，監軍如故。

丁亥，公浮舟與張公肯堂、徐公孚遠至翁洲。海上之局皆諸帥枋之，更勝迭負，强者當國，互相魚肉：鄭彩始與鄭遵謙稱爲兄弟，已而殺之；又與周瑞爲父子，不久即交惡；鶴芝亦嘗稱門生於彩，已而交鬬；而鄭成功深不喜彩、鶴芝與瑞，乃兄弟相疾如仇。此閩中諸帥之略也。黄斌卿尤猜忌，連殺荆本徹、賀君堯，雖與張名振爲親家，思并其軍，又欲殺王朝先；名振部將阮進歸斌卿，已而又與斌卿交惡，復與名振合；名振又枉殺朝先。此浙中諸帥之略也。其中，文臣左右其間，動即獲咎：如熊公汝霖、錢公肅樂、沈公宸荃，皆以此死。姚江黄都御史爲作海上慟哭記述之。而獨公回翔海上，徧得諸帥心，鶴芝尤敬公，即斌卿亦與公最相得，莫知其所以然也。

王至台，加公吏部侍郎。翁洲建國，以工部尚書仍兼吏部事。公令鶴芝兄弟以軍屯温之三盤，爲犄角焉。公素未講學，至是與吴公鍾巒講顧氏東林之學。或笑之曰：『有是哉！公之迂也。』公曰：

『然則厓山陸丞相非耶？』

翁洲破，公病甚，大帥執公，呵之使跪，公衣冠挺立不屈。大兵〔校〕黄本作『帥』。斫其脅，大罵而死。大帥幕中有時甲者，舊嘗受恩於公者也，懼大帥且梟公首，以金賂守者，竊其尸，與公僕負出城，血涔涔流不止。其僕哭曰：『公生前好潔，雖盛夏不肯使汗沾衣，今乃爾耶？』其血應聲止。時城中鼎沸，無所得棺，火葬於螺頭門外。公家婦女亦多死者，不能得其詳也。

## 明兵部尚書兼掌都察院事鍾祥李公事狀

公名向中，字豹韋，號立齋，湖廣鍾祥縣人也。崇禎庚辰進士，知長興縣，以能，調知秀水。浙右素稱難治，豪紳比户，把持長吏，而是時以軍興重賦役，吴民狡施飛灑詭寄之術，奸胥上下其手，逋賦以巨萬。公下令按産均徭，貲算不與，匿田不自占及攬他人田爲己産者，論如律，圖其阡陌原隰於册，而實以人户，奸吏無所舞文。豪紳之奴横甚，公執法治之不少貸，民始而怨，繼而服。時時爲民講禮，不使僭踰。左光先以巡按至，屬吏多所餽遺，公以泉水雙罌上之，光先歎公之廉。

内遷車駕主事，甫至淮上而國亡。南中晉職方郎中，巡視浙西嘉湖兵備，尋調蘇松，甫至，而南中又亡。公與沈公猶龍、夏公允彝等起兵不克，走入浙東。公以浙中之厄於方、王也，棄之入閩，而閩中亦厄於鄭氏。加公尚寶司卿。未幾浙、閩相繼亡。公時奉其父母以行，避兵碓城山中。

丁亥，諸軍次於長垣，福安劉公中藻起兵，招公同朝於王所，即拜公兵部侍郎巡撫福寧，兼監福安軍。劉公開府福安，公分軍扼沙埕。劉公善治兵，能以一旅之卒，激發忠義，累戰累勝。顧其部下頗多不戢，海上居民謡曰：『長鬚總兵，黥面御史。鋭頭中軍，有如封豕。我父我兒，交臂且死。』公語劉公曰：『是非所以成大事也。』劉公曰：『是監軍之任，公何嫌焉。』公乃持節召其中軍將，欲斬之。中軍將訴於劉公，劉公曰：『汝今日乃遇段太尉也。』自是，劉公軍士始整肅。公在行間，衣短後衣，縛袴褶，遍歷諸舶慰勞之；鮫之蜑户，勉以故國之誼，使量力輸助，而無所掠。福寧一帶，依公如父。已而大兵攻福安，公兵少不能援，城破，振威伯涂覺突圍以所部出；勦武伯章義舊與覺以福寧來歸者也，方共守沙埕而覺至。公以二將之師護監國入浙，次於三盤。已而與定西侯張名振取健跳諸〔校〕黄本無此字。所，大兵圍之，蕩(吴)〔胡〕伯阮進來援，再戰皆捷，遂奉王都翁洲，晉尚書兼掌都察院。

公見事不可爲，而悍帥迭起，歎曰：『此所謂「是何天子是何節度使」者也』。嘗問左右曰：『絶粒幾日可死？』曰：『七日』。公曰：『何緩也？』然是時風帆浪楫，從亡諸臣多蕉萃無顔色，而公丰采隱然，白皙如故。

庚寅冬，父卒，監國令墨衰視事。翁洲破，歎曰：『先帝以治行拔向中，不得死難，華亭之役不與沈、夏諸公俱死，福寧之役不與劉公俱死，偷生七載，亦希得一當以報先帝，今已矣。先大夫在殯，老母在堂，向中不可死。然不死則辱，不如一決之愈也。我死，幸投我海中以志恨。』大兵召之不至，捕之，衰絰入見。大帥問曰：『召君不來，捕君始來，何也？』公曰：『召則恐諭降也，捕則謹就戮耳。』翔武而出。次日行刑者，乃其舊部，遂投公於海。長子善毓從死。而太夫人傅氏、夫人蔣氏及次子善鷺，有義士匿之。或以告之提督田雄，亦服公義，弗究也，其後歸鍾祥。

公之死也，得年四十有一。予讀杭人吳農祥所作公傳，謂公與劉公以治兵故，有曠林之争，互殺其中軍，將以相攻，劉公夫人勸之而止。此妄言也。劉公於公始終無間，農祥所記明末事，半出無稽，不特公傳也。

翁洲之難，死者甚多，而左班則以閣部張公，尚書吳公、朱公、李公，吾鄉兵科董公；右班則安洋將軍劉公最烈，時稱『六大忠臣』。浙中修通志，予謂纂修諸君，當別立傳。諸君因令予具藍本。張公、劉公、董公，予已有碑志，乃作三尚書狀并碑志移之，然卒未立傳也。〔校〕黄本有『今明史附閣部張肯堂傳』十字。

## 明文華殿大學士兵部尚書督師金華朱公事狀

公名大典，字延之，一字未孩，浙之金華人也。世農家子，至其祖多，坐毆死族人，論罪抵償。公父鳳救之，遂傾身事吏，吏左右之，得脱。公父乃終身事吏，襲其業。公少補諸生，奇窮不以屑意，時時爲里中鳴不平事，與諸長吏相揞拄，長吏恨之，中以所行不端，幾斥。知蘭谿縣劉宇烈獨知之，曰：『此郎嶽嶽，非池中物。』力調護之，得免。成萬曆丙辰進士，知章丘縣，治最。天啓壬戌，入爲兵科給事中，轉工科，又轉兵科。逆奄用事，出爲福建副使，轉參議，以病去官。崇禎三年，起山東參政，備兵天津。

公身幹魁傑，視瞻不常，習騎射，喜談兵。山東適有登、萊之難，遂晉右僉都御史，巡撫山東。舊撫累以招賊被辱，公至，排羣議用勦，集步騎徑前，賊衆走。公言賊勢窮，必入海，當伏兵海道以邀之。朝議未許，而賊已揚帆去。晉兵部侍郎兼副都御史，蔭一子。

八年，流賊焚中都，陵寢被禍。思宗哭於二祖列宗之廟，遣官祭慰，詔公以漕督兼淮撫。公撫東時，募得健卒千人，馬一千五百，爲麾下親軍。至是，許將之至廬、鳳，脩復園陵，以總兵楊御蕃隸焉。七月，賊十三營至靈寶，中州危急，上以淮北爲憂，詔公以兵二千三百，御蕃兵千五百，扼南畿要害，護祖陵。賊由上蔡入江北之太和。公與御史張任學居守，而遣列將朱子鳳援太和，楊振宗援蒙城，劉良佐援懷遠。振宗、良佐竟卻賊，而子鳳戰死，殺傷相當。

九年正月，總理盧公象昇大攻賊於滁州，公以其兵會之。賊破，走趨壽州，公以良佐等戰於蒙城，卻之。是年冬，賊大舉入江，陪京纂嚴，詔公與總理王家楨合擊。次年正月，公遣良佐一戰於大安集，再戰於廬州，三戰於六安之茅墩；又遣監紀楊正苾等一戰於陶城鎮，再戰於沙河。四月，賊窺桐城。

桐城非公分地，公以事急，遣良佐與協守總兵牟文綬救之，賊敗走。移兵援舒城，而分兵戍桐。當是時，制府殺賊者分三道：總理當一面，秦督當一面，總漕兼淮撫以護陵通運當一面。其餘撫臣，各守所轄，往來策應。其始也，總理爲盧公，秦督爲洪承疇，皆稱善殺賊。然二家部將如曹文詔、曹變蛟、祖大樂、祖寬皆健鬬，所向有功，而公軍惟劉良佐稍著勞績，其視曹、祖亦遠遜，公獨以身枝梧其間，指示方略，終其任，賊不再入中都，則其功也。

其後，盧公以勤王入，洪督與秦撫孫公傳庭繼之，皆忤樞府楊嗣昌，遭排笮，公則否，論者頗以此疑公。會公以淮北五縣失事，臺臣爭請易置。嗣昌曰：『誰可代者？』卒難其人而止。嗣昌自出督師，詔公以諸軍爲應兵。〔校〕黄本無此字。而公自行軍以來，頗不持小節，於公私囊橐無所戒。雖其後額餉多不至，賴前所入以給親軍，然謗大起，御史姜埰等言之，下法司勘問。

公本用世才，自以功過不相掩，一旦對刀筆吏簿録，且不保，乃請以家財募兵勦寇自效。當事亦多惜之者，請還其麾下親軍，使益治兵，以收後效，許之。公遂以麾下居京口，大集奇才劍客，軍器一切自具，治西洋火藥，幾三〔校〕黄本無此二字，有『凡』字。百餘篰。公子萬化亦任俠，召募東陽、義烏材武之士，以益公軍。方具疏待命，而許都之變作。公從京口馳歸，則都已破東陽、義烏、浦江三縣，進圍府治。時浙撫新任未至，巡按左光先在江上，推公主兵。公治兵於江干，鞭十人，貫三人耳，禡祭即行。光先犒之，進擊走都，紹興推官陳公子龍在軍，因舊識都，遂招降之。然使非公一創之力，則亦未肯遽就撫也。公未至時，萬化已以家丁禦賊有功。而同里給事中姜應甲素不喜公，知東陽縣徐調元亦挾舊隙，反誣萬化以交通有狀。於是公以縱子通賊再被劾，有詔逮治，議籍公家以助軍，會國變而止。論者以爲公先在行間，雖不能無過，顧棄瑕補垢，尚應在所洗拭，至於枌社急難，挺身赴鬭，而反因睚眦之隙，誣以逆黨，是則立功之士皆不能不解體者矣。

南中建國，吏部尚書徐公石麒再疏薦，不許。已而竟起爲兵部尚書，御史鄭瑜劾公，猶以前事故也。時阮大鋮掌戎政，公不能有所展，尋以左良玉至，出督靖南兵禦之，大鋮亦繼至，而南中亡。

公方與靖南議奉弘光入浙，靖南死，部將降，公遂以親軍歸，議與江上諸公奉迎監國。時則張公國維與公主金華，孫、熊兩公主紹興，錢公肅樂主寧波，浙東之兵首推此三府。監國以張公輔政，而公以閣銜建行臺督師。公欲以東師由江上取杭，西師由常山通廣信。而閩中詔至，張公與熊公議弗受詔，公與錢公謂宜受之，兩議各有所執。主弗受者，謂監國本非有争名號之心，然一返初服，則以藩王上表，勢多牽制，而閩師亦未必能協力。主受者，謂不宜先立異同以啓争端。其後卒主張公議，隆武聞，亦授公閣銜，公表謝。張公與公分地治兵，公轄金華、蘭谿、湯谿、浦江，張轄東陽、義烏、武康、永康，而方國安等以潰兵列江上，縱暴無狀，馬士英入其軍，人心岌岌。以故，公之兵卒未嘗過嚴州一步。國安以諸軍中公最强，又聞公家尚多財，謀襲取之，以兵至近郊大掠，遂攻金華，聲言索餉四萬以報士英之起公爲尚書，其悖如此。公力禦之。監國以令旨召國安再四，始解去。

公以江上事勢且不測，謀修宋公署爲行宫，迎監國駐其地。或曰江上一危，婺中得安枕耶？乃止。而公亦祇嚴兵自守，不能復預進取計矣。國安卒首潰，欲執監國以降。監國航海，遂引王師攻金華。公殺招撫使，監守三月，外無蚍蜉蟻子之援，而部下士卒無叛心。御史傅巖，公姻家也，家在義烏爲强宗，請盡以子弟赴援，公泣而許之，夜縋而出。部將吴邦璿者，兵部尚書兑孫也，雄健有智略。公初罷淮撫歸，嘗以萬金託邦璿至京有所營，甫入京而國難作，邦璿以金歸，除行李所需外無缺者，公益重之，至是挈其家與城守，公倚之如左右手。有何武者，亦部將，出戰最力。於是國安以大礮攻城，城中亦以火藥禦之，煙焰大起，聲如雷。大兵雖失利，然日夜濟師，而城中人漸疲，紛投坑塹，城遂陷。公麾其愛妾、幼女及萬化妻章氏投井死，而急過邦璿。邦璿方與武語。公曰：『二將軍何語？』邦璿曰：『下官等皆應從明公死，然城中火藥尚多，不可資人，不如焚之，以爲吾輩死所。』公出袖中火繩示之，曰：『此固吾意。』乃共入庫中環坐，賓客僕從願從者皆從焉。公子萬化尚巷戰，力盡見執，有告者曰：『公子死矣。』公即命從者舉火，頃刻藥大發，如地震，王師反走辟易，多蹂踐死。火止，大索公不得，乃知在灰燼中。而傅巖亦死於義烏。邦璿妻傅氏亦死。公孫都督鈺以奉表入閩，亦死浦城。金華城中之民死者亦十九，而國安亦卒爲本朝所誅。

公開府十餘年，前則有阿附武陵之嫌，後則有由貴陽進用之誚，及其孤城抗命，闔門自盡，天下疑者始大白。

野史流傳所記公事多謬，吴農祥爲公傳亦然，如云公以四萬金與貴陽及專奉閫是也。農祥於公有戚屬，尚不可據，予故作事狀以正之。〔校〕黄本無此跋尾。

## 前侍郎達州李公研齋行狀

〔校〕黄本無目有文，列鍾祥李公事狀後。〔嚴注〕長祥。

研齋李公天問閣集四卷，皆丙戌以後之作也，杭人張君南漪得之吴估書肆。侍郎於文不稱作家，然而舊聞軼事，有足疏證史案者，此桑海諸公集所以可貴也。

侍郎通籍甫一歲而國亡，顧自其爲孝廉捍禦里社，以至轉徙鮫宫蠣屋之間，側身軍旅者十七年，明史既不爲立傳，而世亦莫知其本末。苕人温睿臨雖嘗爲立傳，然寥寥不詳。予家浙東，乃侍郎從亡地，先太常公一門皆嘗共事，故頗悉之。及鈔斯集，益得以舊所聞互相考見，乃爲之狀，使異日補注明史者，有所徵焉。

按侍郎諱長祥，字研齋，四川夔州府達州人也。諸生素之曾孫，永昌通判璧之孫，諸生爲梅之子。生而神采英毅，喜言兵。是時，獻賊從横蜀中，侍郎練鄉勇，躬擐甲冑，以助城守。自癸酉至壬午，賊中皆知有侍郎名。

癸未，選庶常，時沈自彰任吏部，方蒙上眷，薦之，謂當援劉之綸之例，破格不次用之，使備督師之選。或問之曰：『天子若果用公督師，計將安出？』侍郎歎曰：『不見孫白谷往事乎？今惟有請便宜行事，屏邸鈔不寓目，即有金牌亦不受進止。待平賊後，因首闕下，以受斧鉞耳。』聞者吐舌。而同里井研方爲首輔，欲引之爲私人，侍郎不可，故不得召見。

賊且日偪，侍郎上疏：『請急調寧遠鎮臣吴三桂以兵拒戰都城下，有新進士袁噩者，具將才，可令輔之。而令密雲鎮臣唐通與臣從太行入太原，歷寧武、雁門，攻其後，首尾夾擊，賊可擒也。』思宗下其議，未定，密雲帥已至，詭請守居庸關，則放賊直抵昌平。侍郎上疏，請急令大臣輔太子出鎮津門，以提調勤王兵，皆不果行，而京師潰。侍郎爲賊所縛，遭搒掠，乘間南奔，方改監察御史巡浙鹽，而南中又潰，因起兵浙東。監國加右僉都御史，督師西行，而七條沙之師又潰。王浮海，侍郎以餘衆結寨上虞之東山。

時浙東諸寨林立，顧無所得餉，四出募輸，居民苦之，獨侍郎與張翰林煌言、王職方翊且屯且耕，井邑不擾。監軍華夏者，鄞人，爲侍郎聯絡布置，請引翁洲之兵，連大蘭諸寨，以定鄞、慈五縣，因下姚江；會師曹娥，合偁山諸寨，以下西陵。僉議奉侍郎爲盟主，刻期將集。鄞之謝三賓〔校〕手稿、黄本均作『降紳謝某』。告之大兵，急攻東山。〔校〕黄本下有『寨』字。前軍〔校〕黄本下有『都督』二字。章有功者，故會稽農也，驍鋭敢戰，所將五百人，皆具兼人勇，累勝，大兵以全力壓之，不支被擒，拉脅決齒，垂斃，猶大罵而死。時有百夫長十二人，故嘗受大兵指爲間，至是中軍汪彙與十二人〔校〕手稿無上四字，作『謀以爲功，相』。期，以次日縛侍郎入獻。晨起十二人忽自相話，〔校〕手稿作『語』，黄本作『詬』。柰何殺忠臣，〔校〕黄本下有『乎』字。折矢扣刃，誓而偕遁。〔校〕手稿無上三字，作『之江，泣而遣之』。汪彙追之不及，於是浙東沿村接落，奉檄，有得侍郎者，受上賞。

侍郎匿丐人舟中，入紹興城。居數日，事益急，遁至寧之奉化，依平西伯王朝先。朝先亦蜀人，〔校〕稿本下有『也』字。華夏曾爲侍郎通好，訂昏姻焉，得其資糧扉屨之助，復合衆於夏蓋山。一日，泊舟山下，有龍挾雷電將上天，蕩舟，士卒皆懼，侍郎令發大礮擊之，雷電愈甚，水起立，侍郎神色自如，俄而晴霽。由健跳移翁洲，則入朝，加兵部左侍郎，兼官如故。侍郎言於王，請合朝先之衆，聯絡沿海，〔校〕稿本下有『潛襲鹽官一帶』六字。以爲翁洲衛。張名振不喜，襲殺朝先，侍郎慬而免。

辛卯，翁洲又潰，亡命江、淮間。總督陳公錦〔校〕手稿作『陳錦大索』。得之京口，都統金礪、巡道沈潤力主殺之，陳獨不可，釋之，乃居山陰澗谷中，尋遊錢唐。然大吏以爲終不可測，更安置江寧。初侍郎之在寨中也，寄孥上虞之趙氏，及寨潰，相傳侍郎已殪，其夫人黄氏聚其家人謀共死。有僕婦曰文鶯，夫人婢也，曰：『夫人當爲公子計，以延李氏香火，惡可死？』曰：『然則柰何？』曰：『婢子死罪，願代夫人，以吾女代公子，俟死於此，而夫人速以公子去。』夫人泣曰：『安忍使汝代我死。』曰：『小不忍最害事，速驅之。』而山中有羅吉甫者，時時遊侍郎門下，至是奔至，曰：『夫人、公子我則任之，雖以是死，甘心焉。』於是夫人抱其子畝拜吉甫，且拜文鶯。文鶯曰：『夫人休矣，捕者行至矣。』甫出門，捕者至，以文鶯去。有徐昭如者，亦義士，不知夫人之脱，約死士謀要之，既乃微聞其非真也，遂止。吉甫既匿夫人，知朝先之於侍郎姻也，乃以夫人母子往，則侍郎已先在焉，相見慟哭，爲言文鶯一木訥女子，今若此。而文鶯被逮，居然以命婦自重，雖見大府不肯少屈，莫不以爲真夫人也。時例應徙遼左，按察使劉公自宏者，淮人，一日五鼓傳令啓城門，命吏以文鶯就道，不得少待。或曰劉蓋憐侍郎之忠，亦壯文鶯，密取歸養於家，而以囚中他婦代之云。

而侍郎之自翁洲亡命也，又〔校〕稿本無『又』字，作『間關百死，夜行晝伏』八字。與夫人失，及居山陰，則夫人又自海上至，得再聚。侍郎既羈江寧，夫人已卒，總督馬公陽禮之，而終疑之曰：『是子然者，誰保之？』侍郎微聞之。時江寧有閨秀曰鍾山秀才者，善墨竹，容色絶世，乃娶之，朝夕甚昵。馬督私謂人曰：『李公有所戀矣。』未幾侍郎乘守者之怠，竟去，由吴門渡秦郵，走河北，遍歷宣府、大同，復南下百粤，與屈大均處者久之。

天下大定，始居毘陵，築讀易臺以老焉。〔校〕手稿無『老焉』二字，作『講學遂卒』四字。予過毘陵，累訪其子孫，無知者。

侍郎行狀如右。吾讀天問閣集，頗疑侍郎蜀人，而其論楊武陵多怨詞，甚至比之孫白谷，而委過於撫臣邵捷春，何其與衆論不同歟？又論周陽羨忌陳新甲而殺之，以新甲爲枉死，恐亦未必然。

要之大節如侍郎，不免以愛憎之偏持論，證史之所以難哉。〔然而其大節終不可没也。侍郎晚喜説易，祖述梁山來氏，深服汾水朱滄起，而更旁信南禺豐氏之説，蓋不知其多作僞也。若其論學，私淑高忠憲公、劉忠正公，力排禪宗，則純矣。〕從手稿補。〔一〕

〔一〕李案：國初曲江廖柴舟燕二十七松堂文集上吴制府乞移李研齋柩歸金陵書言：研齋嘗爲兵部尚書，國變後隱居金陵，著書講學。後避亂至嶺表，寄居韶陽仁化縣河頭寨萬山之中，遂病死。是李公終於韶州。又言：李在金陵與吴公有交誼，其子某爲燕言之。今公節制兩粤，適臨兹地，其子踴躍告燕，以爲蜀山萬里，首丘爲難，金陵一水可達，稍爲援手，移柩以歸其地，反掌間耳。案吴公名興祚，山陰人，入漢軍籍，時由福建巡撫擢兩粤總督，過端州時，廖上此書，而吴旋入爲吏部侍郎，不知歸柩事究竟何如也。廖親與李公子交，則李官至尚書，而後由金陵入粤，其事可信。惟云隱居金陵，後復罹亂者，未知何年，豈指海上之師耶？

# 鮚埼亭集外編卷十

## 行狀二

### 華氏忠烈合狀〔嚴注〕夏，妻陸。

在昔文章家無合狀之體。惟葉水心集嘗爲陳同甫、王道甫作合志，蓋出於史之合傳，予因援其例於狀。但古人於夫婦之間，未有不以婦統於夫者，今並舉之何也？曰華夫人之烈，非凡爲婦者所可同也。作華氏忠烈合狀。

檢討華公諱夏，字吉甫，別字嘿農，浙之寧波府定海縣人也。其後遷鄞。少與同里王公家勤齊名，同受業〔校〕手稿、黄本作『學』。於始寧倪文正公，已〔校〕手稿下有『而』字。又同學於漳浦黄忠烈公，已又同參〔校〕手稿無『參』字，作『學於』二字。蕺山之席，已而同受知於新城黄公端伯、華亭陳公子龍，浙東社盟所稱華、王二子者也。是時檢討雖〔校〕手稿下有『爲』字。諸生，而謂謂有范滂、陳東之風，浙東資其清議，以爲月旦。以恩貢入太學。

乙酉六月，浙東兵起，首與董公志寧倡大議，預於『六狂生』之目。其奉錢忠介公書入定海，説王之仁使返旆，幾陷虎穴，夫己氏〔注〕謝三賓。欲殺之而不克，詳見予所作忠介神道碑。〔校〕手稿有『銘』字。已而論倡義功，授兵部司務，尋晉職方主事，皆不受，請以布衣從軍。悍帥枋成，諸經略皆不用，然猶與陳太僕潛夫出戰牛頭灣，彈從頭上過如雨，不退。檢討雅素勁挺，忠介亦不能盡與之合，遂謝去，是爲乙酉之仲冬。又七月而江上潰。是時浙東未下者祇翁洲彈丸地。顧浙東之學士大夫以至軍民，尚惓惓故國，山寨四起，皆以恢復爲辭。檢討謂人心未去也，而錢忠介公航海入閩，連下三十餘城。閩人告急於浙，浙抽兵應之，浙之守備稍虚。檢討曰：『此可乘之會矣。』謀之益急。

丁亥，乞師翁洲，翁之故〔校〕手稿無此字。總兵〔校〕手稿下有『官』字。黄斌卿無遠略，猶豫不應，檢討憤責而歸。〔校〕手稿作『檢討憤而責，然卒不得。檢討歸未逾時』。未逾時，慈之大俠以馮侍御京第海上往復書洩，〔校〕手稿作『海上書相往復，事洩』。牽連檢討，〔校〕手稿有『新朝之大帥』五字。捕之入獄。或曰：『亦夫己氏〔校〕手稿作『三賓』。所爲也。』囚中作生謝、死謝、罹械、破械等詩。家勤與董公德欽悉力營救，出之。檢討不以〔校〕手稿下有『前事』二字。爲懲，謁李侍御長祥於東山，侍御曰：『吾於會稽諸城邑，俱有腹心，一鼓可集，但欲得海師以鼓動聲勢。』檢討曰：『海師不足用也，公何不竟以中土之師速舉。』侍御曰：

『此間人頗以海師爲望，因其勢而用之耳。』檢討曰：『愚以爲海師必不可恃。』侍御曰：『子其强爲我行。』乃再乞師翁洲。時馮侍御京第方在翁洲，力勸斌卿。斌卿曰：『我軍弱，中土之助我者，可得幾何？』檢討曰：『布置已定，發不待時，將軍何庸以寡助爲憂。將軍之師入蛟關，范公子兆芝當以徐給事孚遠柴樓之師會，可得六百人。將軍之師至鄞江，楊推官文琦當以王職方翊大蘭之師會，可得千人；王評事家勤當以施公子邦炌管江之師會，可得三千人；張屯田夢錫當以大皎之師會，可得四百人；而屠駕部獻宸當以城中海道麾下陳天寵仲謨二營之師爲内應，可得千人。將軍之師至慈，馮職方家楨當以其子弟親兵會，可得五百人。將軍之師至姚，李侍御長祥當巳下紹興，以遲將軍；其東山之寨當有使者來除道以俟，而張都御史煌言當以平岡之師會，可得三百人。將軍之師渡〔校〕黄本作『至』。曹江，章都督欽臣以偁山之師會，可得二千人。將軍之師急移小亹，合李侍御軍西渡蕭山，尚有石仲芳寨可得千人。將軍以此衆，長驅入杭，百里之内，牛酒日至，何庸以寡助爲憂。』斌卿猶不信，檢討益恨而激之，斌卿大怒，奮拳擊之，曰：『吾今聽子言，倘侍御〔校〕手稿下有『或』字。爽約，吾且取子肝以餉軍。』〔校〕手稿下有『檢討曰：事若不濟，此肉當爲北人所食，非將軍有也』二十字，下無『然』字。然斌卿特强許，終無出師意。檢討歸，乃復令楊公文琦往，馮侍御等益勸斌卿。楊公曰：『累失期，事且壞。今十一月四日，直指使者之天台，監司而下皆送於南渡，可乘虚至也。我當約諸道畢集，以待將軍之樓船。東山之兵，亦以是日入越。』斌卿曰：『諾。』

自檢討偕楊、王諸公經營恢復事，東西聯絡，飛書發使，日無寧晷，嘔出心血數石，至是以爲功有緒矣，而夫己氏〔校〕手稿作『三賓』，下同。又告變。夫己氏之欲殺『六狂生』以阻軍也，自度不爲清議所容，及再降於新朝，益決裂，刊揭自言其前此歸命之早，而爲王之仁所脅，今幸得反正，見天有日，然卒不見用，乃益思所以徼功〔校〕手稿、黄本作『福』。者，廣行賄賂，遂得反間之力，中途賺取檢討所貽大蘭帛書，盡得其詳，由分守道陳謨以告之直指秦世楨。直指乃詭期不出，而密調慈水之兵以襲大蘭，定海之兵以勦管江，姚江之兵以擣東山，三道之兵皆潰，急捕檢討，得之。屆期，翁洲兵入關，直抵鄞城東之三江口，諸道兵無一至者。海道孫枝秀〔校〕黄本作『孫某』。嚴警，陳、仲二將軍不敢發，斌卿知有備，亦不敢攻而去。直指乃令知府大陳刑具訊讞討，究其黨與。檢討乃慷慨獨承，曰：『心腹腎腸肝膽，吾同謀也。』及問帛書所載楊、王、屠、董諸人，皆言其不預。知府再拷之，檢討大呼曰：『太祖高皇帝造謀，烈皇帝主兵，安皇帝司餉，其餘甲申、乙酉殉節諸忠范公景文、史公可法而下，皆同謀也。』〔校〕黄本無『也』字，作『之人』。知府三拷之，終不屈。而是日也，謝昌元〔校〕黄本作『謝三賓』。亦爲人所告下獄。初謝氏欲害『五君子』以求用於新朝，不料枝秀〔校〕黄本作『海道』。之豔其富也，欲并殺之，而取其室。乃使人上書告之，又使人密語檢討曰：『謝氏汝寃家，可力引之，當爲汝報仇。』及共訊，檢討曰：『咄嗟！此乃反面易行、首先送款之人也，而謂其不忘故國，吾死不瞑矣。』謝跪旁搏顙謝曰：『長者，長者。』

檢討在獄中，鼓琴賦詩如平日，〔校〕手稿下有『初聞王評事家勤得脱喜甚曰，吾但願同志得免幸矣。』二十一字。自稱過宜居士。或問之，曰：『周公之過，不亦宜乎？何有於某。』〔校〕手稿無『何有於某』四字，作『然則余過又何不宜之有』。戊子五月初二日行刑，直指謂曰：『非不欲生汝，奈國法何。』檢討曰：『事成，吾不汝置；事敗，汝亦不吾置也。』絶命，有白光一縷沖天而去。監國還軍翁洲，贈檢討，門人私謚曰毅烈。〔校〕手稿下有『檢討之未死也，高都御史之弟斗權、馮都御史之子愷章，破家爲之經營。然檢討自知不得免，密以書告之曰：「辜負二兄心血，然若以此置國事不問，是則使我殁而猶視，非所望于二兄者也。」』

生平著述最多，亂後散佚，僅存過宜言八卷。其獄中所訂操縵安絃譜、泗水鼎樂府、對簿録，藏於高武部隱學家，今惟對簿録尚有存者。

檢討夫人陸氏，有儁才，而性貞且孝。檢討被難，夫人絶粒七日不死，或曰有姑在，何可死也。乃日進一餐。檢討正命，夫人親詣市，紉其首於屍，負以歸。既殮，復絶粒，其姑垂涙勸之，復日進一餐。已而有令徙諸家妻子於燕，檢討之友高文〔校〕手稿作『太』。學斗魁急過語曰：『夫人當自爲計。』夫人曰：『諾，願得褒衣，以見先夫子於地下。』斗魁即以其妻所有予之。次晨起，對鏡歎曰：『天乎！吾不得終孝養矣。』視其盎中尚有米，親掃臼舂之，舂畢，跪於姑前曰：『婦不隨郎去，恐終不得事姑也。』姑其强飯自愛，以保天年。』語畢，其姑哭，夫人亦哭，鄰里聞者聚觀如堵牆，皆失聲哭。夫人徐起投繯堂中，既上而絶者再，時方盛暑，汗涔涔下，鄰人或以楊梅一盂進曰：『願夫人嘗此而後死。』夫人亦渴甚，啖之盡，以巾拭汗，復易繯而絶。

而檢討次子凜思，夫人於前數日，密託檢討之友林評事時躍竊出匿之，但以瘇兒聞，其家莫有知者。夫人之慷慨從容，既克從死，又克保孤，時人以爲巾幗中奇男子云。其後凜思竟育於林氏，年二十始復姓，詳見予所作評事阡表。

有謝寅生者，亦義士也，素與檢討不相還往，至是忽訊之獄中，曰：『吾願以女配公子。』檢討許之，寅生乃分以田宅而成立之。謝氏之爲枝秀〔校〕黄本作『海道』。下同。所陷也，亟行賂於直指，發其貪墨事，枝秀遂罷官，謝亦多方下石以報之，而刊揭自暴〔校〕黄本無上二字。其前此告變之功，并爲枝秀所陷之屈，然卒不見用。

嗚呼！皇朝應天順人，同軌畢附，檢討欲以精衛之力〔校〕手稿作『怒』，黄本作『怨』。填闕海波，亦何可得，即令是時所圖得遂，浙河如破竹，亦豈足延西崦之祚。乃一擲不中，至再至三，卒以喪元，可謂愚矣。又況重瞳受病，一往疏防，不密失身，宵人抵隙，竟漏多魚之師，坐而受縛，同盟駢首，仇讐快心，言之可爲浩歎者也。然而欲存君臣之義於天地之間，則小腆雖頑，終賢於筐篚壺漿之輩，至於身經百鍊，終不爲繞指之柔，皇朝殺其身，未嘗不諒其心矣。若乃夫人之凜然大節，故國故家，均爲有光，而臨終妙用，才反出檢討之上，又一奇也。彼反覆如夫己氏，到今亦安在哉！

# 楊氏四忠雙烈合狀

〔嚴注〕文琦，文琮，文瓚，文球，文琦妻沈，文瓚妻張。

鄞鏡川之楊，以文懿公〔馮注〕守陳。大，其弟康簡公、〔馮注〕守逾。冢宰碧川先生〔馮注〕守阯。並起，〔嚴注〕碧川兄也，康簡弟也。文中應將碧川列上。五世中有四開府，三翰林，兩臺諫，四監司，而守牧以下無論也。時人爲之歌曰『半壁宮花春讌罷，滿牀牙笏早朝歸』以榮之。又六世，而四忠雙烈出焉，遂以收三百年世臣之局。跡其一門被殲，不可謂不慘，然而爲故國增重矣。

四忠者：長監紀推官贈兵科都給事中文琦，字瑤仲，號楚石；次職方郎中文琮，字天璧；其第三弟文瑛早卒；次監察御史贈都察院右僉都御史文瓚，字贇玉，號圓石；次都督府都事文球，字天琅：太僕卿美益之玄孫，澤州通判承龍之曾孫，諸生德邁之孫，監紀推官秉鼐之子。秉鼐字公鼎，能守文懿之教，以名節勖諸子，里中以『楊太公』稱之。推官尤喜交當世豪傑，以引進其諸弟。然家貧甚。推官娶沈氏；御史以舉崇禎己卯科，始娶於杭之張氏，而以其婦裝爲職方娶李氏。

截江之役，太公親〔校〕手稿作『首』。帥諸子從軍。御史初入臺，力言浙、閩宜合不宜分，即使主上屈節於天興，將來無損於配天之業。時方争開讀禮，多不以爲然，而同里張公蒼水尤出揭力排之，〔嚴注〕當云『出揭排之尤力』。御史乃入閩。思文召對，又力言當聯絡閩、浙以爲同仇，不當啓争端。閩强而浙弱，莫若輪閩餉以助浙，自足以服其心。思文然之，即賜食，撤御前燈送至邸。丙戌春，以温陵饑，按視，疏發帑金三千賑給。歸而陳四難、十失諸奏疏，皆名言也。思文特用爲雲南巡撫，力辭，請如前旨得領餉入浙中，以圖會師。鄭氏尼之不果，乃命以掌貴州道，扼防建延三關，便宜行事，召募義勇。而浙東亡，仙霞告急，思文出走。

方思文命御史之温陵，問知其有兄，臨軒試之，對言今日宜作馬上天子，未可狃承平積習。思文奇之，以明經上等，即授惠安訓導，尋加監紀推官，視惠安諸軍。至是來就御史商所向，而太公挈家至。

初張夫人尚居杭，已而道斷，夫人最多智略，歎曰：『干戈載道，吾當從夫以死耳。』其家力阻之不得，潛自小亹渡江。時兩軍列戍夾岸，鉦鼓朝夕震，中流交鬭，每日數合，飛鳥不得過，而夫人忽脱兔至，皆以爲從天而下也。會江干〔校〕手稿作『上』。事已不支，乃謀奉太公入閩，留職方居守，以都事從。甫至，推官、御史適他出，亂兵突過之，夫人走伏草間。賊執太公以去，索萬金，不則烹。都事散髮狂號於路，路人憐其孝，不數日得金數千緡，齎入砦，賊以數不足，欲殺之，都事對父長慟，賊亦感動，令奉太公以歸。俄而推官兄弟返，避地於泰順之竹園，欲求思文消息，以謀扈從，卒不得，乃返甬上。

時浙地止翁洲未下，而寧、紹、台山寨大起，遥相首尾，於是有『五君子』之難，推官與大蘭寨主王翊最善，故在『五君子』中獨主西南一道。張夫人謂御史曰：『翁洲黄將軍未可信，宜慎之。』御史亦以爲然，不意翁洲未嘗慫約，而華公過宜所致大蘭帛書，中途爲人〔校〕手稿無『人』字，作『謝三賓』。所得，密揭告變，並〔校〕手稿無『並』字，作『揭中』二字。列推官、御史名，旁及都事，而獨遺職方。時推官兄弟四人方謀於野，聞變，或勸之逃，推官曰：『吾以義動，而臨難不赴，且將陷父於辟，安用義爲？然偕死亦無益，吾獨承之。』因遣御史、都事入閩，御史不肯，乃獨遣都事變服走。推官就訊，忼慨無戹詞，但言御史不預謀，請釋之以養父，而自請速死。華公時已先在囚中，聞之淚涔涔下。而太公因橐饘傳語，謂一日未死，當一日讀書。推官以詩答父，聞者益歎太公之賢。御史亦與同難李公昭武唱和不輟。

初，華公已獨承帛書中事，欲盡脱諸同難，以故同難亦多不承者，而推官獨不可。於是當事議坐推官，而釋御史。推官遂與華公同死，既殯，張夫人謂御史曰：『難猶未止，可速去。』職方亦曰：『弟但去，有我在。』御史猶豫未決，夫己氏復以賄請於當事，必殺之，乃復逮之。御史大呼高皇帝不絶以死。夫己氏嘗與太公同學，少相好，長相密也，及其反覆兩朝之間，推官兄弟不復以父友事之，故禍最烈。

張夫人負御史尸，刎其首，吮其血，哭盡哀，忽曰：『楊郎死忠，分也，何以哭爲！』因治棺衾皆雙具，召畫師至，寫雙影，語家人曰：『吾死矣。然吾宗刺史文人也，乞之爲楊郎兄弟作傳，吾死瞑矣。』刺史者，前高唐牧德周也，年老畏禍，逡巡不敢執筆。夫人乃書遺戒曰：『楊郎無媿於天地，無媿於國家，偷生一載，有爲而然。妾今從之，亦可無媿於楊郎。所遺二女，楊郎在囚中已爲擇壻矣。』聞者皆哭，夫人拜謝於太公之前，投繯，被救不死，怒曰：『將隳我節耶？楊郎遲我久矣。』乃飲藥，少選〔校〕黄本作『頃』。毒〔校〕黄本無此字。不即發，復投繯而絶。夫人之父季初，故孝子，夫人少時亦嘗割臂療父病。夫人之母，亦烈婦也，其淵源有自云。沈夫人噭然而哭曰：『吾姒烈矣！吾後之哉。』或勸之，歎曰：『昔陳同甫之傳烈女，其姊不屈而死，其妹畏死卒受辱，諸君將陷我爲畏死之妹耶？』亦自經。監國還軍翁洲，皆贈官。

而都事之入閩也，錢忠介公已卒，乃謁劉閣部中藻於福寧。閣部曰：『祝君爲王元德之弟仲德，則老夫幸甚。』令參幕府軍事。時都事尚未娶，閣部欲婚之。曰：『謝三賓讐首未懸，未可也。』閣部益重之。次年，福寧不守，都事死之。

初，張公蒼水以争閩事，不喜御史，至是自海上貽書，謂楊氏一門忠節如此，當日悔其參辰，并以詩弔之。職方乃間行謁張公，把臂痛哭，託以聯絡中土事。自是，職方每歲往來海上不絶，太公亦弗以前禍爲戒，勉以善成家風。而海上之局日削，職方悲憤益甚。癸卯，太公卒。是年，有降卒自海上言，職方將引海上將趙彪爲患，逮至錢唐，歎曰：『吾父以天年終，吾可死矣，且吾固雁行中漏網也。』賦絶命詞，扼吭而卒。李夫人先卒，楊氏自戊子以來，家經再籍，寸絲粒粟無復存者。庶弟文琔、文玠暨諸姪，皆以職方故遣戍，斃於道，一門遂盡。職方之死，葬於杭西湖之南屏，其遺意也。

又十二年，而御史之同年，前太僕石門曹廣，葬推官父子兄弟十棺於鏡川，惟都事無骨可歸，招魂以附之，詳見予所序楊氏葬録。

推官兄弟俱有集，御史尤多，其奏稿、烏史、蟲史俱不傳，詩稿惟落花吟一卷猶存。推官獄中詩，職方絶命詞，皆僅存者。

## 屠董二君子合狀

〔嚴注〕屠獻宸、董德欽，鄞人。

嗚呼！古今殉國之士，至於唐睢陽之六忠，烈矣。然觀張公所以語南八者，惟恐同事諸君之死之不決，而許公死於偃師稍晚，遂起張公之疑，向非後死者力爲表之，將竟不免於議論矣。惟段公倒用大司農印，如岐、如劉，如何各不相引，而卒〔校〕黄本作『究』。之各相報以死，偉哉！

殘明吾鄉戊子之難，過宜華公爲之魁，顧華公所紀對簿録頗若不滿於屠、董二君子，而獨推楚石楊公之慷慨。予詳考之，華、楊之抗詞不屈，良不愧張公，而屠、董之心，亦未嘗有媿於許公，特其形迹之間有須暴白者，遂不得比於段、岐一輩，爲可惜也。予既爲華公夫婦合狀，又爲楊公兄弟娣姒合狀，偶繙對簿録，懼屠、董大節之有晦也，乃更作二君子合狀，世有韓退之或採予文，以當于嵩之考證，未可知也。

駕部屠公獻宸，字天生，鄞人，兵部侍郎大山之曾孫。推官董公德欽，字若思，鄞人，兵部侍郎光宏之孫。二家並以甲第雄於甬上，稱世臣。天生與若思皆負高才，講氣節。江南之亡也，若思納衣巾於文廟慟哭。時鄞之義師尚未動，天生西向蕭山，探行省消息，聞潞王降，而歸道出姚江，則孫、熊二公已舉兵。天生杖策謁軍門，二公奇之，留參其軍事。次日，過宜華公等亦與若思擁錢忠介公起兵於鄞，會師江上。忠介執天生手，慰勞之曰：『君可謂先平陰之役而鳴者也。』天生募義從爲小營，軍於瓜瀝之龍王堂前，尋授車駕主事。若思亦以招軍輸餉，功在『六狂生』之亞，授監紀推官，不受。已而江上事壞，並角巾歸里。

先是，故尚書慈水馮公鄴仙兄弟門下多奇士，至是多在大帥幕中，天生欲因其力以有所圖，客頗許之。天生之居故侍郎第也，北來諸將奪其半以爲署，有海道中營遊擊將軍陳天寵、仲謨者，北人也，馮氏諸客瞰知其有異，微説之。二人乃親詣天生密室，屏左右言曰：『吾二人，故史閣部麾下也。當江都失守，閣部垂死，遺言屬我輩必無負明室，吾二人敢忘之哉！將有所待而爲之，以報閣部也。吾觀公非凡人，且一切來往蹤跡，吾亦稍覺之，公若弗疑，願效死力。』天生聞之大喜，天寵等即從衣領中出史閣部牒示之，曰：『倘城下有警，吾縛備兵使者以予公矣。』於是過宜頻乞師於翁洲，内外合約，以復浙東，用少牢祀史閣部於天生家。陳、仲二將軍預其盟。會過宜以慈水大俠牽連被逮入獄，若思與王評事石雁悉力營救出之。已而翁洲許過宜以師期，遂欲合諸道之師大舉，而天生以二將軍之師爲内應。若思曰：『諸軍既入城，吾請任其餉。』乃盡斥賣其家貲以待先期。而夫己氏告變，諸道兵皆爲大軍〔校〕黄本作『兵』。所截不得進，〔校〕黄本作『至』。祇翁洲師次城下，陳、仲二將軍秣馬，猶思應之。海道孫某登陴以望，駭曰：『敵兵翹首望城上而不發矢，望内應也。』即調城守營兵，分鎮諸門，居民敢有出衢巷瞻〔校〕

黄本無此字。眺者，即擊殺之。陳、仲二將軍不敢發。翁洲知有備，次日遽去，而城中亦莫敢有追之者，懼内變也。天生與若思走天台。

初，『五君子』之聚謀也，過宜伉爽而疏，天生與若思皆戒之曰：『同里中，有外託氣節之名，内實陰賊不可信者，宜防之。』過宜不甚用其言，至是洩之夫己氏者，果其人也。海道遣人大索，追及天生等於天台，執之。過宜之入獄也，已獨承其事，謂天生等皆不與謀。及大訊，甬之諸義士聚議，亦以過宜爲戎首，必不得活，而天生等皆〔校〕黄本無此字。尚可免。況過宜既獨承，則天生等不妨養身有爲，乃私爲之行賂於直指，而密以書告天生等，令弗爲過激之語，天生與若思諾之，獨楚石楊公不可。於是直指坐華、楊以死，亦欲免屠、董，而爲夫己氏所持不克。〔校〕黄本作『免』。天生坐獄中，謂若思曰：『過宜不用僖負羈之言，以至此也。』若思最與過宜厚，至是亦頗咎之。過宜雖巽詞以謝，而不能無拂於中，故述二君子對簿之語，稍稍以畏死誚之。於是高公宇泰遺人謂過宜曰：『過宜極欲同志得全，卒成王事，今何其不廣乎？』過宜謝之。嗚呼！天生、若思不過明經、茂材耳，非有析圭裂土之寵於前代，必當濡首没趾以相報於焦原者也，可以不爲而爲之，則其判一死亦可知矣。其時之不欲遽死者，不過欲圖後效，以萬一得當，上以爲故國，下即以慰死友，非貪生也。今但取過宜對簿録中語，誠足見楚石之壯，而不諒天生、若思之心，長逝者之屈，其有窮乎？予詳過宜前後之言而暴白之，亦猶李翰之例也。

天生等既不得免，卒與過宜同日死。臨刑，過宜欣然謂曰：『吾與二兄當共成長虹矣。』而陳、仲二將軍周旋天生於難中甚力，論者賢之。監國還軍翁洲，贈天生大理寺丞，若思兵部郎中。天生夫人朱氏賢而文，其姥恐其殉也，守之。夫人好言如平日，而潛賦絶命詞，伺姥之歸，自經以從。〔校〕黄本無『伺』字至此八字，作『死之。姥亦自經以從。』

# 王評事狀

戊子『五君子』之禍，同日死於鄞者四，而王評事石雁死於杭，其爲夫己氏〔校〕手稿作『謝三賓』，下同。所中尤甚焉。

評事諱家勤，字卣一，别字石雁，浙之寧波府鄞縣人也。雅持風格，博通四部，稜稜不可一世，其師友淵源皆與過宜華公同，其子即華公壻也。黎學使博菴曰：『華文蒼邃，王文簡浄；華静穆而色宏肆，王博奥而格莊坦；華重錘鍊，王尚沖夷。至崇經酌史，不眩〔校〕黄本作墮。於諸子，則朴學均也。華如泰山千仞，壁立嶔嵜；王如崑岡之玉，温潤縝栗；至悃愊無文，恂恂不能語，則潛養均也。』馮尚書鄴仙之主中樞也，延評事在幕中，奏疏筆札，盡出其手。赧王稱制，以選貢入太學。

乙酉六月，擁錢刑部共起兵，預於『六狂生』之目。江上召爲大理，居官甫期年而喪職。於是諸遺臣義士，日夜謀所以復故國者，而職志所歸，呼吸傳致，則惟華、王二家。時議分道集兵，華氏主中甄，而屠駕部以内應之兵佐之；馮氏主西甄，而李侍御以東山之寨相援；楊氏兄弟主西南甄，則大蘭之師也。評事曰：『吾願主東南甄。』乃踰姜山至管江，管江之豪施邦炌、杜懋俊等招姜山之死士，得三千人，資糧屝屨，無不畢具。評事屠牛釃酒，刺血誓師，約以翁洲水師入關，則由陸路自城下會之。諸道所集兵，未有若評事之盛者。

已而夫己氏告變，直指遣諜者入管江，評事曰：『耳目有異。』搜諜者，得其檄，遂斬之，鳴鼓會衆，將由大嵩以入海。〔校〕黄本無此字。定海大將軍〔校〕黄本無此字。常得功已遣水師扼其入海之路，而以輕兵掩管江。施、杜請據險格鬭，别令死士護評事趨翁洲，中道被執。評事之自管江出也，有顧氏子者隨之行，亦被執。其人蓋狂且也，夫己氏舊識其人，密以賂入，令顧氏子進之評事，勸其多引薦紳人望以自免，評事斥之。顧氏子乃私填一紙，如高都御史父子、馮職方家楨、李儀部棡、范公子兆芝等，以與獄吏，而衣冠之禍大作。外人皆傳以爲出自評事，華公聞而驚曰：『石雁寧有此！』訊之，乃知顧氏子所爲也。夫己氏私謂人曰：『王卣一〔校〕手稿作『評事』。沈静淵默，猝不能窺其際，是非華子之疏衷者比也，必不可活。』未幾，直指移評事之囚於錢唐。或以爲有生望矣，評事曰：『吾亦何望爲覆巢之完卵哉？華、楊、施、杜不可負也。』及累訊，瞠目不復一語，遂以六月二十日死焉，門人私謚忠潔。

嗚呼！忠義之名難居也。以同心一德如『五君子』，累蹶累起，履虎尾而不顧，白首同歸，乃屠、董稍與華公隙末，評事亦幾遭不白之誣，彼其播弄，皆出於反側〔校〕手稿作『覆』。小人之手，百世而下，猶令人欲食其肉。然而忠義之人，皇天后土，鑒其心曲，所謂『留吾血三年而化爲碧』者，海枯石爛，不可磨滅。予作『〔吾〕〔五〕君子』狀，發明沈屈，其庶足慰重泉之恨也。

夫評事著書滿家，尤長於經，諸經皆有説，不肯苟同前人，頗過於好奇，今散佚殆盡，惟周禮解予曾見之，其静遠閣集亦無存者。

是役也，謝氏第一揭帖爲董公志寧、董公德欽、王公家勤、楊公文琦兄弟、屠公獻宸，第二揭帖爲華公及慈谿馮公家楨、馮公蕘、李公文纘，第三揭帖爲高公斗樞父子、李公棡父子、定海范公兆芝。董公志寧與楊公文球急逃得免，二馮以其子弟行賂得免，李公文纘以過宜力辨其不預得免。而第三揭帖中人皆免。董公志寧、李公文纘、范公兆芝予皆嘗表其墓，合觀之，則戊子之難，本末了然。陸夫人諱玉辰。張夫人諱玉如。〔嚴評〕陸、張之名當見於狀中。〔校〕黄本無此跋尾。

# 鮚埼亭集外編卷十一

## 行狀三

### 明故都督張公行狀

都督張公諱廷綬，字雲衢，浙之寧波府鄞縣人也。曾祖某，祖某，父某。都督少時喜讀兵法，時天下多事，益思以功名自見。又善〔校〕黄本作『喜』。挽强弓，舞大刀，兼喜〔校〕黄本下有『言』字。壬遯之術，故其補諸生也，在武學中。

錢忠介公起兵，以驍勇署總統，會於越中，方議所立，聞台州已有監國，遣都督迎奉，從之江上。時台州之起兵者，陳公函輝及義兵諸營，分汛江上，而陳公以會推，留中調度，其兵莫屬。陳公訪於錢公曰：『麾下有將材乎？』錢公曰：『前日以迎奉來者，其人可使也。』陳公奏授都督僉事，統所部還鎮台之海門。江上諸營束手不思有所經畫，但争分地，争分餉，日無寧晷，海門稍遠得不預。然台軍遥受陳公節度，而都督爲錢公將，幸兩家皆忠悃無嫌忌。都督時時以餘餉饟錢軍，或曰幸無若田弘正之結怨於鎮人也。而都督未嘗有所强取於軍，故陳公聞而獮善之。

浙東八府，方氏之軍最横，王氏次之，兩家老營，一在嚴陵，一在寧波，居民爲之罷困。其以客軍駐台者，爲谷文元，宗室常淓，李礎，暴横頗學兩家。而竭力支拄籠絡，使不至大逞者，都督之力爲多。

已而閩中大將李公唐禧至，監國以其宿將，使共治軍於台。唐禧故金山衛官，起兵不克，入閩，由閩入浙。都督讓之，凡署銜列座，必使居己上。而唐禧自以客將，每事皆咨都督而行，兩人和衷共濟，日練兵以輸江上。大兵入台，唐禧謂都督曰：『公當俟陳公消息，然兵已逼，不如偕我早死，〔校〕黄本下有『無』字。徒殺士卒無〔校〕黄本無此字。爲也。』都督曰：『諾。』各遣其麾下，袍笏兀坐營門。大兵過都督營，諭降，不屈，殺之。唐禧亦被殺。而都督眷屬之從軍者皆死，無一存。嗚呼！乙酉而後，吾浙東諸公，蓋亦厓山三丞相之流，如都督者，則蘇劉義一輩人物也。

先曾王父兄弟在江上，嘗爲方國安部將所恨，幾致不測，都督救之得免。故先贈公嘗欲爲都督作傳，而未就也。高兵部雪交亭集載其名，未詳其事。今已百年，杞、宋之文獻，日不足徵。而都督家門已絶，莫可搜索，恐遂無知者，聊據所聞以述之，使因國之史有參考焉。謹狀。

# 明兵科都給事中前知慈溪縣江都王公事略

王公諱玉藻，字螺山，南直隸揚州府江都縣人也。司勳郎納諫之子，崇禎癸未進士，釋褐知浙之慈谿縣事，子良和平，民不擾而事集。未期年，北都亡，殉難翰林檢討汪公偉，前慈令也，公帥官吏士民哭臨畢，哭臨，謂哭崇禎也。爲位哭之三日。已而故少詹項煜以從逆亡命來，慈之馮公元颺與公皆出其門，馮氏匿之夾田橋之别業；公雖致之餼，顧甚菲。及慈之義民不容，撲而淹之橋下，公不問。明人最重闈誼，或以公爲過。公曰：『吾不能爲向雄之待鍾會哉？顧懼負前日大臨一哭耳。夫君臣之與師友果孰重？』聞者聳然。

乙酉夏，大江以南盡附，浙中百城守令或棄官去，否則降。而公與沈公宸荃起兵，晋御史，仍知縣事。公募義勇請赴江上自效，乃解縣事，以兵科都給事中往軍前。公任事邁往，壯氣勃勃，而江上諸帥惡之，先不予以餉，公曰：『是將剚刃於我也。』乃力請還朝。其在垣中，雅持正議，又不爲諸臣所喜，乃力求罷，莊太常元辰留之。

丙戌夏，浙東再破，公黄冠行遯於剡溪，不肯歸。久而資糧俱盡，慈民及浙東之義士時時周之，妻收遺秉，子拾墮樵，不以爲苦。壯心至老不衰，每臨流讀所作詩，激厲慷慨，仰天起舞。

庚寅，先大父嘗訪之，相與語島上事。公曰：『今日當猶在靖康、建炎之際耳，君以祥興擬之，下矣。』蓋其崛强如此。辛卯以後，始歸故鄉，卒以窮死。

嗚呼！明末吾鄉多賢吏，而其後以死報國者九人：前寧波府推官則儀部黄公端伯、駕部林公之蕃，知鄞縣則尚書沈公猶龍、侍郎張公伯鯨、御史王公章，知慈溪縣則巡道陳公瓚、檢討汪公偉，知奉化縣則給事胡公夢泰。其以乙酉受鄞縣之命不久即去，卒死國者，駕部王公之栻，即王公章子。而公以首陽之節參之，其耿耿之心未嘗於諸公有媿也。乃文獻淪胥，問之揚人，無知公者；問之寧人，亦無知公者；悲夫！

前此寧之父老，其於王、汪二公蓋嘗爲之祀，今亦廢矣。予思於寧之湖上築祠，合祀黄公以下，而以公終焉。是亦扶忠義以勖長吏之一助也，乃序公之事而表之。

## 李杲堂先生軼事狀〔嚴注〕鄞嗣。

梨洲黄公所作杲堂先生墓志，於其大節卓行，略有表見，而事不備。去今七十年，知者鮮矣。先生仲孫世法以爲未慊，予少得之先大父贈公所述者，蓋稍足具十之三四，乃詮次而復之。

先生以戊子正月預於『五君子』之禍，甫得脱，而尊人儀部公之喪自杭歸，殯畢，是年七月再下府獄，蓋夫己氏餘患未已也。聞者以爲必死，而先生在囚中，其所居即華公嘿農、楊公楚石故地，方作招魂之詞以酹之。已而終得不死。自先生蒙難後，蓬藋滿三徑，又時時善病，或疑其壯心已盡，不知其逐日焦原，左執太行之獶，右搏雕虎，蓋如故也。而不大聲色，以泯其相。

庚寅，馮侍郎躋仲之難，其監軍爲【校】黄本無此字。姚江黄宗炎，刑有日矣。時傾家救之者，爲馮公子道濟，奔走其間者爲董農部次公天鑑，卒成其事者爲萬農部履安，而先生之力亞於道濟，遂出之劍鋩之中。

癸巳，黄岡萬僉事允康來吾鄉，及別去，先生餞之。座客爲僉事筮易，得『睽之三：見輿曳，其牛掣，其人天且劓』。皆大駴。先生因固請僉事且潛身甬上，僉事不可。行至吴中，楊崑之變作，先生終身痛之。

甲辰，南屏之難，大帥搜得其所與中土薦紳往還筆札，欲按籍殺之。先生以奇計使中止，其所保護尤多。其餘蓋不能以畢傳。嘗有客以故宫什器求售者，先生一見其題識，流涕汍瀾，不能自勝，其人亦泫然而去。燕人梁職方公狄嘗曰：『鄞嗣將無使勾甬一片地盡化爲碧血蒼燐，大是可畏。』

康熙戊午，浙之大吏皆欲以先生應詞科之薦，以死力辭。已而萬徵君季野亦有史館之招，先生送之，歎曰：『嗟乎！鄭次都能招郅君章同隱弋陽山中，不能禁其喟然而别，從此出處之事，且有操之者。』徵君以是終不受館職，幕府以重幣乞先生課其子，爲詩謝遣之。

以予竊窺先生之才甚長，故能側身憂患之中，九死不死，其所以不死者，蓋欲留身有待，而卒不克，故其詩曰：『采薇硜硜，是爲末節；臣靡猶在，復興夏室。』是則先生之志也。所圖莫遂，故垂死而喟然以不得從『五君子』爲恨，是非先生之志也。然則此九死不死者，已足扶九鼎之一絲矣。嘗謂先生一身流離國難，則宋之謝翱、鄭思肖；委蛇家禍，則晉之王裒、唐之甄逢；周旋忠義之間，則漢之云敞、閭子直。前此先生遺文未敢盡出，或有弗能知其詳者，今世法既悉表而出之，讀其書得其行矣。

先生私淑蕺山之學於梨洲，私淑漳浦之學於大滌山人、何羲兆、吕漢甞，顧終身未嘗開講，然其忠孝自持，則所謂真學者，其人也。

## 錢蟄菴徵君述〔嚴注〕光繡。

六世祖奐，進士，以侍郎管江西布政司使。

五世祖瓚，進士，廣西按察司副使。

祖若賡，進士，江西臨江府知府。

父敬忠，進士，直隸寧國府知府。

本貫浙江寧波府鄞縣芍藥沚人。

〔嚴注〕臨江之父，名鳳午，封禮部主事，乃光繡之曾祖也。不書曾祖，而書六世、五世祖，此例何所本？

公諱光繡，字聖月，晚號蟄菴。錢氏世有名德，詳見明史及諸前輩集中碑志，不具述。先生少負異才，隨侍其父僑居硤石，因盡交浙西諸名士。已而隨侍遊吳中、宛中、南中，因盡交江左諸名士。是時社會方殷，四方豪傑俱遊江、浙間，因盡交天下諸名士。先生年甫及冠也，而宿老俱重之。硤中則有澹鳴社、萍社、彝社，吳中有遥通社，杭之湖上有介社，海昌有觀社，禾中有廣敬社，浯溪有澄社，龍山有經社，先生皆預焉。又雅好釋氏，故其講學則師漳浦，談禪則師木叔、海岸，論文則師牧齋。友朋所嚴事者：夏瑗公、楊維斗、姜如農、陳臥子、林茂之、薛更生；所契好者：陳玄倩、陸鯤庭、翁坦人、黃九煙、萬允康、祝月隱、徐闇公、麻孟璿、沈景山、耕巖、吳次尾、沈崑銅、沈君牧、〔嚴注〕明詩綜八十一上載吳江沈氏四人：自昌字君克，自然字君服，自徵字君庸，自友字君張。無君牧。顧子方、顧星源、孫克咸、錢開少、張沁水、李叔則、陳定生、閻古古、查方舟、巢端明、金道隱、張仁菴、徐蘭生、談仲木、徐元歎、余澹心、周子佩、方爾止、陸冰修，皆魁傑不羣之選。方外則參禮密雲、雪嶠。蓋其師友之梗概也。

先生本用世才，寧國分符出守，不甚諳吏事，簿書山積，一出先生之手，老胥無所用其奸。硤中土豪吳中彦，凶暴絶倫，先生廣爲布置，卒令有司擒而戮之。常勸漳浦，以爲太剛，不如用晦以參之。漳浦感其言，贈以法廬二銘，法廬，先生硤中齋名也。流寇逼京師，上書南樞史公，請急引兵勤王，以救京師之困，而先以飛騎追還漕艘，弗齎盜糧。史公答以具曉忠懷，即圖進發。赧王稱制，先生累言於當道，深以立馬量江爲憂。玄倩方按河南，乃檄先生知舞陽，以親老辭之，而力經營周仲馭於獄中。俄而南都又破，從兄忠介公方舉兵江上，先生居硤中，隔一水耳，亦不赴。硤中舉兵以應吴中，先生亦不預。蓋先生雖爲故國抱杞人之憂，而逆知時事之難以犯手，故置身局外，卒無不如其所料者。

丙戌以後，頹然自放，生平師友大半死劍鋩，所之有山陽之痛，不堪回首，遂以佞佛之癖，决波倒瀾，儼然宗門人物矣，其别署曰寒灰道人。先生居吴中久，因習吴中況味，談諧四出，必有名理，一茗一粥，非其手製，無可意者，故不輕過人食。雖皈依釋氏，而旦旦啖黿羹，作牛心炙，飲醇酒不置。以是知先生之逃儒入墨，固其宿根所近，然亦半觸於時之所激，故未嘗不呈露本色。梨洲黄氏申明蕺山之學，先生與談儒釋異同，兩不相下。歸而爲諸子作復性之會，汎濫西竺，娓娓不倦，然其與浮屠法幢論素位，以爲必如蘇武、洪皓，方爲素乎夷狄而行，並非隨波逐流之謂，此則儒門之偉論也。

先生於出處之際最嚴：沈宫坊延嘉被薦，先生貽之書曰：『聞之梵語，修羅每膳，必嘗千種兼珍，末後一口化爲青泥。玉堂清夢，非復昔日兼珍，青泥滋味，恐所不免。吾兄其慎之。』宫坊故不肯出山，得先生書，謝爲益友。葛學士世振被薦得辭，先生踵門，以詩賀之。招撫嚴我公招先生，時忠介家方被籍，先生欲紓錢氏家難，往見之。及欲授以贊畫，固辭得免。又有薦修玉牒者，亦拒之。幾社雲間宋徵輿，故人也，以中書舍人隨大將軍宜爾德幕，欲與先生一見，託疾不往。崑山朱應鯤，亦故人也，及宰上虞，頗魚肉故國遺民，先生面斥之。或爲新通守樹碑，列先生名，亟往削去之。忠介之殉也，諸弟遠出未歸，先生修其祭祀，祝版之詞，悽愴感動行路，又訪其弟婦鮑安人之爲尼於吴者。每歲三月十九日祭王忠烈公父子於天封塔寺，九月初七祭張尚書於城西。從兄江寧推官肅凱與先生始睦終疏，及其罹刑，懼家門不保，以幼子爲託，先生力任之。故人吴余常有難，力救之。

其自硤中返甬上也，搆莖蘟菴，闢裓園，築歸來閣，與董户部守、諭德偁、王太常玉書、高武部宇泰輩，往還酬和。晚年與宇泰爲耆社，慎選遺民，九人而已。其後又增其二，山、王之徒，不得與也。吴越諸野老，多以不仕養高，而牧守干謁仍不廢。先生長謡曰：『昔日夷、齊以餓死，今日夷、齊以飽死，只有吾鄉夷齊猶昔日，何怪枵腹死今日。』聞者惕然。

先生平日風流自喜，蘊藉得之性成，雖遭厄運，不爲少減。然感懷家國，漸以蕉萃，遂成心疾，竟以憤懣失意自裁，戊午四月十二日也。生於萬曆甲寅五月初七日。孺人曹氏，副室鮑氏，子璜恭。葬於皋前山之陽。

先生自十六歲有詩集，其後或隔年一付梓人，或每年有之，曰告情草、漱玉集、香醉軒集、澮鳴集、述祖德詩、秋雨删萍社詩選、停雲草、水鹽集、獨寐寤歌、白門詩、蓂草；三十歲始重定之，曰删後詩。以後曰紀年集，曰有聲淚，曰歸來吟。其文曰學古集，其談禪曰耳耳目目集。五十一歲又合定之，曰從慕堂詩文，内集則乙酉以前，外集則乙酉以後也。忠介子濬恭，以先生集來，予又爲沙汰其繁，存其精者，得十六卷。濬恭因請爲之狀，予乃述其大略如右。

# 江陰楊文定公行述〔嚴注〕名時。

司馬温公居洛十九年，田父野老皆知其爲司馬相公，而眉山之稱之曰『誠』，曰『一』，吾嘗歎其善言温公之德行，即孟子所云『大人不失赤子之心』者也。其在今日，江陰楊文定公庶其人耶？而所遭遇亦略同。温公在神宗時已至樞府，旋復退閒。楊公官制閫，其所設施，更視温公有成規矣，忽遭吏議。温公判留臺，神宗改官制，則曰：『御史大夫非光不可。』特未召耳。楊公在滇，世宗亦欲召之而不果。温公登相位，不竟其施。楊公賜環，今上以皇子暨胄監之任倚之，蓋欲公追后夔之盛，半載遽逝。所不同者，温公當日身雖退，未有風波之厄，而幸楊公所際時會，非宋中葉比，要其得君任事，而卒不得大有所展，以爲天下惜者則同。

公諱名時，字賓實，學者稱爲凝齋先生，江南江陰縣人也。世爲儒素，自少即留心性命之學，所樂玩者通書、東西銘、正蒙諸書，旁推交通，則程、張、朱、吕諸集，與近思録。成康熙辛未進士，座主安溪李文貞公方以正學倡一時，闈中得公文異之，及相見，與語聖學宗傳，津津然忘其爲師弟，不覺其席之移而前也。公既喜得師以爲依歸，而文貞亦深相倚，嘗自言：『初讀書時，喜其難者如樂書、曆書而讀之，即周易，亦祇求其圖畫之變化巧合，覺朱子之言平平耳。其後，漸返求諸理，直至賓實、長史二子來從，往復疑問，皆從大原探討，因此見地日出，再取朱子書讀之，精采大出。』長史，張公㬿也。又曰：『賓實讀書，一切歷算音韻皆不甚留心，惟經書中性命之理，講切思索，直似夙世有因者，方外所云「法嗣」，吾儒所云「種子」也。』又曰：『長史最高明，然不若賓實之沈潛也。』

是年改庶吉士，甲戌授檢討，召對稱旨，充講官。公在館中，蕭然如諸生，緩步六街，衣履古拙，同館肩輿雜沓，衝突而過，公弗知也。辛巳，聖祖問文貞，朝臣操守有如張鵬翮、趙申喬者乎？將使之任提學。文貞以公對，曰：『操守似二人，學則過之。』公聞，亟向文貞辭曰：『學且未成，敢爲人師？』逾年，卒有命提學直隸。直隸學臣非坊局以上弗預，公由特簡而出，所至即與諸生講明正學，以振飭人心爲務，其初稍嚴。文貞遣人致語曰：『聞諸生之陋者，君直以不通詈之，恐宜少婉，使人爲可受也。』公瞿然，遂濟以和。自是雖諸生之未見録者，皆心悅。

聖祖聞之，於行幸畿輔時，面予奬勸，遷侍講。既畢事，詔以原官宣力河防。翰詹諸臣宿以資望自矜，不喜出外任劇，公獨以得就近迎養爲喜。丁亥，丁外艱；庚寅，丁内艱：居喪如禮。壬辰，仍赴河工。明年，召入直南書房，校審周易折中、性理精義諸書。故事：翰詹諸臣自外來，皆先赴吏部投帖，部臣爲之列名，候員出補之。公至京，未嘗赴部，逕入直。是秋，吏部開主試諸臣，無公名。上問之，則曰『未補官也』，上特遣公主陝試。試還，仍不赴部，逕入直。吏部乃反以帖諮公，謂當補官，請登啓事，而公昕夕修書，無暇及之。於是吏部笑以爲迂，而公竟三年不補官。丁酉始特授直隸巡道。直隸無提刑，巡道即提刑也，刑清訟簡，奸宄不興。

己亥，遷貴州布政司使。明年，以右副都御史巡撫雲南。時西陲用兵，滿洲兵進藏，路由滇中，長途甚憊。滇民懼其至或有所擾，皇皇如也。公令沿途皆整空屋數百間以待，既至，治牛酒犒之，令休息。長吏整其屝屨，而使標下將巡視周邏，無得軼出驚居民。居民不知有大師聲息，獨貿易者日持米鹽醪糒之屬，前往交易，好語相慰藉而退，毫髮無動。已而師還，公曰：『諸軍憊益甚矣，待之當加厚。』大師至，如歸家，并爲奏免其馬匹倒斃之賠補者。大師由滇入京，望公之署，稽首泣下如雨，爲穹碑，樹之署側。

雍正三年，晉兵部尚書，總督雲、貴二省，仍兼雲撫。明年，晉吏部尚書，京察自陳，奉温旨，有『和平安静，端莊廉潔』之譽。

公之在南也，以忠信篤敬率其下，熙然爲國家養元氣，土司、洞主皆曰：『楊公，吾父也。』而是時直省督撫中，有爲武健嚴酷之政以爲能者，〔嚴注〕蓋指文鏡田公言。公曰：『是所謂「訐以爲直，徼以爲知，不孫以爲勇」者也。』聞之者恨公。公時時於奏中爲世宗言存誠主敬之學，以證明聖德之法天不息者。世宗手批答之，以爲吾君臣萬里談道，不亦樂乎？於是，忌者益甚。有屬吏者，〔嚴注〕屬吏指李敏達公衛也。才而佻，其於吏務誠有過人，而不學無術，多自用。公諄諄教之，屬吏以公爲老儒，迂其言。公惜其才，言之不已。屬吏反憾，適其入覲，言公姑息以要名，且耄，百務俱弛。世宗不能無動，然猶以公年高，或不任封疆事，將召入朝大用之，乃於乙巳解吏部尚書，專任巡撫。而新督西林鄂公力言公之老成和厚，實可置黼座左右。乃不一年竟罷官。刑部侍郎黄炳與新撫朱綱至，將有所羅織，無可坐，幾欲加刑訊。鄂公力持不可，而滇民且萬人至訊所，洶洶謂楊公仁者，何至此。乃摭他事，以代賠、分賠之贓，加公至數萬。世宗知非公所坐，然欲薄有所懲，令公以三千金輸之藩司。滇民展轉相告，各以所有輸之官，一日中，數已滿。而公先取邸中物，并脱夫人之簪珥以充數，估直不滿二百金也。自是遂居滇中，講學不輟。

初，公開府時，故空空無所有，至是益貧。滇民時以斗米隻雞至，諸苗亦有來爲公餽物者，公量而後受，亦未嘗敢濫也。而公之望愈重，中朝人於自滇來者，必問楊公安否。

今上嗣位，追承先意，宣召入京，進見賜坐，以禮部尚書管祭酒；又令課皇子，直南書房。公之來也，自以老不願仕，欲陳情，及聞祭酒之命則喜。上亦深以造就人才期之。古稱國子，原自天子之元子遞及國胄，以至民間之俊秀，至後世而其意亡，有國子之名耳。天子遠觀三古之意，而以名世大儒如公者主之，此自漢、唐以來所未有。尋命教習庶常，賜邸第，又以公老，得於禁城中騎馬出入。公每日入皇子書舍，問所業，而身居監中，以便退食。時與諸生講習，五日一升堂爲大講。其赴庶常館，亦諄諄勉以正學，而館課特餘事也。自兩召獨對，及所上章疏，率多正心誠意之言，而最大者翰林於持服中供職一事。先是，皇上已停止長吏之奪情者，其後以翰林居憂，在館中修書，不預朝賀，似無害。於是召梁學士詩正入南書房，而余編修棟日侍皇子講讀者也，至是丁艱，上援前例留之。詔命已出，公力言其不可，次日上收還成命而止。

尋充三禮館總裁，未及赴館，蒙召對，入奏逾時。時大暑，公年高頗弗勝，及退，從者請公少休，而公見諸生尚未散，又與佇立詳問學業，語畢又往後堂問諸經雕本之就緒與否。公雖不自知倦，而病已中之，是日遂寢疾，然不廢觀書。或問修禮之要，歎曰：『三千、三百，無一事之非仁也。故夫子曰：「人而不仁如禮何？人而不仁如樂何？」今皇上躬至仁之德，又值百年興禮樂之期。恐我不及見耳。』綿延至二十餘日而卒，猶惓惓於皇子之學業，與監中諸生日課焉。上聞震悼，優予恩恤，加贈太子太傅，賜謚文定。公無子，以從子名應詢爲後，年七十八。

公生平論學，本於坤之二，曰敬，曰義，誠則敬之至，明則義之精，中庸一部，盡於此矣。而予觀公於此二者，蓋由誠而生明，其容止端一，望而知爲朴實頭地人也。坐立屹然，無橫肱、交股、急趨、窘步之習，談言坦白，與共事者必和衷，非其意而强之，雖百折不變。漳浦蔡文勤公謂人曰：『今世而時時有堯舜君民之念者，江陰一人而已。』禮部侍郎桐城方公過語移時，歎曰：『公真爲天地立心，爲斯人立命者也。』長洲何編修焯，博學傲物，於人無推讓，聞公至吴，令其諸生來聽講。

予嘗侍坐於館中，公曰：『子之於書，可謂博矣，但當爲有用之學。』予皇恐曰：『何敢言博，然東萊、止齋之學，朱子尚議之，況於愚乎。』公曰：『但見及此，則已進矣。』

所著有經書學言指要一卷，凝齋集若干卷。

公之卒也，應詢已爲之狀，然寥略之甚，予續爲此述，於公之事，亦未能備，而大略得之。謹述。

## 先太孺人行述

先太孺人姓蔣氏，係出北宋給事中邦彦之後，自諸暨遷鄞，世居城中西湖之曲。外曾大父諱維衡，外大父諱芬，俱諸生，贈翰林院庶吉士。

蔣氏在鄞稱詩禮世家，顧弗甚達。舅氏蓼厓先生，生四歲而孤，同産惟太孺人，祇二歲。外大母陳夫人寡居貧甚，以紡織支門户，上奉君舅，嘗撫二孤而泣曰：『是藐然者，能驟及婚嫁之日，以見其成耶？』會有婦人善相者過之，則曰：『夫人一子一女，俱鍾清氣，異日當爲夫人苦節之光，抑又皆貴。』稍長，外大母自課之，太孺人肩隨舅氏讀書，一燈相對熒熒。讀畢，舅氏習算，太孺人習女紅。

年十九，歸於先公。予家自喪亂以來，久已消落，大父贈公老而多病，又喪大母，性素峻，不輕言笑，子姓見之多匿影不敢前。而太孺人以婉娩善承之，温凉飢飽，以及藥茗之屬，無失時者，一夜或四五起，未嘗敢熟睡。贈公歎曰：『新婦賢孝，天必昌汝後以爲報。』從大父老而窶，太孺人推贈公友愛之誼，苟有酒肉，必分貽之。以不逮事先姑，推其誼於從大母。贈公喜曰：『此真養志也。』而閫政甚肅，古人所謂不識廳屏，不聞笑語者，蓋允蹈之。

乃自贈公歿，又喪長兄祖謙，而太孺人始大病。長兄之生也慧甚，又加以端慤，四歲而諸經略能上口，六歲而偏習之，脱口皆成文采，里黨中遂有聖童之目，以爲先司空宗伯而後，當重大其門者也。一日誤以小刀削牘，傷其將指，中風而殤。太孺人素清弱，既以侍養贈公積勞之後，居喪哀毀，已不能支，至是愛子夭折，朝夕涕洟，遂成心疾，久而日不能食，夜不能寢。外大母輿致其家，親視之，奄奄日甚。或曰是非大下以紫團參，不足振其神氣之涸，先公從之，盡一斤而疾退，然心疾如故，又十年始痊可，乃舉不肖。

太孺人之舉不肖也，外大母疾已亟，日夕侍側，臨産始歸。産之十有三日，而外大母逝，先公與蓼厓先生祕之不以告，既逾月始知之，驚慟，絶而甦者七。於是復大病，治之一年而愈。自是連舉弟妹皆不育，而不肖又孱甚，無歲不以疾聞，瀕於殆者不一而足，先公研田之入，祇足供不肖醫祝之需。而太孺人以蕉萃之身，重受累於不肖，每逢危急，呼禱於影堂，占卜於龜人、瓦人之從違，驚皇於中夜之噩夢，蓬首跣足，其辛劬不可以口舌傳也。不肖雖多病，而稍間，則先公課之甚嚴，爲講漢、唐諸箋疏，以及通鑑、通考諸書，太孺人輒以栗果賫其乏。先君有事，則太孺人攝講席焉。不肖補諸生一紀，而以學使者交河王公之薦，應赴都下，自以終鮮兄弟，力辭得請。次年，以拔萃貢成均，再辭不許。太孺人曰：『歐陽詹求有得而歸，以爲親榮，夫但云「有得」，尚不過世俗之榮，倘能有得而又有聞焉，是則吾所望於汝也。其行矣。』不肖以庚戌春，勉治裝北上，時新例許赴選人之籍，入對闕下，不肖投牒成均遽歸。壬子，太孺人復令不肖北試京闈，而婦張氏卒，又上累太孺人。癸丑被放，以詞科之薦爲吏部所羈，未及試期。不肖成進士，選庶常，得預今上覃恩，加封太孺人。已而左遷外補，不肖方切於晨昏之戀，幸得自便，南還抵家。先公方得足疾，治之而愈。次年秋，太孺人亦得足疾，已而又得心疾，未幾又得脾腎並洩之疾。不肖倉皇失措，百方治之稍痊。而先公逝，太孺人哀悼慘怛，於是疾遂不可爲。然太孺人雖沈綿乎而，見不肖經營喪葬之事，未有不再三撫慰也；自城南閱墓工歸，未有不呼婢子輩進飲食，時寒暑也；時問及近狀，未有不憐支應之拮据也。於是卧病復一年，以乾隆四年十二月初三日卒，得年六十有八。

嗚呼！乳哺之恩，率以三年，太孺人之勞慈祐於不肖者，至於十有餘年而後息肩；而此十有餘年之慈祐，乃世間爲人母者所未嘗之境，則太孺人之聖善，豈凡爲人母者所可同；而不肖十年京洛，其失養之罪，又非凡爲人子者所可同矣。

太孺人雅工詩，顧未嘗輒形之紙筆，不肖所見，惟送孀氏董孺人北行，嘗有長句二首。或問之，則曰：『此非閨閣之急務也。』

性不佞佛，比丘無敢過吾門者，嘗曰：『我身後，必不許作佛事。』九宗七族之中，亦有强悍不可使令者，獨至太孺人之前，無不俯首媿屈，曰：『此善人也。』喜怒不形於色，雖僮僕未嘗加以呵斥。治家綜理有法，故以十畝之田充祭祀燕享之需，而沛然未嘗有所詘。於是萬學使九沙偕諸親表公議，上謚曰慈懿，〔嚴評〕妄矣，下筆全無斟酌。紀其實也。合葬於先公木皁峰阡。

不肖伏考古婦人之有行狀，始於六朝之江淹、任昉，宋儒王柏譏之以爲非。其非之良是也，然誠有聖善如吾太孺人，而又出不肖之自敘，則固不同於一切碑版，假諛墓之金以欺人者。謹述。

# 鮚埼亭集外編卷十二

## 傳

### 吴職方傳

吴職方祖錫，〔嚴注〕祖錫，昌時之子。字佩遠，别號稽田，晚年亡命，更名鉏，浙之嘉興縣人也。吏部文選郎昌時子，〔嚴注〕南雷所撰徐忠襄神道碑、黄復仲墓表所謂竹亭，即稽田父昌時也。而爲世父貴州按察使昌期後。

職方既貴公子，婦翁則少詹事徐汧也，資地鼎盛，才具尤軼羣，顧瞻咳吐，令人自廢。尤喜結納豪俊，爲友朋謀急難，一麾千金，曾無吝色。時中原大亂，東事又急，職方思有所以自見，劍客土豪，無不攬結，講求出奇應變之學。又料京城必危，而思預儲勤王之旅，欲身任浙西，以浙東屬之許都，然約未定，其父吏部之禍作。吏部故東林、復社中眉目，而首揆周延儒門下士也，居吏部要地時，昕夕出入首揆門，頗任喜怒以持銓事，遂爲祁公彪佳所糾。適延儒寵衰，思宗震怒，親訊於中左門，嚴刑拷訊論死，資産入官。時許都以亂死，忌吏部者，欲并陷職方於其内以盡之，徐尚書石麒力持之，得止。

職方家既落，痛心父難，思所以幹蠱，而廟社旋亡，益不自得。江南建國，甫一年又破，時職方資産四萬在嘉興庫中，令其客經營出之。降將陳洪範方下江南，參預軍事。職方舊與善，洪範謬爲矢天，言其降出於不得已，倘得間，必不肯負故國。職方大喜，曰：『將軍能爲姜伯約，吾當任餉。』即以四萬資産與之。洪範既得金，實無意易轍也。而開薙之令下，職方跳身去，於是狂走，南抵滇中，東之海上，以及諸山寨水舶中，如醉如魔，總求一得當以自慰。〔嚴評〕全君好用『總』字，此尤其難通者。而不知天命已去，空爲愚公之移山而已。未幾，當道刊章名捕，四出蹤跡，一子瘐死獄中，妻徐氏挈家轉徙無寧日。

然職方展轉柳車複壁之間，既以好義知名，故亦多出大力以護之者。浙江提督馮源淮爲故相馮銓子，以所親爲都將，職方深結之。一日，遇華亭徐副院孚遠於蘆中，與之偕歸。副院故完髮，居然前代衣冠也，閭巷人稍籍籍。源淮聞之驚懼，即遣都將至職方家緝之。職方迎謂曰：『有一偉人在此，足下願見之乎？』都將曰：『吾故以是而來，莫妄言。』乃故談他事良久，徐屏左右入密室，都將見副院再拜曰：『幕府有危機，公宜速去。』是夕都將以舟送副院，而告源淮曰：『無有。』蓋職方之受欺罔，如洪範輩雖多，而時或以獲濟。

滇之亡也，鄖陽十三營尚保殘寨，職方重趼赴，勸其出師撓楚以救滇，十三營已衰困不能用。職方思入緬甸，道阻乃還。天下大定，遂無所往，然終不肯歸老。南康宋之盛，亦遺民也，歎曰：『斯人東西南北，所至栖栖，孰知其胸中大志，有百折不衰者。』

己未，卒於山東膠州，遺命不必歸附，即葬於大竹山中。〔嚴注〕按魏敬士文集卷六遥哭稽田先生云：『戊午六月，儼從勺庭仲父受經，聞仲父言稽田吴先生之義，心期慕之，欲往拜其墓。』是職方當卒於戊午以前，非己未也。其在滇時，嘗任職方郎中云。

婦弟徐徵君枋，以父死誓不入城，居山房者四十年。其與職方形跡不同，然交相重。徵君每語及之，則曰：『劉越石之流也。』嗚呼！職方遭君父之變，流離顛沛，一飯不忘，事雖不成，君子傷之。

〔嚴評〕悠然。

## 徐都御史傳〔嚴注〕孚遠，華亭人。

徐都御史孚遠，字闇公，明南直隸松江府華亭縣人。太師文貞公之族孫，而達齋侍郎裔也，崇禎壬午貢士。方明之季，社事最盛於江左，而松江幾社以經濟見；夏公彝仲、陳公臥子、何公慤人與公，又社中言經濟者之傑也。時寇禍亟，頗求健兒俠客，聯絡部署，欲爲勤王之備。陳公任紹興府推官，公引東陽許都見之，使其召募義勇，西行殺賊，又令何公上疏薦之，而東陽激變之事起。陳公心知都無他，乃許以不死，招降之，大吏持不可，竟殺都。既殺，而何公疏下，已召之。公貽陳、何二公書曰：『彼以吾故降耳，今負之矣。』故陳公雖以功遷給事，而力辭不赴。〔嚴注〕陳公何嘗辭給事不赴，命下而京師已陷耳。馬、阮亂南都，尤惡幾社諸公，乃杜門不出。

南都既亡，夏公起兵，公贊之，閩中授福州推官。已而以張公肯堂薦，晉兵科給事中。閩事不支，浮海入浙，而浙亦亡，錢忠介公方自浙奔閩，相見於永嘉，慟哭。忠介復拉公同行。會監國至，再出師，公周旋諸義旅間，欲令協和共事，而悍帥如鄭彩、周瑞之徒不聽，公勸忠介以早去。時諸軍方下福寧，圍長樂，忠介望其成功，不用公言。公復返浙東，入蛟關，結寨於定海之柴樓。已而鄭彩弟兄累畔換，忠介貽書於公，服其先見，卒以憂死。然公雖告忠介以引身，而其栖栖海上，卒亦不能自割，特其來往風波之間，善於自全，則智有過人者。

監國自長垣至舟山，公入朝從之。時寧、紹、台諸府俱有山寨，以爲舟山接應，柴樓最與舟山聲息相近，以勸輸充貢賦，海濱避地之士多往依焉。遷左僉都御史。

辛卯，從亡入閩。時島上諸軍盡隸延平，衣冠之避地者亦多。延平之少也，以肄業入南監，嘗欲學詩於公，及聞公至，親迎之。公以忠義爲鏃厲，延平聽之，娓娓竟夕，凡有大事，諮而後行。戊戌，滇中遣漳平伯周金湯間行至海上，晉諸勳爵，遷公左副都御史。是冬，隨金湯入覲，失道入安南，安南國王要以臣禮，公大罵之。或曰且將以公爲相，公愈罵。國王歎曰：『此忠臣也。』厚資遣之，卒以完節還。公歸，有文行詩集。

明年，延平入白下不克，尋入臺灣。延平尋卒，公無復望，飭巾待盡，未幾卒於臺灣。閩中自無餘開國以來，臺灣不入版圖，及鄭氏啓疆，老成耆德之士皆以避地往歸之。而公以江左社盟祭酒爲之領袖，臺人争從之遊。公自嘆曰：『司馬相如入夜郎教盛覽，此平世之事也，而吾以亡國之大夫當之，傷何如矣。』至今臺人語及公，輒加額曰：『偉人也。』

公一子，鄭氏内附，扶柩南還。未幾，其子餓死，故公海外集佚不傳。嗚呼！明季海外諸公，流離窮島，不食周粟以死，蓋又古來殉難之一變局也。幾社殉難者四：夏、陳、何三公死於二十年之前，公死於二十年之後，九原相見，不害其爲白首同歸也。

蛟門方修縣志，以公有柴樓山寨之遺，來訪公事。先贈公曾預公山寨中，知之最詳，予乃序次而傳之。

〔黄定文跋〕按公自安南歸，舟漂至粤海，潮州大帥吴六奇蔽之，寓潮數年而卒。病中有中州故人過潮見之，相與談故國遺事，悲歌涕泗，病驟劇，大呼先皇帝而死。公夫人某氏在華亭。閩閫中有將軍者，有妹善武事，且能文。將軍憐公孱，以妹歸公，使衛公。公之倉卒以脱戎患者，夫人之力居多。既相隨潮州，公死，夫人上書萬言與吴帥，請得歸骨華亭。會公一子至，乃扶柩返葬。松之遺民相與哭臨，作詩文記其實。兩夫人相見如娣姒，俱守高節以終。其後公子死，卒無後。此見松江遺老所述甚詳，是閣公之死於潮而不死於臺灣明甚。即先生本集中亦有稱閣公死潮州者，不知此何以致誤也。馮按：黄定文，字仲友，别號東井老人，鄞人。學於盧鎬、蔣學傭。乾隆四十二年舉於鄉，再官松江府知府。卒年八十一，有東井詩文鈔。

## 推官温公傳

公名璜，〔嚴注〕璜，烏程人。字寶忠，浙之烏程人也。大學士體仁族弟，生二月而孤，太孺人陸氏撫之，破屋一間，無帷帳，君姑沈，老病且餓，同坐卧一板箱，種火煨粥以爲食，教公讀書。姑卒，哀毁如子，而公所業亦成。天啓七年，有司聞於朝，詔旌其門。又一十八〔嚴校〕作『六』。年，爲崇禎癸未，公成進士。

方體仁之貴也，門生屬吏附之者如騖，内而九列，外而開府、監司，指顧可得。而公夷然自守，反與東林諸公結契，名在復社第一集。其舉丙子賢書，以侍母不上計。體仁死，其家有潤仁者，鄉舉拆糊名，得之，相顧曰：『此烏程家也。』置之副科。而公無以此指之者，論者以比之史氏彌堅、彌鞏。然公於體仁落落，而閣訟事則頗〔校〕黄本作『顧』。不以復社之言爲當。方南都以防亂揭逐阮大鋮，公曰：『阮大鋮爲真小人，錢謙益則僞君子。真者易知，僞者難測，斯人得志，即小臣亦當裂麻争之，況同僚耶？』時人不以其言爲然，而不知其言之中也。

其成進士也，年已六十，出吴給事甘來門，吴甚重之。釋褐，得徽州府推官，甫之任，而國難作，恒引佩刀，歎曰：『此身終當付汝。』又一年，南京破，徽之紳士金侍郎聲起兵，公竭蹶助城守。而降人黄澍爲反間，引王師入。公與其孺人茅氏呼其十四歲女，則方熟睡，問曰：『何爲呼我？』茅曰：『死耳。』公與茅引以繩扼之而絶，孺人亦死，公拔刀自刎。

公初名以介，字於石，祈夢於于忠肅公祠，忠肅入夢，爲之改名，遂從焉。陸孺人有家訓行於世。

予嘗與明史局諸君言，謂明宰相中如江夏賀公、〔嚴注〕逢聖。高陽孫公〔嚴注〕承宗。輩多子弟從死，不論，而以世臣死國事者：崑山顧文康公曾孫延安推官咸正、錢塘知縣咸建暨弟舉人咸受，推官之子天逵、天遴；江陵張文忠公〔嚴注〕居正。孫侍郎同敞；蒲州韓公從孫歷城知縣承宣、青州兵道昭宣；餘姚孫文恭公〔嚴注〕如游。孫相國嘉績；長山劉公〔嚴注〕鴻訓。子都督孔和；嘉善錢公〔嚴注〕士升。子吏部棅，從子職方旃；長洲文文肅公〔嚴注〕震孟。弟舍人震亨子乘；嗚呼盛矣！烏程温氏有推官，非親支，要亦宰相家兒也。華亭徐文貞公〔嚴注〕階。族孫中丞孚遠，亦以從亡完節，終於海上。而温之死，尤足爲其相君一洗門户之玷，是皆唐宰相世系表所遜也。方擬作明九相國世臣傳，以昭故國之喬木，而未及，因先作推官傳。

# 胡吉雲傳

〔校〕黄本無。刻本注：『蔣增。』〔嚴注〕守恒，舒城人。

胡守恒，字見可，别字吉雲，南直隸舒城人也。至孝，父遘厲疾，守恒匍匐五祀列祖前，願以身代。父恍惚中，聞有告之曰：『爲汝子，解汝厄。』瞿然汗下而愈。成崇禎戊辰進士，授湖州府推官。湖州於浙西俗最惡，守恒至，紳士不敢干以私。德清令貪而愎，巡按以私屬守恒，令乃納金於甕，詭稱食物以進，守恒發視還之，卒令移病去。甲戌，新令以推知入選侍從，守恒治最，擢編修。乙亥，詔令五品以上保任可知府者一人，翰林科道保任可知州、知縣者一人，而守恒以舒城學官孫士英上，得知深州。士英，上海人也，後以城守死節。

戊寅，充皇太子講讀官。上嘗召見太子，守恒從，因取章奏命以條析，稱旨，上曰：『爾講官有用才也。』既一年，當更直，上命勿易。

辛巳，以葬母歸。時流寇充斥，江北連歲不登，守恒請於漕督史公可法，以庫金告糴楚中，而令飢民結義旅以拒賊。會獻賊合五營兵大至。知縣王道光時已丁艱，幸謝事不復問；參將孔庭訓孱甚，麾下亦無兵；或勸守恒挈家入京，不可，集縣人議城守，衆推守恒主兵。舒城學官楊廷璧者，江都明經，奮然請助城守，且曰：『公爲張巡，吾爲許遠，萬一不濟，以死繼之。』壬午正月，賊盡鋭攻，以洞車穴城，穿者數處。守恒輒堵塞之，以火油灑賊，賊多死，賊射書曰『不下，吾且掘爾先人墓』，亦不顧。賊購守恒甚急，而城中人心愈固，乃孔庭訓竟迎賊，城陷，或曰『薙髮可遁』，守恒斥之，被執不跪，賊以刀剜其膝，鏦以矛，駡不絶口，洞胸而死。弟守初，從兄守身、守素、守已、守懸，從子永禧、永躍、永翼、永祐同死。幼女許張氏，坐閨中痛哭，賊慰之，愈駡，亦被支解。永禧妻吴氏，守恒妹適金氏，從女適江氏者，皆死。舒民感守恒義，或匿其父走金陵，仍竊其尸，坎而埋之。漕督以聞，詔贈少詹，謚忠節。〔一〕而廷璧亦與其子濟之同死。廷璧字荆璞。

## 夏萬亨傳

〔校〕黄本列推官温公傳後。

夏萬亨，字元禮，别號葵南，南直隸蘇州府崑山縣人也。登萬曆戊午科，釋褐婺源教諭，厲士有方，學政大起。歲大祲，捐俸設糜，以食飢者，守令以下争和之，全活甚衆。陞知西平縣事。是時，兩河爲盜窟，

〔一〕〔嚴注〕案明史諸書皆言守恒謚文節。明世翰林必謚『文』，蓋此誤也。至守恒之死，明史言之甚略，惟計六奇明史北略稱其烈，據余瑞紫流賊陷廬州記，其事俱得之目睹，則言舒城陷時，守恒奔出，殺於城南三里蓮花塘中。疑所記較真可信。

郝良貴、房星、袁營、曹、闖，環列山澤，所過城邑無不摧殘。萬亨築堤治郛，練兵保甲，爲禦賊計至悉，居民安堵。三年調知夏縣，縣洊被兵，民無寧宇。萬亨內以德綏民，外以誠感賊，有鈔掠城下者，單騎開門諭之，或不聽命，則曰：『寧殺我，毋殺我百姓也。』賊相顧驚異，稱爲好官，不殺一人而去。署永城縣，總兵劉超用威凌厲，萬亨抗不爲屈。已而超叛，殺都御史王漢，河南震動，朝命督師丁啓睿帥軍討之，諸道兵集者數萬，軍需器械，悉萬亨轉輸不絶。超既伏誅，幕府以功上薦，天子嘉之，命行勸農副使事。

踰年，京師失守，萬亨北向慟哭曰：『臣當從死，顧有八十老母，從皇上乞身空門，奉老母天年耳。』遂奉母歸。

南都即位，以萬亨諳中州情勢，使逆太后於河南，復命擢江西布政使。

先是萬亨至中州，有豪右恣爲不法，萬亨聞於巡按御史，寘之理，至是嗾諫垣劾萬亨。以縣令不當超擢藩司，乃改按察司僉事，分巡南瑞。時國步方𩲡硊，人無固志，萬亨務爲整暇，威愛兼施。初至給兵餉，既給，贏十之一，以詰吏，吏曰：『此故事，公所當有也。』萬亨正色曰：『侵奪軍資，豈我所爲，況今何時乎？』立命補給。保寧王駐南昌，家人豪横不法，萬亨執而笞之，王府羣隸大噪，皆持白梃圍萬亨署。南昌士民數萬趨王府，謂奈何殺我夏公，焚門而入，巡撫都御史下令戢之，不聽。王懼，急請萬亨，萬亨至，則曰：『夏公無恙，我輩何爲。』時在任未三月也。陞按察使兼右布政使事，兼綰七印。

南都陷，萬亨奉母至撫州，屬門人之爲臨川令者，將返南昌。南昌亦陷，萬亨與臨川艾命新、艾南英奉益王倡義。降帥金聲桓招之不應，提兵卒至，城潰，被執。聲桓猶欲降之，萬亨賦絕命詞見志，遂遇害於建昌，一門死者二十餘人。其母以少子得全，歸里。

## 石蓬傳

石蓬，字映崑，陝西三原人也，負奇略，喜讀孫、吳兵法。賊陷潼關，徒步入京，陳恢復三策，當事者不能用。甲申，京師陷，鬱鬱抱恨而死。

其入京時，有詩曰：

從來趙括易言兵，寇盜於今盡據城。幾點烽煙銷漢壘，萬家風雨泣長平。將軍格鬬徒持戟，文士空談欲噉名。密邇晉陽憂不細，誰能先立亞夫營。

手排雲氣謁青旻，閶闔門前虎豹蹲。直節何時酬古道，危言先已見疑人。春風習習搖花面，好雨灑灑墊角巾。數欲請纓還自笑，書生無夢到麒麟。

西京文字託幽深，仙掌垂旒橫玉簪。詞賦幾人凌八代，畫師原自重千金。滹沱河畔濃陰合，萬壽山前曉月沈。彩筆欲投良可惜，從容抱膝續高吟。

## 周之藩傳

周之藩者，字長屏，不知何許人也。崇禎中曾爲福建參將。乙酉，進前軍都督府總兵官。時方大舉出師，詔之藩以所部由汀州出，直抵南昌，遥授御營右先鋒永勝伯鄭彩節度。已而不果，封福清伯。延平失守，之藩踉蹌趨扈。追兵既急，大聲呼曰：『吾大明皇帝也！』亂兵争前執之，知其非是，羣矢集如蝟，遂死。時方大暑，羣屍臭腐蟲出，之藩擁屍五日，玉色瑩然。

## 宋菊齋傳

〔嚴注〕龍。

菊齋高士宋龍，字子猶，明南直隸崇明縣人也。沈静博雅，有深識。補諸生，師事婁東張南郭。其時，南郭方主聲氣之席，四方贄幣日走其門，温卷如山，獨菊齋至，講名理，商經術，而尤留心於救世之學，南郭重焉。菊齋既不求聞於世，世亦竟無知菊齋者，獨錢忠介公一見奇之，置之門下上座，謂當與崑山歸莊相伯仲。

未幾大亂，菊齋遂遘奇疾，狂走，信足奔迸，塵霧杳冥，一往不顧。其所嬉遊，怪怪奇奇，人莫測也。

老親在堂，二子幼，皆不能治其疾，乃恣其所之。而菊齋泛海至浙中，張閣部客之，使爲其孫茂滋授經，則菊齋之病愈矣。菊齋在舟山數年。海上諸公，共唱酬風雅，雖在流離，猶有承平故態，皆重菊齋。而辛卯之禍作，凡平日所還往者皆死。菊齋奔跳絶島中，重趼達吾鄞，以茂滋在鄞囚中也。乃與汝都督應元、陸處士宇爆等百計出之，祝髮以返里門，則無家可歸矣。方旁皇里社間，而閩師入江，樵蘇四出，菊齋大爲所窘，幾不免。張侍郎蒼水在軍中識之，曰：『宋先生也。』乃得脱，侍郎爲作詩慰之。因遷居太倉，以岐黄之術自給，其道大行於吴門、練川、鹿城之間。或戲之曰：『先生遘疾久，今乃能治疾耶？』

菊齋天性誠篤，跬步不敢違禮，對妻子如嚴賓，事親死生不懈，父死既葬，倉卒未祔影堂，列木主寢室中，昕夕必焚香叩首，遠行必告，起居出入，警凜稍不自安，形諸夢寐，蓋至性通於神明也。其子姓以迄僕隸，無不化之。言語呴煦，令人不飲自醉。故人自遠方來者，雖食貧，必傾囊贈之。其寓鄞，居陸氏湖樓中，先族祖木翁、葦翁，先贈公皆與之厚，湖上人無大小皆呼之曰宋先生，而歸莊亦起兵不遂，放浪湖海，終稱完節，時以爲『錢門二傑』。先贈公曰：『菊齋與人居，未有訕譏之者。』蓋其言行若蓍蔡，一本於誠，使世有大儒如温公，必將收之高座，而其大節則又人所不能盡知也。

予觀南宋遺民，不得列於宋史，而百年以後，潛溪諸公發其隱德。嗚呼！如菊齋者，詎可使其湮没無傳哉。

# 陸雪樵傳

〔嚴注〕崐，鄞人。

前代故家遺俗之盛，莫有過於吾鄉者也。星移物换之際，其爲喬木增重者，一姓之中，大率四五人不止，高曾規矩，可以想見。湖上陸氏，所稱四姓之一也。吾得殉國者二焉：大行文虎先生死於剌，觀察周明先生死於逮。得殉父者一焉，隱君雪樵先生死於兵。又得高士者一焉，則觀察之弟春明先生也。嗚呼！百六之厄，乃反爲王、謝世譜之光。悲夫！

雪樵名崐，字萬原，鄞人，觀察之族孫也。其父淳古翁善畫，能得文章家三昧，而非屑屑繪事者流。雪樵幼而工詩，補諸生。丙戌以後，自以世受國恩，不肯復出試於布政司，淳古翁曰：『善。』乃放浪爲詩人。

時春明方舉汐社故事於湖上，故錦衣青神余公生生自燕來，黄山宗正菴、蛟川范香谷、同里董曉山、葉天益皆集焉，而雪樵最少。覲日樓者，春明之居也，雪樵與五人者靡日不至，以大節古誼交相勖。語者，默者，流觀典册者，狂飲作白眼者，痛哭呼天不置者，皆見之詩。其時評雪樵之詩者，以爲吐棄一切，古穆如彝尊。雪樵之去春明僅一巷，而與正菴爲比户，其唱酬爲尤多。桐城方子留，畸士也，由春明以交雪樵，相得甚驩，遂居其湖樓中。已而奉其父僦居東皋之殷隘。

己亥，海上師大舉，游兵至於鄞之東鄙。四月，諸盜亦乘間並起。亂兵猝至，索餉，欲執淳古翁爲質，雪樵頓首請以身代其父，得釋，而餉終不副，雪樵死之，時年二十有七。嗚呼！雪樵束修厲行，力固逸民之操以養其父，而卒不克，蘭摧玉碎，可爲傷悼，然而忠孝足以不朽矣。

前輩董丈允瑫嘗欲爲作傳而不果，其既於今，湖上七子之風流已盡，而雪樵尤爲湮晦，予求其事亦有年矣，卒不能得其詳，聊識其大略，以俟世有杜清碧其人者。

## 陳仙傳

〖嚴注〗王賓，定海人。

嗚呼！古者振奇之士，挾其有用之才，時移勢去，無所於試，其氣蓬蓬汩汩，鬱而不化，則或出於詭怪之途，不可以常理繩：梅子真之在漢，姚平仲之在宋，後世以爲異聞；近世則陸麗京、鄭玄子一往不返。予生平不喜神仙之説，以爲諸公者，何必長生久視，要其丹心未死，自當旁魄天壤，而間或出此，則大造位置之奇也。

吾鄉陳先生王賓，字天倪，浙之寧波府定海縣人也。少負異禀，詩文書畫無不入妙，然尚未爲諸生也。其性高伉，不肯一毫挫於人。甲申之變，先生號咷於野，或解之曰：『天末書生，需次祭酒弟子耳，故國之痛，不亦過乎？』先生不答。當是時，大江以南，頑民未盡向化，而餘氛在翁洲，其去定海尤近，不逞之徒，旁午錯出，風波所震，猿鶴皆驚。

先生既不就試，遯跡山中，怏怏不自得。忽有一道士過之曰：『吾子誠高士，然喪亂之辰，負此剛腸，恐爲意外之變所折也。吾授子以藥，有急而用之。』語畢竟去。先生亦不以爲意，度其藥閣中。未幾時，果當厄，因念道士言雖未可信，姑試之，則神效，乃稍稍習之，已泠泠然輕舉矣。又念當此身世，良不如長往，但未知何所向。須臾見洞天瑶草，非復人間，道士緩步而出，握手笑曰：『此羅浮也，當與君居於此。』顧先生之家不知，則相與求之山顛水澨之間，消息屏絶，以爲死矣。一日，先生忽降於其里人之庭，呼其友來前，空中作書，告以道士顛末，且曰：『吾不欲以出世之面目來歸里巷，但蹤跡不可不白耳。』於是其家始大驚。是時，計先生之年猶未踰三十也。

嗚呼！如前此數公者，大率皆身預廟社之間，否則尊艾耆宿，所圖不遂，振衣千仞，亦固其宜。至如先生之布衣年少，則芳蘭之未茁其芽，故國故君，竟亦何涉，而乃以此爲柴桑之變局，則又一奇也。

先生所作詩畫，至今里中有藏之者，呼爲『陳仙人墨跡』云。

## 李梅岑小傳

〔嚴注〕國標，奉化人。

李國標，字君龍，别號梅岑，浙之奉化縣人也。高材博學，顧耿介絶俗，雖前輩薦紳先生，非深知之者不往見。嘗客天台，陳公寒山〔嚴注〕函輝。見其文，極賞之，及晤其人，喜曰：『李生胸中有奇氣，其足重者，非徒以文。』累試布政司不售，晚以明經入太學，改步之際，始以鄉貢進士入官，而事遽去，累遭挫折，然終不屈，自此益不肯妄見一人。鄞都御史林公璽菴嘗訪之，麥飯葱湯，相對話故國事。次日，與共遊山，賦詩感慨。

已而鄞高公宇泰仿汐社例，舉南湖耆舊之會，慎選遺民，稍有可議者輒弗得入，共得九人，故户部徐公振庸最長，太常王公玉書次之，然皆曰：『安得梅岑來社中，吾輩當讓之爲祭酒。』乃相與迎之，以病辭不至。時往來六詔、三石山中，樵子牧豎皆知爲李先生也。以壽終，所著集，李鄴嗣爲之序。

論曰：先大父贈公論剡源人物，陳工部純來有綿上之節，汪參軍涵有田島之義，梅岑有柴桑之風，今知之者稀矣。是爲傳。〔校〕黄本無『論曰』一節。

## 沈隱傳〔嚴注〕字素瓊，揚州妓，夏子龍妾。

明之滅也，熹、毅二后，亡國而不失陰教之正，有光前史。而臣僚之母女、妻妾、姊妹亦多并命，降及草野，烈婦尤多。風化之盛，未有過於此者，以爲明史當詳列一傳，以表章一朝之彤管者也。又降而南中、吴中以及淮、揚之歌妓，亦有人焉，此不可以其早歲之失身，而隔之清流者也。嗟乎！流品何常，歸於晚節，爲士夫者可以興矣。

予嘗推廣澹心板橋軼事，不獨桐城孫職方葛嫩也，於南中得許光禄譽卿姬草衣道人，臨殁以薙刀、裓衣屬光禄，令其喪亂之中得爲全身之計。吴中得吴職方易姬香娘，職方殉節，主者欲收香娘於下陳，泣而對曰：『相公每飯不忘故君，妾亦何忍負之，必欲見辱，有死不能。』主者肅然敬，淒然不忍，聽其所之。香娘削髮潔身以老。若侯朝宗所狎李氏不肯屈於阮大鋮、田仰。朝宗末路，無乃媿之。嘗謂此數人者，可附葛姬以傳，如王炎午、王翔之附於文、陸。最後，又得揚之沈隱。

隱字素瓊，本倡者也，豔於姿，工詩，落籍歸徽人夏子龍，諸生也。子龍倜儻有志行，好詩酒，不爲章句腐陋之士，得隱，唱和極樂。甲申之變，子龍怏怏不自得，遂與隱窮日夜酣飲不復休。或規之，子龍歎曰：『此信陵君所謂飲醇酒近婦人者也，子未揣其意耶？』南都未破，而子龍已得奇疾，不可療，遂死。屬纊之日，隱憑屍而哭曰：『天乎！其亦知相公所以死乎？』哭罷，盛飾投繯棺旁，家人争救之不能得。有夏基者，子龍之族也，歎曰：『子龍求死而得死，是求仁而得仁也。然而雖得之，猶恐目未遽瞑，得姬之死，或可瞑矣。』

鄞故徵士錢光繡賦幽澗泉以哭之曰：

『幽澗泉清，幽谷蘭芬；彼美淑姬，乃倚市門。啁啾燕雀，集於梧桐；巢枝啄實，不改其容。有鳳來歸，爰作鳳宫。嗟嗟雀兮，厲翮高翔。嗟嗟鳳兮，鎩羽旁皇。胡然靡吪，昊天不臧。萎身尺練，隧壑偕藏。誰謂臣能忠，乃在樵與牧；誰謂婦能貞，乃在桑與濮。皚皚雪霜皎皎玉，谷蘭不芬芬者蕕，澗水不清清者瀆；噫嘘嘻兮！我爲天下哭。』

近日揚人修地志，予擬致書馬君嶰谷輩，令爲隱立傳而不果，乃別爲之傳。嗟乎！錢尚書失身於柳如是，龔尚書失身於顧媚，以一妓而壞名節者，蓋有之矣。吾不爲子龍立傳，而爲隱立傳，子龍雖賢，得隱而愈彰故也。

## 甬上桂國三忠傳

殘明丙戌而後，甬上忠義之士，從魯藩死海上者，踵相接也。及桂藩在南中，以道梗故寥寥，顧得三人焉：曰贈太常寺卿吏部員外郎任公斗墟，曰廣東道御史余公鯤起，曰督理興陵工部員外郎陳公純來。

任公，字一齋，鄞人也，以明經起，夙遊瞿公式耜門下，薦之，以中書舍人直誥敕房，久次遷吏部。桂林失，從王展轉南中。王入安隆，孫可望不道，朝臣密謀召李定國迎王，時預其議者十八人，而公其一也。事洩，爲可望所逮拷對簿，公曰：『死耳，大丈夫豈求免於賊臣者。』徐賦絶命詞而死。時諸家之僕合瘗其棺於安隆之馬場，題曰『十八先生成仁處』。而定國卒迎王出險，追賜恤典立祠，公得太常。

今明史附見吴公貞毓傳。

余公，字南溟，鄞人也，亦以明經從何公騰蛟幕，累官以御史充監軍。何公出師湖南，與職方主事李公甲春復寶慶，會兵下長沙。已而寶慶將王進才棄城走，湖南盡失，何公死之。公重趼還桂林，復爲御史。桂林再破，逃入蕭寺，絶粒而卒。今明史附見何公傳，特不詳其晚節爲可惜。

陳公，字孝標，奉化人也，以監生起官工部。王既稱制，尊其父端王墓爲興陵，令公司之。王遣降臣佟養甲祭陵，密令公磔之。桂林失，公曰：『吾君尚在，當爲先王守陵，以待君之還，未敢死。』削髮爲浮屠，居陵下，護視惟謹。王入緬，公猶居陵下，其後不知所終。

嗚呼！是三人者，今皆無後，故其詳不可得聞。明史雖載任、余姓氏，亦不言其爲鄞人也，予故特表而出之，曰甬上桂國三忠傳。

# 七賢傳

〔嚴注〕周昌會、昌時，邵似歐、似雍，姚允昌、宇昌，陳自舜。〔李慈銘注〕七人皆閹黨子女，而能以賢自拔。附以謝三賓之孫爲輔、爲霖、爲憲、爲衡四人。

明萬曆、天啓之交，黨禍方熾，吾鄉以沈文恭在揆席，故多爲所染，陵夷至於奄難，士氣益喪，至有列名爰書者。顧喜其家子弟多能出而雪父兄之恥，吾得七人焉。在昔，邢恕之有居實，章惇之有援，趙挺之之有明誠，坡、谷所亟許也。雖欲勿用，山川不舍，聖人言之，揆之諸公之意，深不欲人道其父兄之恥，以見其賢。然而是固百世孝慈所不能諱也，吾故特表而出之，使天下爲父兄者，弗爲敗行以貽子孫之戚，而子弟之不幸而罹此者，能慎所趨則幸矣。更附之以國難後謝氏兄弟，爲合傳。〔校〕黄本無此序。

周侍御昌晉有弟二：昌會字衷素，天啓辛酉舉人也；昌時字乘六，諸生。御史既入奄幕，陰鷙深賊，罷官後，尚多所殘害。衷素不欲與同居，偕乘六還浮石故廬中，嘗歎曰：『先文穆公已爲故相所累，然尚無大敗行，阿兄狓猖，何至於此！』衷素嘗知通城縣，遭寇棄官去。丙戌而後，薙髮爲僧，佯狂不守戒律，時人稱爲『顛和尚』，卒以困死。乘六於資序已應貢入太學，得官棄去，固守其志。其時御史尚在，亦太息曰：『是不可及。』先大父贈公爲耆社，乘六其一也，所爲詩文皆悲憤之音。

邵尚書輔忠有子二：似歐，字之文，明經；似雍，字之堯，諸生，同産七人中稱最秀。時吾鄉於附奄諸家相疏斥之，并其子弟弗與還往。尚書尤爲清議所惡，而之文兄弟别具志節，不以家門見外。丙戌，之文兄弟侍尚書大雷山中，微言勸尚書殉國，以蓋前過，不能得。已而故王栖泊翁洲、石浦之間，兄弟竭力資其扉屨。其後求周公囊雲銘尚書墓，囊雲直筆無所借，之文兄弟一慟而已。嗣是故國遺民至蛟關者，必登邵氏之堂。兄弟皆有集，傳於後。

姚學使宗文有從子二：胤昌，字元祚，崇禎癸酉舉人；宇昌，字仲熙，崇禎丙子舉人；參政之光子也。初，浙黨以徐廷元與學使爲魁。學使隔絶復社人物，不遺餘力，而元祚獨與馮都御史留仙兄弟以氣節相砥礪，學使恨之，然無如之何。會遭改步，兄弟奔走山海間，遂以坎軻抑鬱而卒，君子哀之。

陳御史朝輔有子一，自舜字小同，其年稍晚出，甚媿其父之所爲，以是頗不欲人稱爲公子。梨洲先生講學甬上，小同從之，終日輯膂經學，兀兀不休。其人强毅方嚴，於名教所在，持之甚篤。生母沈氏不得於嫡，卒於杭，小同尚少，長而補行三年之喪，致哀盡禮，隱居終身。一日，梨洲座上，或言天啓時，某官以某物贈奄，〔嚴注〕『某物』乃蝦腦百斤也，見南雷文定。即御史所爲也，小同爲之數日不食。喜購書，其儲藏爲范氏天一閣之亞。

七賢之事如右，而丙戌而後，吾鄉所最不齒者，無如故太僕謝三賓，其反覆無行，搆殺故國忠義之士無算。三賓一子早死，顧有四孫：曰爲輔、爲霖、爲憲、爲衡，皆善讀書，聞其大父之事，黯然神傷。自是遇故國忠義子弟，則深墨其色，曲躬自卑，不敢均茵，以示屈抑。時三賓遺金尚不貲，兄弟日以哦詩爲事，一切不問，未幾蕩然，亦不以爲意也。於是故國子弟，稍稍引而進之，謝氏復與簪纓之列。蓋吾鄉清議之重如此。爲憲以舉人知蓬萊縣。

嗚呼！吾嘗讀江右傅平叔〔嚴注〕占衡。湘帆堂集，才子也。顧平叔之父御史，墮奄黨中，此係不可湔洗之案。而平叔頗有遷怒東林諸公之意，力爲父白，妄言自艾東鄉死後，莫能爲之辨誣者，則愚矣。東鄉即存，豈能爲奄黨作佞乎？如七賢者，絶口不敢白其家門之事，而但力爲君子以蓋之，是則可悲也已。嗚呼！彼爲父兄者其諒之哉。

## 明大興知縣宗公傳

〔嚴注〕顯，鄞人。

宗公由宜興知縣遷秩大興，再遷南京都察院經歷，致仕。不稱院曹，而稱大興，重循吏也。漢魯峻官終屯騎校尉，而志墓仍稱司隸；馮緄官終廷尉，而志墓仍係車騎；蓋其例也。

宗公名顯，字必彰，浙之寧波府鄞縣人也。由鄉貢進士歷官縣令。其在宜興也，百姓感其介節，爲之謠曰：『二三萬户皆傳説，八九十年無此官。』時公尚無子，百姓爲聚禱於社，已而果得子，因名曰佑。其在大興也，爲赤縣首，苦豪貴之梗職，而廠衛官校皆服其清，秋毫無犯，輦下肅然。既受院曹之命，以丁艱去，不樂進取，遂致仕家居，一貧如布衣也。予考明之縣令，最稱慎重，其以考最加律者，例得不次登臺諫，否則亦授部郎，由是爲大僚者甚多。院曹雖階六品，然冗散之員非所重，而南都院曹則尤閒。公以京縣擢用，乃置之無事之區，名爲京秩，實與前代之提點、宫祠者等，斯蓋大臣忌公直節，不樂公之進，陽遷之而陰黜之，故公亦會其意，而卧家不出。乃前輩無爲之表微者，何也？

予讀明人所修圖志，皆目公以循吏，而所紀甚寥略。及見半湖陳公聞見漫録，則於同里所服膺者：楊文懿公、刑科毛公、吉安太守陳公、應撫朱公、廣西布政錢公、四川副使張公、淮撫陳公、鞏昌太守戴公，及公而九。甚且謂自三原王公、華容劉公、泰和羅公而外，其始終一節，至老不變，同里祇錢公與公，其亦可以得公之概矣。

公之事既不甚傳，故明史亦闕，而數百年以來亦無復知公者，予因半湖之言，而重爲之傳。

# 全修齋府君傳

〔嚴注〕整。

明洪武、永樂之間，奉化之以詩人鳴者，陳先生孟雍、樓先生穆中、陳先生協和、王先生汝賢、陳先生元則、徐先生瑾、戴先生汝舟，而吾族祖修齋府君固鄞產，以別業在剡源，亦預焉，時稱爲『剡源八傑』。孟雍由明經知餘干縣，穆中由秀才任休寧縣訓導，協和由明經任清江縣主簿，汝賢由懷才抱德任宜春縣主簿，元則、瑾、汝舟皆布衣。

府君名整，先侍御公之十一世孫也。少受業於族父本然、本心二先生，修明慈湖之學，而受詩於丁鶴年之門，其所傳習遠有淵源。有明草昧初開，士爭趨風雲之會，而府君獨承先人之教，不樂仕進。其所居，在剡源第五曲，曰三石草堂，林泉草木之盛，甲於九曲；又結廬於棃洲，以祀孫綽，其逸情高致，皆此類也。當是時，吾家在鄞之桓谿，詩人極盛，皆欲府君歸鄞。本然先生之子玉翁以詩招之，有『商皓芝中非固蒂，陶潛菊畔可安居』之句。府君答之，有曰『萬間廣厦深蒙庇，半畝林泉更卜居』，蓋猶未定歸也。

洪武乙丑，府君始歸桓谿，而往來唱和於剡源不絕。永樂初，徵修永樂大典，府君辭不就。年八十餘始卒，所著有三石山房集四卷，世遠無存，予從家乘中求之，得數首而已。丹山赤水之田園，已成榛棘，未知單詞隻句，尚有流落焉否也。因歎鄭千之、李孝謙之纂文獻，皆在明初；宋宏之輯雅集，亦在明中葉以前，而府君之高節已沈淪無考，況去今四百年而遥，茶鐺藥竈之餘，欲其不泯滅焉得乎。

四明山水莫如桓溪，由谿上而南，莫如剡源。吾家世居溪上，而府君復據六詔洞天而有之，古鄮、古鄮之勝，皆歸吾家，是又一佳話也。

## 錢唐龔隱君生傳

〔嚴評〕集中已有壙志，此文在可删之列。『生傳』杜撰。

予友西泠龔君明水，以經術文章掉鞅海内，其造詣所至，擬諸劉原父、黄楚望之流。顧予尤心企其門庭之行，深情至行，敦摯無間。竊以爲導山有脈，溯河有源，必多得於父兄之圭臬者，因蹤跡之不置。已乃聞其再傳以來，並以孝友起家，稱一鄉善士云。

雍正庚戌，明水召對闕下，再拜貽書於予，請爲從父汝璞隱君生傳。

予於隱君爲通家後輩，然嘗登明水之堂，識隱君之篤於親也。隱君髫年失怙，家無一瓦之覆，一壠之植，以資其緒，用是棄舉子業就生計，不幸遭家難，伯兄歿於官，八口零丁無依。仲兄仗義勤施，徵逐日落，隱君竭蹶支吾，并經理其子女婚嫁之事。已而所入漸充，置七世祀産以公族人。明水束髮就塾，即有峥嶸頭角之譽，隱君歲給膏油讀書無間。然而賓興六薦，濩落不售。明水自傷其以鵾鵬之羽困於藩籬，以致虬鬚鵠髮之親，尚未得具三簋之養，雖商歌出金石，而神思未免怏怏。乃隱君厚意纏綿，月有肉米，日有壺漿，繹絡繼至，常曰：『汝克守身自愛，長奉白華之潔，晨羞夕膳，吾當借助，以資孝思，可無憂也。』

甲辰秋，明水復遭太君之變，隱君歎曰：『九宗七族之中，吾所敬事，莫嫂若耳，喪葬之需，苟有不敷，惟吾是問。』然隱君錙積銖累，僅及中人之産，身披大布之衣，居無别業之適，妻妾子女皆以勤儉自持，而棣蕚之誼，終身一日，傾筐倒庋，繾綣彌加。其他睦婣任恤之施，固有不能枚舉者矣。至若隱君行事，實有卓然不阿於世俗之見者，每言：『吾父子兄弟，生既爲一氣，終即當一丘，堪輿風水之説，昧者趨之，吾勿問也。』遂買地於南高峯之顛，傍考妣墓，約異日左昭右穆，以次並列松楸碑碣之間，魂魄相依，兼使子孫祭祀，不以東西遼遠爲苦，蓋其友愛之中，能深得墓大夫、冢人禮意如此。

明水拔萃成均，徘徊不欲赴闕，隱君責以捧檄之意，且許爲任其家事，今膺特簡涖百里矣。天南地北，徒爲高堂升斗之謀，即欲長依膝下，亦何可得。至於四壁蕭條，妻孥軟弱，其所恃而不恐，則以隱君在也。

隱君杖履沖容，容色醲粹，當此六橋旭日，徜徉梅柳之陰，鹿車對挽，樛木行吟，又有好學工文之子，斑斕進酒，蔗境之甘，天實佑之。而明水感懷白雲，推其明發之慕，爲隱君謀不朽，並可傳也。爰即以此復之。

## 蕭山毛檢討別傳 〔校〕黄本無『别』字。

歸安姚薏田秀才謂予曰：『西河目無今古。其謂自漢以來足稱大儒者祇七人：孔安國、劉向、鄭康成、王肅、杜預、賈公彦、孔穎達也。夫以二千餘年之久，而僅得七人，可謂難矣。吾姑不敢問此七人者，果足掩蓋二千餘年以來之人物與否。但即以此七人之難，而何以毛氏同時其所極口推崇者，則有張杉、徐思咸、蔡仲光、徐緘，與其二兄所謂「仲氏」及先教諭者，每述其緒論，幾如蓍蔡，是合西河而七，已自敵二千餘年之人物矣。抑西河論文，其自歐、蘇而下俱不屑，而其同時所推崇，自張、蔡、二徐外，尚有所謂包二先生與沈七者，不知其何許人也。竭二千餘年天下之人物，而不若越中一時所出之多，抑亦異哉？』

予笑而答之曰：『是未聞吾先贈公之所以論西河也。』

西河少善詞賦，兼工度曲，放浪人外。陳公大樽爲推官，嘗拔之冠童子，遂補諸生。顧其時蕺山先生方講學，西河亦嘗思往聽之，輒卻步不敢前。祁氏多藏書，西河求觀之，亦弗得入。已而國難，畫江而守，保定伯毛有倫方貴，西河兄弟以鼓琴進，托末族。保定將官之，而江上事去，遂亡匿。乃妄自謂曾預義師，辭監軍之命，又得罪方、馬二將，幾至殺身，又將應漳浦黃公召者，皆烏有也。已而江上之人有怨於保定者，其事連及西河，而西河平日亦素不持士節，多仇家，乃相與共發其殺人事於官，當抵死，愈益亡命。良久，其事不解，始爲僧渡江而西，乃妄自謂選詩得罪王自超，撰連箱詞得罪張縉彦以致禍，皆事後强爲之詞者也。

乃其遊淮上，得交閻徵士百詩，始聞考索經史之說，多手記之。已而入施公愚山幕，始得聞講學之說。西河才素高，稍有所聞，即能穿穴其異同至數萬言。於是由愚山以得通於鄉之先達姜公定菴，爲之言於學使者，復其衣巾。顧以不善爲科舉文，試下等者再。時蕭山司教者，吾鄉盧君函赤，名宜，憐其才，保護之，然懼其復陷下等，卒令定菴爲之捐金入監。未幾得預詞科。

顧西河既爲史官，益自尊大無忌憚。其初年所蹈襲，本不過空同、滄溟之餘，謂唐以後書不必讀。而二李不談經，西河則談經，於是并漢以後人俱不得免，而其所最切齒者爲宋人，宋人之中所最切齒者爲朱子。其實朱子亦未嘗無可議，而西河則〔嚴注〕當去『其』字至此十四字。狂號怒罵，惟恐不竭其力，如市井無賴之叫囂者，一時駭之。於是自言得學統於關東之浮屠所謂高笠先生者，而平日請教於愚山者不復及焉。其於百詩則力攻之，嘗與之爭不勝，至奮拳欲毆之。西河雅好毆人，其與人語，稍不合即罵，罵甚繼以毆。一日，與富平李檢討天生會於合肥閣學座，論韻學。天生主顧氏亭林韻説，西河斥以邪妄。天生秦人，故負氣，起而争，西河罵之。天生奮拳毆西河重傷，合肥素以兄事天生，西河遂不敢校。聞者快之。若其文，則根柢六朝，而泛濫於明季華亭一派，遂亦高自夸詡，以爲無上。雖説部、院本，拉雜兼收以示博。

顧西河前亡命時，其婦囚於杭者三年，其子瘐死。及西河貴，無以慰藉其婦，時時與歌童輩爲長夜之樂，於是其婦恨之如仇。及歸，不敢家居，僑寓杭之湖上。浙中學使者張希良，故西河門下也，行部過蕭山，其婦逆之西陵渡口，發其夫平生之醜，詈之至不可道，聞者掩耳疾趨而去。

先贈公之言如此。

顧先贈公在時，西河之集未盡出，及其出也，先君始舉遺言以教予，於是發其集細爲審正，各舉一條以爲例：則其中有造爲典故以欺人者，如謂大學、中庸，在唐時已與論、孟並列於小經。有造爲師承以示人有本者，如所引釋文舊本，考之宋槧釋文亦並無有，蓋捏造也。有前人之誤已經辨正而尚襲其誤而不知者，如邯鄲淳寫魏石經，洪盤洲、胡梅磵已辨之，而反造爲陳壽魏志原有邯鄲寫經之文。有信口臆説者，如謂後唐曾立石經之類。有不考古而妄言者，如熹平石經春秋並無左傳，而以爲有左傳。有前人之言本有出而妄斥爲無稽者，如伯牛有疾章，集注出於晉欒肇論語駁，而謂朱子自造，則并或問、語類亦似未見者，此等甚多。有因一言之誤而誣其終身者，如胡文定公曾稱秦檜，而遂謂其父子俱附和議，則籍溪、致堂、五峯之大節，俱遭含沙之射矣。有貿然引證而不知其非者，如引周公『朝讀書百篇』，以爲書百篇之證，周公及見冏命、甫刑耶？有改古書以就己者。如漢地理志回浦縣乃今台州以東，而謂在蕭山之江口，且本非縣名，其謬如此。先君皆口授之，予因推而盡之，葺爲蕭山毛氏糾謬十卷。

乃其集中最後有辨忠臣不死節文，則其有關名義，尤可驚愕。其謂『夷、齊亦不得爲忠臣，但可爲義士』，乖張已極。夫忠臣固不必皆死節，亦幾曾見忠臣之不應死節者。況西河自溯道統，得之高笠先生，而高笠之師凌臺賀氏，以布衣死明季，則是其師傳即已乖謬，西河之師之何也？及溯其本意，則專爲續表忠記而作，謂其以長平之卒，妄列國殤，而冒託其名以作敘，故辨之。續表忠記者，即吾鄉盧函赤所作，前曾保護西河者也。其所作記本不工，其所序事亦間有譌者，然謂以長平之卒妄列，則其記中所立傳，俱屬有名之人。而況是記，俱經西河校定而後出以問世，其序文則直用西河手書雕入册中，其字畫皆可驗。且西河前在盧門，感其卵翼之恩，執弟子禮，不僅如世俗之稱門生者。雖既貴，寓杭猶時時遣人東渡問訊，而忽毁之於身後，并其序亦不肯認，且因此序而發爲背道傷義之論。及叩之函赤之子遠，則流涕曰：『是殆爲畏禍故也。前者西河固嘗有札來，謂「京師方有文字之禍，先師所著，勿以示人」，則是辨必其時所作無疑也。』予乃歎曰：『有是哉！畏禍而不難背師與賣友，則臨危而亦誠不難背君與賣國矣。忠臣不死節之言，宜其揚揚發之，而不知自愧也。』

抑聞西河晚年雕四書改錯，摹印未百部，聞朱子升祀殿上，遂斧其板。然則禦侮之功亦餒矣，其明哲保身亦甚矣。乃因述贈公之言而附入之，即以爲西河别傳。雖然，西河之才，要非流輩所易幾，使其平心易氣以立言，其足以附翼儒苑無疑也。乃以狡獪行其暴横，雖未嘗無發明可采者，而敗闕繁多，得罪聖教，惜夫。

〔嚴評〕南雷所作豐南禺别傳，自具别緻，古文也。此則類于呈狀、按牘，不可以爲文矣。自修史立傳之外，從未有專作一傳以攻訐人惡者。南雷豐氏别傳，但書其癡騃之情狀，以供嘔噱，未始出正論，下筆自有斟酌，蓋游戲小品也。謝山取毛氏之醜態劣行，不惜鋪張數千言，唯恐言之不盡。毛氏何足惜，惜謝山之學南雷而失耳。甲戌五月十三日悔庵力疾記。

# 鮚埼亭集外編卷十三

## 廟碑

### 羊府君廟碑銘

〔嚴注〕僎，唐季官明州刺史。

吾鄉牧守之祀，莫有盛於羊府君者，每歲八月，其趨祀於府君廟下者，遠郊近郊相望也。嗚呼！何其流澤之永，一至斯歟。

府君之事不見於唐史，亦不見於圖經，祇黃府君晟墓志載其一節，謂劉文自台來寇，府君擊走之；其餘黨據奉化，府君遣晟以兵敗之，則府君良有保障之功，得祀宜也。唐自僖、昭而後，西方繹騷，浙東雖遠在海隅，兵爭之患，亦所不免。但據黃氏墓志，謂府君卒官，鍾季文繼守。唐史中和元年，紀季文陷州事，則是府君即應卒於是年。而寶慶、慶元志引赤城志，中和二年有明州刺史劉文，則是鍾氏陷州之後，劉文旋奪而有之，鍾氏尚未得據其地。其後明州卒歸鍾氏，不知更在何年。唐史不及劉文，或由於闕佚，若黄氏墓志，不應有誤。然要之劉文之陷郡，其在府君卒後無疑，而寶慶志以劉文置府君前者，謬也。愚意劉、鍾二人並窺明州，特以府君在，不得逞，及其卒也，遂迭争之。而鍾氏先得之，劉氏奪之，鍾氏旋復之，劉文殆未受朝命，或受之不久而遽失，故晟遂以鍾氏爲主。前此，吾鄉一亂於裘甫，再亂於王郢，皆不過數十年之中。至是而節使如劉漢宏、董昌之徒，非能奠安屬郡者，府君以一人力措拄之。府君既歿，劉、鍾相繼而入，自是明州之刺史，無復受命於唐室者。追思夫式遏之勛，何其偉哉！史志雖見遺，而民之永矢弗諼，春猿秋鶴，世世以之，其亦足以酬矣。

府君名僎，不能詳其世系、里居，黄氏墓志作羊，而吴越備史作揚，按拓跋魏有羊衒之，亦或作揚衒之，蓋出自晉大夫揚食我之後，本爲羊氏，故其後多互用者。其廟在今江浦，屬縣中亦多有之。耆老相傳，是城之築，剏始於府君，而黄晟踵而成之者也。更爲之銘以繫之，其詞曰：

府君先世，晉之太傅，梁侍中兮。鎮撫荆土，拒守臺城，俱豐功兮。府君來明，外攘内撫，一劉一鍾兮。指揮方略，築斯鑿斯，成崇墉兮。五朝雲擾，文獻凋殘，誰折衷兮。賴有祠壇，神燈靈旗，長映堇封兮。

## 節使錢康憲公大人堂碑

〔嚴注〕戴埴鼠璞有一條，可互參。

吳越奉國軍節度使，判明州，錢康憲公祠在鄞縣治北之横河，其曰『大人堂』者，圖經以爲康憲從子惟治來繼任，故尊稱之。祠已久廢，别祠在奉化縣北山廣化院者亦圮。予以康憲於吾鄉有遺愛，不應乏祀，而鄞西南二湖洲島之盛，導源自康憲，今西湖之南藍，即康憲當日廨舍也。則移『大人堂』於湖上爲更宜，乃議即南藍義塾之屋以祀之。横河之祠，舊嘗有高憲敏公碑，今亡矣。

公初事忠獻時，已以諫鐵錢有名，及其由丞相出判州也，以胡進思之黨斜滔謀叛，獄辭相連，故外補，蓋蹤跡危疑之時，而進思諸子又來居明，忠懿心知公之無預，故使之久鎮海疆，而絶無所嫌疑，是固其兄弟敦睦之盛，而公臣節之純，要亦可見矣。公以乾祐二年來，以乾德五年卒。其時它山堰壞，幾不可治，公跪禱於王長官之廟，遂以重完；浚廣德湖，增補陂塘萬二千丈有餘；内和民兵，外靖海國，以簡静致治安。前此錢氏至親鎮此州者，元珦、元球，皆不以功名終，而公獨爲吾鄉名節度，生榮死哀，國人久而思之。白石之幽堂，康憲墓在奉化禽孝鄉白石里之原。其與南藍之朱邸，均爲遺愛所勿諼，豈不賢哉。

況公亦不特明州稱保障也，顯德三年周人攻江北，使浙人攻江南以應之。丞相吳程敗於常州，忠懿謀再舉，大括境内士卒，東西二道，爲之勞擾。公手疏切諫罷之，豈非有見於脣亡齒寒之慮，而不欲勞吾赤子，以結怨於强鄰乎？吴越自武穆以來，世世能守此意，不肯輕與鄰藩搆難，斯其所以保世綿祚，而於十國兵争中，獨享無事之福。公之見及此也，仁人之利溥矣。

祠中附祀有闞氏，里人因譌呼闞相公祠，而以闞璠當之。胡梅磵引入通鑑注中，高兵部敬止録謂開運二年，璠來守，是年璠即被誅，豈有立公祠而反以前此之逆臣祔之者。予謂闞氏，慈水之舊姓也，璠雖被誅，或其子弟有從公於幕府者，及祀公而其人以元隨得祔，理應有之，不知者遂誤以指璠耳。

臨安衣錦之鄉，至今遊人憑弔其間，而中吴之金谷，元璙之風流所寄也。南藍繼起而争光，益以歎錢氏宗室之多賢也夫。

## 裴府君廟碑銘〔嚴注〕肅，濟源人，唐貞元中，官浙東觀察使，平栗鍠之亂。

東錢湖之東有裴府君廟，宋淳祐中所建，即所謂寶慶廟者也。又有裴將軍廟，蓋亦府君之神。而其餘里社祀府君者，多不勝舉，志乘不詳，碑版皆滅，訪之父老，則皆云『觀察府君肅是也』。予考唐開元而後，明州八亂，天寶中吴令光之掠明也，河南尹裴敦復平之；栗鍠之亂，府君平之；王郢則節度裴璩平之；三裴皆有戡亂之功，而獨祀府君，其功殆有獨隆者耶？

貞元十有二年，栗鍠以鎮將作亂，刺史盧雲遇害，招誘山越，攻陷郡縣。山越之名見於孫吴國志，大抵皆在丹陽近境，而吾鄉則未之聞。胡身之曰：『鄞縣慈谿之南，奉化縣之西北，有山越種。』以今地里質之，當爲鄞之傅霸河，慈之鍾乳山、潘嶼，奉之箬坑等地，次年府君討平之，禽栗鍠於天台，送至京師伏誅。然則湖東居民之奉祀，蓋必府君當日師行所過，能捍賊鋒而不擾民力，故相率報之。獨是府君之搗賊巢在天台，則其過軍自奉化，應泛甬江，歷長汀。若由湖東以入，萬山錯互，反爲迂道而行，亦甚艱，意者山越爲梗，故取間路以出賊之不意，未可知也。夫以大軍往來，所過繹騷，乃居民不以爲苦，反志遺愛焉，而歷世廟食，其亦賢矣。乃數十年以來，有妄指爲祀晉公者，不知何所據依。晉公於吾鄉無涉歷，不應得祠，當以府君爲是。於是祠下父老懼其流傳日遠，遂爲非奉之祀，乃乞予爲碑以紀之。

府君，濟源人也，其官由常州刺史遷，蓋以進奉得之，故唐史多貶詞，然其定亂之功，則有不可没者。更爲之銘，其詞曰：

神之來兮東湖東，前挾矟兮後持弓，猶有當年甲胄容。越鄮溪兮度管江，甘棠夾道兮被神幢，蕭蕭鳴馬絶吠尨。廟門兮嵯峨，靖山越兮晏海波，迎神之曲當凱歌。

# 增定廣德湖白鶴廟祀典碑

吾鄉城外水利資於三湖：小江湖、廣德湖在西，錢湖在東。小江湖之爲功，雖由於王長官之堰，而其湖道則固天作地成，綿延至鏡川二十餘里，非若廣德湖、錢湖之開自人力也，故歷久尚易支。廣德湖三面平坦，隄防尤難，故卒爲樓异所塞。錢湖之欲塞者多矣，僅而得存。今不旱則已，旱則東管尚恃錢湖以無恐，而西管必失穫，小人苟且以圖一切〔校〕疑當作『時』。之利，其害無窮如此。湖口有望春、白鶴二山，當湖未塞，即山爲廟，一以祀神之主斯湖者，即望春之靈波廟是也；一以祀守令之有功於斯湖者，即舒信道詩所云『人指白鶴祠，殷勤竊有請。衣冠儼羣公，一一畫真鯁。斯人豈可作，庶用薦遺秉』是也。塞湖以來，靈波之廟尚無恙，而羣公香火則僅存一椽矣。

嗚呼！愚民知有田可種之利，而不知其害，羣公當日之功，今已澌滅，則民之忘其祀也固宜。甚至豐惠有額，蓬萊有觀，塞湖者反世享焉。王正己之强辨，況逵之記，寧有念及前人之良法者。夫湖之不可復也，亦明矣。然吾以爲湖雖不可復，而廟必不可絶。何也？蓋神祇之享廟食，固有因其功長存，而世世祀之者；亦有其功止一時，而卒莫之廢者。羣公之有功於湖民，實足左右夫靈波之神。其不當因樓异而斬祀也，明矣。況其英爽不與湖俱澌滅，則未必不爲湖民庇也。故議重新其廟，增定而列祀之。

湖興於魏、晉之間，其始事者無考矣，可考，自唐大曆中吴府君謙、鄞令儲侯仙舟；貞元間有任府君侗；大中間已有謀廢湖者，持之者爲李府君敬方；時奉使來驗不撓民以趨利者，爲御史李公後素。五代時大增湖塘者，有節度使錢康憲公弘億。宋淳化間，釐正湖界者，有邱府君崇元，已而有蘇府君耆。天禧間增湖塘湖隄清湖界者，有李府君夷庚。景祐間，又有請廢湖者，持之者爲李府君照；奉使來驗不撓民以趨利者，爲從事郎張公大有。康定間治湖者，有主簿曾君公望。慶曆間，則王荆文公安石。熙寧間，有張侯珣，望春、白鶴之祠即張侯所建也。元祐中有馬府君琉，又有虞侯大寧段侯藻。已而復有請廢湖者，持之者爲葉府君棣。未幾而樓异至矣。惟吴府君於故九里堰旁有專祠，至今尚存。南渡而後，力請復湖者，則李莊簡公光，雖非吾鄉守令，吾亦并請以祀之。

嗚呼！前輩於樓异之廟祀欲毁之者多矣，方湖上之祀异也，即在靈波廟中，其後始别建，今吾增定白鶴之祠，則其當毁，更可知也。抑將使今之爲民牧者，瞿然知遺愛之所在，雖其陳跡已亡，而尚有思而報之者，則彼欲廢東錢湖而田之，其亦可以返矣。

湖之塞也，西管之田，遠資小江湖之水，雖不能徧及，然庶幾焉。而今不治已甚，洪水三壩僅存其一，不問水旱，溪流入江者十之七，梅梁淤入沙中，不可復見，不知是誰之責也。吾之爲是舉也，抑將使今之爲民牧者，瞿然知遺愛之所在，雖不能使廣德湖之復興，或不至坐視小江湖之廢而莫之救，將廣德湖尚可波及焉。則是祀也，其可以謂之無補哉？

靈波廟神，蓋舊時湖中之龍，居於山下者也。舒信道謂湖中時嘗有光采如海市者，其龍之靈歟？桑田既變，神物亦去，然其英爽則猶有存者。成化府志妄引里俗之言，以爲齊、梁間人，僞造姓氏以實之，則慢神之尤者，爰附正之於麗牲之石。

吾鄉水利報功之祀，惟廣德湖上二祠最爲詳協，至若小江湖專祀王侯，東錢湖專祀陸、李二公，其實後來守令有功者，不應概置。小江湖則吴越錢康憲公弘億，宋監船唐君意、虞侯大寧，秦府君棣、陳府君塏、判府吴正肅公潛，元阮侯申之，明沈侯繼美、魏府君復琦、沈侯猶龍；里人則宋張簽幕必强、龔宣議行修、魏泉使峴、王尚書應麟、安吏部劉，元潘教官某，皆應配享遺德廟者。東錢湖則王荆文公安石、主簿吕君獻之、張府君津、魏王愷、姚侯枱、程府君覃、胡府君榘、陳府君愷，元縣尉王君世英，明黄侯仁山、寇府君天敘、沈侯猶龍，里人則先侍郎、先宫詹、董户部守諭、陸副使宇爀，皆應配享嘉澤廟者。至於城中雙湖，始自唐王侯君照，其既如吴越錢康憲公，宋李府君夷庚、錢府君公輔、劉府君俶、虞侯大寧唐監船意、劉府君珵、張府君津、判府吴正肅公、明張侯伯鯨，城中萬户資以得生，尤不可以無報也。今但於水則亭祀正肅，亦未盡。

# 射龍將軍廟碑

〔嚴注〕前集有封龍將軍揚波辭，此文删其結尾之辭，而名之曰廟碑，宜去此而存彼。名萬文，官寧波衛指揮，以永樂中巡海，射龍溺死。

定海桃渚之濱，有射龍將軍廟焉。將軍之神，寧波衛指揮萬公文也。將軍以永樂十有五年率舟師逐倭寇，戰於桃渚，大捷。明年六月，出哨象山之鋸門，夜見雙燈遠至，熊熊閃閃，以爲寇也，遽發勁弩，落其一炬。俄而黑風大作，一軍盡覆，將軍溺焉，乃知其爲龍也。將軍時年二十有二。先是萬氏自將軍王父以佐命死滁陽，其父死遜國，其兄死交趾，三世皆以死勤事，招魂葬於西山。至是，以將軍衣冠祔焉。桃渚居民遂稱爲射龍將軍，而立之廟。

夫龍之爲物至靈也，其噓雲降雨，大造之元氣憑焉。然而其質出於血肉之精，則尚未離乎物，於是人得而豢之，亦即使人得而醢之，而掀天揭地之能事，有時而困。吾聞之海上人，以爲龍既落其目，忽變相爲人就醫。醫家爲之傅藥稍愈，適其女從户隙窺之，則傫然鱗蟲也，驚呼其父，而龍自是不復至，目亦竟不療。又言龍既病目，嘗直入東錢湖深處養痾，雖其言誕不足信，然大造之變化，無所不有，姑存之而不論焉可也。

然則將軍之廟食，其何以安是龍？曰：不然，夫龍之宅於海口，天帝將使之彈壓鯨鯢以靖海波者也。將軍之誤中於龍，亦以生靈故耳，則龍雖創巨痛深，事定之後，必能諒將軍衛民之心，出於無他。而將軍歿爲明神，徒御之往來，自有與龍解釋舊怨，以公誼相平者，相與左提右挈，佑兹東海。吾言蓋決之於理，而不妄也。古之善射者，曰射日，曰射石，曰射潮，而將軍以射龍參之，其技亦神矣哉。

## 竹洲晏尚書廟碑

吾鄉六縣世家右姓，其爲南宋寓公之後甚多，蓋山海之間，足以避地，而其時又近行都，爲畿輔也。吏部尚書晏公敦復亦當時寓公之一。尚書晚年以忤權臣，悒悒而死，太夫人尚在堂，汪莊靖之父太府公，時時周恤其窮，語在史丞相所作太府行狀。

今吾鄉不聞有晏氏，蓋其後卒歸西江，惟慈水三峰浮圖中，尚存尚書所作石碑，則大賢流落之毫芒也。吾鄉宋、元諸舊志，登載漏略，其中更有不可解者。如中興執政王次翁，可謂下流所歸，而反爲之立大傳，顧於尚書則闕焉，不亦拂人之性也耶？夫大賢蹤跡所至，其山川亦爲生色蓋其所存者神，故其所過者化，其化不泯，則其神長留，名德如尚書，百世之斗杓也，苟表章而出之，豈不足以廉頑而立懦哉？

今世俗所稱晏公廟者最多，乃道家之祀也，赤章青詞，殊爲可惡。吾鄉湖上之竹洲亦有之。竹洲蓋嘗歸於先宫詹公，欲去之而未果，尋易主矣，今復歸於予，予乃改以爲尚書之祠，而率後進之士，薦澗毛焉。東望爲友恭堂之故址，即太府所居也。太府亦以忤權臣被斥，蓋尚書之同志。湖光明瑟，先正之魂魄相與招邀過之，薑桂之風裁，旁皇乎其可接焉。

## 大金夫人廟碑銘

今東越人盛傳所云『大金娘娘』之祀，里俗凡以巾幗成神者，即呼之曰『娘娘』，蓋前督師孫公碩膚部將都督章公欽臣之夫人金氏，予故改稱之曰『大金夫人』。而其爲之碑也，則以友人陶燮之請。

初，孫公於改步之際，思爲即墨之守，駐師江干，與同里熊公汝霖、寧之錢公肅樂、沈公宸荃及觀察巡道于公穎，稱『五家軍』。都督，即侍郎正宸之宗也，而在孫軍。孫公欲以火攻下錢唐，故有別營司火攻事，而以都督領之。已而江上破，都督散軍亡命，其後卒以起應山寨軍敗見執，死之。夫人例應没入旗下，將發遣，夫人慢罵不屈。問官始恐之以斬，再恐之以磔，夫人曰：『死則死耳，吾不可辱。』問官大怒，竟磔之。而行刑者見夫人饒姿色，不無褻語，夫人罵愈甚，刑畢，而其人暴死，夫人遂時時降神東越，居民尸祝之。余禮部若水爲之傳，王詹事遂東之女玉映爲之詩。

吾聞都督被執時，問官憐其忠也，欲令巽詞求免，而己爲之道地。都督亦思留身有爲，將從問官之意，而夫人力争之，遂死。嗚呼！都督良非愛死者，而留身有爲之説，常足以誤人，此張中丞所以戒南八也，夫人之見卓矣。顧都督之問官，仁人之有心者也；夫人之問官，則天下之妄人耳。然都督之問官，識者或憂其誤志士於一簣，而夫人之問官，適以成其烈，斯則天之所以有待而愈顯也。更爲之詩，當迎神之歌。其詩曰：

越水湯湯，曹江之瀨兮。越山峩峩，南鎮之寨兮。孝娥死家，烈婦死國兮。孝娥死於波臣，而烈婦死礫兮。二千年來，遥輝映兮。女星之墟，芒寒色正兮。孝娥烈婦，廟貌相望兮。祇慙黄絹，莫能相尚兮。

# 鮚埼亭集外編卷十四

## 祠堂碑

### 淳熙四先生祠堂碑文

〔嚴注〕楊簡，字敬仲，謚文元，稱慈湖先生。袁燮，字叔和，稱絜齋先生。舒璘，字元質，謚文清，稱廣平先生。沈煥，字叔晦，稱定川先生。

吾鄉遠在海隅，隋、唐以前，儒林闕略。有宋奎婁告瑞，大儒之教徧天下，吾鄉翁南仲始從胡安定遊，高抑崇、趙庇民、童持之從楊文靖遊，沈公權從焦公路遊，四明之得登學録者，自此日多，然其道猶未大也。『淳熙四先生』者出，〔嚴注〕楊文元公簡，字敬仲，慈溪人；袁文獻公燮，字叔和，鄞人；舒文靖公璘，字元質，奉化人；沈端憲公焕，字叔晦，定海人。大昌聖學於句餘間，其道會通於朱子、張子、吕子，而歸宿於陸子，四明後進之士，方得瞭然於天人性命之旨。四先生之爲海邦開羣蒙者，其功爲何如哉。四先生立身居官，大節歸然，如峩眉天半，固無庸以多述，惟自後世紛綸於德性問學之門户，而所以論四先生者並失之。雖然，是乃世人不讀書之故耳。

予嘗觀朱子之學出於龜山，其教人以窮理爲始事，積集義理，久當自然有得，至其以所聞所知，必能見諸施行，乃不爲玩物喪志，是即陸子踐履之説也。陸子之學近於上蔡，此語本之黄氏日鈔。其〔校〕黄本無此字。教人以發明本心爲始事，此心有主，然後可以應天地萬物之變，至其戒束書不觀，遊談無根，是即朱子講明之説也。斯蓋其從入之途，各有所重，至於聖學之全，則未嘗得其一而遺其一也。是故中原文獻之傳聚於金華，而博雜之病，朱子嘗以之戒大愚，則詆窮理爲支離之末學者，陋〔校〕黄本作『過』。矣。以讀書爲充塞仁義之階，陸子輒咎顯道之失言，則詆發明本心爲頓悟之禪宗者，過矣。夫讀書窮理，必其中有主宰而後不惑，固非可徒以泛濫爲事。故陸子教人以明其本心，在經則本於孟子擴充四端之教，同時則正與南軒察端倪之説相合。此語見朱子語録。〔校〕黄本無此注。心明則本立，而涵養省察之功於是有施行之地，原非若言頓悟者所云『百斤擔子，一齊落地』者也。是以廣平兄弟，驟有所省。而廣平曰：『學非可以一蹴而至也，吾惟朝於斯，夕於斯，其亦可以弗畔矣。』則廣平方且以頓悟戒學者。定川晝觀諸妻子，夜卜諸夢寐，聞過自訟，不敢苟安，其刻厲如此，乃由艱苦而成者。慈湖齋明嚴恪，非禮不動，生平未嘗作一草字，固非恃扇訟一悟以爲究竟也。絜齋教人以自得，而謂吾心與天地相似，精思以得之，兢業以守之，則其全功可知矣。四先生中，慈湖稍近頓悟，特其立言之偏；至其制行則大醇，當略其言而觀其行。〔校〕黄本無此注。世之學者，未嘗窺見前輩之根柢，即其流傳之失實者，妄施議論，其惡乎可。

朱子謂浙東學者，皆有爲己之功，持守過人，而微嫌其讀書窮理有未備，其實不然。慈湖於諸經皆有所著，垂老更欲修羣書以屏邪説，而未就。絜齋謂爲學當通知古今，學者但慕高遠，不覽古今，最爲害事。廣平經術深於詩、禮，而尤爲吾鄉説詩大宗。定川與東萊兄弟極辨〔校〕黄本作『辦』。古今，閎覽博考，晚年雖病中不廢觀書。是四先生皆以持守爲本，而從事於擇識以輔之，其致功之次第，歷然可考也。

總之，古人爲學，其途徑所發軔或不能盡同，然究竟則必無相背而馳者。朱子嘗自言目前爲學，緩於反己，反以文字奪〔校〕黄本作『奮』。其精神，其惟恐流於口耳之弊如此，所以不墮於支離也。四明之學，正不敢於方寸澄然之後，怠其致知格物之務，此所以不流於頓悟也。然則其殊途而同歸者，總所以求至於聖人而已。

吾鄉湖上舊有四先生祠，明嘉靖中所立也。予嘗偕同學諸公舍奠其中，而爲講會焉。薛學使方山舊有碑，其文未足以發，乃更勒石以記之。

## 四先生祠堂碑陰文〔嚴注〕舒廣平父通直公轍。沈定川父簽判公銖。楊慈湖父通奉公廷顯。袁絜齋父通議公文。皆有學行，祀之後堂，而記其略於碑陰。

嘗讀宋史，於陸子傳中，祇推〔校〕黄本作『惟』。『四先生』能傳其學，而凡槐堂之子弟〔校〕黄本作『弟子』。不豫，以四先生能得陸子之學統也。顧四先生皆導源於家學，其積力已非一日，及一見陸子即達其高明廣大之境，相與神契而無間〔校〕黄本無此字。嘗考之，慈湖之父通奉公，諱庭顯。以處士爲後進師。廣平嘗自序其學曰：『南軒開端，象山洗滌，老楊先生琢磨。』老楊先生，即通奉也。廣平嘗切磋於晦翁，講貫文獻於東萊，而自序不及焉，直以通奉鼎足張、陸，則其學可知矣。陸子銘通奉墓亦云：『年在耄耋，而學日進，當今所識，楊公一人而已。』融堂謂通奉與物最恕，一言之善，樵牧吾師；省過最嚴，毫髮不宥，至於泣下。是慈湖過庭之教所自出也。

定川之父簽判公諱銖。學於焦先生公路，以傳程氏之學。史忠定王稱其忠信質直，容止莊敬，衣冠端嚴，造次必稽孔、孟之言，是是非非，無曲從苟止，孝修於家，行尊於鄉，面箴人失，退無後言。其高弟舒烈作行狀，謂簽判之事焦先生極恭。其後諸生所以事簽判一如之，雖已極貴，然莫敢隳簽判家法。

是定川過庭之教所自出也。

廣平之父通直公，諱澈。最與童公持之講學相睦。陸子銘其墓，謂其温恭足以警傲惰之習，粹和足以消鄙吝之心，蓋亦學有原本者。童公故龜山弟子也，遂爲廣平婦翁。

絜齋之父通議公，諱文。予曾見其甕牖閒評一書，特説部耳。至其折節忘年，問道於定川，因使絜齋嚴事之，則知其從事於躬行之實，非徒洽聞者流也。然則四先生自其始志學之時，已早得門内之圭臬而由之，況又親師取友，徧講習於乾、淳諸大儒，而去短集長，積有層累，及其摳衣陸子之門，遂登首座，固其所也。

夫師明道兄弟者，必推本於大中；論康節者，上及古叟；宗建安者，不遺韋齋；則四先生之所自出，可以置之不問乎？爰語同學諸生，令别治栗主於後堂而祀之，而稍爲捃摭其言行之大略，鐫之碑文之陰，使後之人有考焉。

## 巾子山張太傅祠堂碑【嚴注】世傑。

匡山三大忠臣祠，倡議於羅一峯，成於陳白沙，而任之者陶自强也。吾鄉候濤山東巾子山，爲當時張太傅自臨安入海駐營之地，而未有祠，并志乘亦不載其事，何其闕也。況太傅之在是山，非偶一駐營於此，漫不足爲輕重者比。范文虎以伯顔軍至皋亭山，太傅請移三宫入海，而與文丞相合，背城一戰，陳丞相以議和阻之，太傅遂提兵東渡，由慶元抵昌國，營於是山。其意蓋已辦閩、廣再造一局。石國英遣都統卞彪説之使降。卞彪故降將，太傅以爲反正而來，從己俱南也，椎牛享之。酒半，彪從容致國英旨，太傅大怒，斷其舌，磔之山中，軍士感憤泣下，誓共求宗室以謀恢復。於是太傅探得楊駙馬以二王至温，陳丞相出會之，陸侍郎、蘇統制俱赴之，遂出蛟關，沿海入覲，共豫定策事，而二王之局以成。文丞相指南録雖於太傅不盡諧，然於閩、廣再造，則以爲太傅一人之功。蓋陳、陸諸公雖素秉忠赤，而非太傅以宿將重兵握其樞，則其事不可集。顧太傅之所以鼓三軍之氣，而扶九鼎之絲者，莫過於巾子山之一磔，能使爝火重照，死灰復然。當是時，趙孟傳以宗室子舉慶元，獻册籍，句餘城郭，黯然無色，豈知金鼇背上，尚有人焉，大聲一呼，白虹貫日。是丹山赤水所以洒辱，而二王一綫得延之自也。

而袁清容纂延祐志，以其父爲元之降臣，於太傅之遺蹤略焉，至今未有及之者，謬矣。嗚呼！國家不能長存而不亡，忠臣志士成者一而敗者九，顧其所以長存而不敗者，此配義與道之氣，塞乎天地之間。太傅之精魂，如行地之水，無所不至。而況匡山宫闕與是山塹寨，尤其神明之所惓惓者乎？予乃與蛟關父老議立祠以祀之，而勒文於石。

巾子山者，與候濤山對，雙闕如門，障蔽洪濤，其下有洗馬池，宋高宗航海時，多葬侍衛軍卒於此者也。其銘曰：

桓桓太傅，來自臨安兮；手礫降人，投之蛟關兮。展轉東甌，逐日維艱兮；侯官一隅，扶墜天兮。踉蹌東港，而淺灣兮；崎嶇謝峽，而磵川兮。沉香千兩，焚厓山兮；平章港口，瓣香殘兮。赤坎之村，埋血殷兮；忠魂騎鯨，任往還兮。時來此間，聞長歎兮。卞彪之骨，化爲老鰥〔校〕黄本作『鰾』。兮；春綱登之，薦豆籩兮。

## 謝高士祠堂碑

四明洞天之勝，自謝高士遺塵著，而山中未有遺塵瓣香之地。南宋時，史丞相直翁歸老湖上，營真隱觀於竹洲，即摹九題之勝於觀中，而請御書『洞天』之額以寵之，乃特立遺塵之祠。遺塵未嘗居湖上，然既摹九題，則祠之亦所不容已者也。四明東七十峯之脈，散布於城外，而實以湖上爲壑，飛泉伏流，俱歸於此，澄波凝碧，遥接蔚藍之山色，以相茹吐，遺塵有知，其亦顧而樂之矣。

顧自真隱觀既圮，而祠亦廢，志乘中皆莫能詳其事，何其漏也，予讀直翁集，始得其概。惟竹洲之歸於先宫詹公，嘗欲復九題之勝而不克。易主之後，遂爲菜園。今竹洲復歸於予，予之力不特不足望直翁，并不足望先宫詹公，而欲以漸振之，乃先爲小屋三間以奉遺塵，蓋祠存而九題之勝可溯也。〔校〕黄本上一句作『蓋聊以存九題之一瓣耳』。

夫遺塵固世外寂寞人也，以直翁之平泉而爲之祠，廣厦高軒，朱簾翠幙，或未必當山澤臞之意。今以予之窮，擷苕蔆，薦昌【校】黄本作『菖』。陽，反足增湖上一佳話也。

予讀宋人張武子、鄭中卿『九題』之作，以及放翁四明洞天詩，皆與直翁唱酬而成，乃湖上之掌故，非真四明山中之景也。近修四明山志者，不加考證，牽連混入，山志載直翁青櫺之作，而又訛其名爲史洸。【校】黄本無此注。山靈貽笑，至今齒冷。嘗欲别輯竹洲真隱觀志，以記湖上洞天之顛末，而未果也，故因祠碣而并及之。

## 聞尚書祠碑

明故吏部尚書聞莊簡公【嚴注】淵。以減廣德湖田之税，湖民德而祀之，其祠蓋與副使陳公之祀，同時而起。嗚呼！湖田之厲起於樓异，甚於仇悆，今湖上尚有樓太師豐惠廟，而悆亦得食於學宫，果爾則聞、陳之祠，不必立也。

尚書生平頗不爲吾鄉士論所重，幾幾與慈水趙尚書並稱，以爲嚴氏之私人，至今雖三尺童子皆能道之。予嘗考之明世廟實録，旁稽野乘，則固有不盡然者。尚書在朝時不能廷争，其咎固無可辭，而謂其阿附屈節如慈水則無之。至實録且言尚書於嚴氏繼【校】黄本作『每』。多齟齬，以此卒去其位，然則尚書特不能挺身與嚴氏抗，而固多不遂其意者，非果俯首其門下者也。而里社流傳，遂多已甚之詞，〔校〕黄本作「辭」。論世者不可無以别白之。同時吾鄉大老，祇張文定公〔嚴注〕張邦奇。與先侍郎可無疑議，屠簡肅〔嚴注〕僑。而下，如東沙，〔嚴注〕張時徹。如東明，〔嚴注〕范欽。皆不能無濡足於嚴氏，以君子守身之義言之，均當引咎無辭，而尚書蒙謗獨甚，其亦不幸也夫。

雖然，尚書之於鄉里，能減徵以舒〔校〕黄本作「紓」。困，以視仇悆之但知加税以媚國而不顧民患者，則天淵矣。西成報蜡，尚書之祀，〔校〕黄本無上二字。當與白鶴諸公同爲湖上篤祜，是不可謂非明德之馨也。

先宫詹當日嘗爲尚書清神道之荒蕪，予之爲此碑也，固不敢有溢詞，然於尚書之定論，竊自以爲得之。

## 旌忠祠碑

〔嚴注〕陳良謨，明末甲申殉難御史，謚恭潔，鄞人。

世祖章皇帝定鼎，褒恤前明甲申殉難文臣十有九人，浙中得其六，而吾鄉陳恭潔公其一也，禮臣遵奉明旨，各建祠於其里，春秋祀祭，特撥地七十畝贍之。於是有司即公之别業舊所稱娑羅園者爲祠，以時夫人祔，而麗牲之石，至今未備。予自髫年拜謁祠下，其後奔走風塵，久未過之。會罷官歸，諸陳多以碑銘見屬，又惡敢辭。

陳氏爲宋元祐黨人文介公裔，衣冠極盛，其最著者，四傳而爲文定公槪，又數傳而爲大儒習菴先生塤，至明而爲漕運侍郎濂，至明亡，而公出焉。甬上世家之盛，所未有也。

公生平顛末已見於明史傳中，予不復述。董户部守諭哭公之詩曰：『惟其不好名，殺身乃獨真。』旨哉言也，不特可以知公投繯之心事，并可以盡公歷官之心事者也。三垣筆記言公自川中反命歸里，將赴京，夜夢摳衣於文山祠下，文山趨而掖之曰：『公乃我輩中人也。』邀之同坐，公不敢當，文山固掖之，醒而以爲異事。時國事已不支，公戒行有日，忽延畫師寫真容，峩冠褒〔校〕黄本作『裒』。衣。客或問之曰：『何匆匆中作此？』公歎曰：『是叱馭而行之日也，生還其可望耶。』蓋公已知廟社之必亡，成仁取義，素定胸中，故志壹動氣，而文山之精爽臨之。其時，同難吳太常公磊齋，亦嘗夢中聞蕺山劉公爲誦文山零丁詩句，卒成先兆。而公則更親接之，是又何須太人按：疑當作『卜』。之占，而後了然哉。

公之遺文，亂後盡失，林高士荔堂求得其滇中草一卷，蓋司理任中所爲也。忠臣固不必以文傳，而滇中之一峰一洞，公品題之殆徧，又何其多情也。今祠中之蔚然而秀者，乃公平日觴咏優游，重之以聖朝之大典，雖橋山碧血，左右龍髯，而枌社所在，豈遽忘情陟降之靈，陳氏子孫其敬之哉。

# 王節愍公祠堂碑

〔嚴注〕明甲申殉難御史，前知縣，附祀其子魯王兵部主事知鄞縣栻。

王節愍公祠祀，舊肖像於荆公重恩閣及天封寺。予謂是以寄公，草草將事也，乃議爲别立祠於湖上，而附以公子駕部之栻。

嗚呼！節愍父子再世死國，世所稀〔校〕黄本作『希』。也。其再世知吾鄞縣而死國，則世尤稀。然節愍之死，褒崇洊至，而駕部之死，則世多諱言之者，愚竊以爲不然。夫死忠一也，節愍死於甲申，則以爲忠而恤之，駕部死於丙戌，寧竟以爲逆而棄之。説者以爲節愍死於闖賊，而聖朝逐賊，即加恩於死節諸公，則駕部之抗命爲過，是又非也。夫所以加恩於異代死節之臣者，以教忠耳。是駕部必不負故國，而後不負其父；必不負其父，而後不負聖朝。蓋節愍得駕部而其被恤愈無媿，然則其附祀也，亦何嫌疑之有。

駕部諱之栻，字瞻卿，節愍公次子也。少隨侍在吾鄉。節愍最愛士，凡鄞人之秀者，咸出入其門，駕部多與之厚。故白下不守，駕部東走來鄞。截江之役，監國令以墨衰任車駕主事，知鄞縣事，其制詞曰：『以汝父之遺愛，望厥子之世忠。』駕部哭而受命。已而見江上事不可爲，辭去入閩，閩人仍令管車駕事，而閩事亦壞，復返鄞。閣部朱公守金華，以檄招駕部，乃爲之練兵於武義。兵敗，入山中謀再舉，被執死之。駕部之在吾鄉，五日京兆耳，然吾鄉以節愍之故，甚愛戴之，聞其死也皆泣下，每祭節愍必以駕部配。其後耆老漸喪，始闕其禮，而并知其事者稀矣。嗚呼！碧梧翠竹，乃與甘棠之愛，並成故國之喬木，節愍之澤爲何如哉！

伏念聖朝之脩明史，自丙戌〔校〕黄本作『丙辰』。以前死者皆得録，則駕部固應登於節愍附傳，又何害於附祀。節愍之事，已備詳於明史，故不紀，但紀駕部事，以補史闕。

## 尚書前浙東兵道同安盧公祠堂碑文

明故兵部尚書督師同安盧公，諱若騰，字牧舟，嘗持節巡守浙東兵備，駐節吾鄉，遷去需次。次年而北都亡，南都命以都御史撫鳳陽，未行，南都又亡。閩中晉獨座，逾年又亡。公飄泊天末，以一旅思維國祚，卒死絶域，天之所廢，莫能興也。

公家閩中之同安，而二十年棲海上，丘園咫尺，掉頭不顧，深入東寧，幾如陳宜中之死暹羅，蔡子英之投漠北。故鄉墳墓且如此，況吾鄉特其幕府所在，能必其魂魄繫之也哉。雖然，忠義之神明，固如地中之水，無往不徹者也。而況吾鄉之遺愛，尤有不可泯者。

公駐寧時，以天下方亂，練兵無虚日。已而有雪竇山賊私署年號，潛謀引東陽作亂之徒，乘機竊發。公不大聲色，授方略於陸太守自嶽而定之。故婺中塗炭，而甬上晏然。其撫循罷民，尤爲篤摯，稍暇則與士子雅歌投壺，論文講業，迄今百年，浙東人思之不能忘，而吾鄉尤甚。初合祀於蔡觀察報恩祠中，尋卜專祠奉之。

方公以思文之命撫軍永嘉，甫至而事勢已瓦解，徘徊鎮下關。嘗浮海至翁洲，因間行入大蘭諸山寨，吾鄉父老壺漿上謁，公垂涕而遣之。及海上之局，同袍澤者吾鄉巨公最盛：閣部則錢公止亭、沈公彤菴，列卿則馮公簟溪、張公蒼水，陳公逋菴，臺省則董公幼安、紀公衷文，皆以中流擊楫之蹤，與公最睦。諸公淪喪殆盡，晚歲獨與蒼水同事最久，嘗見林門有間使至，寄聲問曰：『賀監湖邊棠樹生意，得無盡乎？』然則甬上之爲桐鄉，固公身後之所勿諼也。嗚呼！公膺六纛之任，蓋在國事既去之後，雖丹心耿耿，九死不移，更無可爲，前此一試於吾鄉者，不足展其底蘊也，而已足垂百世之去思。故曰亡國之際不可謂無人也。

明史開局以來，忌諱沉淪，漸無能言公之大節者，聊因祠記而發之。

## 翁洲劉將軍祠堂碑

〔嚴注〕世勛，明魯王安洋將軍，江寧人。

大兵之下江南也，望風而靡，所向幾不血刃。其最難下者，江西之贛州，江南之江陰、涇縣，吾鄉之翁洲，即大兵亦皆以爲出於意外。贛州以楊、萬二督師聯絡諸省援兵，猶足以支久；江陰、涇縣則難矣，然尚與江湖聲息相近也，豈若吾翁洲之彈丸絶島哉。然而殘明一綫，實寄於此，其關係至與厓山等，斯亦奇矣。

翁洲文武死事諸公極多，可考者二十七人，而城守之力，則劉公世勛一人任之爲尤烈。初，大兵之分道下也，定西侯張名振以蛟關天險，數舟扼之即不得渡，故令蕩（吴）〔胡〕伯阮進邀擊於大洋，以將軍城守，而自奉王揚聲擣松江，以牽制之。定西甫去，天忽大霧，大兵乘順風逕渡，無知之者，蕩（吴）〔胡〕急出兵用火攻，而返風竟自爓，大兵遂直抵城下。聖朝之得天，固非人力所能施也。將軍料簡城中步卒尚五千，麾下死士五百，居民助之，乘城而守，屢攻屢卻。八月二十六日，開門詐降，内伏大炮，受降者争先入，伏發，擊殺千人。大兵愈怒急攻，然終不克。先是，城中別將邱元吉、金允彦密約爲内應，顧不得間。二十八日，遂縋而出降，且言將軍嚴守狀，乃再益兵。九月二日，大炮如蝟，城雉盡壞，將軍乃朝服北面望海拜謝自刎。嗚呼！烈矣。翁洲一城之流血以將軍故，而居民至今趨其祠，春蘭秋鞠，禋祀恐後，夫非其精忠之所感歟。

將軍字胤之，南京人也。解褐自右科進士，歷官都督僉事，助防翁洲，累陳雄略，黄斌卿不能用。監國駐師，進安洋將軍。平居好史籍，嫻吟咏，稱儒將云。

# 桓谿全氏祠堂碑文

吾全氏，出自周官泉府之後，以官爲氏。其後，以同音通於全。據國語隗姓之分，亦有潞、洛、泉、余、(滿)〔蒲〕五氏，然全氏之所出非隗也。或曰：全之本姓爲王，漢元后之族屬，以避新都之亂易姓如輔果。或曰：殷王高宗之後爲全。先公考正世譜，謂二説皆無據。

全氏之著名於舊史者，自東漢桂陽太守柔始，其子大司馬錢唐侯琮以勛伐起孫吴，尚主，於是江左戚里，莫如吾家。大司馬兄子衛將軍永平侯尚以王舅，諸子鎮北將軍都亭侯緒以東關破魏功，臨湘侯懌以襲父業，都鄉侯吴以國甥，其餘如端，如翩，如緝，如靖，如禕，如儀，如紀，如熙，皆以侍郎、都尉典兵宿衛。既而孫綝擅政，壽春失援，臨湘與諸弟、諸子入魏；永平誅權臣不克，遇禍，全氏始衰。至劉宋，而光禄大夫孝寧侯景文繼之，至陳而水部郎緩繼之。孝寧以前，多用功業起家，水部始以經術爲易、詩宗，雖七録有吴太史令範亦著風氣、占法諸書，然方技，非儒林也。臨湘之入魏也，諸子弟皆封爵，故河北全氏不下江左。其後高齊有黄門侍郎元起，唐末有雄武節度使中書令師朗，王蜀之勛臣也；又有金州防禦使師郁，仕孟氏，世爲商洛豪宗。舊譜指北史諸泉泉企父子。爲臨湘之後，謂其改姓，不知全氏之由泉而改，非泉氏之由全也。入宋而商洛之族阻兵被夷，而江左全氏復盛。

蓋自吾始祖侍御府君，上溯之至桂陽，其世二十有七。府君諱權，仲衡其字，宋太平興國中進士，累官侍御史，知青州，以其太夫人于氏憂，遂不復出。府君之父中書令大賢，吴越時掌國政，至是尚存。府君奉父由錢唐遷居鄞之桓谿，娶相氏，生二子，長鼎，次俎。而鼎爲明州學録，故府君來鄞。其卒也，葬於溪上之沙渚。其時，府君弟興，亦遷越之東浦，無子，以俎爲後。越六世，爲宋理宗之母家，追封曾祖以下，則有若太保唐公安民。唐公子爲太傅越王份；越王子爲太師申王大中、太師徐公大節。徐公即宋史所稱『保長』者也。申王子爲太師和王昭孫，是爲度宗元舅；徐公子爲少傅節度使周公純夫、少師節度使清夫。和王子爲太尉參政允堅；周公子爲太府卿槐卿。而福王之妃，亦出於全。其時推恩諸眷，溯源自鄞，大賚官爵，而吾桓谿諸祖，不欲攀外戚之寵以邀恩澤，相約不出，有司高之，乃署其居旁之碶曰『鵲巢』以表焉。〔校〕黄本作『之』。是後，桓谿族姓分爲八派：曰前宅、後宅、東宅、西宅、中宅、田宅，皆府君第五世孫琚之後也；曰南宅、北宅，皆府君第五世孫禮之後也。其既於今，歷年八百有餘，孫枝二十四葉，而溪上之居未散，代有顯者。吾鄉言世家者，未有若此之永者也，府君之明德遠矣。

祖望考唐、宋之制，世家巨室，皆許立祖廟於京師，今則無矣。而宗祠之禮，則所以維四世之服之窮，五世之姓之殺，六世之屬之竭，昭穆雖遠，猶不至視若路人者，宗祠之力也。吾家宗祠，累修累圮，乾隆戊午重擇地於沙渚而建焉。自府君以後，八世而八宅始分，故自八世以前曁八宅之别子，皆列於祠，昭一本也。其後則不能盡登，但以賢而有德、貴而有爵、才而有文者列之。其有爵而無行，或玷其宗者不豫。

嗚呼！導山有脈，導水有源，吾宗人其講求敦睦之行，交〔校〕黄本無此字。相勉以亢宗也，則府君之所厚望哉。

## 東浦全氏祠堂碑文

會稽東浦全氏，吾鄞之小宗也。全氏自大司馬以後，世居錢唐，給事中孝寧侯顯於宋，水部郎名於陳，唐世頗不甚顯，而中書令府君枋政吴越，中書之子侍御府君仕於宋，與其弟卜居會稽浴龍橋旁。已而以其長〔校〕黄本無此字。子爲明州學録，來鄞，遂家桓溪。其弟無子，府君以次子爲之後，故東浦一支，亦府君之裔孫也。七傳爲太保唐公安民，八傳爲太傅越王份，九傳爲太師申王大中、太師徐公大節，特進大聲。徐公即宋史所稱『保長』者也。申王子爲太師和王昭孫，徐公子爲少師周公純夫、少師節使清夫。和王子爲太尉參政允堅；周公子爲太府卿槐卿。是時理宗之母，度宗之后，福王之妃，皆出全氏。而申王再從子泉翁以詩鳴，爲月泉社中巨子，宋亡後，節尤高。當是時，桓溪之全不顯，而東浦貴盛無比。有明以來稍覺衰謝，萬曆中副使府君始登監司，而其餘不過以明經著而已。

雖然，吾於東浦之宗，以爲將來必有達者，流慶其未艾也。徐公之於穆陵戚畹姑所不論，以潛藩之功言之，非徐公不至此。當時食擁戴之報者，史氏兩宰相，一執政，其姻宣繒、袁韶皆以此登兩府；次之爲鄭氏，次之爲余氏，莫不專權秉國。以吾全氏之力，若有意於此，豈出諸家之下，而竟無有。其自周公以上，皆身後追贈者。度宗在東宮册妃，節使府君主昏，尚以待制守寧國，其後仁安皇后會禮推恩，始加節鉞，而端明陳公猶言太驟，節使即累疏乞休。迨參政之入東府，則國事已去，豈非循分畏天，克守滿盈者乎？蓋穆陵之得國以吾全氏，而其亡國以賈氏，相對而觀，則戚畹之所關者，亦可見矣。今子孫雖隱約，而詩書之澤未艾，家法整然，消息菀枯，其有時也。

乾隆己未，宗人修治祠宇，而請文於予，予乃爲述祖德以勉之。

# 鮚埼亭集外編卷十五

## 雜碑銘

### 萬金湖銘

甬東七十二溪之水，會於橫溪，而以其洩入江流也，豬之爲湖，其名曰萬金湖，亦曰錢湖，言其利之重也；其支則有所謂南湖、滄湖、梅湖之屬；唐人謂之西湖，宋人謂之東湖，說者以爲前此縣治置於江東則西之，其後遷於江西則東之。然觀厚齋先生四明七觀：唐有西湖，爰在東郊。湖姓以錢，亦處東鄙。其稱西湖溉田五百頃，東湖溉田五千四百頃，則似原分東西二湖者。湖勢東高而西下，其水皆自東而西，或者西湖先成，東湖後闢，其究混而一之歟？石塘周回八十餘里，有七隄焉，有四牐焉，浥注阡陌，直至定海崇邱鄉而止，蓋四明東道一巨浸也，李、陸二公之德遠矣。

特湖爲隄牐所限，蓴、菰、菱、芡、蓮、葑之流雜生其間，滋蔓不除則漸淤。宋慶曆七年，王荆公嘗浚之。治平初元，主簿吕獻之重新諸隄，其時尚未聞葑泥之患。乾道五年張津乞開湖中瀦水灌田，則湖流尚有餘也。是後，始日以葑泥爲患。淳熙四年，魏王愷以鄞令姚枱之請大浚之，而不得其道，去葑泥無尺許，復積於山間之隈。當時，雖平望渺茫，若已奏功者。未久，葑泥又瀉注於湖中，堙塞如故。於是有爲買葑之策，欲運諸海者，亦不果。嘉定七年，提刑程覃攝守，置田千畝收租，欲歲募人浚之，且請禁陂塘之侵占種植，盡復舊址，朝議許之。程未及成功而去，有司奉行不虔，田租浸移他用，湖又廢。

寶慶二年，尚書胡榘來守，又大浚之。以孟冬命水軍番上迭休，且募鄞、定七鄉之食水利者助役，各給券食，祁寒暫輟，明春役〔校〕黄本作『復』。再舉，農不妨耕，軍不妨閲，農軍所不暇赴，則以漁户畢之。是冬告成，天子璽書褒功有差，猶懼其無以繼也，增置田，使歲貯穀三千，令翔鳳鄉長主之，以漁户五百人分主四隅，人給穀六石，沿湖稽察，隨芟菰之生，而絶其種。管隅者一人，管隊者二十人，皆轄之府，而以鄞縣丞董司之，朝議皆報可。於是立煙波館、天鏡亭於陶公山，守牧亦時往遊豫焉。是時，湖上稱大治。

胡之後，不浚湖者十六年，葑復爲患。淳祐二年，陳塏始行買葑之策，不調農，不撥軍，隨舟之大小多寡而售之，交葑給錢，各有司存。其初不過數百，已而至者千餘。前此淘湖之田所收，率以佐郡宰别項支遣，至此，方盡於湖用之。鄭清之作詩以美其事。或曰買葑始于程覃，未知所據。〔校〕黄本無此注。蓋自程提刑而後，三大吏皆實心水利之政，不徒以一時之計塞責，足以配食李、陸二公而無媿。雖胡制使生平不爲清議所許，指爲二史之私人，然其盡心於是湖，則固不可以其人廢也。

自元時，以買葑田入官，于是淘湖之舉稀〔校〕黄本作『希』。矣。大德間，勢家有以湖爲淺淀，請以捺田若干入官租者，營田都水分司拒之，復清爲湖。清容紀之志中，以爲塞湖之漸。時拘七鄉食利之家，責以去葑，其所行大都如魏王時，旋去旋生。至順中，宣慰太平謀復置田買葑，然不果，而鄞尉王世英之治湖，則有勞焉。至正中，重修嘉澤廟，有濯靈之異，葑泥向春不泛，荷芡俱鮮生者。總管王元恭喜而紀之志中，然亦憂其不足恃，而戒後人以善治之。

明洪武初，又浚之，其弊如大德，而據爲田者竟不下數千。宣德間，下水王士華以參政家居，開田甚多，七鄉之民訟之，稍阻。正德、嘉靖中，衛軍累請以爲屯田，一則郡守寇天敘拒之，再則縣令黄仁山拒之，蓋湖之危而僅免者屢焉。至嘉靖以後，而又一變。先是，湖民之薙葑也，以爲無用，故多積之山隈，欲運之海，則勞費甚侈。其後知其可以糞田，故争自薙之，而勢家竟私徵其税。於是有司聞之，遂欲分其利，勢家得其大半，以其羡餘歸有司，其實未嘗申之憲府。先侍郎自官歸，有山莊在湖上，因得聞其害，以語監司而禁之。萬曆中，有司復私取之，先宮詹自官歸，復清之。二事見先侍郎崇祀鄉校行略、先宮詹墓志。〔校〕黄本無注。蓋是時湖民之得稍甦者，吾家再世之功爲多。天啓元年，復有投牒有司請收葑税者。鄞令沈猶龍以爲葑税出，則薙葑者少，而湖日淤，乃大禁之，苟有私徵者必治，於是税乃止。

截江之役，兵餉不足，搜山括海以厲民，大將武寧侯王之仁力請塞湖，户部董守諭以死争之得免。向使之仁策行，江師旋破，無補於軍賦，而湖隄一决，不可復修，其害大矣。然而據湖爲田者日多。

順治中，故觀察陸宇熸復言之，申明厲禁。嗣是亦屢有謀塞湖者。當事頗知其妄，不之許。嗚呼！城西之罌湖，〔校〕黄本作『嬰湖』。蓋久塞矣，然猶可望它山之水，自仲夏以救之。若是湖，則何望乎？徒謂湖之可田，而不知將并舊有之田而失穫也。

近者淤泥日積，湖身日高，足以注三河者，且給一河而不足，不肖之徒，尚私洩諸閘以取魚，殆將不塞而自滿，可無懼乎？説者欲大浚之，取淤泥以爲隄，固之以石，或自月波山接二靈山，其廣八百丈有餘，若自邵家山跨楊山則稍近易成，搴不至復注湖中矣，而未有能行之者。是爲銘曰：

湖山兀兀，湖雲溶溶，美哉保嘉澤，以祐我甬東。誰其尸祝，李、陸是宗。亦有三大吏，嗣克奮庸。有元收田，貽厲莫窮；有明黄、沈，廓清而疏通。廷争息壤，先公所同。危而得存，哀哉此疲農。前此衛湖，買田治葑。胡後之人，欲塞湖爲功？三犀未立，雙鵠是恫。遺民惟董、陸，惓惓苦衷。吁嗟民牧，尚惜哀鴻。築隄固隝，先喆有遺蹤。重湖可保，佇卜屢豐。莫師樓异，有靦我祠宫。

# 小江湖梅梁銘

小江湖堰下「梅梁」，其傳不一，而皆未可信。舊志曰：「大梅山者，漢梅子真舊隱也。昔有大梅生山中，吴大帝伐之，其上則爲會稽禹祠之梁，其下則爲它山堰梁。禹祠之梁，張僧繇圖龍於其上，夜或風雨，飛入鏡湖與龍鬭，後人見梁上淋漓沾濕，萍藻繞之，始大駭，〔校〕黄本作「駴」。乃以鐵絙鎖于柱，遂不復出。秦淮海詩「一代衣冠埋窆石，千年風雨鎖梅梁」是也。它山之梁，長踰三丈，去岸亦數丈，横浸堰址，暴流衝激，儼然不動，歲久不朽。或有刀墜而誤傷之者，流血殷然不止，潮過，則見其脊有草一叢生於上，四時常青，居民呼爲「斷水梁」，又名「梅龍」。二梁之餘，飛入定海，横亘江北，是爲「梅墟」。」

予家舊在溪上，去梁〔校〕黄本作「堰」。不過數里，歲以展墓必至焉，每望見梁峙水中，如龍昂首，以擎其堰，輒歎息，以爲王長官之神功，高吟嬾堂、攻媿二君之詩以壯之。顧〔校〕黄本下有「子」字。所云鏡湖飛鬭，則既怪矣。近讀黄南山集則曰：「吾鄞芝山之梅冠天下，虬枝屈鐵，蒼蘚剥鱗，花疏蘂細，實脆核圓，相傳猶漢種。孤山之梅以和靖顯，不知芝山之過之也。它山堰梁即是山所出。」南山醇儒，其言當有據，然而前人未有及之，何也？及見宋魏峴它山水利備覽則云：「相傳立堰之時，深山絶壑，極大之木，人力所不能致者，皆因水漲乘流而至，以爲冥助。」然則所謂「梅梁」，蓋本不知其所自，後人從而神之，遂有若舊志所云。是乃水經注中詭謬習語，而南山之言亦但出於傳聞之口也。吾聞宋神宗時，河決澶州曹村，勢且逼京師，程純公帥廂卒，欲以身捍之，忽有大木沖流而下，純公顧謂衆曰：『苟得是木横流入口，吾事濟矣。』語畢，木應聲至，衆以爲至誠所感。然則長官之梅梁，長官之深仁所致也，不此之頌，而援怪誕之文以爲故事，志乘之陋甚矣。

嗟乎，年運而往，大梅山中護聖寺所謂梅熟堂者，今已不可復問，不特古木之無稽也。而光同鄉芝山之梅，亦更無一枝片葉存於世間，獨長官之明德所護，巋然無恙。吾鄞西南隅之民，水耕火耨，不爲甬江之潮汐所困，惟此梁爲砥柱，詎不偉歟。

從來大木之以堅久名者，曰梓，曰柏，曰栗，曰杉，曰楩楠，不聞其以梅，嘻，亦異矣哉。乃爲之勒石於雲濤觀前，而繫以銘曰：

是本真龍，天吴所伏。何須畫龍，玄黄相觸。洞天潭潭，〔校〕黄本作『潭水』。一木鎖之。外江内湖，右之左之。

## 大寶泉銘

慈谿縣西二里有大寶山，山麓有泉，色清而味甘，楊文元公私淑高弟趙氏〔嚴注〕趙偕。明尚書文華，偕之後人也。講學於此，有元之大儒也，慈令陳文昭北面受業，學者稱爲寶峯先生。嗚呼！是即闞湖之支流，而吾鄉心學之『蒙泉』也。寶峯書院既圮，舊又有寶峰禪寺，亦衰甚，而遊人過其下者遂少。清流潺潺，莫相賞於岑寂之中者，然水味之勝，終不以世之甲乙減也。前輩善論水者，以陸鴻漸、劉伯芻、張又新之好事，亦終不能徧嘗諸水。故濟南之趵突諸泉，衍爲七十二種，以其遠在江北不得預，而中吳鄧尉山下緣墓有七寶泉，不爲甚僻之地，直至倪雲林而著，則甚矣遺佚之多也。

吾鄉以二百八十峯之水，灌輸涽布，其最著者爲它山泉、雪竇山之瀑泉、化安山泉，皆稱絶品。大寶所出，不若三泉之壯闊，而色味則無減焉。雖然，是特以風流之結習爲之標置。要之，是泉當以寶峰先生重耳。予門下董生秉縕〔校〕黄本作『純』。遊此歸，爲予述泉味之甘，而惜世之無知之者也。予乃告以顛末，而復爲之銘，其詞曰：

寶峰兀兀，寶泉泠泠。風於峰，爽可挹；浴於泉，清可馨。行有尚，維心亨。講堂雖杳，帶草猶青。汲新水，戒羸瓶；師先喆，勖後生。

## 吴丞相水則碑陰〔嚴注〕潛。

吴潛記略曰：『四明郡阻山控海，自高而卑，水納於海，則田無所灌注。於是限以碶閘，水溢則啓，涸則閉。

其啓閉之則，曰「平水」，往往以入水三尺爲平。夫地形在水之下者，不能皆平。水而在地之上者，未嘗不平。執三尺以平水，水無不平矣。余三年積勞於諸碶，至洪水灣一役，大略盡矣。己未，勸農翠山，自林村由西門泛舟以歸，暇日又自月湖沿竹洲，艤城南，偏度水勢，其平於田塍下者，刻篙誌之，歸而驗諸平橋下，伐石爲準，榜曰「水則」，而大書「平」字於上方，暴雨急漲，水没「平」字，戒吏卒請於郡，亟啓鑰。若四澤適均，水露「平」字，鑰如故。平橋距郡治，巷語可達也。都鄙旱澇之宜，求其平于此而已矣。後之來者，勿替兹哉。」

吾鄉水利，阻山控海，淫潦則山水爲患，潮汐則海水爲患，而其地勢有崇庳，故必資碶閘之屬以司啓閉。由孔内史來，牧守之賢者，人率以治碶閘爲先務。而經畫盡善，靡往不周，莫如宋寶祐丞相判府吴公，其所刱所修，詳載圖志，『水則』乃其最後所立也。

丞相嘗偏度城外水勢，刻篙志之，歸而驗諸城中四明橋下，勒石爲準，榜之，大書『平』字。水苟没字，則亟遣人啓四鄉之閘，不待塘長輩申報以稽時日；不然則仍閉之，而築時亭於橋上，丞相朝夕車騎過之，即見焉。居民因呼四明橋爲平橋，且立廟以志丞相之德。其後，『水則』之旁皆作社學，碑爲屋障不可見，而時亭亦廢，亦無有以此爲意者。蓋自元大德中，都水使者到路，嘗重治之，直至國朝順治中，海道王爾禄求之，則碑已没入瓦礫中，乃爬梳而出之。然時亭左右之屋，卒莫之能撤也。

嗚呼！吾讀丞相碑記，以爲碶閘者，四明水利之命脈；而時其啓閉者，四明碶閘之精神。美哉言乎！夫水利之命脈，即斯民之命脈，而碶閘之精神，乃牧守所注之精神也。今牧守之精神，其與斯民之命脈漠不相關，無惑乎碶閘日荒，而水利日減。

考四明之水則有三：其一，在它山堰旁之迴沙閘；其一，在城東大石碶橋下；皆前守陳塏所爲，陳亦四明牧守之最講水利者也。然其規制不同，迴沙必以石之没水爲準，大石乃以入水三尺爲準，〔校〕黄本作『平』。故丞相不取大石之式，而用迴沙之式。但丞相所立之精，在於盡度城外水勢，而攝其準於城中，不勞遍驗，而足以遥制，斯又陳之所未逮也。

嗚呼！觀丞相江湖諸碶閘，其功偉矣。清容夙有憾於吴氏，蓋以其祖越公爲史氏之私人，丞相曾糾之，故志中於其一切善政，略而不及，反謂江水入餘姚三千里，與四明山水接，更十里，潮已没，舊以堰限之，丞相忌吾鄉公相之多，徙堰於上虞，潮至舊堰不數尺，舟楫蔽沙岸，雖驛舟不可發，以此爲丞相之過。丞相之惓惓吾鄉水利爲何如，方且據形法家之言，開新河以助文運，而乃有是哉？甚矣清容之謬也。

予遊湖上，摩挲『水則』舊碑，丞相記文剥落已盡，乃爲重鐫而附記其陰。清容〔校〕黄本無『清容』以下文字。又言育王浮圖知愚有高行，丞相求序其語録，知愚以爲丞相晚節如病風，不許，丞相怒而杖之。爲斯言者，真顛倒是非如病風，而浮圖之妄，亦可知矣。因序『水則』事而并及之。

# 桓溪舊宅碑文

予先世家桓溪之上，故搜索溪上文獻最詳。嘗謂鄞之山水，自四明洞天四面有二百八十峯，其在鄞者居多，然莫如溪上之秀。舒龍圖嘗以慈溪、桓溪、藍溪稱爲『三溪』。予謂鼎足之中，當推桓溪者，以本色也。

句章城址邈矣，溪上之山，其脈甚遠，溯自四明山心之杖錫〔校〕黄本『杖』作『長』。迤邐而出，大小皎之幽深，石臼之清奇，天井之閒静，響巖之明瑟，或起或伏，穹穹窿窿，其中藥爐茶竈，瓊枝玉木，雞犬俱别，不可名狀。溪上之水，發源四明山中，及放乎蘭浦而下，它泉汩汩，一碧如洗，蕙江環其背，春深而緑陰夾岸，秋老而絳葉滿沚，千篙競發，縮項之鯿，時出丙穴，雖山陰道上之泉，不足比美。句餘靈淑之所薈萃也。

而吾鄞諸叟之卜築其間者，亦於此最多，故遊人遷客亦最盛：自唐賀祕書爲開荒詩老，其高尚澤今尚存；宋豐清敏公，則蕙江其故居也；陳尚書以忤蔡京歸，於密巖結冥菴；南渡而後，魏文節公自焦山來，築碧溪菴於石臼，爲觴咏地；而張監軍良臣自大梁來，亦卜居焉，三徑密邇。其時文節東閣之客，甲於江東：王季彝之詩，白玉蟾之仙，柴張甫之俠，張甫名厓，見剡源集。葛天民之誕，皆以魏、張之友來溪上，又未幾時而樓宣獻公別業在焉。宣少師之別業亦在溪上，而鄉里以其人不甚重，故弗稱。咸、淳間，安祕丞劉以忤賈似道亦居溪上，日賦詩。而王尚書深寧園亭多在城東，其溪上小園，則晚年所爲也。東發黃先生亦別署杖錫山居士，〔校〕黃本「杖」作「長」。其寓溪上最久。清容謂溪上盛時，碧瓦朱甍，翬聳鱗比，望之如神仙居。嗚呼盛矣！

予家先世文詞之學，實自義田宗老六公發之，其時正及接樓、王諸叟之風采，至今取所傳家集讀之，雖所造深淺不同，然莫不循循有前輩師法。夫山川之秀，必賴人物以發之，不然則亦寂寥拂抑而不自得。以溪上之山川如此，人物如此，數百年以來，忽變而爲樵童牧叟荒江野燒之場，流風遺韻澌滅殆盡，欲求當日諸老蹤跡不可得，豈不惜夫。

予自放廢以來，復從宗人求一隙地，築室其間，思爲溪上田父，以充聖世之幸民。因念漢宣城〔校〕黃本「宣」作「宜」。太山有廟，多名士集其中，荆州刺史爲立冠蓋里碑；唐之衡陽有儒林文學碑以志其一州人物。今吾溪上之盛，實無忝焉，乃爲文勒石，樹之舊宅之旁，後生晚輩不及見前哲之風流，得此碑，猶可追溯而想見之也。

# 先侍郎笏銘

〔嚴注〕全元立。

吾家自明季喪亂以來，累世之圖章法物，喪失殆盡，獨先侍郎尚留一牙笏，曾王父而降，珍之以爲宗器。嗚呼！是鄭公甘棠之遺也。先侍郎事永陵，風節卓絶。適有詔入直西内草玄，侍郎以爲不可，乃遜詞以母老，願南還侍養。時同里袁文榮公應徙南院，聞侍郎之有此請也，亟祈要人願得入直。侍郎即代之南，而文榮從此馴致大位。

予考當時翰詹諸臣，鮮有不以青詞進者，但得入直，宫袍一品，立致要津，至南院則左遷也。桂洲以侍西苑得宰相，垂老不肯戴道冠，遂爲分宜所擠；新鄭屬華亭求撰文不得，既登揆席，因修怨焉。薦紳先生幾莫能自重者。其時有陽明〔校〕黄本無此二字。講學高弟，尚不能辭此席，特稍於其中寓諷諫，而時論已難之。南充陳文端公以卻桂洲代草青詞之舉，見重一時，則先侍郎之甘心於遠出而皭然不滓，足與日月争光也已。荆石作墓志，略敘其事，而明史失之。嗚呼！宋孫威敏公不讀温成册，元吴文正公不撰佛經序，史家皆以爲大節，誠以先侍郎視之，其何歉焉。

嘗觀宋、元以前史臣，多能闡人之生平，苟有可傳，必從而紀之。後世之人劣於古，而史又多所失落，豈好善者稀歟？晚年去位，時相蓋以爲椒山之黨也。夫不媚天子，其肯媚權門乎哉？吾聞笏之爲言忽也，古人所以書思而對命也，有所受於君則記之，有所指畫於君則用之。當時侍從諸公，寧有都俞之名言，要不過齋宫之謬語，依樣葫蘆，其登之魚須手版，適足爲辱，則夫先侍郎之笏，真中流之一壺矣。乃爲之銘曰：

嗟我孫子，惟先人是似。莫以躁進，而佞鮀貽剌。不見白雪，超然塵滓。縱復投閒，吾道自充。其究伊何？不過不作公。試看遺笏，有光熊熊。

## 第九洞天私印銘

圖經七十二福地稱爲『三十六洞天』。又别有『十大洞天』之目，而四明山居第九。四明二百八十峰稱『洞天』者又有三焉：慈溪則大隱也，奉化則黎洲也，姚江則茭湖也；可謂盛矣。然此特以神仙所居言之，至若標舉清勝，則以皮、陸所咏之『九題』著，而其爲皮、陸所不盡者，蓋非屐齒所能窮也。史忠定王爲諸生，嘗入雪竇，穿杖錫，求所謂『洞天』者，不可得。既貴，退居湖上之竹洲，乃摹『洞天』之『九題』於湖上，累石穿雲而成之。孝皇御書『洞天』之額以榜焉，即所稱真隱道觀者也。忠定賦之最多。其時放翁輩所作『洞天』詩，皆指竹洲，於是城中亦有『洞天』之名。

先侍郎之投老也，心慕鹿亭、樊榭之勝，嘗築雙韭山房於大雷，蓋四明東七十峰之門户也，故以花乳石鐫私印曰『第九洞天學者』，稱爲『九山先生』。侍郎下世，是印歸於先宮詹之手，是時真隱遺址適爲宮詹所得，即所稱『平淡齋』者也。於是復題其闕曰『洞天行館』，蓋遠取忠定之遺，而近即以接侍郎之志，故是印也，宮詹尤珍惜焉。桑海之時雲擾，吾甲第圖籍，蕩爲冷風寒煙，所謂『雙韭山房』、『平淡齋』者，俱歸宿莽，而是印亦不知流落何所。

康熙戊戌，予初爲諸生，鄞之學宫有鋤地者，忽得石印一，銅印一，其石者即先侍郎之章；其銅者，農丈人余公之章也。土花斕斑，以其沈埋之久也，倍增古色，予乃購而得之。嗟乎！墮海之琴復還，是亦遭遇之奇也。

予讀四明諸志乘，其於『三洞天』之名不能舉其本末，至於『九題』之地，亦未深覈，而忠定之『洞天』則竟略焉。談桑梓之舊聞者，不可謂無過，故因私印之歸，而爲之及其大略，以見是片石者，蓋不得僅以先人之手澤目之，而四明洞府之地望繫焉，湖上之故事存焉，詎不爲吾家之宗器也歟。城東大嵩石，亦印材也，乃取以爲是印之匣，而勒以銘，其詞曰：

片石之稜稜，四明山骨之所凴。歷劫歸來，以尋舊盟。寶兹世守，足比連城。

# 諸葛氏義門銘

乾隆丙辰，有叩吾門晉謁者，閱其刺，紹興菁江諸葛生也。詢其系，明大理卿浩之族孫也；細問其家，六世同居之義門也。予歎曰：當今世而尚有此古道哉。三代之世，先王有大小宗之法，以維繫卿士大夫之族姓；降而士農工商，亦大率使之羣萃而居，其牖民於忠厚之途，方且爲睦婣任恤之教，使之推廣於戚里之間，而其本支無論也。然而考之於禮，亦祇大功之兄弟爲同財，而大功以下聽之。先王豈不欲天下之人，世世共其資業，皞皞然遊於吉凶同患之天，而泯其有無之跡，而乃僅僅以三世限之。況三代之民本無甚富甚貧之別，又非若近世之枯菀判然也。不知世數漸遠，丁口之多寡，不能盡同；性情之參錯，又難畫一，雖欲强爲維繫於其間，而勢有所不能。五倫之屬，父子兄弟以天合，夫婦以人合。而非夫婦則生育之功不成，故雖以人合，而天合者實由之出。然其由合而離，亦唯夫婦之私爲之厲。至於溺房闈之言，疏友恭之誼，天合之愛，不勝夫人合之昵，可爲長太息者也。秦、漢而降，世教日漓，民散於下，已非一日，而其中容有自拔於薄俗之表，能挽頹風於日下之流，至十世、八世、六世同居而不散者，有司必以上聞，天子必加殊獎，蓋此乃三代之時所不可多得者，而於近世得之，詎不爲朝陽之鳳哉？

今諸葛氏之同居也，一門百口，胥受裁於家督，問其田不過三百畝，百口之糧粗足耳。問其貲不滿千金，雖生息不足以給百口之用。而尤難者，其中東、西二眷：東眷孤寡之後，丁口不滿二十，而西眷生聚之繁，直居其十之八，乃能不以盈縮爲辭。且其中有讀者，有耕者，有貿易者。讀者有膏油脩脯之需，非若耕與貿易者之多所入，乃能不以勞逸爲辭。至於內室無私置之廚竈，娣姒先後無私蓄之衣釵，總以均齊養其沖和之氣。嗚呼！此近世之休祥也。國家定鼎百年，史册所書，尚未有若此者，吾不曉有司何以不爲上聞，使天子不得褒崇之以勵世，則亦令典之一闕矣。

雖然，同居而至六世，可謂難矣。吾更願諸葛氏子弟世世聽聽祖考之彝訓，恪守高曾之規矩，愈永其傳，則愈爲國家之瑞。昔者壽張張氏至勤天子之駕過之，而江州陳氏逢歲饑，天子輸之粟。然此猶人世之寵也。鄞之薛氏有『瑞室』在張村，累遭大火不災，則天且佑之。是以潛溪爲浦陽鄭氏作志銘，按其代而稱之曰『故義門鄭氏第幾世某公墓文』，可謂榮矣。夫歷世漸遠，必有成書，使子弟得以遵行之者，而後可久。故陳氏有家法，青田陸氏有家制，鄭氏有家範，其中有禮有樂，有賞有罰，一門之內而王道具焉。是亦爲政，奚其爲爲政。諸葛氏之耆老，其及今勒爲書，以示後弗怠也。吾浙東世家，鄭氏至今猶稱繁富，然吾每見有從浦陽來者，輒問鄭氏近日子弟若何？而人多言其子弟漸以失教，有好博奕者，有好争訟者，不特不能守先世同居之睦，抑且家聲日剥，爲之悵然。天下盛極必有衰，鄭氏自宋而元而明，以既〔校〕黄本作『暨』。於今，其衰亦非人力之所能禁，獨其家法之陵夷，爲可惜耳。吾願諸葛氏子弟其慎保之，異日天子旌閭，復役使史臣筆之，以爲吾浙東之光，是之謂祥麟，是之謂威鳳，是之謂甘露醴泉，神芝朱草，不可以自褻也。更爲之銘，銘曰：

在昔諸葛氏兄弟，分三國而嫌疑不生；誰調護之，惟忠節之至，可以通神明。於今諸葛氏兄弟，合百口而乖離不生；誰爲和齊之，惟孝弟之至，可以通神明。吁嗟諸葛氏，尚其善守成，上以邀國寵，下以振家聲。

# 鮚埼亭集外編卷十六

## 記一

### 慶曆五先生書院記

有宋真、仁二宗之際,儒林之草昧也。當時濂、洛之徒方萌芽而未出,而睢陽戚氏〔嚴注〕同文。在宋,泰山孫氏〔嚴注〕復。在齊,安定胡氏〔嚴注〕瑗。在吳,相與講明正學,自拔於塵俗之中。亦會值賢者在朝:安陽韓忠獻公、高平范文正公、樂安歐陽文忠公,皆卓然有見於道之大概,左提右挈。於是學校遍於四方,師儒之道以立,而李挺之、邵古叟輩,共以經術和之,説者以爲濂、洛之前茅也。然此乃跨州連郡而後得此數人者以爲師表,其亦難矣。而吾鄉楊、杜五先生者,〔嚴注〕五先生:大隱楊適、石臺杜醇、西湖樓郁、鄞江王致、桃源王説。説乃致之姪。駢集於百里之間,可不謂極盛歟。

夷考五先生皆隱約草廬，不求聞達，而一時牧守來浙者，如范文正公、孫威敏公〔嚴注〕沔。皆摳衣請見，惟恐失之。最親近者則王文公〔嚴注〕安石。乃若陳、執中。賈昌朝。二相，非能推賢下士者也，而亦知以五先生爲重。文公新法之行，大隱、石臺、鄞江已逝，西湖、桃源尚存，而不肯一出以就功名之會，年望彌高，陶成倍廣，數十年以後，吾鄉遂稱鄒、魯，邱、樊緼褐，化爲紳纓，其功爲何如哉。

五先生之著述不傳於今，故其微言亦闕。雖然，排奸詆奄，讜論廩廩，〔校〕黄本作『凜凜』。豐清敏之勁節也；急流勇退，葉月蘋風，周銀青之孤標也；再世蘭芽，陔南弗替，史冀公父子之純孝也；史冀公簡爲鄞江先生高弟，事母最孝，實開越公之先。或謂其作吏用杖者，舊志之謬也。越公爲西湖先生高弟，再世與豐清敏公同門。嬰兒樂育，以姓爲字，陳將樂、俞順昌之深仁也；陳摅、俞緯，其歷官之事略同，四明七觀載俞而遺陳，蓋漏也。殺虎之威同于驅鱷，姚夔州之異政也；于公治獄，民自不冤，袁光禄之神明也；一編麟經，以紹絶學，汪正奉之豐濇也；汪正奉春秋實與孫明復齊名，容齋稱其豐濇不施，而近志妄謂其官閣學。『金橘不知蕭然詩』，葉望春先生之清貧也。即以有負門牆如舒信道者，其人不足稱，而文辭終屬甬上名筆，則五先生之淵源可知矣。嗟乎！豈特一時之盛哉。

故國綿綿，凡周之士，奕世衣冠人物，歷久不替。終宋之代〔校〕黄本作『世』。如樓，如黄，如豐，如陳，如袁，如汪，其出而揞拄吾鄉者，必此數家高曾之規矩，燕及孫子，然後知君子之澤，雖十世而未艾也。

五先生之講堂皆已不存，即鄞江、桃源二席，亦非舊址。予乃爲别卜地於湖上，而合署之。睢陽學統，至近日而湯文正公發其光，則夫薪火之傳，幸勿以世遠而替哉。

## 大函焦先生書院記〔嚴注〕瑗。

二程倡道洛中，浙人惟永嘉九先生得登堂，而餘皆私淑也。吾鄉則高憲敏公、童持之、趙庇民皆在太學，侍楊氏，洛學之來甬上自此始，暨南渡而山東焦先生以避地至，亦伊川門下也。憲敏輩以其所得共證明之，其所言多與楊氏合，於是日益請業，而吾鄉之洛學遂日盛。蓋嘗讀史忠定王集，言先生以布衣入錢唐，聲稱滿朝，丞相趙豐公方振洛學，已起用和靖，漢上諸老欲薦先生，力辭不可，豐公至尊禮之。

已而先生來寓大函之麓，居人頗藉藉道先生家居必修容，雖見妻子不少惰，出與物接，動必中禮，後生輩多遠之，而習爲夷居之流者，甚且非笑之，而先生不顧也。已而漸有從之者，望之儼然，即之温然，則已心折；及詳叩其議論，則有大過人者，始皆願附講席，而信豐公之譽爲不虚。及先生殁，而弟子遵其禮法如先生無恙時，雖極貴顯者，其容止莊敬，衣冠端嚴，人之見之，不問皆知其爲先生弟子也。

吾聞沈簽判公兄弟，先生之高弟也，其事先生，終日拱立，不以其學成有假借。先生之喪，心制三年無失禮。及簽判爲後進師，造次必稽孔、孟之言，是是非非，無所曲從，風裁甚峻，諸生畏而服之，蓋皆得之先生之教。而諸生奉簽判亦一如其所以事先生者，於是甬上之人，益知以尊師爲先務。而簽判之子端憲，卒爲大儒。

嗚呼！先生不應弓車之辟，投閒海澨，躬行實踐，亦不輕著書以啓争端，斯真所謂有道君子，皜皜乎其不可尚矣。然考朱子所紀程門學者，雖以無所表見如唐、謝輩，莫不存其姓氏，而先生獨闕焉。甚至吾鄉志乘，亦不知寓賢中有是人也。豈識椎輪爲大輅之始，甬上乾、淳之盛，孰非先生所首導哉？

吾觀大函之墟，其山嶒崊以秀，其水清越以長，固應爲高人所託足。自予得先生講堂，重爲修治，而學統攸歸，不得僅以遺世之洞天目之，而又東爲同谷，習菴、深寧、東發三公之精舍也，前有輝後有光矣。

焦先生名瑗，公路其字。

## 長春書院記

楊文靖公【嚴注】時。之在太學，吾鄉士人從之者多，而高氏兄弟五人與焉。所造之大，禮部侍郎、少師憲敏公【嚴注】閎。其渠也。吾讀憲敏春秋集注，其發明聖人褒貶義例，遠過於胡文定公。至今説春秋者以爲大宗，其所集厚終禮，則朱子多采用之。

是時有蔣處士季莊者〔嚴注〕蔣季莊之事見容齋三筆第六卷。隱居慈水，力排王氏新學，獨窮遺經，不入城市。憲敏每積所疑如干條，則造訪之。季莊不輕與人相接，聞憲敏至，倒屣迎之，小廬促膝，竟夕不倦。憲敏告辭，則季莊送之數里而遥，論者交重之。是時秦氏當國，思陵臨太學，憲敏講易之泰，五峰疑焉，貽書非之。及秦梓守明州，求婚於憲敏不得，卒以見忤罷官，五峰始釋然。蓋大儒之砥礪名節，一步不苟，而憲敏之無媿良友，即其所以得統師門者也。

吾鄉學派導源慶曆諸公，至於伊、洛世系，則必自憲敏始。而憲敏爲司業，其時王氏之學雖替，然尚有如陳公輔輩，未能盡絶。憲敏以其師説，日與諸生發明之，其有功於伊、洛，尤爲不淺。

高氏家居湖上，其去長春門不半里，故書院以之爲名。至宋末，而高氏子孫以爲功德道場，諸志中所稱長春觀者是也。〔校〕黄本作『已』。及高氏子孫散處，無復居湖上者，觀又改而爲菴，佛火經幢，比丘相對，曾謂以憲敏之講堂，乃至於此！

嗟乎！高氏在宋世，衣冠最盛，疏寮之詩筆，竹墅之圖畫，至今皆有傳者。然此特風流之鼓吹，尚在可有可無之列，憲敏之力肩正學，百世之師也。顧聽其蕪穢不治，則何忍矣。乃與同學諸公議，仍改爲書院，以奉憲敏之祀，而配之以季莊，庶幾諸生得爲講業之地焉。

# 竹洲三先生書院記

竹洲在鄞西湖之南，蓋十洲之一。三先生者，沈端憲公〔嚴注〕煥。暨其弟徵君季文〔嚴注〕炳。參之以金華吕忠公〔嚴注〕祖儉。也。史忠定王歸老，御賜竹洲一曲，壽皇爲書『四明洞天』之闕以題之，即所稱真隱觀者也。忠定最與端憲厚，故割宅以居之。而徵君亦授徒於忠定觀中，於是端憲兄弟並居湖上。其時，忠公方爲吾鄉監倉，昕〔校〕黄本作『朝』。夕與端憲兄弟晤。顧公治在城東，還往爲勞。有船場官王季和者，忠公友也，曰：『是易耳。』乃以場木爲製船，每忠公興至，輒泛棹直抵湖上。端憲從水閣望見之，輒呼徵君曰：『大愚來矣。』相與出竢於岸上，或竟入講堂，討論終日，或同泛湖上。忠公爲詩以紀之，曰：『湖光拍天浮竹洲，隱然一面城之幽。中有高士披素裘，我欲從之恐淹留。探囊百金辦扁舟，又煩我友著意修。微風一動生波頭，飛棹來往倦則休。』是也。

方端憲遊明招山中，〔校〕黄本『明』作『朋』。忠公之兄成公尚無恙，相與極辨古今，以求周覽博考之益。凡世變之推移，治道之體統，聖君賢相之經綸事業，孜孜講〔校〕黄本作『討』。論，日益深廣，期於開物成務而後已。則夫忠公之來，所以商量舊學，而證明新得，當不知其若何，而惜乎無可考也。湖光宛然，斯人之履絢可作，吾將溯洄從之矣。

端憲之父簽判，故程門私淑弟子，端憲則受陸文達公之傳，而徽君師文安。蓋其兄弟分宗二陸，宋史竟以端憲系之文安門下，誤也。端憲尤睦於成公，及其家居，忠公又官於鄞，切磋倍篤，故沈氏之學，實兼得明招一派，而世罕知之者。夫以相府之巍峩，宸奎之焜燿，而後世之流連而不能自已者，乃在於三先生之隱約，是可知良貴之別，有所在也。然忠定能以緑野之堂爲諸賢永朝夕，則書院之長存，即洞天之佳話矣。

先宫詹公之得竹洲也，擬爲端憲築書院而未成，其後竹洲屢易主，而後〔校〕黄本作『復』。歸於予，乃遂事焉而記〔校〕黄本作『祀』。之。

## 城南書院記

城南書院者，袁正獻公之家塾也。『四先生』之講堂：慈湖書院建於宋，文參政本心記之；廣平書院建於元，王尚書深寧記之；正獻之書院亦建於宋，而其記不傳；惟沈端憲公無專塾，明人始爲補立南山書院。五百年以來，三書院雖衰，尚有存者，而城南之址獨圮。予既遍舉先賢故蹟，乃訪其地而復之。

四先生之中，長庚曉日，最光顯於暮年者，文元與正獻也。而文元之教，不如正獻之密，蓋槐堂論學之宗旨，以發明本心爲入門，而非其全力。正獻之言有曰：『學貴自得，心明則本立』，是其入門也；又曰：『深思而得之，兢業而守之』，是其全力也。槐堂弟子多守前〔校〕黄本作『初』。説，以爲究竟，是以稍有所見，即以爲道在是，而一往蹈空，流於狂禪。以文元之齊〔校〕黄本作『齋』。明盛服，非禮不動，豈謂於操持之功有闕，而其教多以明心爲言，蓋有見於當時學者陷溺於功利，沈錮於詞章，極重難返之勢，必以提省爲要，故其説偏重而不自知其疏。豈意諸弟子輩不善用之，反謂其師嘗大悟幾十，小悟幾十，泛濫洋溢，直如異端，而并文元之學而誣之，可爲浩歎者也。使其如正獻之教，寧有是乎。

正獻之奉祠而歸，日從事於著書，或請少間，則曰：『吾以之爲笙鏞管磬，不知其勞。』其答文靖諸子書，惓惓以多識前言往行，豈非與建安之教相脗合乎？且夫有宋以來，大儒林立，其子弟能守其緒言者甚多，而再世並爲大儒，則不概見。蓋前惟武夷胡氏籍溪、致堂、五峯、茆堂，連枝接葉，以大文定之傳。其後惟袁氏，實生正肅，冠冕一時。黄提刑東發最主閩學，至於正肅，以爲晚宋無先之者，則書院之建也，微特非袁氏之學統所得而私，抑豈吾鄉之學統所得私哉。

城南之址，蓋始於慶曆中正議樓公之講堂，當時學者稱爲城南先生。及正議遷居城内西湖，正獻之高祖光禄〔校〕黄本無上四字。以高弟講學其地，遂世居焉。正獻三子，正肅遷居城内鑒橋，〔校〕黄本作『街』。而其餘仍在城南，至今猶有存者。書院既成，即使袁氏後人司之。

# 碧沚楊文元公書院記〔嚴注〕簡。

淳熙四先生，而吾鄞得其三：沈端憲公自其父僉判已遷鄞，楊文元公則鄞産而遷慈者，實與袁正獻公鼎立。四先生之門牆皆極盛，而文元最高年，故道尤廣，學宫中有自署慈湖肆業諸生者。暨其身後，慶元府學尚羣聚焉。

先公嘗欲置書院於鄞，以復當年肄業之盛，且以志文元發祥之地。初擬在三江之口，文元之故宅也；顧其地囂，不如碧沚之清勝，文元暮年所開講也。

文元之學，先儒論之多矣，或疑發明本心，陸氏但以爲入門，而文元遂以爲究竟，故文元爲陸氏功臣，而失其傳者亦自之。愚以爲未盡然。夫論人之學，當觀其行，不徒以其言。文元之齊明嚴恪，〔校〕黄本作『齋明儼恪』。其生平踐履，蓋涑水、横渠一輩人，曰誠，曰明，曰孝弟，曰忠信，聖學之全，無以加矣。特以當時學者沈溺於章句之學，而不知所以自拔，故爲本心之説以提醒之。蓋誠欲導其迷途而使之悟，而非謂此一悟之外，更無餘事也。而不善學者，乃憑此虚空之知覺，欲以浴沂風雩之天機，屏當一切。嗟乎！是豈文元之究竟哉？然則登斯堂也，能知文元所以立教之故，而弗誤用之，以貽儒苑之譏，則於學者有厚望焉。

文元之講學於碧沚，以史氏也。先是，史忠定王館端憲於竹洲，又延文元於碧沚，袁正獻公時亦來預。湖上四橋，遊人如雲，而木鐸之聲相聞。忠定既逝，端憲、正獻亦下世。忠定之孫子仁，不滿其叔彌遠所爲，退〔校〕黄本作『遂』。居湖上，復請文元講學，故其居碧沚也甚久。文元之對穆陵曰：『臣平日所以教彌遠者不如此，彌遠之置其君如奕棋。』穆陵爲之失色。次日，彌遠奏曰：『臣師素有心疾，乞放歸田。』〔嚴評〕彌遠心死久矣，乃謂慈湖有心疾。『狂人以不狂爲狂』，斯之謂歟。此事行狀不敢載，故宋史亦失焉。

子仁受文元之教，終身不應召命。碧沚牙籤最富，文元因思修羣書以正邪説，未就而卒。嗚呼！文元之學統，非吾湖上所得私，而要其流風餘韻之在湖上者，則後人所當敬止也。竹洲在南，碧沚在北，其亦思宫牆之弗墜焉耳矣。

## 同谷三先生書院記

〔嚴注〕陳塤、王應麟、黄震。

宋乾、淳以後學派，分而爲三：朱學也，吕學也，陸學也。三家同時皆不甚合，朱學以格物致知，陸學以明心，吕學則兼取其長，而又以中原文獻之統潤色之。門庭徑路雖别，要其歸宿於聖人則一也。

吾鄉前輩於三家之學，並有傳者，而陸學最先，楊、袁、舒、沈，江右弟子莫之或京，楊、袁尤多昌明之功。顧其大弟子，自袁正肅公〔嚴注〕甫。而外，陳侍郎習菴其最也。嗣是，則王尚書深寧獨得呂學之大宗。或曰深寧之學得之王氏埜、徐氏鳳，王、徐得之西山真氏，實自詹公元善之門。而又頗疑呂學未免和光同塵之失，則子之推爲呂氏世嫡也何歟？曰：深寧論學，蓋亦兼取諸家，然其綜羅文獻，實師法東萊，況深寧少師迂齋，則固明招之傳也。朱學則巴陵楊氏之傳，授之史公蒙卿，而黄提刑東發又別得之遺書中。當是時，甬句學者鼎撑角立，雨戴笠，宵續燈，互相過從，以資攻錯，書帶之草，異苔同岑，其亦盛哉。

城東之四十里，有同谷山，其麓有寶幢河，左枕大函，右股太白，水木明瑟，四明東道之絶勝也。習菴世居於此，而深寧先壟在焉，故其卒也，即葬於此。東發亦嘗避地其間，踰二百年，而爲先侍郎之賜塋，是以予家父子兄弟多讀書山中者，先世有草堂三：曰瞻雲館，曰來鶴莊，曰阿育王山房。今惟瞻雲無恙，先公嘗於其中翦紙爲三先生神位，令予祀之。予因請改作三先生書院，配之以先侍郎，而以其餘爲學舍。古之學者，必釋奠於其鄉之先師，予家父子之爲此，亦猶行古之道也。

嗚呼！自科舉之學行，而吾鄉之佔畢咿唔者，不復知有高曾之規矩矣。空山野火，瓣香宛在，雖不能至，然心竊向往之。予讀清容居士集，習菴再世而後，不復居同谷，所謂觀聚堂、尊明亭諸址，已無可考，今山下陳氏，非其本支也。深寧神道亦蕪，讀遂初老人之賦，可爲三歎，而東發寓亭之圮久矣，春木之芚，承學者其勉之哉。

# 石坡書院記〔校〕黄本無目有文。

慈湖弟子遍於大江以南，宋史舉其都講爲融堂錢氏。予嘗考之，特以其著述耳，若其最能昌明師門之緒者，莫如鄞之正肅袁公蒙齋，侍郎陳公習菴，及慈之寶章桂公石坡。〔嚴注〕名萬榮。楊傳九云：『桂萬榮，字夢協，慶元二年進士，累官直祕閣尚書右郎，除直寶章閣，奉祠歸。』繆荃孫按棠陰比事乃夢協所著，非惟學人，抑亦循吏。顧袁、陳以名位著，而桂稍晦，今慈湖東山之麓，有石坡書院，即當年所講學也。〔馮注〕石坡書院在慈谿縣東二里湯山麓，今廢久矣。明弘治萬榮八世孫鎬改剏於闞山下，今爲桂氏宗祠。

桂氏自石坡以後，世守慈湖家法，明初尚有如容齋之敦朴，長史之深醇，古香之精博，文修之伉直，聲聞不墜，至今六百餘年，猶有奉慈湖之祀，香火可爲遠矣。

乾隆改元，其子姓謀重新書院，而先問記於予。石坡講學之語，皆本師説：曰明誠，曰孝弟，曰顔子四勿，曰曾子三省，其言朴質無華葉，蓋以躬行爲務，非徒從事於口耳，故其生平踐履，大類慈湖。宋史言慈湖簿富陽，日講論語、孝經，民遂無訟。石坡尉餘干，民之聞教者，恥爲不善。慈湖守温州，力行周官任恤之教，豪富爭勸勉。石坡在南康感化驕軍，知以衛民爲務。慈湖以忤史氏，累召不出；石坡方嚮用，力辭史氏之招，丐祠終老。方石坡之官平江也，朱侍郎（任）〔在〕從嚴改。嚴云：朱在，文公子也。

故下文云『慙其父』。〔校〕黄本作『在』。知府事，征輸鹽課，急迫牽連，拘繫甚繁。石坡力〔校〕黄本作『累』。言其無辜，爲請寬不得，乃挾行牀至獄中，願與所拘繫者同處，侍郎不得已縱遣之。論者以爲石坡不媿其師，而侍郎有慙其父，其所請絶虜、還將諸奏，俱名言也。

嗚呼！慈湖之心學，苟非驗之躬行，誠無以審其實得焉與否。今觀石坡之造詣，有爲有守，豈非真儒也哉？石坡晚年最稱耆壽，東浙推爲楊門碩果，並於蒙齋、習菴，蓋其道之尊如此，桂氏子孫勉之哉。慈湖之一綫寄於是堂，其勿替此家風也。

## 杜洲六先生書院記〔嚴注〕童居易、童鍾、曹漢炎、黄震、嚴畏、童銘。

慈溪縣鳴鶴鄉者，杜洲童先生居易家焉。慈湖世嫡弟子，石坡桂氏而外，即推童氏，累代不替，諸家學録中所未有也。書院之置，則先生之孫副尉金始肇造之，而得朝命於其子桂，嘉興顧嵩之、吾鄞孫元蒙俱來爲山長。其時，甬上書院多設山長者，而以杜洲爲最盛，有先聖碑亭，有杏壇，有禮殿，有講堂，有六齋：曰志道，曰尚德，曰復禮，曰守約，曰慎獨，曰養浩。其中爲慈湖祠，旁爲六先生祠，有書庫，有祭器，門廊庖湢，纖悉畢備；有田租以資學者，蓋彷彿四大書院之規制而爲之，其意良厚矣。

六先生者：首杜洲；次松簷，蓋杜洲子鍾也；次樾山曹山長漢炎，則杜洲之徒，最稱耆宿，曾掌慈湖書院者也；次東發黄提刑，則及與杜洲講道者也；次草堂嚴高士畏，亦杜洲之徒也；次聲伯，松簷弟鋐也。曹、黄、嚴三氏，其居皆在鳴鶴鄉中，當日聚處於講堂最多，故並祀之。嗚呼！鳴鶴鄉固虞氏之居也，都尉吞三爻以紹孟氏之易，河間穹天之論，皆出於此，而唐以後爲魚鹽斥鹵之區，風流已泯。自慈湖之教及之，杜洲一門，實爲首倡，而躬行君子，駢集其間，其後東發又挺生焉，何其盛也。

有明既輟山長之命，中葉以後始漸廢，今諸童衰甚，吾友鄭性謀復興之，而問記於予，是固墜緒之所當亟舉者也。雖然，慈湖之學宗陸，東發之學宗朱，門户截然，故日鈔中頗不以心學爲是。由今考之，則東發蓋嘗預杜洲之講會，而其後别爲一家者也。夫門户之病，最足錮人，聖賢所重在實踐，不在詞説，故東發雖詆心學，而所上史館劄子，未嘗不服慈湖爲己之功。然則杜洲祠祭，其仍推東發者，蓋亦以爲他山之石，是可以見前輩之異而同也。彼其分軍别幟，徒嘵嘵於頰舌者，其無當於學也明矣。爰并附記之於末。

## 翁洲書院記

應參政蕫芷〔嚴注〕傜。由昌國遷鄞，其貴也，建翁洲書院於故居，以興起後進，穆陵賜御書以榜之。

元時以昌國爲州，書院置山長，參政之孫全軒領之，因祀葺芷於中，而以其子蘭坡附焉。其後又增祀全軒，詳見應奎翁碑記中。明時以倭難，廢昌國隸定海，書院亦圮。今昌國復置縣，改定海曰鎮海，而以昌國稱定海，於是復立翁洲書院。奎翁曰：『翁洲爲海外諸番所觀聽，使爲彼之徒，推其尊禮仙佛之念，而知尊孔子之道；廓其求聞清浄寂滅之念，而返諸六籍之學，則其有補於聖教者，固非淺也。』奎翁之言至矣，予更何以益之。

但考穆陵之時，甬東書院實與翁洲並置，甬東出於安晚，其與葺芷皆迂齋之徒也，故二公並以文章名，全軒亦熟於典故。原夫書院之立，將使學者從事於其本，先立德而後立言，則昌國之先師，當更自葺芷而上之。吾聞宋開禧中徐都曹恭先者，昌國人也，其任福建提舉勘定黄勇之難，所至莅事精勤而操守介潔，出其緒餘爲文詞，亦超出流輩。蓋都曹受業袁正獻公之門爲高弟，蒙齋昆友俱推服之，故其學爲有本。而同里有許布衣止齋，受業楊文元公，終身不仕，以孝義倡鄉閭，〖校〗黄本作里。累徵不赴。然則昌國之先師，其當推二公也審矣。諸生幸生文明之世，誠能從事其本，如二公之得統於儒林，而又以應氏多聞多見之功潤色之，有德有言，且將升聖人之堂，寧僅爲海外之倡而已也。

方徐、許二公之講學也，從者如雲，翁洲之東爲岱山，亦嘗置書院焉。今聖學之光被遍於海隅，日出莫不興起，吾知諸故跡之皆可復也。都曹名愿，布衣名孚。其時昌國儒者尚有朱進士介，魏布衣榘，皆爲楊、袁之學者，亦應得附祀。

# 甬東静清書院記

有元儒林世系：魯齋、白雲專主朱學，静修頗祖康節，草廬兼主文安，其足以輔翼二許者，吾鄉程敬叔兄弟最醇。魯齋得之江漢趙氏，〔嚴注〕復。白雲得之仁山，而敬叔兄弟得之静清史先生。〔嚴注〕史蒙卿，字景正，忠定王浩之姪曾孫，司封郎中彌鞏之孫，河北提刑肯之子，袁文清公桷誌其墓。先是吾鄉學者，楊、袁之徒極盛。史氏之賢喆，如忠宣公、文靖公，獨善先生、和旨先生、鴻禧君、饒州君，皆楊、袁門下傑然者也。

静清爲獨善孫，始由巴陵楊氏以泝朱學，當時隻輪孤翼，莫之應和。而黄提刑東發出焉，遂稍稍盛。朱學之行於吾鄉也，自静清始，其功大矣。江漢、仁山皆已俎豆澤宫，而静清莫有擷溪毛以問之者，後死之於斯文，能無媿色。乃即甬東書院故址，特建静清栗主，而以敬叔兄弟附焉。其再傳之徒，如蔣敬之、樂仲本、鄭以道輩亦附焉。

吾讀清容所作静清墓志，於其易代大節，言之已悉，而學統所在，不甚了了。清容文士，其於儒苑窔奥，宜其在所忽也。然清容言静清嘗與深寧説經，每好奇，以是多與深寧不合，則又可知静清雖宗主朱學，而其獨探微言，正非墨守集傳章句或問諸書以爲苟同者。正如東發亦宗朱學，而其於先後天圖説攻之甚力，蓋必如是而始爲碩儒。不善學者，但據一先生之言，窮老盡氣，不敢少異，而未嘗顧其心之安否，是爲有信而無疑，學問之道，未之有也。清容以爲好奇，是尤不知静清者也。

甬東獨善坊之有書院，始於鄭相國安晚，以祀其師迂齋樓公，〔嚴注〕昉。且行鄉飲酒禮焉。其後，爲栖心寺僧并其址，敬叔之父靖齋，乃移之史氏所居之旁，而上祀先聖焉，詳見郭嘉所爲記。鄭氏〔校〕黄本作程氏。之衰，鞠爲蔬圃，至是始訪而復之。予謂迂齋亦東萊之門人也。然安晚之所以祀之者，特以文耳。先聖之像，明時已移入學宫，故主是院者，莫如静清，而於後堂仍祀迂齋，以無忘安晚尊師之舊也。

## 澤山書院記〔嚴注〕黄震。

東發先生本貫定海，其後徙於慈溪，晚年自官歸，復居定海靈緒鄉之澤山，榜其門曰『澤山行館』，其室曰『歸來之廬』。已而僑寓鄞之南湖，已而遷寓桓溪，自署杖錫山居士，已而又避地同谷。然先生殁後，其子孫多居澤山者，蓋先生慈溪舊宅在鳴鶴鄉之古窯，其去澤山甚近故也。澤山本名櫟山，先生始改名焉。元至正中，學者建澤山書院〔校〕黄本作『湖山書院』。以祀之，其去行館十里，不久而燬。黄氏後人禮之復建焉，今廢矣。日鈔舊槧藏於院中，亦不復存。予謂當復行館之址，而以澤山書院名之，以從先生之舊。定海諸公皆以爲然，請予記之。

先生講堂在山南，望江阻海，環植松菊，最稱一方之勝，王翔龍詩所云『高風河影動，斜月竹身寒，潮海秋聲潤，山林客夢安』是也。然其爲定海重不在此，朱徽公之學統，累傳至雙峰、北溪諸子，流入訓詁一派，迨至咸淳而後，北山、魯齋、仁山起於婺，先生起於明，所造博大精深，徽公瓣香爲之重振。婺學出於長樂黄氏，建安之心法所歸，其淵源固極盛，先生則獨得之遺籍，默識而冥搜，其功尤巨。試讀其日鈔諸經説，間或不盡主建安舊講，大抵求其心之所安而止，斯其所以爲功臣也。西山爲建安大宗，先生獨深惜其晚節之玷，其嚴密如此。婺學由白雲以傳潛溪，諸公以文章著，故倍發揚其師説。先生獨與其子弟唱歎於海隅，傳之者少，遂稍闇淡。

予嘗謂婺中四先生從祀，而獨遺東發，儒林之月旦有未當者，抑不獨從祀之典有闕。宋史儒林所作傳，本之剡源墓表，〔嚴評〕脱脱之修史，已以剡源之文作藍本耶？其於先生之學無所發明，清容則但稱先生之清節。嗚呼！聖人所以歎知德之鮮也。

先生之祀於慈，在杜洲六先生書院中。其祀於鄞，則予所建同谷三先生書院中。澤山之祀，乃其專席，故詳其學之有功於聖門者。先生之子皆醇儒，當附表之。嗚呼！顔何人哉，希之則是。吾願過斯堂者，其勿自棄也。

# 横溪南山書院記〔嚴注〕黄潤玉。

東錢湖之所自出爲横溪，金峩、大梅諸山臨之，四明南七十峰之門户也。明初黄孟清僉事愛其地，因築南山書院以開講焉，學者稱僉事爲南山先生，蓋以此也。其後蛟川爲沈端憲公置書院於崇邱，亦曰南山，故鄞人以横溪别之。

先生之講學，敦朴而厚重，恪守前人之緒言，其時諸儒風氣，大率如此。河北則敬軒、三原，江右則康齋，制行持論皆相似。先生所尤推服者爲敬軒，而世亦多以敬軒與先生並舉。吾鄉之學，朱、陸二派〔校〕黄本作『氏』。並行，而明初如桂王傅清溪烏高士春風、向獻縣遵博，皆出寶峰趙氏之傳，〔嚴注〕趙偕，字子永，慈溪人，尚書文華，其六世孫也。宗主慈湖先生，始爲朱學。蓋果齋、東發而後世嫡也。

然先生係吾鄉朱學大宗，而其經書補注多有不合，至於大學古本以及格物之義，則實開新建之先，以是知人心之各有所見，而所以爲朱學之羽翼者，正不在苟同也。吾嘗笑近世之自署爲朱學者，迂疏陳腐，但欲奉章句傳注而墨守之，不敢一字出於其外，以是爲弗畔，錮其神明，塞其知覺，而朱學反自此而晦。蓋舉博學、審問、慎思、明辨之功，一切廢之，朱學豈其然乎？曷亦觀或問、語録、文集之諄諄，蓋有甫越信宿而别多折衷者，故吾鄉朱學三家：宋則果齋、東發，明則先生，宗朱而不盡合於朱，倘自今世之迂疏陳腐者觀之，殆將反以爲信道之不篤也已。

先生生平涉歷之詳，具於其傳，予又嘗爲之序其遺集，不復備録，但約其講學之大略記之。

先生之後人今甚微，書院亦叢〔校〕黄本作「蕞」。廢不治，予將爲重新之，而刻其著述之幸存者，庶吾鄉之學者，猶知有儒林之典型也。

## 城北鏡川書院記

楊文懿公鏡川〔嚴注〕守陳。里第在城南。蓋鏡川者，仲夏諸流之所會也。書院何以在城北，則公子麟洲侍郎，聞其父累疏乞休，故建此以待公之歸。公卒於京，不及開講其中，而吾鄉學人向嘗受業於公者，仍聚業於此，故其齋舍弗替。及明季而圮，又百年，而予表之。

明初甬上學派，首推黄僉事孟清，而楊氏自文懿公大父栖芸先生即與僉事講學，至公而始大。其學頗類〔校〕黄本作「疑」。吴草廬兼收朱、張、吕、陸之長，不墨守一家，要其胸中精思深造，以求自得，不隨聲依響以爲苟同。至其所著諸經私鈔，吐棄先儒箋疏，則於草廬更過之。蓋公但質諸心之所安，固非好奇以眩俗也。然當洪、宣以後，科舉之錮人〔校〕黄本無此字。已深，聞公之説，少可多怪。故王文恪公之誄公曰：

聖亡經在，異説紛兮。阨秦造漢，離多門兮。商詩瞿易，授受親兮。黨同矜異，傳説真兮。遺言奥旨，不尚存兮。唐有啖、趙，宋孫、石兮。抱經剗傳，挺見特兮。逮乎伊、洛，義轉精兮。紫陽承之，集厥成兮。設科置學，爲世程兮。父傳子受，莫知其端兮。雖有異説，莫敢干兮。於文懿公，生已後兮；周、漢、唐、宋，得通究兮。聖經浩浩，如天淵兮。家鑽人淬，庶或全兮。瑰詞微義，日星陳兮。蹈常玩故，駭厥新兮。章甫資越，衆排斥而不信兮。不信何傷，益自珍兮。嗟我何知，乃得師兮。謂公自信，當弗疑兮。太羹玄酒，所貴希兮。豈不或過，志亦奇兮。後千萬年，來者誰兮？

文恪爲公門下，其詞如此，蓋亦非能深知公者，若泰泉【校】黄佐。則力詆之矣。嗚呼！何其固也。

予後公生三百餘年，即公之家，求公之書，殘斷十九，僅得其毛詩、尚書、大學、中庸十數卷，慨然如得羽陽、未央之片瓦，因歎公之緒言，世無知者。南雷黄聘君作學案稱極博，竟不爲公立傳。明史儒林，多取學案，故於公亦闕，良可惜也。

公之雄文滿館閣，直節在講筵，清德垂里社，子弟稟承家學，俱爲名臣，不待予之多言，獨記其理學之大者。

# 槎湖書院記

有明正、嘉之交，陽明、甘泉之學盛行，二家雖微有不同，然其要歸則相近。學者不走姚江，即向增城，其中岸然不阿者：泰和羅文莊公、〔嚴注〕欽順。高陵吕文簡公、〔嚴注〕柟。浚渠崔文敏公、〔嚴注〕銑。甬川張文定公〔嚴注〕邦奇。四人。文定爲鄞産，尤姚江聲氣之所急，嘗苦口折難，而卒不肯少變其説。故當時鄞人，自黄侍郎致齋、萬都督鹿園外，鮮著録於姚江者，則文定實持之。

吾觀陽明之學，足以振章句訓詁之支離，不可謂非救弊之良藥也。然而漸遠漸失，遂有墮於狂禪而不返，無乃徒恃其虚空知覺，而寡躬行之定力耶？夫陽明之所重者，行也，而其流弊乃相反，彼其所謂誠意者安在耶？蓋其所頓悟者原非真知，則一折而蕩然矣。是陽明之救弊，即其門人所以啓弊者也。文定以爲學必先知而後行，至行愈熟，則知愈精，原未嘗相離。而特不可謂行先於知，此其説最平。蓋陽明才高，容或其言失之偏者；而以言所養，則文定之沈沈者，不可尚也。

嗚呼！吾鄉自宋、元以來號爲鄒、魯，予修舉諸先師故址，始於大隱、石臺，訖於槎湖，説者以爲皋比已冷，帶草已枯，雖有好事，徒然而已，豈知當諸先師之灌灌也。吾鄉立德、立功、立言之士，出其中者，蓋十之九，山川之鍾秀，隨乎儒苑，不可謂函丈之中無權也。槎湖歿後，吾鄉之講堂漸替，而人物亦驟衰，隆、萬諸公，大半爲鄉衮所錮，黨論所排，富貴之溺人如此。然則世之以講學爲迂，而無預於實用者，弗之思耳。

槎湖者，文定之故居也。在鄞之西，其去楊文懿公鏡川，蓋不十里。

# 甬上證人書院記

證人書院一席，蕺山先生越中所開講也，吾鄉何以亦有之。蓋梨洲先生以蕺山之徒，申其師説，其在吾鄉，從游者日就講，因亦以『證人』名之，書院在城西之管村，萬氏之别業也。

先生當日講學頗多疑議之者，雖平湖陸清獻公尚不免。不知自明中葉以後，講學之風已爲極敝，高談性命，直入禪障，束書不觀，其稍平者則爲學究，皆無根之徒耳。先生始謂：學必原本於經術而後不爲蹈虚；必證明於史籍，而後足以應務；元元本本，可據可依，前此講堂錮疾，爲之一變。其論王、劉兩家，謂皆因時風衆勢以立教。陽明當建安格物之學大壞，無以救章句訓詁之支離，故以良知之説倡率一時，乃曾未百年，陽明之學亦復大壞，無以絶葱嶺異端之夾雜，故蕺山證人之教出焉。陽明聖門之狂，蕺山聖門之狷。其評至允，百世不可易也。

然先生之學極博，其於象緯圖數，無所不工，以至二氏之藏，亦披抉殆盡，淺學之徒，遂有妄詆以駁雜者。不知先生格物，務極其至要，其歸宿一衷以聖人之旨，醇如也。夫學必於廣大之中求精微，倘以固陋之胸，自夸擊盡疵纇，何足道哉。平生流離顛沛，爲孤子，爲遺臣，始終一節，一飯不忘君父，晚年名德巋然，翹車所不能致，〔嚴評〕未必然也。遂爲前代之完人。其爲躬行，又何歉焉。

先生講學於語溪，於海昌，於會稽，然嘗謂光明俊偉之士莫多於吾鄉，故著録之中有獨契。而吾鄉自隆、萬以後，人物稍衰，自先生之陶冶，遂大振。至今吾鄉後輩，其知從事於有本之學，蓋自先生導之。

萬君承勳，先生之孫壻也，請予爲書院作記，謹述其大略以歸之。

〔嚴評〕謝山雅不屑以文人自命，其意欲與于講學之流，其梗概以是卷見之。吾不知謝山之于道，所得深淺果何如，顧其表章之功，誠有足尚者。甲戌五月二十一日小暑節，修能記。

# 鮚埼亭集外編卷十七

## 記二

### 天一閣藏書記

南雷黄先生記天一閣書目，自數生平所見四庫，落落如實諸掌，予更何以益之。但是閣肇始於明嘉靖間，而閣中之書不自嘉靖始，固城西豐氏萬卷樓舊物也。豐氏爲清敏公之裔，吾鄉南宋四姓之一，〔嚴注〕史（浩）、鄭（清之）、樓（鑰）、豐（清敏公稷，北宋人），是南宋四姓。而名德以豐爲最。清敏之子安常；安常子治監倉揚州，死於金難，高宗錫以恩恤；治子誼，官吏部，以文名；誼子有俊，以講學與象山、慈湖最相善，亦官吏部；有俊子雲昭，官廣西經略；雲昭子稌、稌子昌傳並以學行，爲時師表；而雲昭羣從曰芑，曰蕰，皆有名。蓋萬卷樓之儲，實自元祐以來啓之。自吏部以後，遷居紹興。其後至庚六，遷居奉化。庚〔六〕從黄本補。子茂四遷居定海。茂〔四〕從黄本補。孫寅初，明建文中官教諭。寅初子慶，睠念先疇，欲歸葬父於鄞，而歲久，其祖塋無知者，旁皇甬上。或告之曰：城西大卿橋以南紫清觀，吉地也。慶乃卜之，遇豐之革，私自喜曰：『符吾姓矣。』是日，適讀元延祐四明志云：『紫清觀者，宋豐尚書故園也。』慶大喜，即呈於官，請贖之，并爲訪觀中舊籍，得其附觀圃地三十餘畝，爲鄰近所據者，盡清出之，遂葬其親，而以其餘治宅。慶喜二百年故居之無恙也，作十咏以志之，而於是元祐以來之圖書，由甬上而紹興，而奉化，而定海者，復歸甬上。慶官河南布政；慶子耘官教授；耘子熙官學士，即以諫『大禮』，拜杖遣戍者也。豐氏自清敏後，代有聞人，故其聚書之多亦莫與比。迨熙子道生晚得心疾，潦倒於書淫墨癖之中，喪失其家殆盡，而樓上之書，凡宋槧與寫本，爲門生輩竊去者幾十之六。其後又遭大火，所存無幾。

范侍郎欽素好購書，先時嘗從道生鈔書，且求其作藏書記，至是以其幸存之餘，歸於是閣。又稍從弇州互鈔以增益之，雖未能復豐氏之舊，然亦雄視浙東焉。

初，道生自以家有儲書，故謬作河圖石本、魯詩石本、大學石本，則以爲清敏得之祕府；謬作朝鮮尚書、日本尚書，則以爲慶得之譯館；貽笑儒林，欺罔後學，皆此數萬卷書爲之厲也。然則讀書而不善，反不如專己守陋之徒，尚可帖然相安於無事。吾每登是閣，披覽之餘，不禁重有感也。

吾聞侍郎二子，方析産時，以爲書不可分，乃别出萬金，欲書者受書，否則受金。其次子欣然受金而去，今金已盡，而書尚存，其優劣何如也。〔馮注〕范東明侍郎欽，長子太沖，字子受，以縣學生入太學，授光禄寺良醖。其後裔今所謂『天一閣前宅』。次子大潛，字繼明，應天副舉，揀選教諭，早世。其妻陸氏與夫兄太沖訟，累年不決，經屠本畯調停，其書歸太沖，作直萬金。大潛子孫號『天一閣後宅』。自易代以來，亦稍有闕佚，然猶存其十之八，四方好事，時來借鈔。閩人林佶嘗見其目，而嫌其不博，不知是固豐氏之餘耳。且以吾所聞，林佶之博亦僅矣。臨川李侍郎穆堂云：吉人蓋曾見其同里連江陳氏書目，故爲此大言。〔校〕黄本無此注。〔馮注〕連江陳氏世善堂書目，刻入知不足齋叢書中。

## 二老閣藏書記〔嚴注〕鄭氏。

太沖先生最喜收書，其搜羅大江以南諸家殆徧，所得最多者，前則淡生堂祁氏，後則傳是樓徐氏，然未及編次爲目也。垂老遭大水，卷軸盡壞，身後一火，失去大半，吾友鄭丈南溪理而出之，其散亂者復整，其破損者復完，尚可得三萬卷，而如薛居正五代史乃天壤間罕遇者，已失去，可惜也。〔馮注〕徽州人汪德淵允中曾訪得金承安四年南京路轉運司刊本五代史一百五十卷，校今本不特篇第異同甚多，即文字亦十增三四，至梁太祖本紀一篇，今本與薛史全然不同。今本乃清乾隆間，四庫館臣從永樂大典中搜集而成，復雜采册府元龜、太平御覽、通鑑考異、五代會要、契丹國志、北夢瑣言、東都事略、十國春秋、五代春秋、九國志及宋人説部，以附益之。汪允中於民國四年出售粵中書估，今不知流入何人之手矣。

鄭氏自平子先生以來，家藏亦及其半，南溪乃於所居之旁築二老閣以貯之。二老閣者，尊府君高州之命也。高州以平子先生爲父，以太沖先生爲師，因念當年二老交契之厚也，遺言欲爲閣以並祀之。南溪自遊五嶽還，閣始成，因貯書於其下。

予過之，再拜歎曰：太沖先生之書，非僅以夸博物，示多藏也。有明〔校〕黄本「有」作「方」。以來，學術大壞，談性命者，迂疏無當；窮數學者，詭誕不精；言淹雅者，貽譏雜醜；攻文詞者，不諳古今；自先生合理義象數名物而一之，又合理學氣節文章而一之，使學者曉然於九流百家之可以返于一貫。故先生之藏書，先生之學術所寄也。試歷觀先生之學案、經説、史録、文海，睢陽湯文正公以爲如大禹導山導水，脈絡分明，良自不誣；末學不知，漫思疵瑕，所謂蚍蜉撼大樹者也。古人記藏書者，不過以蓄書不讀爲戒；而先生之語學者，謂當以書明心，不可玩物喪志，是則藏書之至教也。先生講學偏于大江之南，而瓣香所注莫如吾鄉，嘗歷數高弟，以爲陳夔獻、〔嚴注〕赤衷。萬充宗、陳同亮〔嚴注〕自舜。之經術，王文三、萬公擇之名理，張旦復〔嚴注〕汝翼。董吴仲〔嚴注〕允璘。之躬行，萬季野之史學，與高州〔董注〕鄭梁。之文章，惓惓不置。

南溪登斯閣也，先生之薪火臨焉，平子先生以來之手澤在焉，是雖殘編斷簡，其尚在所珍惜也，況未見之書累累乎。昔者浦江鄭氏世奉潛溪之祀，君子以爲美談。今後鄭猶先鄭也，而更能收拾其遺書，師傳家學，倍有光矣。書目既成，爰爲之記。

## 藂書樓記〔嚴注〕馬氏。

揚州，自古以來所稱聲色歌吹之區，其人不肯親書卷，而近日尤甚。吾友馬氏嶰谷、半查兄弟，横厲其間。其居之南有小瓏瓏山館，園亭明瑟，而巋然高出者，藂書樓也，迸疊十萬餘卷。予南北往還，道出此間，苟有宿留，未嘗不借其書。而嶰谷相見，寒暄之外，必問近來得未見之書幾何？其有聞而未得者幾何？隨予所答，輒記其目，或借鈔或轉購，窮年兀兀，不以爲疲。其得異書，則必出以示予，席上滿斟碧山朱氏銀槎，侑以佳果，得予論定一語，即浮白相向。方予官於京師，從館中得見永樂大典萬册，驚喜貽書告之。半查即來，問寫人當得多少，其值若干，從臾予甚鋭。予甫爲鈔宋人周禮諸種，而遽罷官，歸途過之，則屬予鈔天一閣所藏遺籍，蓋其嗜書之篤如此。

百年以來，海内聚書之有名者，崑山徐氏、新城王氏、秀水朱氏其尤也。今以馬氏昆弟所有，幾幾過之。蓋諸老網羅之日，其去兵火未久，山巖石室，容有伏而未見者；至今日而文明日啓，編帙日出，特患遇之者非其好，或好之者無其力耳。馬氏昆弟有其力，投其好，值其時，斯其所以日廓也。

聚書之難，莫如讐校。嶰谷於樓上兩頭，各置一案，以丹鉛爲商榷，中宵風雨，互相引申，真如邢子才思誤書爲適者。珠簾十里，簫鼓不至夜分不息，而雙鐙炯炯，時聞雒誦，樓下過者多竊笑之，以故其書精核，更無謁本。而架閣之沈沈者，遂盡收之腹中矣。

半查語予，欲重編其書目，而稍附以所見，蓋仿昭德、直齋二家之例。予謂鄱陽馬氏之考經籍，專資二家而附益之。黄氏千頃樓書目亦屬明史藝文志底本，則是目也，得與石渠、天禄相津逮，不僅大江南北之文獻已也。馬氏昆弟，其勉之矣。

## 小山堂藏書記 〔嚴注〕趙氏。

近日浙中聚書之富，必以仁和趙徵君谷林爲最，予嘗稱之，以爲尊先人希弁，當宋之季，接踵昭德，流風其未替耶？而吴君繡谷以爲希弁遠矣，谷林太孺人朱氏，山陰襄敏尚書之女孫，而祁氏甥也，當其爲女子時，嘗追隨中表姑湘君輩，讀曠園書。既歸於趙，時時舉梅里書籤之盛，以勖諸子，故谷林兄弟藏書確有淵源，而世莫知也。予乃笑曰：『然則宅相之澤，亦可歷數世耶？何惑乎儒林之必遡其譜系耶。』繡谷曰：『然。』

嗚呼！曠園之書，其精華歸於南雷，其奇零歸於石門。南雷一火一水，其存者歸於鸛浦鄭氏，而石門則摧毁殆盡矣。予過梅里，未嘗不歎風流之歇絶也。谷林以三十年之力，爬梳書庫，突起而與齊，不可謂之非健者已。

谷林之聚書，其鑒别既精，而有弟辰垣，好事一如其兄，有子誠夫，好事甚於其父，每聞一異書，輒神飛色動，不致之不止。其所蓄書，聯茵接屋，凡書賈自苕上至，聞小山堂來取書，相戒無得留書過夕，恐如齊文襄之待祖珽也。每有所得，則致之太孺人，更番迭進，以爲嬉笑。嗚呼！白華之養，充以書帶之腴，是天倫之樂所稀〔校〕黄本作『希』。也。

予之初入京師也，家藏宋槧四明開慶、寶慶二志，〔馮注〕宋槧四明開慶志有『錢大昕借觀』印，曾流入鄞抱經樓盧氏，余經寓目。今盧氏書籍散出，聞是書歸項城袁氏矣。蓋世間所絶無，而爲人所竊歸於有力者之手。杭君堇浦聞之，爲告谷林，亟以兼金四十錠贖歸，仍鈔副墨以貽予。及予歸，谷林但取近年所得地志示予，其自明成化以前者，已及千種，而予家宋槧哀然首列，予不禁爲之憮然。谷林以予之登是堂也屢，〔校〕黄本作『最多』。堂中之書大半皆予所及見也，請爲之記，乃爲之題於堂之北墉。

## 雙韭山房藏書記〔嚴注〕全氏。

予家自先侍郎公藏書，大半鈔之城西豐氏。其直永陵講筵，賜書亦多，所稱『阿育王山房藏本』者也。侍郎身後，書卷、法物、玩器，多歸於宗人公之手，以其爲長子也。先和州公僅得其十之一，而宗人子孫最無聊，再傳後，盡以遺書爲故紙，權其斤兩而賣之，雖先集亦與焉，遂蕩然無一存者。

先宮詹公平淡齋亦多書，其諸孫各分而有之，遂難復集。和州春雲軒之書，一傳爲先應山公，再傳爲先曾王父兄弟，日積月累，幾復阿育王山房之舊。而國難作，盡室避之山中，藏書多，難挈以行，留貯里第，則爲營將所踞，方突入時，見有巨庫，以爲貨也，發視則皆古書，大怒，付之一炬，於是予家遂無書。

難定，先贈公授徒山中，稍稍以束脩之入購書，其力未能購者，或手鈔之。先君偕仲父之少也，先贈公即以鈔書作字課。已而，予能舉楮墨，先君亦課以鈔書，嘗謂予曰：『凡鈔書者，必不能以書名，吾家自侍郎公以來，無不能書，而今以鈔書荒速廢業矣。』予至今檢點手澤，未嘗不歎遺言之在耳也。但吾鄉諸世家，遭喪亂後，書籤無不散亡，祇范氏天一閣幸得無恙。而吾家以三世研田之力，得復擁五萬卷之儲胥，其亦幸矣。

雙韭山房者，亦先侍郎之别業，在大雷諸峰中，今已摧毁，而先贈公取以顔其齋者也。自予出遊，頗復鈔之諸藏書家，漸有增益，而於館中見永樂大典萬册，驚喜，欲於其中鈔所未見之書。吾友馬嶰谷、趙谷林皆許以貲爲助，所鈔僅數種，而予左降出館矣。昔鄭漁仲修通志，欲於館中借書，卒不果，良會之難，洵可惜也。即以十年來所接，其爲夢寐所需，而終以高價之莫副，付之雲烟之過眼者，不知其幾何也。爰輯目前所有之部居，而爲之記。

# 天一閣碑目記

天一閣書目所載者，祇雕本寫本耳。予之登是閣者最數，其架之塵封，衫袖所拂拭者多矣，獨有一架，范氏子弟未嘗發視，詢之，乃碑也。是閣之書，明時無人過而問者，康熙初，黄先生大沖〔校〕黄本作「太沖」。始破例登之。於是崑山徐尚書健菴聞而來鈔。其後登斯閣者，萬徵君季野，又其後則馮處士南畊，而海寧陳詹事廣陵纂賦彙亦嘗求之閣中。然皆不及碑，至予乃清而出之，其拓本皆散亂，未及裝爲軸，如棼絲之難理，予訂之爲目一通，附於其書目之後。

金石之學，别爲一家，古人之嗜之者，謂其殘編斷簡，亦有足以補史氏之闕，故宋之歐、劉、曾、趙、洪、王，著書裒然，而成都碑目，一府之金石耳，尚登於宋志。近則顧先生亭林、朱先生竹垞，尤其最也。年運而往，山顛水澨之碑，半與高岸深谷消沈剥落，幸而完者，或爲市利之徒礲其石而市之於人，則好事者之收弆，良不可以不亟也。

范侍郎之喜金石，蓋亦豐氏之餘風，但豐氏萬卷樓石刻，有爲世間所絶無者，如唐祕書賀公章草孝經千文是也，而今不可復見，惜矣。侍郎所得雖少遜，然手自題籤，精細詳審，并記其所得之歲月，其風韻如此。且豐氏一習古篆隸之文，即欣然技癢，僞作邯鄲淳輩文字以欺世；侍郎則有清鑒而無妄作，是其勝豐氏者也。

閣之初建也，鑿一池於其下，環植竹木，然尚未署名也，及搜碑版，忽得吴道士龍虎山天一池石刻，元揭文安公所書，而有記於其陰，大喜，以爲適與是閣鑿池之意相合，因即移以名閣，惜乎鼠傷蟲蝕，幾十之五。吾聞亭林先生之出遊也，窮村絶谷，皆求碑碣而觀之，竹垞亦然。今不煩搜索，坐擁古歡，而乃聽其日湮月腐於封閉之中，良可惜也。

予方放廢湖山，無以消日，力挾筆研來閣中，檢閱款識，偶有所記，亦足慰孤另焉。而友人錢唐丁敬身，精於金石之學者也，聞而喜，亟令予卒業，乃先爲記以貽之。

# 鈔永樂大典記

明成祖敕胡廣、解縉、王洪等纂修永樂大典，以姚廣孝監其事，始於元年之秋，成於六年之冬，計二萬二千七百七十七卷，凡例、目録六十卷，冠以御製文序，定爲萬一千册，〖嚴注〗據李日華紫桃軒文綴、劉若愚酌中志略皆云二萬二千八百七十卷，一萬一千九十五册。廣孝奉詔再爲之序。其時公車徵召之士，自纂修以至繕寫，幾三千人，緇流羽士，亦多預者。書成，選能詩古文詞及説書者二百人，充試吏部，拔其尤者三十人授官，其餘亦有注籍選人者。

方是書初上，詔名文獻大成，後改焉。孝宗最好讀書，召對廷臣之暇，即置是書案上。嘉靖四十一年，禁中失火，世宗亟命救出，此書幸未被焚，遂詔閣臣徐階，照式樵鈔一部，當時書手一百八十，《嚴校》酌中志作『名』。每人日鈔三紙。一紙三十行，一行二十八字。至隆慶改元始畢。崇禎時，劉若愚著勺中志，已言是書不知今貯何所。是其書在有明二百餘年以來，賴世廟得如卿雲之一見，而總未嘗入著述家之目。曁我世祖章皇帝萬幾之餘，嘗以是書充覽，乃知其正本尚在乾清宮中，顧莫能得見者。及聖祖仁皇帝實録成，詞臣屏當皇史宬書架，則副本在焉，因移貯翰林院，然終無過而問之者。前侍郎臨川李公《嚴注》紱。在書局，始借觀之，於是予亦得寓目焉。

其例乃用洪武四聲韻分部，以一字爲綱，即取十三經、廿一史、諸子百家，無不類而列之，所謂因韻以統字，因字以繫事者也，而皆直取全文，未嘗擅減片語。夫偶舉一事，即欲貫穿前古後今書籍，斯原屬事勢所必不能，而大典輯膂并包，不遺餘力，雖其間不無汗漫陵雜之失，然神魄亦大矣。蓋嘗聞諸儒商榷凡例，初多參辰，王偁笑曰：『欲搆層樓華屋，乃計功於箍桶都料耶？』則凡例，蓋取偁手也。若一切所引書，皆出文淵閣儲藏本。自萬曆重修書目，已僅有十之一，繼之以流寇之火，益不可問。聞康熙間，崑山徐尚書健菴以修一統志言於朝，請權發閣中書資考校，寥寥無幾，則是書之存，乃斯文未喪一碩果也。

因與公定爲課，取所流傳於世者，概置之，即近世所無，而不關大義者亦不録，但鈔其所欲見而不可得者。而別其例之大者爲五：其一爲經，諸解經之集大成者，莫如房審權之易，衛湜、王與之之二禮，此外莫有仿之者；今使取大典所有，稍爲和齊而斟酌，則諸經皆可成也。其一爲史，自唐以後，六史篇目雖多，文獻不足；今采其稗野之作，金石之記，皆足以資考索。其一爲志乘，宋、元圖經舊本，近日存者寥寥，明中葉以後所編，則皆未見古人之書而妄爲之；今求之大典，釐然具在。其一爲氏族，世家系表而後，莫若夾漈通略，然亦得其大概而已，未若此書之該備也。其一爲藝文，東萊文鑑不及南渡，遺集之散亡者，大典得十九焉。其餘偏端細目，信手薈萃，或可以補人間之缺本，或可以正後世之僞書，則信乎取精多而用物宏，不可謂非宇宙間之鴻寶也。

會逢今上纂修三禮，予始語總裁桐城方公鈔其三禮之不傳者，惜乎其闕失幾二千册。予嘗欲奏之今上，發宫中正本以補足之，而未遂也。夫求儲藏於祕府，更番迭易，往復維艱，而吾輩力不能多畜寫官，自從事於是書，每日夜漏三下而寢，可盡二十卷。而以所簽分令四人鈔之，或至浹旬未畢，則欲卒業於此，非易事也。然以是書之沈屈，忽得人讀之，不必問其卒業與否，要足爲之吐氣。〔嚴注〕純皇帝聚珍板所印之書，惜乎謝山不及見矣。嗟乎！温公通鑑之成，能讀之至竟者，祇王益柔一人，其餘未及一卷，即欠伸思睡。況大典百倍於此，其庋〔校〕黄本作『倚』。閣也固宜。今吾輩鋭欲竟之，而力不我副，是則不能不心以爲憂者也。

# 春明行篋當書記

昔廣東鄭舍人湛若有嗜古之癖，其生平所聚琴劍罏鉢之屬，充棟接架，皆希世之珍也。然貧甚，時或絶糧，即以所有付之質庫，及不時有餘貲，又復贖之而歸，如此者不一而足，湛若皆爲文以記之，世所傳前當票序、後當票序者是也。予考六經三史之書，無有『當』字，〔丁國鈞注〕後漢書劉虞傳：『虞所賚賞、典當』，胡夷注：『當，丁浪反。』是爲『當』字之始。湛若所作，得無蹈夢得九日題詩之懼。然而爾雅釋詁以來，公羊子之齊語得登於經，而揚氏方言列之子部。文人翰墨所寄，即自我成典據，亦正無傷。

予生平性地枯槁，泊然寡營，其穿穴顛倒而不厭者，不過故紙陳函而已。年來陸走軟塵，水浮斷梗，故園積書之巖，偶津逮焉，而不能暖席。特篷窗驛肆，不能一日無此君，家書五萬卷中，常捆載二萬卷，以爲芒屩油衣之伴，舟車過關口，税司諸吏來胠篋者如虎，一見索然，相與置之而去。

雍正癸丑，獻藝於儀曹之賈，貨不中度，南轅已有日矣。俄而因他事留滯不果。長安米貴，居大不易，於是不能不出其書質之。適監倉西泠黄君聞予之有是舉也，請歸之於其邸。夫託書之難也，稍不戒而汙類因之，又其甚者或闕佚焉，苟非風雅者流，如臧榮緒之肅拜，顔之推之什襲，不敢過而問之。愛書如黄君，予庶可以高枕而無慮乎？雖然，牧齋晚年喪其宋槧之漢書，三歎於『牀頭黄金盡，壯士無顔色』之語。是書與予，所謂山河跋涉之交也，一旦主人無力，使其爲寓公，流轉於他氏，惘惘然離别可憐之色，不異衡父之重去於魯，而予之佇立而目送之者，殊難爲懷。因援湛若之例，書其語以柬黄君，固以備息壤之成言，抑念青氊故物，歸來未知何日，亦聊以自遣也。黄君之邸與予有十里之遥，過此以往，蕭晨薄暮，偶有考索，策蹇驢而爲剥啄之聲者，非予也耶？雞黍之請，自此殷矣。

湛若桑海大節，光芒箕尾，是以游戲之筆，流傳俱爲佳話，至予之文，其何敢與之争雄長哉。

# 小山堂祁氏遺書記

二林兄弟聚書，其得之江南儲藏諸家者多矣，獨於祁氏淡生堂諸本，則别貯而弆之，不忘母氏之遺也。嗚呼！吾聞淡生堂書之初出也，其啓争端多矣。初南雷黄公講學於石門，其時用晦父子俱北面執經，〔嚴注〕用晦于南雷，友而兼師則有之，謂與其子俱北面，殊未確。已而以三千金求購淡生堂書，南雷亦以束脩之入參焉。交易既畢，用晦之使者，中途竊南雷所取衛湜禮記集説、王偁東都事略以去，則用晦所授意也。南雷大怒，絶其通門之籍，用晦亦遂反而操戈，而妄自託於建安之徒，力攻新建，并削去蕺山學案私淑，爲南雷也。近者，石門之學固已一敗塗地，然坊社學究尚有推奉之，謂足以接建安之統者，弟子之稱，狺狺於時文批尾之間，潦水則盡矣而潭未清。時文之陷溺人心一至於此，豈知其濫觴之始，特因淡生堂數種而起，是可爲一笑者也。

然用晦所藉以購書之金，又不出自己，而出之同里吴君孟舉。〔嚴注〕未確。及購至，取其精者，以其餘歸之孟舉。於是孟舉亦與之絶。〔嚴注〕亦未的。是用晦一舉而既廢師弟之經，又傷朋友之好，適成其爲市道之薄，亦何有於講學也。

今二林與予，值承平之盛，海内儲藏畢出，衛湜、王偁之本，家各有之，二林亦能博求酉陽之祕，可以豪矣。而獨惓惓母氏先河之愛，一往情深，珍若拱璧，何其厚也。夫因庭闈之孝，而推而進之，以極其無窮之慕，其盡倫也，斯其爲真學者也。雖然，蓋寛饒落平恩侯之居，仰屋而歎曰：『是堂閲人多矣。』祁氏之書，其飄零流轉，而幸而得歸於彌甥，以無忘其舊也，亦已悕矣。今幸得所歸，吾願二林子弟聰聽彝訓，世克守之，讀之，使祁氏亦永有光焉。二林曰：『善，是吾母所欲言也。』於是乎書。〔嚴評〕黄吕交惡之事，于此題毫無干涉，如此爲文，亦復何難。

# 鮚埼亭集外編卷十八

## 記三

### 東四明地脈記

四明二百八十峰，各據一面：東七十峰，連寧波之鄞、慈二縣境；西七十峰，連紹興之姚、虞二縣境；南七十峰，連寧、紹之奉化、嵊二縣境；北七十峰，亦姚、慈二縣之境也。而杖錫爲四明山心，居中以運之。然所謂二百八十峰之派，或比連，或中斷，或蔓〔校〕黄本作『曼』。延，或飛度，紛綸變化，不可究詰，雖昔人作圖經者，亦未能了然也。

予以陰陽之運，凝而爲山，融而爲水，實一氣也。水之所出，必本於山；山之所窮，即寄於水。故神禹未導水，先導山，今即以觀山者觀水，而其址界〔校〕黄本作『界址』。安所遁乎？以東四明之七十峰言之，正派爲鄞，支派爲慈。而鄞之派又分爲二：其在江之西南者，正派也；其在江之東南者，支派也。大江橫貫其間，是羣山之尾閭也。西南之派，又分爲二：由杖錫至它山者爲正派，旁出抵大雷山者爲支派，而水道隨之以分。它山之水，導源由上虞之斤嶺，經小嶺、上莊、龔邨爲一支；其自上莊之南，出分水嶺至蘆棲坑又爲一支；其自分水嶺之南，歷杖錫、杜嶴、鄭巖又爲一支。鄭巖之水東流與蘆棲坑水合，至大皎。而龔邨之水至小皎分流，至鯨魚山前而合。於是至蜜巖，過樟邨。又一支自杖錫之南出天井，一支出灌頂，並至平水上下而合，所謂大谿者也。又東至於它山。其謂之它山者，水北皆山，而水南無之，至它山忽矗一小峰以相對，故得於此置堰。又東歷洞橋合響巖諸峰之水，入桓溪爲前港。未抵洞橋，自鳳山旁流入仲夏，合石臼諸峰之水，爲後港。二港之水，會於沙渚，又十里合鏡川、戚浦諸流，放乎櫟社，直抵長春門，瀦爲日、月雙湖。大雷山之水，自鳳嶴出，一自林邨出，稍東經望春、白鶴諸山下，其初有廣德湖以蓄水，既廢，遂合兩道之水，直抵望京門入月湖，與它山之水會。它山之水盛，則城外有行春、烏金、積瀆三碶以洩之江。大雷之水盛，則城外有保豐碶以洩之江。前此它山之未有堰也，溪流釃泄入江，而江潮深入内地。長春門外兩岸五十餘里之田，皆不可耕，而望京門外之田，賴廣德湖以得振。然猶恐桓溪前後港之水西向撞擊，此仲夏堰所以爲二水之界也。它山堰既立，而洞橋以東爲塘河，清流湛然。未幾廣德湖亦塞爲田，大雷之水橫穿而至，不待入城，而後與它山之水會矣。蓋自仲夏斜行，一來會於沙渚，再來會於鏡川，三來會於櫟社，仲夏之堰由此而毁。既入長春門，而餘波在城外者，尚與西來之水會於崇法寺岡。是它山之全勢，實合大雷之水以行。其不盡收者，方沿白鶴諸山而出，合鳳嶴、林邨之流以爲望京門之渠耳。或疑它山在四明諸峰中不爲偉，不知萬山之水，賴此渺然者而奠，則尊矣。大雷本其別子，固宜朝宗之恐後也。黄南山僉事以鄞脈出於錫山，至桃源，次於崇法寺岡，入南門，歷鎮明嶺，直抵候濤山而止。考之宋、元人，皆無此説，且錫山在它山之西，大雷山之東，其岡隴左縈右拂，若爲兩山之介紹，而水勢亦兩相呼應，非能獨成巖壑者也，安得擅一城之脈乎？自南山以來，皆守其説，予竊以爲不然，故特詳之。

東南之派亦分爲二：太白爲正派，大梅爲支派，而水道亦因之以分。太白山之水，自大函、同谷、玉几、育王而下，爲寶幢河；由三谿而下，會於東吴，爲東吴河；由黄瓦溪而下，會於小白，爲小白河；皆至大函山下合寶幢河，溯江東諸碶閘以入江。而育王之背，則爲鎮海。三河所歷之山，莫高於太白者。大梅山之水，會於横溪，七十二流注焉，蓄爲東錢湖。而溪水溯湖之諸堰，亦自江東諸碶閘以入江。其中萬山錯互，而以金峩爲案，其背則奉化之交。其旁出者，由大嵩薄於海岸而止。丹山圖咏不知太白諸山亦屬東七十峰所有，而止收大梅，所謂罣一漏十者也。〔校〕黄本無此注。此鄞城之形勢也。蓋城外阻江以爲天險，而杖錫諸山之〔校〕黄本無此字。龍飛而鳳舞者，萃於城中之雙湖。故江東兩道之山，祇足以爲外衛，然猶恐城中之氣之閼也，則引雙湖之水自三喉出以通之，是其建置之精，古之鄮城所弗逮也。其自大隱而下，則屬之慈溪，然不過分東四明之十二，而車廐諸峰，則北面來注之者。

# 小江湖强堰記

它山堰之截江也，夾輔之功莫過於陳府君之迴沙閘。〔校〕黄本『迴』作『回』，下同。觀於王寧軒四明志所陳三策，沙之爲患，其亦鉅哉。近者，西岸之沙頗不爲患，説者以爲明沈令增高堰址〔校〕黄本作『沚』。之功，雖未必盡然，而沙之乘流而至者則已少，故迴沙閘亦無過而問者。岸谷變遷，不可以常例詰，要之陳府君之苦心，不可没也。

至堰南有『龍舌』，則舊志皆未之録，嘗觀其規制，蓋即水中天成之沚，而護以石，雄偉堅壯，斜障水勢。居民以爲堰之得，有程度，旱則七分入湖，三分入江；澇則七分入江，三分入湖者，皆賴此，蓋有神術焉。近則其石崩壞，而堰水不問旱澇，入江者多，入湖者少。顧疑王元恭修至正志，其於小江湖上碶閘隄壩之屬，蓋三致意焉，而此獨不載。其呼爲『龍舌』，特出於土人之象形耳，則其不見於志，甚可疑也。

及讀魏吉州峴它山水利備覽有云：『堰南得小嶼，屹然洪流，中有捍防之勢，人目爲「强堰。」』，乃恍然曰：『殆即所謂「龍舌」者也。「强堰」者，謂其本非堰而似堰也。』但據吉州之言，則『强堰』出於天然，未嘗施以人力，今之加以石者，不知昉自何時。夫萬山之流奔迸而至，忽有横厲其衝者，雖强不能不圮，故石工必不可以已。況其地當迴沙閘之上流，則亦式遏之一助也。良法苦心如此，而始事之人闕如，予甚恨之。大略當出於至正以後，故王志無之。今參考舊聞，仍標其『强堰』之名以易『龍舌』，且爲之記。

由近日水道觀之，迴沙閘尚可輕，而『强堰』較重，及今雖多崩壞，其址尚未盡圮，亟修復之，猶可爲也，更遲之則愈難矣。吾鄉民命，盡係於江湖諸陂塘之功，有司視其廢而莫之治，何古今人之賢否，相去一至此也。

# 高尚澤釣臺記

唐賀秘書之故居，在吾鄞城南馬湖，故其地曰賀家灣，有池曰洗馬，以秘書族祖德仁故也。去馬湖不數里，爲響巖，秘書之别墅，其澤曰高尚，蓋取明皇御賜詩句。澤之上，有秘書釣臺焉。

城南之山水，皆屬東四明一帶，所磅礴無不奇者，至響巖益清越。蕙江九曲，澄碧無際，瀕江石壁，橫厲如屏風，水北作聲，水南應之，嘹亮如石鐘，而寥天淡蕩，時見空中色相如佛影。巖下有洞，槎頭鯿之所聚，漁人終歲取之不竭，殆文選所云丙穴者也。江東産鯿之富，莫過於浦陽，顧其風味遠遜是間數倍。巖上篔簹數萬，蔽天拂日，長有雲氣護之，又有鸀鳿千羣往來沚中。而北巖則有頻伽飛鳴其間，此釣臺之大概也。當日秘書御風仙履，朝遊剡曲，暮宿石梁，浙東洞天，都歸嘯傲，是臺特遊息之一區耳，而其勝絶如此。

環臺左右而居者，爲葛氏，吾友巽亭之祖宅也。山中更無庶姓，巽亭致疑於其家譜，言遠祖有官太尉者，實偕祕書居此，顧何以不見舊志。予考葛氏原籍潤州之丹陽，其居鄞始於宋慶曆中，贈都官郎中旺，實自處州之麗水來，則太尉之説非也。都官爲鄞江先生高弟，以多學稱，隱居不出，故世遂以高尚澤稱高尚宅，屬之葛氏。都官之子度支，暨度支之子主簿，皆荆公爲作志。世德如此，何事遠稱太尉，以蹈沈約、魏收之失。巽亭曰：『然。吾固疑之，得子言而益信也。』

予嘗遊桐廬江上，縱觀嚴公東西二臺，其地勢良寥廓，山高水長，令人興一絲九鼎之感。然是臺之秀，則別自有不可掩者，今葛氏收之筆牀茶竈之間，何其幸也。因語巽亭，令修復其故址，臺下別爲祠三間，祀祕書而配之以都官。予將棄人間事，來作祠下史，看山看竹，日哦詩佛影中，飢則啖青鯿以爲糧，雖萬户侯不易也。

## 紫清觀蓮花塘記〔嚴注〕豐稷。

宋尚書豐清敏公之故居在桓溪，既貴後在月湖，而其園在城西。清敏身後，築紫清觀以奉祀。元時豐氏他徙，其地爲人所侵。布政公於明正統中自定海歸鄞，失其故居，卜之，遇『豐之革』，喜其與姓符，次日訪得紫清觀於城西，遂復先業，其事甚奇。崑山葉文莊公登之水東日記，歷傳學士、考功父子，中興甚盛。考功晚年，以放蕩廢，家日落，其後建昌雖以甲第繼之，弗能振。於是豐氏遂衰，而紫清觀不可問。

觀本附郭，繞觀三里皆曲塘，妙蓮瀰漫水中，甲於四明，蓋猶豐氏之物也。嗚呼！人心畏暑，水面摇風，清敏所以折巨奸者，以咏蓮之詩著。則是蓮也，關乎元祐黨人之逸事，蓋比之指佞之草。而清敏又嘗領鄉郡，黄僉事、楊教授皆以清敏嘗知明州，而宋史無之，殆出於豐氏世譜，然當是領鄉郡。〔校〕黄本無此注。是即其甘棠也。七百年以來，光景長新，過斯塘者，宛然巖巖諤諤之風裁，園雖亡，其人如在焉。古人之足爲蓮重者，茂叔之學統，清敏之風骨。茂叔之行藏非若清敏之時也，故茂叔之所寄託，其言渾然，而清敏則侃然。要所謂出淤泥而不染，其志同潔，其行同芳。

清敏之後，爲吾鄉四姓之渠，名德接踵，監倉、太平二公之忠節，吏部父子之講學，定城之吏治，至有明而爲布政、學士二公之直諫，俱不媿於花之君子，清敏之澤遠矣。今豐氏之子孫蕭寥衰替，蓋亦極盛之後難繼歟？荒郊斜日，遊人增感。然而清敏之蓮，非僅其子孫之所當護惜者也。理義以爲雨露，名節以爲風霜，瞻仰舊德，其必有肅容而至者矣。

## 董孝子墓柱記〔嚴注〕黯。

輿地碑目引祥符圖經云：『德安軍孝感縣北一百三十里，晉孝子董黯家焉。故後魏大統十六年，改爲董城，有墓碑。然今慈溪亦有董孝子墓，徐浩所書碑碣尚存，當考。』

按吾鄉孝子，乃漢人，事見會稽典録，而産德安者，乃晉人也。古今人物同姓名者極多，同姓名而同行者，惟此兩孝子爲然。但漢有兩王商，皆戚畹，則同姓名而同官；有兩京房，皆經師，則同姓名而同業，且又皆同時者。今兩孝子相去遠，不足奇也。獨是古今孝子亦多，獨此兩君者，一以董名鄉，一以董名城；一以慈名溪名縣，一以孝名縣；若有無弗同者，此則董氏之佳話也，乃爲題其墓柱之石。

至孝子墓在鄞不在慈，徐浩碑在廟不在墓，圖經所志有誤者，蓋未及詳考耳。又按陳思寶刻叢編云：『德安之董城，乃董永也。』更識之以備考。

## 真隱観洞天古蹟記〔嚴注〕史浩。

四明舊志由張津以至楊實，皆過於寥略，一切古蹟闕而不備，予嘗思補爲輯耆，而萍梗南北未遑也。客或問史忠定真隱觀洞天之勝，因疏舊聞以答之。

史氏先世本居月湖上。忠定曾祖冀公爲明州吏，奉其母至孝，嘗揮金治具，挽舟遊湖中。而大吏者俗人也，聞之恚其不告，摧挫之。冀公坐是拂〔校〕楊本作「佛」。鬱以夭，其夫人葉氏，即守節訓子者也。見忠定葬五世祖招魂詞中。

忠定之爲翰林學士也，嘗自署鄮峰真隱，高宗因御書以賜之。已而入相，丐閒，孝宗問曰：「師相真隱之區，已告成乎？」對曰：「未也。」孝宗曰：「然則朕當成師相之志。」即賜月湖竹洲一曲，而詔臨安府以萬金爲治觀。瀕行，光宗在東宮，大書「四明洞天」四字贈之。

先是，忠定嘗登四明山中，入雪竇，出杖錫，求所謂洞天故址不可得。至是，因光宗之書，累石爲山，引泉爲池，取皮、陸四明九咏，彷彿其亭榭動植之形容而肖之。〔校〕黄本有「而」字。於是觀中遂有四明窗，〔校〕黄本作「石窗」。鹿亭，樊榭，過雲，南、北潺湲洞，青欞，鞠侯諸勝，觀之左建寶奎閣，以貯兩宮御書。又建祠以祀四明山王及謝高士遺塵之像；又造划〔校〕黄本作「剗」，下同。船於湖中，以修競渡故事；又割觀之右爲精舍，以居沈端憲公；而湖上之以洞天稱，遂自此始。當是時，忠定以甘盤舊學，致政家居，冠蓋駢集。而觀中林泉極盛，忠定愛之甚：其鳩工也，有上梁文；其迎四明山王栗主及高士像也，有奉安文；其落成也，有銘；其爲划船也，有致語；其詩餘中，爲觀作者，凡數十首。而陸放翁來訪，爲賦四明洞天詩，忠定和之。其和鄭郎中輩賦「九題者再，皆觀中之九題」，而非四明山中真境也。樓攻媿詩曰『相家小有四明山』，謂洞天也。

於是忠定仲子忠宣〔嚴注〕彌堅。於觀之西築宅袞繡坊，冢孫子仁〔嚴注〕守之。於觀之東築宅碧沚。而文靖〔嚴評〕突然出一文靖，未知何人。亦構別業於觀音寺址，皆邀寧宗御書之賜。湖上之勝，遂盡歸史氏。蓋史氏自嘉定以後，不爲清流所與。而忠宣、子仁則雞羣之鶴，克守忠定家法，不以宗袞累其生平。慈湖、絜齋諸公過從不絶，而又重以端憲之精舍，故洞天爲之增色，〔校〕黄本作『重』。終宋之世，爲遊人之勝場。

元時忠定裔孫朝甫欲修是觀，清容爲作募疏，未幾而究爲道院。其後改爲晏公廟，又改爲尚書陸公祠。

先宮詹之購斯地也，謂吾力豈足比忠定，然南雷『九題』之修，或庶幾焉。及平淡齋甫成而逝世，洞天遺躅，於是不可問矣。

## 重修三江亭記

吾鄉之水凡三條：其自剡中而下者，奉化江之源也；其自杖錫諸峰而下者，鄞江之源也；其自蜀岡而下者，慈溪江之源也；胥會於城東以入海，故曰『三江之口』。舊有亭焉，宋建炎之兵火，無復存者。

紹興中，集英潘公良貴别建之，自爲之記，又爲之詩，謂其盡得三江之勝，坐觀俯揖，雖有美堂且弗如，欲使游人平其優劣。鄞之薦紳先生汪思温、蔣璿、薛朋龜輩，皆從而和之。其後石湖來守，亦時陪魏文節公遊焉。集英終身不主和議，晚歲投閒，秦氏使人致意亦不答。思陵侍從中尊宿，而横浦最心折者也。其守吾鄉，方當還定安集之際，瘡痍未起，豈徒夸遊觀之樂，蓋亦稍爲灰燼之餘，略振其氣。是故斬鯨遼海，擊楫中流，鄭若谷之和詩，其足以知公之志者也。惜其甫一年而去，未竟其用。然史稱集英在朝，亦不過八十餘日，則在吾鄉一年，蓋已久矣。〔校〕黄本無『然』字至此，二十四字。以城東之勝地，重之以大賢之所營，可以聽其風流之歇絶耶？是以重修而記之。

嗟乎！有美堂處通都，遊人過之者多，故其名長存；是亭遠在海隅，屐齒所希到，卒不能與之争勝。吾是以嘆山林寂寞〔校〕黄本作『處』。之士，終易屈於朝市之徒也。

## 重修衆樂亭記

宋嘉祐中，錢集賢公輔來守明，建衆樂亭於西湖左右，夾以長廊，澄波碧瓦，有如列繡。已而入直，集賢繪圖記勝，丹陽邵安簡公爲記，司馬温文正公、王荆公輩皆爲之詩。吾鄉湖上故蹟得見於諸宿老集中者，蓋自是亭始。其後屢圮屢復，然已遷於故亭之西，非復前此中央夏屋之偉構矣。明萬曆中，竟爲驛吏所據，先宫詹清而復之，近又毁。予自京師歸，草草改作，以存先人之遺，湖上諸公即令予爲之記。

宋之隆也，莫過於仁、英之世，其時朝有賢大臣，故四方牧令，亦多得人，政通民和，休風翔洽。集賢之在吾鄉，尤一時之望也。前此湖已久不治，集賢仿杭之西湖，盡淘其淤，因以其土築隄湖上，環以花柳，即所稱偃月隄是也。是亭在隄之南，實遥臨之。今隄雖不存，猶幸亭之無恙焉。

集賢爲安定弟子，與范堯夫、孫莘老齊名，學有原本，故諸公倡和之詩，不徒流連光景，以夸一時之盛，而多足以發集賢之志。温公之詩曰：『使君如獨樂，衆庶必深嚬。』陳汝羲之詩曰：『漬墨新名人會否，不將民樂廢民勤。』馮浩之詩曰：『無俾一夫愁，〔校〕黄本作『愆』。將和四時盛。』而吴正憲之詩曰：『疊紙爲君書所見，不知衆樂誠然哉。』是尤可以見古良友箴規之誼，誠懼集賢之政稍有未至，或不逮所言者。夫集賢之政美矣，而諸公之言猶然。嗚呼！是豈近人之所能及耶？

集賢之遺愛，治湖一節，其小者耳。然即以小者言之，蓋亦水利之所必需，故安簡推本於其憂以致其樂。夫不能憂其憂，亦豈能樂其樂。後世之牧令，惟其置可憂者於膜外，故不過自求其樂而已，集賢之亭，其鞠爲茂草，宜也。安簡之碑已無存者，諸公詩刻亦蝕其半，予皆别礱石以勒之，而附予記於其次。

## 重修十洲閣記 文闕。

## 是亦樓記

袁正獻公世居城南，其講堂即所稱城南書院者也。講堂之旁有小樓，名以是亦，正獻游息登眺之所也。深寧居士述正獻之言曰：『斯區區者，直不高大耳，是亦樓也。不特斯樓，推之山石、花木、衣服、飲食、貨財、隸役莫不皆然。即更推之我生通籍以來之宦情，皆作斯樓觀，曰直不高顯耳，是亦仕也。蓋凡身外之物，皆可以寡求而易足。惟此身與天地並其廣大，並其高明，我固有之，朝夕摩厲，不容少怠。若自安於流俗，而曰是亦人耳，則吾所不敢也。』蓋正獻命名之意如此。

予嘗謂聖賢之學，總不容苟且之説，故不特不可以苟生，亦不可以苟死；不特不可以苟取，亦不可以苟與。苟生苟取，斯其人本庸下之材，雖欲爲之起懦而不能，斯流俗之所爲也。苟死苟與，則固有求異於流俗之心，而不知此急功近名之見，君子恥之。乃獨有不妨於苟者，則惟居處日用之間，孔子所以稱衛荆之善居室也。正獻之名樓，蓋祖其意而已。

從來文章家所敘次園榭之勝，不過流連光景，張皇其位置之工，未有以儒林之法言入之者。故予於正獻之樓，特詳其語，以見斯樓之存，即先喆之學統所寄也。

正獻之殁，五百有餘年矣，城南甲第，鞠爲田父之廬。予於歷劫以後，重求書院之址而出之，因并求樓址而出之。彼承學之過此者，返而省心，如聞瞿瞿灌灌之在耳焉，於以去其求安求飽之念，而不求至於聖人不止，是則正獻之所望也。

## 嬾堂記

鄞西湖十洲之尾，舒中丞信道〔嚴注〕亶。嬾堂在焉。中丞本貫慈水，〔校〕黄本作『溪』。通籍後居鄞，今城南行春碶旁諸舒，皆其裔孫，而城中則明嘉靖中長史繆是也。杲堂先生輯甬上前輩詩，不知而闕之。

嬾堂在錦里橋之南，居人呼之曰㟁底，以其爲島嶼之盡境也，實與樓楚公晝錦堂、紫翠亭、墨莊相望，至今居民尚呼舒官人巷。中丞游天童詩曰：『昨夜長鬚城裹回，報道湖上秋風來。醉園雨過月臺冷，籬根白菊看看開。忽見江頭江月白，紛紛笑語城東陌。一尊北酒一枰棋，未到嬾堂猶是客。』題十洲松島詩曰：『歲晚何人同寂寞，水西我有讀書堂。』皆指此也。王庭秀遊西湖詩曰：『誰將水仙境，聊借詩人仗。微吟示清野，鏖戰得閒放。坐令湖上景，勝絶神宇王。問訊嬾堂居，松竹忻無恙。』其景物之爲人追慕如此，志乘皆不録，非闕歟？

中丞爲樓正議公〔嚴注〕郁。高弟，本屬正學，特以附麗荆公，遂爲吕、蔡一流，力與坡翁爲難，良可惜。當時句餘人物，如豐清敏，〔嚴注〕稷。如周南雄，〔嚴注〕鍔。如陳文介，〔嚴注〕禾。如蔣金紫，〔嚴注〕浚明。寄公如陳忠肅，〔嚴注〕瓘。如晁景迂，〔嚴注〕説之。蓋極一時之盛，獨中丞臭味不同，而卒亦不得登兩府，乃知逐勢之爲無益也。吾鄞之不以中丞爲前輩，并其故蹟亦鮮稱道者，得非以是故歟？雖然，中丞之文采則不可掩，故南雄與相酬答，有舒周唱和集，而忠肅亦預於十洲之會。凡吾鄞〔校〕黄本作『鄉』。之勝地，率以中丞詩著，而湖上尤爲總持，此予之惓惓而不已也。

予家十洲之煙嶼，於嬾堂最近，雖竹石俱無存者，然每過之，未嘗不愛其明瑟，徘徊良久。嬾堂之後人，乾道八年進士烈，受業沈簽判公權，爲程氏之學云。

## 水雲亭記

鄞西湖之柳汀，當宋嘉祐中，錢集賢公輔始建衆樂亭於中央，左右夾以長廊三十間。南渡後，莫尚書將又建逸老堂於亭南。未幾而魏王愷至，又建涵虚館於亭北，遂爲十洲絶勝。嘉定〔校〕黄本作『嘉祐』。以後，居人皆呼爲湖亭。元人取其地爲驛，於是逸老堂作南館，涵虚作北館，叛臣王積翁之徒立祠享祀，而湖上之風流盡矣。

方氏據有慶元，幕寮劉仁本、邱楠皆儒者，始重爲點綴，復建逸老堂於東，衆樂亭於西。明初并南館入北館，移逸老堂與亭俱西，而以其東爲花圃，雖未能復柳汀之舊，然稍稍振起矣。

先宫詹居湖上，重修衆樂亭，相度於驛館之後，即以魏王當日遺址作四宜樓，一覽蒼茫，湖光盡在襟袖，其北與碧沚菴遥對。樓前深入水二十餘丈，去菴亦二十餘丈，有水雲亭空峙湖心，欲過此亭，必泛舟就之。過者皆賞其結構之奇，而其地所踞，更極日景斗樞之勝，不祇景物之移人，則知者尤希。

凡吾鄉城中之水，皆自小江湖而來，逕長春門以匯西湖，而支流自大雷者，則自望京門而入，以一行『山河兩戒』之説考之，蓋亦四明西南兩地絡也。小江湖上諸山，其與大雷諸山之脈分道而下，磅礴綿延，直入城中。其在城外者，則會於長春、望京兩門之間，即豐氏紫清觀一帶也。其入城中者，正會於柳汀之北，故其氣象倍覺空濛浩渺，明瑟無際，而是亭適當之，左顧右眄，以攬其全。方丈之地，洞天東道七十峰如在目前。吾嘗謂李太守之鎮明山也，〔校〕黄本無此字。世皆知爲收拾城南巖壑之紐，而不知是亭之卜地，蓋亦有深意存焉，夫豈徒夸澄湖之清景，以恣詞客之遨遊者哉。

吾聞宫詹之爲此也，監牧諸公率與薦紳先生來遊，環舟亭下，列酒鑪茶具而燕集焉，蓋有錢集賢之遺風。百年以來，湖上遊蹤闃寂，而亭亦日以摧，舊有王忠烈公『印月』二字題額，今亦不存。嗚呼！豈知昔人經營之慘淡也，爰記之。是時，陸氏亦築會泉亭於岸西，然其地不如湖中之勝。

# 胡梅磵藏書窖記

南湖袁學士橋，清容之故居也，其東軒，有石窖焉。予過而嘆曰：『此梅磵藏書之所也！』宋之亡，四方遺老避地來慶元者多，而天台三宿儒預焉：其一爲舒閬風岳祥，其一爲先生，〔校〕黄本無上五字。其一爲劉正仲莊孫，皆館袁氏。時奉化戴户部剡源亦在，其與閬風、正仲和詩最富，而梅磵獨注通鑑。

按梅磵之注通鑑凡三十年，其自記謂寶祐丙辰既成進士，即從事於是書，爲廣注九十七卷、通論十篇。咸淳庚午，從淮壖歸杭都，延平廖公見而韙之，禮致諸家，俾以授其子弟，爲著讐校通鑑凡例。廖薦之賈相，德祐乙亥從軍江上，言輒不用。既而軍潰，間道徒步歸里。丙子避地浙之新昌，師從之，以孥免，失其書。亂定反室，復購得他本注之，訖乙酉冬始克成編。丙戌，始作釋文辨誤。梅磵以甲申至鄞，清容謂其日手鈔定注。己丑寇作，以書藏窖中得免。當是時，深寧王公方作通鑑答問及通鑑地理釋，亦居南湖，而清容其弟子也。顧疑梅磵是書未嘗與深寧商榷，此其故不可曉，豈深寧方杜門，而梅磵亦未嘗以質之耶？要之，梅磵是書成於湖上，藏於湖上，足爲荷池竹墅之間增一掌故。而以帶水之間，兩宿儒之史學萃焉，薪傳未替，湖上之後進所當自勵也。先生所著江東十鑒、四城賦，清容比之賈誼、張衡，後世不可得而見，而是書則其畢生精力之所注。

其初釋褐，嘗爲慈谿縣尉，爲郡守厲文翁所劾去。及喪職後，居鄞久，愛甬上之土風，擬卜居焉。其時正仲亦欲留甬上，皆不果，而先生之孫世佐卒承遺志來卜居，則是窨也，不當但以寄公之蹤跡目之也。

# 九靈先生山房記

姚水之東，慈水之西，有蜀山焉，其地兼明、越之勝，山之左有永樂寺，九靈先生寓於此。九靈故浦江人，柳文肅之高弟也。明兵定浙東，九靈避地於吴中，依張氏。久之，挈家浮海至膠州，欲投擴廓軍前，不得達，乃避地於昌樂。久之浮海至寧，定計隱於寧。初卜居於定海，繼卜居於東湖，尋卜居於花墅湖，其後遂止於寺，時洪武六年矣。又十年而被徵，太祖欲官之，九靈不可，忤旨下獄，明年暴卒，錢尚書受之以爲自裁云。或曰九靈初家居，明兵入金華，大帥嘗以九靈入見，太祖相與論取天下之略，甚稱旨；而其後歸於淮張。淮張亡，始變姓名曰方雲林，避地於寺。天下既定，有使者至寧，過其寺，見九靈而異之，還朝，以所變姓名上薦，徵之至，則太祖猶識其爲九靈，欲大用之。會有譖之者，乃袛除工部主事。九靈意不樂，逃去，太祖大索得之，下獄，以鐵鋃鐺穿其項下骨，卒，火化其尸，年六十七。今其文集附録有祭雲林文。此説見黄存吾閑中録。〔校〕黄本無此注。

以予考之，使九靈曾見太祖於金華初定之日，又曾奏對稱旨，則其時太祖方旁求，不應復聽九靈之還；即令太祖不甚物色，而潛溪諸公已侍太祖幕中，不應復聽九靈之還。況九靈之惓惓於麥秀黍離、殘山剩水者，其必不肯輕出明矣。九靈不肯屈身異代，則雖大用之，亦必不受。使其肯出，則工部之命亦未必逃。斯乃世俗流傳誣善之詞，小視九靈，而不足以盡當時之情事，不必深辨而自明者也。九靈以不肯屈身而被繫，顧其死不甚明。使其出於自裁，固爲元畢命；即令以瘐死，亦爲元也。九靈之大節，不必果出於自裁，而要可信其爲元也。然則山房雖小，足以爲寺重，足以爲吾鄉重。予每過此，輒徘徊竟日不忍去，非徒以蜀山之勝也。

嗚呼！古來喪亂，人才之盛，莫如季宋，不必有軍師國邑之人，即以下僚韋布，皆能礪不仕二姓之節。然此則宋人三百年來尊賢養士之報也。元之立國甚淺，崇儒之政無聞，而其亡也，一行傳中人物纍纍相望，是豈元之有以致之，抑亦宋人之流風善俗，歷五世而未斬，於以爲天地扶元氣歟？九靈愛此寺之勝，思永其采薇采蕨之節而不克，豈知此寺之不朽，正以九靈耶？至九靈之別字爲雲林，則見於烏春草集，然未嘗變姓也。

# 海巢記

殘元遺民，以文苑巨子而不屈節者，蓋多有之，而爲吾鄉之寄公者三人：九靈戴先生良，玉笥張先生憲，暨丁先生鶴年也。戴寓於慈水；張寓於鄞；而丁卜居於定海，其所居在浹口，所稱海巢者也。鶴年之來此也，以其從兄吉謨雅丁官定海之故，由武昌徒步奉母而來。海氛未靖，鶴年轉徙島上，靡有定止。及難稍平，始爲浹口之巢，可謂窮矣。而宣光綸旅之望，至老不衰，何其壯也。鶴年以朝不坐、燕不與之身，豈有故國故君之托寄，況又出自西域，非有中原華閥之系望，乃欲以藜牀阜帽，支持一代之星火，其亦間世之豪傑也已。桐江一絲，扶漢九鼎，然則浹口之巢，豈不爲殘元七廟之所維繫哉。明室大定，鶴年窮〔校〕黄本作『貧』。益甚，顧介亦益甚，雖饘粥之需，未嘗妄受，冬衣不能掩脛。嗚呼！陶泉明雖高，然尚不卻檀道濟、王弘之餽，論者不敢以此遽爲泉明貶，蓋論人者於其大也。而鶴年之戛戛，則較泉明又過之矣。

予來浹口，求得海巢而過之，驚濤落日，如聞於邑之聲，雖荒蕪之餘，猶令人感慨横生。梨洲黄氏論宋、元二季人物，以爲皆天地之元氣，顧一如陽之遏於陰而不得出其聲爲雷，一如陰之遏於陽而不得入其聲爲風。晞髮、白石之吟，陽氣也，强壓於元，憤盈而無以自洩，未百年而高皇帝發其迅雷。丁、戴諸公之吟，陰氣也，臨以明之重陽，故不能爲雷，而如蠱之風，不久而散。此亦梨洲就其身世而立言耳，君臣之義何所逃於天地之間，此耿耿不散者，孰爲陽，孰爲陰，其激怒旁魄，俱足爲雷；其哀唳淒愴，俱足爲風；不可以岐而視之。

至於鶴年之詩，頡頏於馬伯庸、薩天錫、余廷心之間，則前輩之表章已多，尚其小焉者也。

## 方國珍府第記

方國珍亂浙東，所據爲慶、台、温，而兼有紹興曹江之東境，以通明壩爲地限。其用刑甚嚴，犯其法者，以竹籠之投於江。明太祖招之，國珍納〔校〕黄本作『納』。降而不奉朔，徘徊持兩端。及湯信公以師渡江，國珍逃竄入海，已而自歸。太祖不責前事，賞以千步廊百間。而國珍子亞關，舊嘗在金陵爲質子，〔嚴注〕國珍之質子名完，見宋潛溪所撰神道碑。建言當築城於沿海以防倭。太祖詔下信公施行，於是始築定海等處十一城。定海城爲衛，而以大嵩、穿山、霩霩、翁山〔西〕〔四〕城隸之。觀海城爲衛，而以龍山城隸之。昌國城爲衛，而以石浦、錢倉、爵溪三城隸之。皆以亞關之言也。國珍父子於元末羣雄爲首亂，鼠竊一十八年，真人出而爝火息，其罪甚巨，而吾鄉藩籬之固，則亦其父子實啟之，不可謂無功。其吾鄉府城，因元初隳天下城池而壞者，雖築於納麟之手，而亦至方氏始完。不然嘉靖以後，王直、徐海之亂，荼毒更有不可言者矣。

國珍所居，即元時都元帥府也。宋時爲慶元府治，元人始改都府治，而移總管之治於東。歸附後，爲寧波衛。又廓都府之後爲内衙，有甬道以通前，歸附後爲安遠驛。又取其右爲園，歸附後爲提舉司。又立萬户府於譙樓西，歸附後爲鎮撫司之獄。國珍三弟：其一爲右丞國璋，其一爲參政國瑛，其一爲行樞密國珉，故别建三府於鑒橋以居國璋，歸附後爲湯信公署，尋以賜萬指揮鍾，後爲屠侍郎第者也。建三府於問俗坊，以居國瑛，當史越王第宸奎閣之右，世所稱『史府菜園』者也，歸附後以賜李指揮齡，太祖命詹孟舉書『武鎮坊』以旌之，後爲張方伯第者也。建四府於五臺寺東南以居國珉，歸附後亦入官，後爲黄僉事第者也。易代以來，寧波衛已改爲巡道治，而所謂爲驛，爲司，爲獄皆廢，祇鑒橋屠侍郎第尚存，而張氏猶共傳『花廳』之名。

嗟夫！都府在宋時爲絶盛，有窻曰四明，有洞曰桃源，有臺曰百花，有軒曰叢碧，吴履齋諸公之所觴咏也，豈意其一變而爲桑海之場乎？然而隗囂故宫，見於杜工部之詩，而王惲亦嘗咏劉豫之書舍，則雖渺然小腆之陳跡，未嘗不可存之，爲志乘之助也。

明初羣雄割裂，祇國珍以令終，既内附，有女適沐黔公子，在滇中，凡鄞人仕滇，如應布政履平輩女，敦鄉里之誼，還往若親戚。然則方氏之竊據也，所謂盗亦有道者耶？羣從弗戢，竟隕厥宗，悲夫！

# 鮚埼亭集外編卷十九

## 記四

### 宋文憲公畫像記〔嚴注〕濂。

宋文憲公之學受之其鄉黄文獻公、〔嚴注〕溍。柳文肅公、〔嚴注〕貫。淵穎先生吴萊、凝默先生〔校〕嚴校作凝熙，宋公有凝熙先生行狀。聞人夢吉四家之學，並出於北山、魯齋、仁山、白雲之遞傳，上泝勉齋，以爲徽公世嫡。予嘗謂婺中之學，至白雲而所求於道者，疑若稍淺。觀其所著，漸流於章句訓詁，未有深造自得之語，視仁山遠遜之，婺中學統之一變也。義烏諸公師之，遂成文章之士，則再變也。至公而漸流於佞佛者流，則三變也。猶幸方文正公爲公高弟，一振而有光於先河，幾幾乎可以復振徽公之緒，惜其以凶終，未見其止，而并不得其傳。雖然，吾讀文獻、文肅、淵穎及公之文，愛其醇雅不佻，粹然有儒者氣象，此則究其所得於經苑之墜言，不可誣也。

詞章雖君子之餘事，然而心氣由之以傳，雖欲粉飾而卒不可得。公以開國巨公，首唱有明三百年鐘吕之音，故尤有蒼渾肅穆之神，旁魄於行墨之間，其一代之元化，所以鼓吹休明者歟？予於故京兆胡丈鹿亭寶墨齋得拜公像，蒼渾肅穆亦如之，乃益以信詞章之逼肖其人，而經術之足重也。

嗚呼！公初膺高皇帝殊眷，爆直内廷，宫袍侍宴，至尊爲之强酒，至賦醉學士歌，可爲遭際之隆。及其晚年失契，萬里西行，垂老投竄於棧閣之間，亦已悲矣。君子所以致嘆於永終之難也。公之謚，賜於世宗之代，諸家皆曰文憲，而是軸獨稱爲文穆，當以質之博物君子。

## 方文正公畫像記

遜志先生以十族殉讓皇，孫枝一葉，出自二百年而後，誠不意其遺容尚有存於世間。乃知成祖之所以澌滅先生者，無所不至，顧世人之所以保護而流傳之者，亦無所不至。

舊史謂先生預於削奪宗藩之策，又嘗有反間燕世子之策，桴亭陸氏辨之，謂先生之詩，惓惓欲化刑名之士歸之伊、周，則固不以當時所施行爲然矣。予謂先生豈特不預此策，抑必嘗争之而不能得者，當時先生但侍講幄，不足以阻齊、黄之廟算也。革除之口所以汙先生者，方且有叩頭乞哀之説，況其餘乎？迨南中賜謚，科臣李清引「得正而斃」之語，遂謚文正。閩中賜祠，又命以姚廣孝像跪階下，先生雖稍吐氣，而明社遽亡，在天之靈，非所願也。〔嚴注〕廣孝知先生之不降，預止文皇以勿殺，然則廣孝非先生之罪人也。

近來多以先生宜祀學宮，累請未得。先生之應祀，人皆知之，將來必有行之者。試讀先生幼儀，則聖功之始也；宗儀則正家以爲治國之本，王道之基也；雜誡則君子體事咸在之功也；其力排釋氏，則高出於潛溪師傳百倍者也；深慮論則經世之名言也。先生而不應祀法，誰其克應之者？

嗚呼！先生之初見潛溪也，潛溪贈之以詩，比於周之容刀，魯之璠璵，傾倒至矣。然則公之像足登於東序，足圖於明堂，何幸得瞻仰而貯藏之也。

是軸神氣如生，粹然春温，令人想見容刀璠璵之善於形容。遜志集中亦有摹本，弗逮也。顧疑先生之狀貌亦清臞一輩，而其麻衣入哭，抗詞不屈，何其健也，是殆所謂大勇若懦者非耶。

## 薛文清公畫像記

少讀敬軒先生傳，謂其膚清如水晶，五藏皆見，怪其相。雖然，先生以正學上紹前儒，豈必區區夸其賦形之異，以四十八表讚〔校〕黄本作「論」。孔子，此緯候之陋也。

近得先生畫像，淳古真龐，盎然有道之容，此先生學道以後氣象，豈徒後世所稱而已乎。

明初學統，遜志先生起於南，曹學正起於北，嗣之則吴聘君〖嚴注〗與弼。起於南，先生起於北。三百年來導山導水，必自四君子爲首，先生之學非後世所敢議，顧崔公後渠之言曰：『先生之佐大理，王振引之也，當時若辭而不受，豈不愈於抗而得禍歟。』于忠肅之受害也，先生固争之矣，若争之不得而即去，豈不更偉歟。』劉公蕺山之言曰：『易儲之役，先生時爲大理，何以不言。或曰時方轉餉貴州，猶可云位不在也。忠肅擬極刑，先生但謂天子新復辟，不宜誅戮，以傷和氣，請減爲斬，恐非心之所安也。』〖嚴注〗當時于公若不死，將委蛇朝班耶？抑棄官歸山耶？曹、石之害于公，正于公之所樂。使文清力争，固不能如志，假若如志，將使于公何以自處乎？余以爲此固未足爲文清病也。韓忠武何以不救武穆，明知事勢萬不能耳，若强而行之，禍必有大于此者。梁溪高忠憲公亦謂此不能爲先生解者，足見後人之可畏。

予謂平情而言，王振以三楊之言援先生入大理，推挽在密勿，先生不知也。既受命，三楊始告之，先生毅然不往謝，尋抗之而得禍，先生無尤也。易儲之役，先生既不在官，及歸，成事無可説者，良亦不得爲先生咎。惟于公之事，先生雖心不以爲然，而言之不力，此則未免怵於曹、石之凶威，而於道之分際有未盡，百世而後，先生復起，不能不謝以爲諍友也。

予觀先生性稟，蓋在善人有恒之間，其天資之粹美，誠善人矣。但善人不踐迹，而先生之按規就矩，苦身持力，尚從有恒入手。及其晚年，則造於君子。有明儒苑爲新建之學者，多詆譏先生；其排新建之學者，又過於崇奉先生，皆非中道。不揣檮昧，自以爲得先生之定論。蓋先生之得天者不如遜志，而所造則學正之流，若後渠、蕺山之責備，此後學所當警心者，豈得謂其苛哉。

抑先生之晚節，自有過於前人者：嘗聞臨川李閣學之説，以爲朱子每值去官，必致箋當路，惓惓宫祠，似未能忘情於禄廪，揆之於義，稍有未合。今觀先生之歸，石亨欲爲之請敕，即家塾敷教，足以自養。先生謂若欲謀養，則不必辭官，因援許魯齋之例不受。夫設教非宫祠之比，而先生不受，則高出於朱子矣，此則可以爲百世之師者也。

予既記遜志先生像，又記先生像，又記羅文毅公像，合爲一軸，懸之齋中，〔整觀〕從黄本補。束帶陳其遺書，而仰止之。

## 羅文毅公畫像記

〔董注〕羅公諱倫，翰林修撰，諫李賢父喪起復，忤旨，黜爲福建市舶司提舉。

文毅公之自言曰：『予賦性剛，見有剛者，好之若飢渴之於飲食，不能自喻於口也。求之不可得，則尚友其人於古，相與論其世，如侍几杖而聆謦欬也，欷歔企羡，至爲泣下。或曰：「剛折而柔存」，此非知剛者也，天不剛乎？地不柔乎？天未嘗墜，而地有陷，非剛者存，而柔者墮乎？山峙而水流，山剛而水柔，非剛者存，而柔者去乎？毛髮附於頭顱，孰剛孰柔，頭顱存而毛髮落者，又何故乎？齒之以剛而折，剛之無本者也。故蘇氏之言曰：「士患不能剛耳，其折與否，天也，於剛乎何尤。」爲是言者，鄙夫之不能剛者也。』嗚呼！文毅之言，可以興起百世之頑懦者乎！

予嘗博觀古人真能剛者，亦僅而遇之，宋大儒如晦翁、西山，明儒如敬軒，天下無間言。然晦翁卜得遯卦，遂不復上封事。夫封事當上則上之耳，不應計其休咎也。西山晚年再出，以和、扁譽時相，果本心之言耶？敬軒當于、王之死，亦不能力争，無乃皆於剛之分際有歉耶？晦翁、敬軒猶不失潔身之義，西山則不無慙德矣。末學小生豈敢妄議前儒，然已有先我而言之者，非刱也。文毅之言可以興起百世之頑懦者乎？

自講學之風盛，學者自負其身心性命之醇，而氣節其粗焉者也。夫『善養吾浩然之氣』，孟子之言也；『臨大節而不可奪』，孔子之言也；此不過懦夫借此以掩其趨利避害之情狀，其流弊至於無君無父而不可挽，非細故也。文毅一鳴輒斥，雖蒙賜環，匆匆遽去，未得展其正色立朝之量，君子惜之。今相去三百年矣，百錬之金，芒寒骨重，猶巖巖浮動於目中，欷歔企羨，不異伏謁於几杖謦欬之前也。

# 唐陳拾遺畫像記

蜀人自古多文章，漢之司馬相如、王褒、揚雄，皆蜀人也。文章之衰，至六朝而已極，唐初未有以變之，而首思復古者陳拾遺，〔嚴注〕子昂。亦蜀人也。太白遡詩之流變，則推拾遺之高蹈，昌黎亦稱其善鳴。終唐之世，必以復古之功歸之，先河之祭，拾遺之所就亦偉矣。雖然，以拾遺之才，自足千古，何以不自愛惜，呈身武后之朝，貢諛無所不至。丈夫之文，婦人之行，可爲浩嘆。垂拱四傑與拾遺生同時，其文則所謂時風衆勢之文也，拾遺則所謂古學也。義烏一檄，爲唐室中興之先聲，擬之博浪沙之椎，足以震報韓之膽。予嘗謂東漢以後無文章，諸葛公出師表足以當之；六朝無文章，淵明止酒諸詩及韓顯宗答劉裕書足以當之，而歸去來辭尚非其最；唐初無文章，義烏之檄足以當之：皆天地之元氣，而不以其文之風調論也。拾遺雖有高蹈之文，如其穢筆何。且拾遺以此自結於武后，不特用之不甚達，抑亦終不免於禍，悲夫！以此知降志辱身之終無益也。

予於同里竹湖陳氏得見拾遺之像，清腴軼俗，不問而知爲俊人，嘆其才之高而一失足成千古恨也，酹以一樽而記之。

## 宋王尚書畫像記

〔嚴注〕王尚書者，應麟也。

往者太原閻丈百詩篤嗜深寧先生之著述，三屬人入鄞求先生之行狀、神道碑、墓志，欲附之卷尾；又求其畫像，欲摹之卷首；而皆不可得。先生孫枝在鄞者零落，其在紹之上虞者，亦不知其盛與否也。予罷官歸，同學葛君巽亭爲予言，榆莢邨王氏有先生像，亟喜，往請而觀之。亡宋遺民所云咸淳人物面目，當時已等之彝鼎，况大儒如先生乎？

先生之學，私淑東萊而兼綜建安、江右、永嘉之傳，予於同谷三先生書院記言之詳矣。生平大節，自擬於司空圖、韓偓之間，良無所媿。顧所當發明者有二：其一，則宋史之書法也。先生於德祐之末，拜疏出關，此與曾淵子輩之潛竄者不同。先生既不與軍師之任，國事已去，而所言不用，不去何待？必俟元師入城，親見百官署名降表之辱乎？試觀先生在兩制時，晨夕所草詞命，猶思挽既涣之人心，讀之令人淚下，則先生非肯恝然而去者。今與淵子輩同書曰『遁』，妄矣。其一，則明儒所議先生入元曾爲山長一節也。先生應元人山長之請，史傳、家傳、志乘諸傳皆無之，不知其何所出。然即令曾應之，則山長非命官，無所屈也。箕子且應武王之訪，而况山長乎？予謂先生之拜疏而歸，蓋與馬丞相碧梧同科，即爲山長，亦與家參政之教授同科，而先生之大節，如青天白日，不可揜也。嗚呼！先生困學記聞中有取於姚弋仲、王猛之徒，與楊盛之不改晉朔，并謝靈運臨難之詩，其亦悲矣。而謂士不以秦賤，經不以秦亡，俗不以秦壞，何其壯也。罥李德林之以事周者事隋，更足爲興王用人之戒。

今觀先生之像，須眉惆悵，端居不樂，其當杜門謝客之際乎？惜不令百詩見之也。

## 馬端肅公畫像記

〔嚴注〕文升。

正德中，流寇擾大河南北，過焦泌陽閣學家，大掠，取其衣冠披之樹，而斫之曰：『吾恨不得斬此人以謝天下。』獨相戒勿犯馬端肅家。嗚呼！端肅立朝風節，能使潢池之徒，亦復敬而愛之，其真大臣也耶？夫泌陽固佞幸，然亦尚不至如古奸臣之流毒天下者，而遂干盜賊之公憤，求殺其人而不得，至洩怒於其衣冠，此鄭公之笏之反也。則端肅之令人遐思於百世者，雖丹青之面目未必盡肖，能不穆然而再拜耶！世之爲大臣者，尚其思之。

## 陸康僖公畫像記

〔嚴注〕瑜。

前漢人物，武皇以前爲一輩，武皇以後而一變。武皇以前，將相之中，周昌、王陵、張蒼、張相如、申屠嘉、周亞夫、竇嬰、汲黯之徒，或如璞玉渾金，或如蒼松古柏，望之木訥，不知竭天下之知名勇功，不足過之，此所以養一代之元化也。武皇以後，朝廷士大夫之氣象日以發洩，而漢治亦自此而衰。

前明人物亦然。孝宗以前爲一輩，孝宗以後而一變。孝宗以前諸巨公，多厚重端默，不見圭角。孝宗以後則發洩殆盡矣。人物之厚薄，世道之所由汙隆也。同里陸康僖公，乃孝宗以前名臣之一，〔一〕其爲山東藩使，二十年超擢尚書，未嘗有赫赫之名，而稱於其職，當世推爲舊德，無有異詞，則所謂厚重

〔一〕【李注】陸康僖名瑜，明史無傳，惟李秉傳言：『侍讀彭華嗾給事中蕭彦莊劾秉十二罪，吏部左侍郎崔恭、右侍郎尹旻等亦怨秉，欲去之代其位。刑部尚書陸瑜等附會二人意爲奏。』又沈德符野獲編云：『成化元年十一月南京户部左侍郎陳翼因災異陳言，請如英廟時，遣刑部郎審録天下重囚，寬恤以召和氣。時廖恭敏莊爲刑部左侍郎，以爲歲儉民貧，差官滋擾，但令撫按及按察使自清刑獄，其遣官，俟年豐再議。時大司寇爲陸瑜，以恭敏先朝直臣，不能奪也。』據此兩事觀之，則康僖特一模稜附會之人，殆全民所謂『厚重端默』者乎？野獲編又言：『尚書九年得一品，此成例也。成化間鄞人陸瑜者，以刑部尚書致位卒，謚康僖。瑜以天順二年得請，凡位六卿者十六年，蓋四考滿矣，而不進一階，似爲上所厭薄。然既歸而得易名之典，乃終無贈官，又何耶？代瑜者爲董方，甫二年餘而卒，乃得贈太子少保。是時彭文憲當國，何以處分如此，其中必有説。』考之明史七卿表，瑜爲尚書時，于天順七年十一月下獄，尋釋，不知其爲何事。其十六年中固未嘗得進一階。至代瑜者爲王概，一年而卒，項忠代之，兩月而改兵部。然後董方继之，越二年餘改仕，亦非卒于位者，與沈氏所言小有不合。要之，康僖之爲人大略，固可見矣，全氏稱爲名臣，蓋鄉曲之見也。

端默不見圭角者也。

予家世與陸氏爲鄰，時得瞻拜公之遺像，故國喬木，不僅桑梓之敬恭而已。以貌取人，亦有出於物色之外者，未必皆當，然德充之符，其可信者十之九。即以康僖之像言之，其淵然者，則璞玉渾金也；其龐然者，則蒼松古柏也。斯豈晚季人物之所可望歟？〔校〕黄本作『乎』。

## 楊忠愍公畫像記

宛、洛之間有二楊：其一爲槲山先生，其一爲忠愍，皆以氣節著，世以爲其學道之功也。雖然，吾觀忠愍之氣節，得於天者多，而學道之功尚未密。使其學道果密，則不作『風吹枷鎖滿城香』之詩矣，其視臣罪當誅者何如？〔嚴注〕嘗讀忠愍自著年譜，直書其父寵妾棄子，于義亦未安。此謝顯道所云『矜字未去』者也。忠愍之生平，豈末學所能議，然此亦爲人臣者所當知，不可以前哲而曲護之也。

忠愍畫像，予見之董太守復齋家，雙眉插鬢，雙眸微有高下，雙顴隆起，諒哉其氣節之雄也！

# 石田先生畫像記〔嚴注〕沈周。

予所見有明一代巨公之像多矣，誰其蕭然山澤之臞，則石田先生也。雖然，先生與吾鄉屠太宰最相契，太宰以臺省諸臣下獄，不救，楊宮詹碧川移書非之。先生在吴下見宮詹書，賦詩志諷。太宰答韻，述其衷曲，則先生非竟忘世者也，山澤臞云乎哉？雖然，先生之貌則臞矣。〔嚴評〕短篇而有頓跌起伏，故是佳作。

# 徐文長畫像記

文長〔嚴注〕渭。詩古文詞，雖未足以望古之作家，要其才氣亦雄矣。梅林死後，懼禍，發爲狂疾，無乃葸乎？乃知負才氣而不衷以道，不足以臨變故也。然吾觀文長之相，豐厚潤澤，不應晚年狓猖受困如此，不可曉也。

## 豐學士畫像記〔嚴注〕豐熙。

甬上學統，肇開於慶曆五先生。時則豐清敏公受業於正議樓公，〔嚴注〕郁。而桃源〔嚴注〕王説。之友也。再盛於淳熙四先生。時則豐制使公〔嚴注〕有俊。宅之於楊、袁，雖稍晚出，而同講學於朱、陸之間者也。及明嘉靖中張文定公〔嚴注〕邦奇。論學，頗矯新建、增城之偏，時則豐學士公，其同心也。世知甬上四大姓，重圭累衮，豐氏與其一，而不知三百年之學統，綿綿延延，豐氏必參其間，嗚呼盛矣！

學士之宗旨，以居敬爲要，故其别署曰一齋，殆有見於後來儒者之必趨於狂禪，而思所以障之歟？至世所傳石經河圖、石經魯詩、石經大學、外國本尚書，皆出自學士子考功所僞撰，上溯之清敏諸公，以至學士，謬託名焉，不知者或遂以爲學士之著述，罪其侮經，而反没其躬行之實。諸家論明儒，皆不及學士，豈知其深造自得之實也。

議禮一案，司馬公、程子之論亦不盡足以折歐陽氏。然學士諸君不欲負孝宗，則固司馬公、程子之心也。永嘉輩借此以倖進，則固非歐陽之比也。

豐氏之子孫微矣，予少時過紫清觀，猶及見學士之像，今亡矣〔校〕黄本作『已』。夫，忽見之胡京兆鹿亭齋中，特記之。

# 沈文恭公畫像記

〔嚴注〕沈一貫。

康熙己未之開史局也，秉筆諸公欲痛抑沈文恭公，〔嚴評〕痛抑此公誠不爲過。以爲亡國之禍由於黨部，黨部之禍始自文恭。時吾里中預史事萬徵君管邨頗平反之〔嚴評〕以意改。以爲由其後而言，一變而爲崔、魏，再變而爲温、薛、楊、陳，三變而爲馬、阮，清流屏盡，載胥及溺，而温則文恭之門下也，東林諸子所以尤憾文恭。然此乃流極之運，未可盡歸之一人。蓋黨部之起，長洲、太倉已先發難，太倉最黠，長洲次之，文恭不若太倉之巧而深於長洲。至其擠歸德，逐江夏，文恭之謗遂在長洲、太倉之上。若溯其原，豈自文恭始乎？管邨之説，蓋亦天下之公言，非有私於鄉曲。然是夕也，管邨夢有珥貂搢笏藍袍，投刺稱謝者，則文恭也，覺而異之。已而管邨出宰五河，得罪放還，病廢於家，忘其夢矣，一日策杖偶過沈氏，問其後人曰：『聞先太師畫像最多，願得觀之。』其後人曰：『諾。』因以簏至，其中可五六十幅，皆文恭待漏、承恩諸圖。管邨隨手拈得一幅，珥貂搢笏藍袍，疇昔夢中所見者也。管邨爲之愕然，因以語之先君，共爲太息。

嗟乎！枋臣當國，不畏天下之清議，而身後不能不惓惓於此，何見事之晚乎？無他，生前炙手之熱，已成縛虎之勢，前推後挽，不復自由，蓋旦晝斧斤之梏亡也。身後遊魂，冰山澌滅，千秋史筆，足以怵之，蓋夜氣之清明也。〔嚴評〕快哉此言，足以寒老奸之膽。夫至於既死，而夜氣始悟，而已莫可逭矣。世之有鑒〔校〕黄本作『見』。於此者，其急提醒及時之夜氣，而無待於既死之乞靈焉，庶乎其可也。適有以文恭小影至者，因記其語於後。

## 張督師畫像記〔嚴注〕張煌言。

吾鄉傳張督師畫像者頗多，其遺集卷首亦有之，而神氣骨相各不同。先伯母自黄巖歸，予以叩之，則曰：『無一肖者。嘗聞先公於甲辰錢唐獄中，曾寫一像，當有存者，汝曷訪之。』予乃貽書訪之萬九沙先輩，〔嚴評〕先輩、前輩誼別，不可溷施。謝山于九沙，當稱先輩，然古文中亦不宜用，只宜稱先生。而九沙曰：『有之。』因摹寄焉。先伯母曰：『是已。』予遂取姚江黄先生之志，楊徵士遴之記，及吴農祥傳讀於旁。先伯母曰：

惟吴傳舛戾無可信者，然吾所記軼事雖耄忘十九，尚有足以補黄、楊之闕，汝其識之。

先公生平不執宿見，畫江之役，閩中以詔書至，張公國維、熊公汝霖謂不宜開讀以阻軍氣；朱公大典、錢公肅樂恐啟争端，相持未下。當時庶僚疏論此事者，李侍郎長祥與先公右張，而楊侍御文瓚右朱。先公即出揭力排楊，由是相爲水火。及議遣大臣入閩，先公方以翰林兼行人，請得輔行，以折閩人之詰難。已而楊之兄弟、娣姒一門死義，先公在海上貽書汝諸祖，以爲媿良友，寄三詩弔之，今其牘尚有存也。舟山之陷也，張名振初聞大兵三道並出，自以習熟形勢，謂蛟關天險不可旦夕下，乃悉其鋭師奉王，揚聲趨松江，以牽舟山之勢。是時先公亦爲所拉，同在行間，不料蕩(吴)〔胡〕從嚴改，嚴云指蕩胡伯阮進。失守，以火攻死。一夕昏霧，大兵畢渡，名振已抵上海，聞變遽還，則不及矣。謂其輕出則可，謂其奉王以逃則誤也。是時名振老母、愛弟、妻子俱在城中，卒以一門殉。使其逃，則何不盡室而行乎？甲午，名振邀先公入長江，誠意伯劉孔昭亦同行。或言孔昭先朝巨奸，豈可與共事。先公曰：『孔昭之亂南都，擢髪不足罄其罪，然當趙之龍輩迎降恐後，獨全軍出海，則尚有可録者。今託同仇之義以來，疾之已甚，恐其爲馬士英之續也。』聞者韙焉。乙未，名振病卒，遺令以部卒來屬，先公麾下始盛。鄭氏遣人來通好。先公言監國乾侯之辱，鄭氏修唐藩頒詔之隙也，以公誼相重焉。然鄭氏不肯負唐，吾又豈敢負魯，故雖與鄭氏合從而終爲魯。鄭氏亦諒先公之誠也。是時鄖陽山寨有所謂『十三家軍』者，滇事之急，先公嘗遣吴職方祖錫往説之，令出兵撓楚以救滇而不克。壬寅而後，先公貽書汝諸祖，以事不可爲，欲散其軍，然日復一日，以王在也。直至甲辰王薨，而後決計入山，故采薇之吟自此而始。先公有從弟從軍海上，入山以後不知所終，聞有冒其名至錢唐者，爲諸遺民所詰而去。

先伯母之所傳如此，是時年八十矣，牙齒俱脱，懸畫像於房，喃喃然且泣且語，每語又於邑，聞者皆泣〔校〕黄本作『倶涕』。下，而督師之鬚眉亦浮動紙上。予時年十八，據觚而聽，聽已即記之，然其文草草未就也。未幾先伯母返黄巖，踰年而卒。雍正己酉，始重爲詮次而記之畫像之首。

歐公記王彦章畫像，多正舊五代史之謬者。予文雖劣，亦不爲無補也。

## 義武將軍戴少峰畫像記〔嚴注〕爾惠。

既進酒，復高歌，愁不去，柰君何？睨我牀頭三尺青萍在，寶芒竄髟吼立波。君不見義武將軍目掣電，紫石眉稜反蝟面，奮身躍馬靖煙塵，穿齦裂眦垂百戰。陣雲深處胥濤奔，匹夫一怒日星變。天心獎亂坤軸傾，痛哭歸來年已晏。丈夫熱血凍不翔，徒爾企腳蝸廬望屋梁。整袂馳思凌八極，羊腸折軸川無航。北人聞名來相召，疊坏滅趾埋聲光。貞心寄在丹青裏，初服炫躬何輝煌。吁嗟乎！何日扶桑旭光炳，朝霞飛麗雲臺影。

此屈瓠山樵高公斗樞題戴少峰畫像句也。

予初讀錢忠介公家傳，言忠介倡義時，大會城隍廟，有戴少峰者，布衣也，舉手一麾，三四千人皆從之，相與擁忠介赴巡按署，遂以舉事。故忠介敘倡義情由疏，於諸紳衿外列諸義民，而以少峰爲首，蓋亦『六狂生』之亞。及讀高氏此詩，乃知少峰以百戰官至將軍，殆有勇有才者。江上失〔校〕黄本作『不』。

守，曾膺新命而不赴。然問之戴氏，莫有知之者。一日，與客語及之，則曰：『其人尚有後嗣在卒伍中，可呼而問之。』予大喜，亟令客挽之以來。

其日有捧遺像一軸過我者，閱其題字，則屈瓠山樵句也。予叩其詳，則曰：『先人是軸，江上初歸時所作，高氏之詩亦在是時。其後山寨大起，先人復出而預之，遂以一門殉焉。僅一孫逃，得脱，吾父也。』又言：『先人善以孤騎突入大營，軍士見之辟易莫能當者，然卒以此死。』又曰：『先人殉後，家門零落，混跡軍籍，獨有遺像，以高都御史題，世寶守之。然過從無長者，誰爲見之。不意今日得蒙表章。』是高氏之詩，祇得少峰中年事跡，而其後卒爲沙場之鬼，則今日所聞也。嗚呼！義烏黄文獻公去厓山時未遠，考索遺聞，蘇劉義之子已在卒伍，況於其三世之後乎？

少峰之像，蒼顔微鬚，鵠立，雙眉蹙不展，旁挂一印，侍者挾劍睨之，衣袾尚爛然。嗚呼！此固文山幕府列傳中人也。

少峰爲兄弟四進士之後，〔一〕名爾惠。

〔一〕【蔣注】『四進士』：戴鰲，號静山，弘治十二年己丑進士，尋甸知府。戴鯨，號南江，嘉靖二年癸未進士，福建布政使參議。戴鱀，號東石，正德十二年丁丑進士，都察院右副都御史。戴鰲，號少石，嘉靖十四年乙未進士，工部主事。

# 鮚埼亭集外編卷二十

## 記五

### 梅花嶺記

順治二年乙酉四月，江都圍急，督相史忠烈公（《嚴注》作『忠正』。）知勢不可爲，集諸將而語之曰：『吾誓與城爲殉，然倉皇中不可落於敵人之手以死，誰爲我臨期成此大節者？』副將軍史德威慨然任之。忠烈喜曰：『吾尚未有子，汝當以同姓爲吾後，吾上書太夫人，譜汝諸孫中。』二十五日城陷，忠烈拔刀自裁，諸將果争前抱持之，忠烈大呼德威。德威流涕不能執刃，遂爲諸將所擁而行，至小東門，大兵如林而至。馬副使鳴騄、任太守民育、及諸將劉都督肇基等皆死。忠烈乃瞠目曰：『我史閣部也！』被執至南門，和碩豫親王以『先生』呼之，勸之降。忠烈大罵而死。

初忠烈遺言，我死當葬梅花嶺上，至是德威求公之骨不可得，乃以衣冠葬之。或曰：城之破也，有親見忠烈青衣烏帽，乘白馬出天寧門投江死者，未嘗殞於城中也。自有是言，大江南北遂謂忠烈未死。已而英、霍山師大起，皆托忠烈之名，彷彿陳涉之稱項燕。吴中孫公兆奎以起兵不克，執至白下，經略洪承疇與之有舊，問曰：『先生在兵間，審知故揚州閣部〔校〕黄本無此二字。史公果死耶？抑未死耶？』孫公答曰：『經略從北來，審知故松山殉難督師洪公果死耶？抑未死耶？』承疇大恚，急呼麾下驅出斬之。〔嚴評〕插入孫公一段，與前後文勢，皆不相接續。

嗚呼！神仙詭誕之説，謂顔太師以兵解，文少保亦以悟大光明法蟬脱，實未嘗死。不知忠義者，聖賢家法，其氣浩然長留天地之間，何必出世入世之面目，神仙之説，所謂爲蛇畫足。即如忠烈遺骸，不可問矣，百年而後，予登嶺上，與客述忠烈遺言，無不淚下如雨，想見當日圍城光景。此即忠烈之面目，宛然可遇，是不必問其果解脱否也，而況冒其未死之名者哉！墓旁有丹徒錢烈女之冢，亦以乙酉在揚，凡五死而得絶，時告其父母火之，無留骨穢地，揚人葬之於此。江右王猷定、關中黄遵巖、粤東屈大均爲作傳銘哀詞，顧尚有未盡表章者。

予聞忠烈兄弟自翰林可程下，尚有數人，其後皆來江都省墓，適英、霍山師敗，捕得冒稱忠烈者，大將發至江都，令史氏男女來認之。忠烈之第八弟已亡，其夫人年少有色，守節，亦出視之，大將艷其色，欲强娶之，夫人自裁而死。時以其出於大將之所逼也，莫敢爲之表章者。嗚呼！忠烈嘗恨可程在北，當易姓之間，不能仗節，出疏糾之，豈知身後乃有弟婦以女子而踵兄公之餘烈乎？梅花如雪，芳香不染，異日有作忠烈祠者，副使諸公諒在從祀之列，當另爲别室以祀夫人，附以烈女一輩也。

# 張相國寓生居記

〔嚴注〕肯堂，謚忠穆。

前閣部華亭張公鯢淵之在翁洲也，築寓生居於其廨舍之右，蓋故參戎之圃也。其曰『寓生』，取本草續斷之字寓〈本〉〔木〕也。公嘗自爲之記，以爲『予生世寡諧，而姓名時爲人指，以故不能爲有用之用，如楩楠栝柏之大顯於時；而又不能爲無用之用，如臃腫拳曲之詭覆其短。以故戴鰲三傾，擎曦再昃，朝宁之上起風波，予因爲溝斷；師旅之餘蹈湯火，予因爲槎泛；斯時但幸死之得所而已，遑知尚有苟延之日。而既適然遇之，則亦適然寓之，以爲壺公之壺，巢父之巢。若夫死不徒死，生非苟生。如兹木之佐俞、扁而起膏肓，則竊有志焉，而非此記所能概也』。蓋公之自序如此。

嗚呼！公之爲此記也，其言寒暑再易，而圃始成，則在己丑之歲乎？先是思文已亡，監國方在閩中，公播蕩於翁洲，以此寫其無聊。迨翁洲爲行在，公以首揆入直，遷居民舍，而以圃居王。公之遊息於此，亦無多時，雖欲以是居爲止水而不克。吾聞公遷居之後，有雪交亭，左右舊植一梅一棃，其花開相接，最爲公所賞玩，因築草亭焉。及其死，在是亭也。亭之外，多茶，多黄楊，多竹，而尤多秋色。陶甘霖、宋菊齋、先贈公皆嘗以詩與公相酬。今所謂寓生居者，復爲鎮將之圃，曲池危石，依然無恙，而無能道公之舊者。至於雪交亭之名，黄都御史棃洲愛之，嘗以署其亭於姚江；高兵部檗菴亦愛之，嘗以署其亭於鄞，故其佳話尚傳播於浙東好事之口。又聞公孫茂滋難後歸華亭，揭寓生之題以題其廬，不忘祖也。茂滋死無後，予以問諸華亭之人，亦無能道其舊者。

嗚呼！以平世之宰相，易代而後，東閣猶或化爲馬廐，而況如公者乎？予之爲此記也，以補翁洲之掌故，使圖經有考焉。

## 囊雲先生雲樹記〔嚴注〕周齊曾。

周先生既築草瓢於小盤谷，題曰囊雲。一日，於懸厓間得奇木，取以爲養和，其自爲之記，曰：『闢囊雲，斬去峰腰，叢緑突露，梠然空心，三面圍，一面可容人入立坐。其膚理半如螺黛，如大佛頂；又如口大開，高不盈丈，抱之須人三手臂。予甚異之，恐其露立，而不免爲樵者薪也，移入屋底。雪竇住持石奇見之，呼以「雲樹」，而題以詩。』

囊雲殁後，『雲樹』流轉至桓溪，李丈東門〔嚴注〕暾，杲堂之子。移致其家，歲久稍有蠹蝕，前此樹中盡勒諸公所賦詩及先生記，而今漫漶不可識。予令東門之子世法重爲修整，其下奠以巨架，而更爲之記。

或曰世無不朽之物，況囊雲之塵視世界也久矣，其何有玆樹之存亡，而子惓惓以之。予曰然然否否，囊雲非塵視世界者也。

初囊雲之於小盤谷結茆也，石奇之方丈近焉，欲授以法。囊雲每一歸家，必入其令人之室。石奇聞曰：『是殆塵根未斷耶？』乃止。世之愚者，妄以此爲囊雲惜。嗚呼！人知囊雲之披緇爲有托而逃，豈知囊雲之辭鉢，亦有託而逃乎？前此之有託而逃，欲長留君臣之義於天地間；後此之有託而逃，欲長留父子夫婦之義於天地間；所以相成也。此其說，在姚江黄氏爲囊雲墓志，同里高樞部檗菴爲囊雲集序，已大闡明之。

而予更有申其說者，釋氏塵視世界之說，其末流適足以資其滅絶人道之行，而肆然行之而無忌。即以石奇言，不自以爲有道之僧乎？石奇與陸大行文虎交，文虎結雪瓢於山中，石奇爲之奔走，先後其間，不遺餘力。文虎死，而石奇遂蹊其田，蓋其不知君臣、父子、夫婦之義，亦安能知朋友之義。囊雲之望望然不屑列於此輩之伴侶也，君臣之義正焉，父子、夫婦之義正焉，即朋友之義亦於此正焉，此則前輩所尚未及者也。

至囊雲之足令人追思於百世，固不以『雲樹』，然而見『雲樹』如侍囊雲，賢者之手澤，其孰敢以弁髦視之。小盤谷之北有所謂『翰林松』者，明戴洵之遺也。其人亦無甚足稱，猶且以之傳其松，而況囊雲乎？李氏其寶之矣。

# 枝隱軒記〔嚴注〕周元懋。

城西浮石，明尚書周文穆公〔嚴注〕應賓。之居也。文穆羣從子孫多賢，故當易代之際，争求完節，以不媿世臣。而枝隱軒者，思南知府元懋德林所搆也。思南嗜酒，其庋軒中者皆酒器，大小疊迸，不可數也。軒外平疇，所種者皆秫也。軒旁有廚有庫，顧無長物，所列者則罌瓶之屬也。思南不問室家事，賓客至，先通名，其所問者，客之能飲與否也。客云能，則又問之，謂其得久留此間飲與否也。數日之間，或不得伴，則遣人招之；或以事辭，則親往强之；或不遇，則窮之於所往；終不得，則四出别求其人，必不得，則樵者、牧者、漁者，皆執而飲之。所執之人醉，猶以爲未足，則呼雲而酹之，其觴政然也。午夜思飲，猝無共者，則或童或婢皆飲之；童婢或不能飲，則强以大斗澆之；猶以爲未足，則呼月而酹之，其日之餘也。然有招之飲者皆不赴，或以酒過其軒，則又必問其人爲何人，而後入之。

自丙戌以後五年，其醉鄉之日月也。一日，坐軒中，忽大嘔血，笑云：『此吾從麴車醖釀而成之神膏也，非病也。』嘔不止，飲亦不止，隨飲隨嘔，此其所以死也。死之日，有父老入哭於軒，不知其爲何許人也。其哭云：『人固有以不良死者，有以良死者，夫夫也，其在良與不良之間者也。』或問之，則曰：『吾於文穆之家得三人焉：江都君以不良死者也；囊雲以良死者也；夫夫也，江干之破，自投於水，浮沈一里有餘，而爲人救之守之，不得遂其志，欲從江都君而不得者也。旋聞其入鸛頂山中，翦髮爲頭陀矣。顧以爲不得溺於水，當溺於酒。山中得酒甚難，乃返軒中日飲，卒以溺於酒而死，欲從囊雲而不得者也。不死於水，而死於酒，是非不良死也。然其死於酒，猶之死於水，非良死也。孔子謂殷有三仁，周氏之三人，猶此志也。』江都君者，乙酉殉難忠臣志畏也。囊雲者，故香山知縣齊曾也。或曰思南所最喜與飲爲軒中老伴者，尚有二人：其一爲茂材昌時乘六，棄明經而不就；其一爲元辰世臣，亦諸生而自放者，皆其同志也。

思南卒後九十餘年，同里全生過是軒而記之，溯酒人，傷節士也。

## 余生生借鑑樓記〔嚴注〕畣。

鄞之西湖，以賀秘監嘗游息於此，故有小鑑湖之目。借鑑樓者，故錦衣青神余君生生之寓寮也。生生爲太保尚書肅敏公之後，以尚書恩世襲錦衣，其自蜀而徙燕，非一世矣。

生生以明經起，思由甲科進取，故錦衣之官雖上而未任。已而國亡，謀結勳衛子弟兵以殺流賊，不克，逃之江南，參人軍事，又不濟，始來鄞。其時，鄞之世家子弟喪職者多，乃相與悲歌叱咤，更唱迭和無虛日。僦居湖上，有七子詩社，詳見予所作諸公志序中。而生生最長，社中奉爲祭酒，嘗曰：『吾敢謂此間樂不思蜀耶？』爰署其居曰借鑑樓。

諸公在湖上者，陸披雲有觀日堂，宗正菴有南軒，陸雪樵有歲寒館，生生之樓皆與相望，詩箋往復，昕夕旁午，蓋居樓中者二十年。一日，偶題其集曰『四明余畣』，先大父贈公見而笑曰：『是所謂久假而不歸者歟？』生生始而長吁，繼而涕泗闌干。晚年尤困，以其女適姚江，挈其孺人往依之，然猶戒諸公封固是樓，無毁傷其薪木，一歲之中必三四至，則啟是樓而居之。嘗曰：『吾雖死，猶當作湖上寓公，或與諸公相遇於淒風寒月之下。』聞其言者，莫不悲之。

嗚呼！古之志士，當星移物换之際，往往棄墳墓，離鄉井，章皇異地以死，以寄其無聊之感。方其倀倀何之，魂離魄散，鶬鶊之翮，欲集還翔，滿目皆殘山剩水之恫，更有何心求所謂清勝之處而居之。然而賢者所止，必無俗景物，遂使筆牀茶竈，永爲是邦之佳話。吾鄞城郭之秀，湖上爲最，湖上之秀，七橋以西爲最。是樓也，適當煙雲平遠之區，空濛綿渺，宜乎生生之歷二十年而不舍也。

## 方子留湖樓記〔嚴注〕授。

桐城方先生子留者，名授，一字季子，〔校〕黄本『季』作『秀』。吾鄞西湖寓公也。子留以乙酉之變，棄諸生，薙髮狂走方外。其來鄞也以丁亥，旅蕭寺，求甬上志節之士而友之未得，詫曰：『是非鄒、魯之邦耶?』或引而見之華公嘿農,王公石雁,陸公周明、春明兄弟,則大喜。因遍交范公香谷、宗公正菴之徒,曰:『是真方君友也。』相與慷慨謀天下事,至其不可意者,高閣其刺不報。

是年冬,『五君子』難作,嘿農、石雁爲之魁,香谷亦幾死,子留本參其事,幸得漏網,顧反有度遼將軍、西州豪士之恨,遂傾囊盡周諸公之急。尋與周明輩爲詩社,因寓其族孫雪樵之湖樓。居久之,或謂之曰:『足下有老母,乃遠客耶?』子留瞿然遽歸,歸而江北山寨未靖,子留復豫之,捕入牢獄,以此盡破其家。

壬辰復遊鄞,仍寓陸氏之湖樓。子留不堪挫折,自其蒙難,嘔血數斗,遂病,神氣日削不可療。周明兄弟思哀資爲買田,令奉母來鄞,即以湖樓居之。時子留之婦翁同知寧波府事,不知者以爲其因此而來,而不知非也。

癸巳,子留自天門山往石浦,蓋有探於海上之消息,疾動竟不起,春明爲馳赴殮,而迎其柩以歸。湖上之詩人,以子留罷詩會者期年,且相與哭之曰:『嗚呼子留!丁亥、戊子之間,一宜死;英、霍之間,再宜死;嘔血於家,三宜死。其不死也,謂天殆生之,以存義熙之人物,而竟不免於客死耶?』子留詩文集共一卷,董丈曉山序之,附其櫬以歸。

予年十三,侍先公,過陸氏,指湖樓謂予曰:『此方先生哦詩處也。』嗚呼!當明盛時,湖上之亭榭多遊人所棲息,而獨是樓與余錦衣借鑑樓皆出於亡國之後,説者以爲故國之星火所由繫焉。故其人已死，而不敢以寄公之逆旅目之，是則雪汀、竹嶼，所與終古長留者也。

## 不波航記

〔嚴注〕陸宇燝。

陸周明先生兄弟有屋數楹，附近賀秘書祠下，真隱觀、湖心寺俱當其前，衆樂亭峙其左，碧沚斜映其後。樓之旁有橋，橋之旁有栅，湖水入焉。登樓一眺，湖之勝可盡也，其名曰不波航。

考是航爲宋澄清亭址，先生尊人大廷尉公始築涵虚閣，而先生兄弟廣之。周明自江上歸，姚江王侍郎懸首城西門，周明篡取以歸，藏之密室，每逢寒食重九，輒招邀同志祭之航中，放聲慟哭，哭畢各有詩記之，雖家人莫知其誰祭也。張尚書之死，周明已卒，春明之設祭，亦必於是航焉。其素往來是航者，持禁甚嚴，稍涉山王之嫌者，輒被拒，祇高武選隱學、王太常水功、宗徵君正菴、董隱君曉山、葉隱君天益、范公子香谷及先生族子雪樵、吾家諸祖木翁、葦翁，而桐城方爾止、華亭宋菊齋、成都余生生爲寓公，其時唱和最多。周順德囊雲矢不入城，然每遥和其作。三寓公既散，李徵君昭武、朱隱君柳堂與先贈公亦屢集其中。

嗚呼！是航雖小，謝皋羽之西臺也，邏舟之所不過，中流之所不移，甲乙丙之所不諱，滄桑搶攘之際，是航之所維者大矣。

自耆老相繼凋喪，昔年詩筒所集，化爲酒罏，輿夫皁隸喧呶其下，湖光亦爲之黯然，豈知當日固朱鳥之所集乎？周明先生子經異乞予爲記，逡巡未作，而經異亦化爲異物矣。適輯湖上藁書，爲踐此諾，百年而後，更不須張孟兼輩之考索也。

## 端溪講院先師祠記

古人釋奠之禮，必於其是邦之先師；或是邦無其人，則必合於鄰近之國以祀之，三代以來之制，莫有易也。端溪講院爲大府育才之地，而向未置先師祠，爲禮典之大漏。予主席議舉此禮，高要令蜀人劉君攝通守事，通守故專司講院之事者也。劉君以經術起家，名進士，其人醞籍有理致，不以予言爲非，亟成之，肅治栗主入祠，予得帥諸弟子習禮焉。其中祀朱子，其傍則粵東之先師，共一十有六人。

諸弟子或問曰：『粵東之先師，止於此乎？』曰：『不止於此，然而不能以遍及也，吾拔其尤者而已矣。』【嚴評】先師也，而可云拔其尤乎。曰：『宋、元豈無人乎？』曰：『有之，梁先生觀國遊於致堂之門者也，陳先生去華遊於象山之門者也，是皆有蓽路藍縷以啟山林之功者，然而遠矣。況梁氏於朱子行輩相等，難祔食也，姑置之。』

蓋粵東之先師，當首白沙，是固俟之百世而不惑者。予表粵東之學派，最盛者曰白沙陳文恭公之學，故首祀白沙，而及其高弟八人。八人之中，其生徒最富者曰甘泉湛文簡公之學，而又及其高弟三人，〔嚴評〕甘泉爲分宜撰鈐山堂集序，至於再拜再拜，復再再拜。若此公者，而曰有學可稱，其誰信之。其外則有爲陽明之學者二人。方明中葉，天下稱白沙、甘泉之學曰廣宗，陽明之學曰浙宗。及陽明之學亦入粵，而二宗共流布於嶠南。然又別有一宗，不附白沙、甘泉，不附陽明，而以窮理格物教人者，曰泰泉黄文裕公之學，實與鼎足而立，予亦表而祀之，而及其高弟一人。居常謂講學當去短集長，和同受益，不應各持其門户，而後人正亦不可不知其門户，故合而祀之，仍分別而各志之曰：若者白沙之學，若者泰泉之學，若者粵人私淑陽明之學，是粵中學派三大支也。

諸弟子生其鄉，近其世，誦其詩而讀其書，倘能追尋其墜緒而不失其流風，豈特主斯席者之光，吏斯土者之幸，抑亦諸先正〔校〕黄本作生。之欣然於地下者矣。此下有『語未既，有起而問者，曰：瓊山邱』云云，蓋論邱瓊山不祀之故，今缺，但即存者，亦足成篇。〔校〕黄本無此注。

## 紫藤軒記

藤花在京師，於諸公署中推吏部都廳之藤，匏菴吴尚書所植也；其在薦紳先生家，則海波寺街之藤，竹垞朱翰林所居也：皆見於前人歌咏，極盛。而近始推宣武門李氏之藤，其大合圍，每花開時，濃陰覆屋，香氣〔校〕黄本作「清香」。繞座，花下人如各擁紫綺裘者，穆堂先生時觴咏焉。已而萬編修孺廬來京，先生以是軒爲之館，而軒之左有屋數楹，則予居焉。三徑相參，不須外召，吉日良辰，共坐花下，採花葉和粉爲不託，或和以菜爲下酒物。好事者聞而競至，而是軒之藤，文讌始極盛。

予聞是軒之興也，合肥李相公實先之，蓋平津之閣也，其子丹壑詹事讀書於此。合肥之後，歸於長洲韓尚書，已而歸於嘉善曹侍郎，已而歸於韓城張尚書，韓城之後，先生得之。五世遞傳，皆座主門生也，而皆登三槐，躋九棘，不可謂非京師邸第中盛事也。然此特以名位之淵源言之，至其力足以傳此藤，則或不係乎是。

今先生道德文章之盛，當世之碩果也，其同岑而異苔，往來於是軒者，皆名輩也，藥籠之佳材，不祗桃李也，碧梧翠竹，則陔南相望焉。故偶一唱韻而和者駢至，争奇角秀，則所以傳是藤者，其在斯乎？不然京華之坊巷，乃傳舍所謂閱人最多者也，其能使樹木之爲人愛惜，豈偶然哉。

## 平山堂記

乾隆二年冬，予以大雪留滯揚州，同人約爲平山堂之遊。時方浚運河，小秦淮一帶，半爲河水所注，又益以雪，紅橋左右園亭半入水中，枯木怪石，浮動水面。抵法海寺，舍舟徑至堂下。予不過平山已六年，堂前萬松皆成蔭，徘徊第五泉上，旋酌酒堂東之平樓，松風吹雪，沁我心脾。因與坐客言斯堂古蹟累遷，而志乘不詳，明陸儼山集云：『揚州平山胡安定祠，乃舊司徒廟改作，其東別作廟未成。』元李五峰過平山堂故址詩云：『蜀山有堂今改作，騎馬出門西北行。』自注：『今爲司徒廟。』以兩公之言合之，元已改平山堂爲司徒廟，明又改司徒廟爲安定祠，是今之安定祠，乃前此之平山堂，歐、劉所憩者此也。

吾聞揚州故城，跨蜀岡以連雷塘，則平山在城内。及柴周改作，始爲今城，但故城亦不能盡包蜀岡，故楊行密攻畢師鐸，並西山以逼城，西山即蜀岡也。陸孟俊攻韓令坤〔校〕黄本『令』作『會』。亦屯兵焉，〔校〕黄本作『馬』。胡身之曰：『揚之東南北皆平地，惟蜀岡諸山，西接廬、滁，攻揚者，率循山而來，據高爲壘以臨之』，則故城特踰岡而已。及城既徙，則山竟在城外，故李丞相庭芝爲閫使，鑒前此有據堂瞰城以施攻具者，乃踰山爲城以捍之，即今山後所稱堡城者是也。史亦言李全之攻揚，日坐堂上，俯臨州治。以今之堂址、廟址、祠址按之，地勢甚庳，安能遠瞰，豈宋時山址尚高，其後歲久漸夷而漸下歟？或有鑒於兵禍，故夷而下之歟？否則別有飛樓之屬歟？是皆未可知也。乃若司徒廟中，列祀五神，相傳以爲茅姓。考之南、北二史，王琳之死壽春，傳首秣陵，茅智勝等五人實葬其首，頗與廟神數合。但是時南朝之揚州在秣陵，北朝之揚州在壽春，皆非江都，抑亦訛而置之歟？或五人者，曾有宿留於此，而得祠歟？抑別有五神者歟？又皆未可知也。

堂上有樓，舊祀歐、劉諸公，今獨不及劉，是所當增置者。酒罷，擬踏雪訪山後城址，顧風色甚寒，山路又爲雪阻，乃歸。同人即令予詮次席間語爲是堂記。嗟乎！春風幾度，陳跡何常，予之叨叨，得毋爲山靈所笑耶？〔嚴評〕若此類語氣，亦可謂之古文耶？

# 小有天園記

杭之佳麗以西湖，西湖之勝莫如南屏。南屏之列峰環峙，而慧日爲之尤，陟歡喜巖至琴臺，有司馬公磨崖之隸書，怪石嘉植，不可以名狀也。登其巔，重湖風景了然在目。相傳百年以前，諸老之園亭池榭盡在其間，今不可復問，而日新而未艾者，曰汪氏之小有天園。

是園也，本名壑菴，爲汪孝子之尊廬墓所居，其後遂爲别業，適當慧日峰之下，其東即浄慈寺也。孝子身後，孫守湜益葺之，築南山亭於峰上，於以封植嘉樹，無忘角弓。薦紳先生游湖上者，未有不過是園，感嘆舊德，留連光景，其題咏盛見於前人别集。乾隆十有六年，天子南巡狩，孝子之後人湛等，更復闢治，新其軒序，浚其池塘，增其卉木，以爲大吏點綴湖山之助。已而天子幸浄慈，遂至其園，問其主，杭守臣杜甲具奏：汪氏累世同居，家門敦睦。天子欣然色喜，翊日再涖其園，進御饌焉，爰肇錫以嘉名，曰小有天園，賜奎墨以旌門，兼製長句一首。湛等感激天恩，恭建御碑，以奉御製，有光熊然上燭雲漢，而屬予爲之記。

恭惟天子以孝治天下，親奉聖母，時巡嶽瀆，以省民間之疾苦。而於山川名勝古蹟，亦間一遊豫，以寫閒情。然自淮而東，士大夫家之臺榭，祇吴中梁溪秦氏之園，建置最古，又以今侍郎蕙田方在法從，故得邀翠華之小憩，此外未有所聞，而汪氏獨得之，其爲寵光何可勝道。語不云乎：『莫爲之前，雖美弗彰；莫爲之後，雖盛弗傳。』非孝子之積善，不足以佑啟清門，得兹殊數；而非諸孫之克世其家，亦何以歷久長新，上荷天寵也。汪氏其勉之哉。移孝可以作忠，自今以往，所以丕振孝子之家聲，以上報國恩者，當何如矣。

湛固汪氏之宗老也，於是役尤有勞，其定以予言爲不謬也。

## 西湖張氏祖墓記〔校〕黄本有文無目。

明太子太保、吏部尚書仁和張恭懿公，〔嚴注〕瀚。故清河之裔胄，其墳墓世在湖上，子孫析爲數眷，族大代遠，漸就零落，獨吾友誠然，能以讀書砥行守其家風。誠然性伉爽，見有所不可，輒義形於色，不計事勢爲之。然貧不克自立，家有四世喪未舉，其宗姓之棺更二十餘。誠然滌其家不能當一隴之用，乃思得功名之會，爲先世蕆此事。時大河南北方需人治水，誠然遨遊其間，無所遇，困而歸，益自傷，復折節讀書。其所知有居燕者，招之入京，令其子弟受業。誠然中分束脩，寄其半以奉老母甘旨，而篋其半爲葬費，麻衣菲屨，對天自矢。數年約計所有，足以粗辦，馳歸，大會宗族親表，身先役人，負土荷鍤。時方苦冬，十指皸裂，血涔涔下，於是其高祖以下旁親，無不畢葬於恭懿公大墓之旁，左昭右穆，馬鬣歸然。誠然以隻雞上祭，祝曰：『自今以往，先人其佑我小子，使得治墓田數畝，世奉烝嘗，斯墓亦永無廢壞。』聞者莫不泣下。

誠然於雍正己酉再入京，秋試方報罷，卧病邸舍。同里有富人者，惑於堪輿，瞰誠然出，賺其族子盜買恭懿公墓旁地，將以葬親。誠然聞之，扶病南下，長跪請於富人，願得倍其價贖歸。富人陽諾之，卒不許。誠然訟於官，亦寢不報，乃以顛末揭於通衢，皆莫爲誠然言者，計無所出。適有爲富人謀者曰：『子必待儀物一一備具，方得下窆，張生嘵嘵不已，時久將變生，不若陽爲謁葬者，以杜其口。張生將若子何？』富人然其言，以空櫬入域，一昔而就。誠然方皇急間，大駭。已而偵得其謀，因念事急，非決裂爲之不可。是夜大雪，誠然呼郊外惡少年，飲之酒，潛舁一宗人棺之無後者入山，左手挾利刃，右手操大鉏，逕發其塋，將半，守者方覺，望見誠然勢洶洶，弗敢出。葬畢，盛其墓之土於盤，晨叩富人之門，謂曰：『吾觀土色似不佳，非可以爲君先人葬地，謹以權厝吾宗人矣。敢告。』富人訟於有司，謂前事且需後命，若盜葬則不可以訓，欲先治誠然。張氏之族子又多右富人者，誠然愈窘。會前知山陰縣如皋鄭大德以需次來浙河，聞其事而嘆曰：『誠然欲保其先世之墓地，仁也；出奇計以敗富人之謀，知也；挺身冒險，勇也。且富人有訟案未結，則其地尚非其所得有也，富人未能白其盜買之説，而遽營兆域，則誠然未爲盜葬也。』乃力言之有司，誠然得自解免，而富人亦棄其地弗敢争。

嗟乎！昔李方叔謁東坡於黄，一夕撫枕流泗曰：『吾忠孝焉是學，而親未葬，何以學爲？』晨起即别東坡，將客遊四方以謀之。東坡解衣爲助，又作詩以勸世之好義者。於是不數年，累世二十餘柩盡歸窆華山下，范蜀公爲表墓以美之。元李堯民七喪不舉，吾鄉史縉叟解其囊之半以賙之，又爲之致哀詞以告助於同志。誠然營葬一節，無乃類是。然而方叔、堯民，尚有聞其事而資以將伯之臂者，誠然不特無之也，反有乘墉伏莽之徒，眈眈逐逐其間，斯則其尤難，而可謂之孝子慈孫者矣。

誠然既竣事，圖其前後墓之疆址，屬予爲文以記之，將刻諸墓道之右，使子孫知所清核而弗替也。誠然之才不如方叔，予亦無東坡、蜀公之力，顧乃視〔縉〕叟之於堯民，尚未逮焉，良可媿矣。

誠然名果，寄籍爲大興諸生。

## 曠亭記〔校〕黄本有文無目。

山陰祁忠敏公〔嚴注〕彪佳。之尊人少參夷度先生，治曠園於梅里，有淡生堂，其藏書之庫也；有曠亭，則遊息之所也；有東書堂，其讀書之所也。夷度先生精於汲古，其所鈔書多世人所未見，校勘精核，紙墨俱潔浄。忠敏亦喜聚書，嘗以硃紅小榻數十張，頓放縹碧諸函，牙籤如玉，風過有聲鏗然。顧其所聚，則不若夷度先生之精。忠敏諸弟俱以詩詞書畫瀟灑一時，日與賓從徜徉亭中。忠敏之夫人，世所稱『大商夫人』者，工詩，其女郎湘君並工詩，亦時過此園。

忠敏殉難，江南塵起幾二十年。吾鄉雪竇山人與公子班孫兄弟善，時時居此園。顧其所商榷者，鮫宫虎闘之事；其所過從者，西臺野哭之徒，不暇留連光景，究心於儒苑中矣。公子以雪竇事戍遼左，良不媿世臣之後，而曠園之盛，自此衰歇，今且陵夷殆盡，書卷無一存者，并池榭皆爲灌莽，其可感也。仁和趙徵士谷林，其太君朱氏，山陰襄毅公女孫，祁氏之所自出。祁公子東遷，夫人年少，日夕哭泣，其家爲取朱氏女甥，使育之以遣日，即谷林太君也。

方谷林尊公東白翁就婚山陰，其成禮即在祁氏東書堂中。是時淡生堂中之牙籤尚未散，東白翁豔心思得之。太君泫然流涕曰：『亦何忍爲此言乎？』東白翁嘿而止。蹉跎四十餘年，谷林渡江訪外家，則更無長物，祇『曠亭』二大字尚存，董文敏公之書也，乃奉以歸。谷林小山堂藏書不減宅相，其中亦多淡生舊本，泊花池檻之勝，尤稱雄一時。乃商於予，欲於池北竹林中構數椽，即以曠亭名之，以志渭陽之思，以爲太君當新豐之門户，以慰東白翁之素心，其意良美，乃爲文以記之。

# 鮚埼亭集外編卷二十一

## 記六

### 鵲巢碶記

由寧波府城而南四十里，桓溪之水東下，一支自洞橋而東爲前港；一支自仲夏橋而東爲後港；皆它山堰水所注，而後港則桃源之水西來會之。前後港分流不及五里而合，其合也，有渚回〔校〕黃本作『有』。沙如帶，環港口焉。吾鄉南道之水，皆資它泉之啟閉。而其啟，則以鄞江爲壑，故沿途爲堰爲碶以待之。鄞江之南流者，夾以馬湖、嚮巖諸山，其名曰蕙江，適當桓溪之背。桓溪前港之上流過唐君廟下，由唐家堰以入江。其下流則合後港之水，由烏金碶以入江。而沙渚介乎其中。

吾家自侍御公居溪上，八百餘年於兹矣，社木與墓木，森然相望。其自洞橋兩岸而下，皆吾家也。

故十里中之爲堰，爲橋，爲渚，爲浦，爲岸，爲碶，大率爲吾家所濬治。沙渚之背有浦焉，瀦爲荷花池，引爲龍舌渚，其水不與溪相通，然實即溪上之水引入田中，而放爲浦者，出東津橋，經鵲巢碶入蕙江。旱則亦能蓄江水以灌田，適當唐家堰之東，與碶遥對者也。

鵲巢何以名碶？宋時理宗所生慈憲太妃，度宗仁安皇后，福王與芮夫人皆出吾宗山陰一支，顧其祖系實自鄞。而理宗潛龍，學於余魯公天錫之家，因訪外氏於溪上，嘗飲食焉。既而即位，推恩並賜官爵，而徵士府君兄弟八人，皆辭不受，朝議高之，乃於八人中選其二，曰汝梅，曰汝霖，尚縣主，而爲樹雙闕於碶上焉，以見其爲后妃之自出也。嗚呼！戚畹多矣，漢田蚡以異父弟登三公，淳于長以姊子至九列，唐賀蘭敏之冒〔校〕黄本作『昌』。武氏以訖蕭洪、蕭本、蕭弘之獄，宋楊次山之冒宗，苟邀富貴，依草附木，貽穢〔校〕黄本作『譏』。舊史。而吾祖視褕翟之寵榮，有如敝屣，豈非皭然塵世之表者歟？於是城南之人呼吾家曰鵲巢全氏。

至明正德間，吏部尚書碧川楊公，吾家壻也，序吾家譜，尚稱爲鵲巢全氏家譜，而先寧國府君，竟以鵲巢顔其齋。考至正四明志，鄞縣東五里開慶碶，其始亦曰鵲巢，惟開慶之舊名鵲巢者，既不可考，今已廢爲田。而是碶之在溪上至今無恙，乃不見於志，豈以其爲吾家之私而略之歟？乃爲文以記之。而家乘中舊有圖，并附於後。

長者曰：『前此浦廣二丈餘，且甚深，舟行自江入碶，可直達侍御公神道下，今則隘而不通矣。』嗚呼！蓬萊之清淺幾度，是碶幸得傳，而又不克見於紀述，使不爲文以表之，將吾祖之高行，不幾湮没而不傳乎。

# 桓溪全氏義田記

宋室之南，吾鄉先輩史、汪、沈諸公置義田，以廩鄉人之窮者，而專以義田廩其宗人者三家：最初爲樓氏，蓋宣獻公之世父揚州安撫所刱，宣獻之父岐公欲增益之而未就，至宣獻始大之。其繼爲余氏，蓋魯公爲大參守鄉郡，嘗有志於此，其從子晦又嗣守，始成之。考舊史甚短晦，要其一節則可取。最後爲吾全氏，則草刱於宋徽士菽和府君諱汝梅，而成於其子若孫。先公過雲軒集中所爲義田宗老六公傳者也。元之應氏、董氏，蓋又聞三家之風而起者焉。

初先侍御公之遷鄞也，在北宋初，歷南渡以後，未有顯者。而侍御公之次子入越，九傳爲穆陵之母家，以龍潛之恩，三世並列五等。又一傳爲邵陵之后家。既兩世連戚畹，子姓無不珥貂領節者。穆陵以龍潛之舊，曾遊於鄞，而溯外氏祖系，累至吾家。至是遂加恩，並賚官爵，慶元府下鄞縣，取桓溪全氏世譜，推侍御九世孫八人以上，而菽和府君爲宗子。府君曰：『吾以天時人事觀之，宋社殆將屋矣，況有志之士亦不肯由戚畹邀恩澤也。』遂戒其兄弟弗出。臨安乃以府君偕其弟汝霖並尚縣主。溪上有碶，故吾家所築，有司乃署名曰鵲巢，標雙闕於上焉。時府君羣從子姓，分爲八宅：曰東宅，曰西宅，曰前宅，曰後宅，曰中宅，曰田宅，皆府君再從支屬也；曰南宅，曰北宅，皆府君三從支屬也。而府君爲東宅，既絶意當世，乃草剏義田，條約仿諸家之例，其貧者計口計日而給之，婚嫁喪葬各有助，僅僅經始而卒，遺言諸子當成吾志。府君四子：長雲司府君，諱鼎孫；次真志府君，諱謙孫；次本心府君，諱晉孫；而正養府君，諱頤孫，出爲後。謙孫、晉孫，皆治慈湖之學。府君所置之田，一頃有奇，鼎孫與晉孫稍稍益之，頤孫、謙孫又以一頃益之。而鼎孫長子耆，受學於謙孫，自署味道子，義襟尤篤，爲踵益焉，共四頃，歷三世而大備。迨元至正二十五年，頤孫爲家督，祭於府君之靈以告成，申縣給牒以杜他故。於族中會推賢者一人司之，曰『義田局承奉』。於是八宅之人，感府君之敦睦，而無以謚之也，乃爲呼之曰『義田宗老』。

府君之歿也，未幾時而宋亡，鼎孫兄弟曰：『先人雖未受宋官，然故宋戚也，義不可出。』時尤以爲難。嗚呼！當其盛時，不肯援洽陽、渭涘之寵，以博一官，及其亡也，戚戚於殘山剩水，是非百世之師耶？而況敦本睦族之行又如斯。然而考之志乘，樓、余以下諸家皆得紀録，而吾家缺焉。則以府君世德不言而躬行，既未嘗爲文以發之，歲久而易湮也。

府君之義田散於明洪、永之際，是時勾軍甚苦，而府君之諸孫又以家難多遭謫籍，遂不能保其業，八宅宗人有天不佑善之嘆。迄於今五百餘年，吾家子孫亦不復知府君之世德如此，【校】黄本下有『不朽如此』四字。不特志乘也。先公修譜，搜得至正中達魯花赤所下承奉局故牒一紙，既爲之傳，而予又撮其大略爲之記，未知其能纘先緒焉否也。

## 寶積菴記

設爲寺菴院之屬以守墓，宋人最盛。其登兩府者，甚至請之朝，以重其地，而放翁以爲非古。明人稍易之，爲墓莊，使佃户耕墓田，以司灑掃，此變而合於禮者。吾始祖侍御府君之墓，建菴於沙渚，以奉香火，蓋宋之舊也。宫詹府君重新之，歲久漸以頽落，七宅子孫將重糾資以修葺，而令予爲之記。

夫墓者，骨肉之所寄也，其魂氣則無不之。今墓而有菴以司之，則香火之寄，必有所依，魂亦未嘗不在矣。古人無墓祭，以栗主所不在耳。府君之於是渚，其平日歌哭之地也，而又有菴以司其墓，即祀其主，以妥其魂，驄馬聲靈，如可接〔校〕黄本作『炙』。焉。或節候，或朔望，子孫罔或不至，酌它山之水，烹蕙江槎頭之鯿，愛敬之思，油然其動，禮意之變，而不失也，正於是菴觀之。

自太平興國以來，居溪上者已八百年，孫枝駢盛，代出而有列於朝，西京萬石之世澤，不謂不永。導山有脈，溯水有源，初祖之世系，其可忘乎？然門户日大，眷屬日繁，而世數日遠，后山之記思亭，以爲親盡則服盡，服盡則情盡，情盡則易忘，此亦勢之所難免。故以禮而言，大夫以下無祀其始祖之例，而程子竟行之，夫亦其心之所不能自已也。況吾全氏之子孫，環始祖之墓而居，使其恝然而置之，有是情乎？雖然，府君而降，舊德綿綿，咸淳八徵士之高風，義田六宗老之篤行，本然、本心之理學，修齋、墨梅、漁隱之雅韻，侍郎之直聲，宫詹之清襟，非堂父子之奇節，先贈公之孤標，此門户之所憑也，宗人其果能守之而不墜耶？然則其所當觸目而警心者，不獨霜露之感已矣。

嗚呼！吾但欲宗人子弟，其佳者足應秀才之選，其樸者亦不媿力田之科，勿蹈澆漓之習，勿淪苟賤之爲，則雖不能大有光於初祖，而門户之羞，吾知免矣。不然，後人不振，先業之日零日落，以至於不保者，可無懼乎？即使幸而得保，亦不欲以無籍之後人，靦顔過此。宗人其幸無以此言爲迂也，則是菴之幸也。

## 響巖先塋地脈記

鬼蔭之說，生平所不信，以爲言之即令無有不中，有如曾、楊、廖、厲之徒，要非吾心所希覬，則固不過謹避五患而已足。說者以爲流泉夕陽，古人不廢相度，欲以張鬼蔭之說之古，不知都邑之異於墟墓也。倘使五患之外，更有所營，則是禮經墓大夫、冢人所掌，反失之耶？獨吾家響巖埏道，則向來所言實中，而先公之深以爲幸者，正鬼蔭之徒所憾。屬在子弟，其亦可審所趨矣。

響巖者，鄞城南之勝地也。由沙渚而上五里至蘭浦，又五里爲響巖，其背爲蕙江，水北作聲則巖中應之，一喁一于，清空互答，微類石鐘。而山光蒼翠浮動，天寒輒有鸕鷀羣集如雲，唐賀秘監之別業也。先檢討府君未通籍，授徒巖下葛氏，每講經之暇，咄咄若有不怡者。其徒叩之，嘆曰：『吾兩喪未舉，是以爲恨。』其徒曰：『前邨有田甚高潔，可葬也，請即以贈先生，可乎？』府君大喜，遂以葬其祖父，不二十年，侍郎府君果高其門，而族祖聞夷先生者，雅以地學自負，過而嘆曰：『誠吉地也，其清氣繚繞，殆宜世由館閣以至開府。但惜穴後脈洩，伸〔校〕黄本作『申』。於貴，詘於富。』侍郎府君揚歷兩京，身後圖書法物頗富，而禄廩所餘渺然。諸子爲治壙，已不免於鬻田。宮詹府君繼起，清苦更甚，甫歿而不保其甲第。有明三百年，世宦之貧，未有如吾家者也。萬曆中，堪輿師沈一鵬者，老學也，來相是塋，亦以聞夷之説爲不易，而嘆吉地之不能兼備如此。

先公曰：『此正吾家之幸也，使先世爲墨吏以肥其家，其竟傳之無窮乎？抑亦易斬之流也。夫君子之不爲墨吏，未必果由於地脈。然使果然，則是出山泉水，不害其清，而一酌千金之可免也。其爲吉孰大於此。夫地脈固有清有濁，是塋也，蓋其清氣最完，故世有介節。今世之言地學者，以求富爲第一，但見濁氣不至，則瞿然憂之，其以爲洩也固宜。』是時，萬九沙編修在座，嘆以爲名言，其後爲先公作行狀，采及之，而不肖更縶〔校〕黄本作『縶』。其詞以爲記。

# 槿籬記

唐以前重族姓，故世家之支派必詳。阮氏之『道南』、『道北』，裴氏之『東眷』、『西眷』，至今流傳，而諸王至以『馬糞』署名，亦可笑矣。唐宗室表中，如所謂『大鄭王房』、『小鄭王房』者，皆詳書之。吳興沈氏不問支而問葉，則其變也。世家之學既替，而僞譜始流布，乃知古人之能坊其流也。

吾全氏自侍御府君遷鄞，六傳之後，分爲蘭、馨、松、盛四支；又二傳，分爲東、西、前、後、中、田、南、北八宅，環沙渚數里而居之。其稱爲荷花池諸全者，東宅也；培田諸全者，田宅也；丙舍前諸全者，中宅也；丙舍後諸全者，前宅也，二宅夾侍御府君神道，故以稱之。唐家橋諸全者，北宅也；唐家堰諸全者，南宅也；溪上諸全者，後宅也；西宅故養子，别自爲宗；故曰七宅。七宅之中，中宅、田宅、南宅爲盛，而田宅其尤也。田宅之支，又分爲六，蔓延直抵鳳山，有曰洞橋南街房，洞橋北岸房，蘭浦房，槿籬房，都廳門後房，留居舊宅者曰沙渚房。其既於今，孫枝錯雜，互徙其居，欲按當日之芋區瓜疇以求故址，不可得矣。而『槿籬』獨無恙。

是籬也，侍御十世孫安翁之所樹。安翁生元末，見時事方渾濁，隱居不出。顧家貧甚，以義命自樂，嘆曰：『昔白下之臺城，地皆環以籬門，而何點居其東，固當極園亭之盛。至陶公之籬，有松，有菊，有棃，有栗，有灌木，有桃，有李，有柳，有榆，而且西疇有稻，中園有蔬，亦已盛矣。吾無有也。樹之槿者，取其生亦易，隕亦易也。』當時嘆爲名言。安翁無子，而其羣從日繁衍，遂共以『槿籬』名其房。

嗚呼！詩三百篇，言本支者，皆託之草木以比例。今此籬之槿，四百餘年矣。世之夸遠條者，未聞有以槿當之者也，而此槿則遠莫如之，况重之以安翁之高節乎？宗人其尚封植嘉樹，以無忘角弓，使吾家泥泥㕬㕬之盛，如此槿也。則値其盛，即以大其門者寵其籬，否則慎所守焉，弗蕩其閑，以玷其籬也。因爲之記，而詳序吾家之眷屬以先之，使世有徵文獻而過此槿者，問支亦可，問葉亦可矣。

## 先休菴府君墓樹記

十世祖休菴府君，墓在沙渚之上，有樟樹焉，蓋四百年矣。長老相傳，樹盛則吾家有達者，否則枯。吾家自天啓以來，門户漸以式微，而樹亦蕉萃日甚，奄奄若待盡者。不肖祖望每追隨父兄往展墓，未嘗不徘徊其下也。十年之計樹木，百年之計樹人，是以問故國者，在所略焉。而吾家之冢木，與七宅子孫相爲消息，所關詎不重歟。

自十年以來，樹稍葱蘢有生意，已而漸童童如車蓋，濯枝潤葉，湛露泥泥。其謂夜間有神龍降之，及雙燈熒熒，雖出田父野老之誕，而要其暢茂則大異乎前。於是宗人争相告語，引領而望，以爲積衰之可振。不數年，而不肖薦詞科，成進士，讀中秘，宗人以爲此其應也。夫科名身外之物，不足以爲邦家重，【校】黄本作『光』。必其有可以光前烈、裕後昆者，而後瑞應加之，而不以爲褻。小子行微學劣，何足以承先人之緒，豈區區釋褐之資，而謂能感召冢木，繁衍其本支，則已陋矣。今夫王之槐耶！以晉公、魏公之名德重，不徒以三公也；竇之桂耶！以學士兄弟之清望重，不徒以進士之同升也；韓之桐耶！以右丞之黨錮重，不徒以護法沙門之宰相也；而況其下焉者哉？然嘗見茶陵劉學士三吾集，謂其先丞相四世孫仁寬，徙家石溪，手植黄連一樹，大數十圍，已踰百年，其後半枯，自學士到溪上，復榮。學士爲詩記之曰：『太乙燈輝猶照夜，相公樹老復回春。』真人張無爲圖之，校書錢子瑜題之，而復索長沙陳長史南賓爲記。古人於此，亦如是其津津而樂道之也。蓋以其大者言之，花竹和樂，足驗民生佳氣；以其小者言之，亦關乎一家之運會；此即中庸位育之説，而非鬼蔭之謂也。

嗚呼！封植之功，要之於必世，吾儕僥倖希心於不種之穫，庶幾神爽所憑，叨樾蔭焉。況樟者，大江以南之佳植也，七年而始别，十年而始成，其尚於宗人有厚望哉。先府君爲侍御公之十四傳，而南宅小宗也，諱某，夫人李氏；又四傳爲侍郎府君諱元立；又二傳爲宫詹府君諱天敘；又四傳爲不肖。乃再拜而爲之記。

## 崇讓里記

前明都督同知鹿園萬公，以大將有功於倭亂，而爲理學名臣，其論漕事尤切中治道，蓋古今儒將中第一流也。都督第在城中新街，實與先侍郎居毗連，嗚珂之里，文武鼎盛，而以講學尤相睦。都督已登五府，養痾杭之西溪，先侍郎亦官至院長。時有部使者，爲都督樹坊於街之兩偏，其西曰都督衙，〔蔣校〕作『街』。其東曰錦衣里，成有日矣，適有自京師至者，語都督曰：『全學士以不肯撰青詞，改南院矣。南院一席本應慈水袁學士往，袁自請留撰文，而全代之南。』都督瞿然起曰：『有是哉！學士之大節如此耶？』乃言於部使者，願以東坊讓之全氏。部使者以書來告，先侍郎曰：『此當道爲萬公旌功也，鵲巢而鳩居，吾弗敢也。』亟爲書以讓都督，而都督曰：『吾已言之矣。』是亦枌榆之佳話也。先侍郎終固辭不敢受，而都督亦遂并虛其西坊，不果上。至今此兩坊者，有雙闕巍然，而無横石，不知者或以爲歲久而圮也，先侍郎阿育王山房集今已闕佚，然尚有與都督論學書，及和其淮上諸詩。

因思吾鄉前輩薦紳先生，能以學行相鏃厲，即讓坊一節，則都督樂善之虛懷，侍郎不苟之介志，皆可想見。陶公詩曰：『昔欲居南邨，非爲卜其宅；聞有素心人，樂與共晨夕。』斯之謂矣。萬氏與吾先世通家之契最永，侍郎孫宮詹與瑞巖都督爲社會於湖上，修世好也。易代以來，兩家甲第皆已不可復問，而附於前代世臣之遺者，則諸先人有同志焉。

九沙、西郭與予論文尤篤，因偶與西郭語【校】黄本作『論』。及之。西郭嘆曰：『幸弗謂此事僅資談助也，推此一節，可以消閒田之争，可以媿王戎苦李之陋，至於表先德而徵遺獻，又無論矣。』乃議以『崇讓』名其里，而爲之記。

# 先檢討府君丙舍記

出城西南二里，有崇法寺焉，據高岡爲勝，其旁爲先檢討府君之阡。是岡也，蓋甬上西南二道山水之會，凡城南山水之自仗錫來者，千巖萬壑，至它山而合，由南塘河以入城。其西之自大雷來者，千巖萬壑，至桃源而合，由西塘河以入城。南道爲大宗，西道爲支子，其水胥會於城中之湖上，故有雙清閣、會泉亭以志其地。餘波之在城外者，南道則循長春門而右，西道則循望京門而左，胥會於城下之濠，適當湖上雙清之地，衹隔雉堞一重爲限，而崇法寺岡實遥臨之。蓋山峙而水流，水之所之，【校】黄本作『至』。山脈潛附以行。是岡爲二道山脈所注以鎮水者，是以平壤之中，突然墳起，近世堪輿家不解，忽以爲四明府治之勢，來自建嶴之錫山，穿城渡江，直抵候濤山而止。此其説，始於黄孟清僉事，而前此無有也。不知建嶴之山，實光、同諸峰之支隴，而遥與大雷一帶相應，其水則原通小溪，而會桃源之流以入江，左縈右拂，若爲二道之介紹者，非能獨擅其尊也。是岡之所自，蓋不止此。

夫惟二道山水之會，皆歸是岡，故雖不甚峻，而氣象盤延磅礴，爲城外之偉觀。其漢、唐以來之古蹟，最初則董孝子之母墓在焉，遊人過之必有詩，而嬾堂、皋父二公最工。古廟巍然，墓下有潭，久旱不涸，相傳以爲孝子廬墓泣血之所。宋則豐清敏公之紫清觀，實居寺西，沿河皆植蓮花。其觀連延三十餘畝。荆公爲鄞令，於寺最多題墨，戴帥初詩所云『鷲風急雨舒王字』是也。其女卒即葬此。寺中别有荆公祠，未幾魏王愷之妃亦葬焉。咸淳間，袁尚書似道於寺左營南園，曲廊修檻，臺榭共十五區，而趙氏鄮山書院亦在焉。寺中舊有法智尊者之塔，趙清獻公穹碑護之，故遊人又呼曰『祖關』。入元而清容學士修復南園，其芳思亭、羅木堂，皆有詩。入明，而豐布政文慶重新紫清觀，有故園十咏。於是，是岡遊屐不減宋時。薦紳先生之葬者，黄公孟清而後，不下數十家，而堇山李侍郎〔嚴注〕堂。營生壙時，築堂曰景賢，以慕豐、袁之遺。

先檢討阡，適在景賢堂之右，叢桂數十，風景明瑟，丙舍雖小，皆先學士之所經營。其前臨淵，有沙匯水中成渚，其左有橋，其後爲寺，佛鐙漁鼓，時足助清致。當時如張尚書東沙、周都御史莓厓、〔嚴注〕相。范侍郎東明、〔嚴注〕欽。豐考功人翁，〔嚴注〕坊。唱酬翰墨最多。而學士有女已許屠辰州田叔，未嫁而卒，附葬阡旁，開壙得石志，則荆公女之銘也。殤女之兆域，先後如相待，時皆詫爲異事。二百年以來，日以頹矣。高岡無恙，流水潺潺，紫清芳思之賢子孫何可多得，故家門祚之感，〔校〕黄本作『盛』。不禁爲之憮然。

## 桃花隄記

鄞城西南有雙湖，迤邐争勝，西湖即所稱月湖，南湖即所稱日湖者也。西湖佳麗過於南湖，所謂『十洲三島』者，皆西湖之勝也。南北四橋，以通往來，直抵城下而止。當兩宋時有長隄二：其一曰偃月，錢使君公輔所築，王集賢益柔詩曰『偃月隄成車馬道，湖光如截天如抱』，而荆公亦有『截沙築路』之句，取杭西湖白沙故事也，在紅蓮閣下，當時置酒務於湖北，即湖汲水，勞甚，乃於湖之中蓄清流，作隄於其上，以轆轤引而注之，皆以爲便。以今地望考之，碧沚之後是也。其一曰廣生，元祐中，隄以爲放生池，在壽聖院南。其後趙使君伯圭築堂其上，以今地望考之，湖心寺橋之前是也。有明以來，二隄之遺跡不可復考。

先宫詹自鶴禁歸，徙宅湖上，買得竹洲一曲，以爲别墅，舊〔校〕黄本作『明』。時史忠定真隱觀也，後爲陸康僖祠，至是歸於吾家，搆平淡齋於洲東，搆松窻於洲南。宫詹謂城下尚有閒田，可修治爲花隄，以助竹洲之勝，乃自水仙宫前，築石直抵長春門，履道坦然，而藝千樹桃於其上。隄之内，雉堞參差，茶竈琴牀，錯列其下，以花爲藩。隄之外，湖光清泚，畫船簫鼓，時時過之，以花爲幕。宫詹與林下諸公結社，時緩步焉，嘗爲詩記之，曰：『偃月風流擬白沙，廣生樂育更誰家』是也。湖上遊人因呼之曰桃花隄。別墅未落〔成〕，從蔣校補。宮詹下世，陸先輩公明有園，面隄，復修治焉。二十年後，兵火紛然，湖上之高門縣簿，盡爲摧落，沿城上下皆成馬牧，而隄又廢。先是四明舊志，張、羅、吴、袁〔董注〕張津、羅濬、吴潛、袁桷。四家皆簡略，二隄本末，僅附見於舒中丞信道、朱舍人新仲記中，鄞之談文獻者，弗盡知也。桃花隄未遠耳，近之修志者亦弗録，〔校〕黄本作『豫』。何其陋也。

予追隨家君子遊湖上，嘗指示曰：『此白石鑿鑿者，雖大半殘缺，然吾家故物也。』予退考之宮詹墓碑，信然，乃别爲記而存之。荒城落日，水色依然，而錢、趙兩使君之甘棠，吾先人之喬木，莫有過而問者，良可感也。

# 先侍御畫馬記

先侍御府君葦翁，諱美閑，字吾衛，先宮詹公孫，而非堂先生子也。非堂先生善書，以餘技作繪事。侍御之書亞於非堂，而畫馬獨入神品。侍御生而不凡，王母楊恭人奇之，以爲是汗血種也，小字之曰駒郎。陸大行文虎嚴事非堂，故侍御爲大行壻。侍御既承家學，又追隨婦翁，以名節自勵，高冠長劍，崚嶒諤諤，雖一貧如洗，弗恤。國難既作，從戎江上，累授侍御監軍。已而東歸，有大將來據宮詹宅爲馬廐，侍御憤甚，中夜焚其廳事，由是日鬱鬱。

侍御畫馬，其藍本實出松雪之遺，至是諱之。或有不知而及之者，則叱曰：『吾所師者宋遺民龔聖予父子之馬也，爾既不知，其莫視吾畫。』時比之明初九龍山人之畫竹。然山人所爲，特出於好奇，而侍御胸中，別有所不適。嗣是，遂秘不示人，或有賺之者，輒盛稱聖予之人以及其畫，侍御欣然出其得意之筆以贈之，而舊時箱篋所貯有出松雪者，悉焚之。其實聖予之馬，世無傳者，侍御特重其人而已。

其時甬上多畸士，陸副使宇爗、楊職方文琮、李都事振玘，慈水則魏山人耕，皆與侍御相晨夕，終歲奔走山海間，思然故國之灰。壬寅除夕，刊章名捕，諸畸士皆豫焉。次年送禁省獄中，五月八日，聞將庭〔校〕黄本作『廷』。訊，侍御仰天嘆曰：『吾不可辱。』是夕暴卒，葬於非堂先生墓旁。

陸孺人最孝，非堂晚景甚困，病後思酒不得，孺人以女紅易佳醖日進之。非堂集中有和杜公病橘韻詩，以慰新婦者也。每侍御畫馬，孺人從旁爲布景，然自其家被籍，所著百尺西樓集無存者，而所畫亦希。侍御於先贈公爲三從兄，長子宗然，亦有志節，陸大行環堵集散失，搜訪存之。終身不求聞達，無後。〔蔣注〕以下當有闕文。

# 鮚埼亭集外編卷二十二

## 記七

### 明初學校貢舉事宜記

偶閱永樂大典載明洪武八年中書省、御史臺、禮部所奉聖旨，頒行學校貢舉事宜，嘆當時所以作人者，幾幾乎有三代之風，而惜其後之盡廢也。因撮其大略，參取他記，以補實録之所未備。

明初生員分二等：有府州縣學舍之生員，有鄉里學舍之生員。府州縣學舍生員有定額，自四十人以下爲差，日給廩餼。而鄉里則凡三十五家皆置一學，願讀書者，盡得預焉，又謂之『社學』，蓋即黨庠、術序之遺也。府州縣學生員，責任守令於民間俊秀及官員子弟選充，守令親身相視，必人材挺拔，容貌整齊，自年十五以上，已讀論語、孟子四書者，乃得預選。在内監察御史，在外按察使行部，到日，一一相視，有不成材者黜退，更擇人補之。其所業自經史外，禮、律、書共爲一科，樂、射、算共爲一科，以訓導分曹掌之，而教授，或學正，或教諭爲之提調，經史則教授輩親董之。自九經四書、三史、通鑑，旁及莊、老、韜略。侵晨學經史，學律；飯後學書，學禮，學樂，學算；晡後學射；有餘力或習爲詔誥、箋表、碑版、傳記之屬。其考驗時，觀其進退揖讓之節，聽其語言應對之宜，背誦經史，講明大義，問難律條，試以斷決，學書不拘體格，審音以詳所習之樂，觀射以驗巧力，稽數則第其乘除之敏鈍。學者苟能是，是亦足矣。使如此實心，率而行之，而真材不出者，未之聞也。

其計典，則守令與教官各置文簿報之，而巡按御史、按察使爲政。守令一月一考驗，有三月學不進者，教授輩及本科訓導罰米。巡按、御史、按察使一歲一考驗，府學自十二人以上，州學自八人以上，縣學自六人以上，學不進者，守令、教授輩及本科訓導罰俸。府學自二十四人以上，州學自十六人以上，縣學自十二人以上，學不進者，教授輩及本科訓導罷黜，守令笞，生員有父兄者亦罪之。三年大比，貢至行省，行省巡按御史拔其尤者貢之朝，守令即并其妻子資送入京，恐貽其内顧也。天子臨軒召見，皆令其説書一過，期於可行，繼試之文字，試之射，試之算，即文字不工，而射算上者亦取焉。故槎菴小乘載國初有經明行修科、工習文詞科、通曉四書科、人品俊秀科、言有條理科、精習算法科，諸科備者爲上，以次而降，不通一科者，不在擢中，即此謂也。

其用之也：有徑以爲御史者，有以爲知州、知縣者，有以爲教官者，有以爲經歷、縣丞等官者，有以爲部院書吏奏差者，有以爲五府掾史者，不拘一例。若鄉里學舍，則守令於其同方之先輩，擇一有學行者以教之。在子弟稱爲師訓，在官府稱爲秀才。

其教之也，以百家姓氏、千文爲首，繼及經史律算之屬，守令亦稽其所統弟子之數，時其勤惰而報之行省。三年大比，行省拔秀才之尤者貢之朝，守令資送妻子入京。天子臨軒試之，加以録用。

其學舍生員，則俊秀者升入學，補缺食餼；不成材者，聽其各就所業。是當時立法之始，直以三代人材望之天下，而豈意行之不久而中替也。自鄉里無需次之生員，而學宫之中一爲增，而再爲附，人愈多而習愈惡。自六藝之教盡弛，而帖括講章之學可至卿相。自守令之責不先，而諸生之不肖反有進而挾持官長者，馴至憤時之士，竟以生員爲蠹世之物，而謂必廢之而爲可以救世。嗚呼！曷亦取太祖頒行之事宜而讀之可也。明初辟召之典亦不一科：有耆儒，有隱逸，有明經，有茂才，有懷才抱德，有賢良方正，有孝弟力田，有聰明正直，有文學，有孝廉，有税户人才，有儒士，錯出難盡，如全思誠以耆儒，鮑恂以明經，直補閣學，則曠典也。

## 洞霄宫提舉題名壁記

宫觀之制，詳李心傳朝野雜記。其在大滌山之洞霄宫者，竹垞言之備矣。然曝書亭集所記，自建炎元年始。予考宋宰執之首領洞霄者，吕惠卿、章惇、林攄，而蔡京亦嘗以閣學一領其任，雖其人不足稱，而官不可泯也。乃復重繙正史，參之野記，則即建炎以後者，竹垞亦尚間有所遺。予友趙谷林請更書一通，以補洞天掌故之闕。

宰輔之領宮祠，大率以殿閣學士繫銜，而年表中亦有但稱其階者：章惇以通議大夫，富直柔、李壁以中大夫，留正以光禄大夫，是也。宋之以殿閣寵舊相者，觀文、資政始有大學士之名，其餘皆無之。而年表紹興二十四年，史才以端明殿大學士提舉，乃誤文也。職官志謂宰相不爲大學士者，自紹興元年范宗尹始，而年表宗尹以大觀文提舉，均屬衍文。宋史舛戾，如此最多。竹垞記中，亦或因仍書之，姑舉一隅，以見厓略，未始非庀史之一助已。若程公許傳再提舉玉隆觀，未嘗在臨安奉祠，其傳言：史嵩之免喪，以大觀文領洞霄，公許劾之。竹垞不詳閱傳文，遂以公許列記中，是則誤之甚〔校〕黄本作『尤』。者。若翟汝文以資政殿學士提舉，見郡齋讀書志，而竹垞取其靖康顯謨原職書之，皆失考也。

至其謂待制以下官，當屬提點主管之職，略而不書。今考宋史，則横行右職，自左武大夫以下，尚得提舉宮祠，而朝野雜記謂從官係銜，皆爲提舉，庶官則曰主管，是待制諸官原屬提舉，特宋制外祠得以餘官充，而京祠則用大臣。洞霄自臨安爲行在，已升内祠，故自紹興以還，無復侍從莅其任者耳，亦非如竹垞所云也。今所書一百五十人之中，祇蔡崈以集英殿修撰提點，則宋史本傳明書之；蘇儁以直龍圖閣，魯詹以直祕閣主管，則汪藻、張守所作墓志明書之，皆未有冒稱提舉者也。

# 宋紹興學宫禊帖舊本記

穆陵十集蘭亭，凡一百一十七種，江東諸府州所有摹本皆預焉，獨吾鄉無之，此闕事也。然予考唐帖中，有『勾章令滿騫』五字者，爲蘭亭最古之本，其中有開皇年號，以爲六朝以來祕府所藏，唐太宗以賜韓王，而崔液爲之跋。其後江南國主以撥鐙書法題之，而徐鉉爲之記。〔校〕黄本作『志』。其後，又有紹興庚申史應物跋。應物三傳而歸於吾鄉之李元洎少裴，而攻媿先生記之。是則吾鄉蘭亭第一掌故也。

唐人摹本以蘇承旨易簡本爲最。承旨有三本，其一歸於吾鄉之嬾堂舒學士，嘗與元豐諸賢觀於鄞城南之崇法寺，精神無毫髮恨，是第二掌故也。

趙侍郎明誠本，前有龍眠蜀紙畫王右軍像，後有明誠跋。明誠夫人李易安寓吾鄉之奉化，故歸於史氏，有紹勳小印，是第三掌故也。

薛嗣昌定武本藏張衛公孝伯家者，蓋又次之。攻媿先生所藏，有王安國題者，當又次之。高續古所藏，有王厚之題者，則又次之。曹南吴志淳來鄞，有瘦本，九靈山人定爲薛氏之物，其後歸於大慈寺僧，而九靈跋之，則定武别本也。

然則吾鄉雖無特摹之石登於十集，而故家儲蓄，皆嘗得其最精者。然此猶以卷軸言之，若唐初辨才本初出，永興虞公所臨本，藏趙明遠家者，則真吾鄉之土物耳。

數百年以來諸所藏者，俱已散亡殆盡。予所見者，慈水姜湛園編修所藏定武本不損者，其最也。予家缸石損本，其次也。天一閣范氏有紹興學宫不損本，又次之。要皆吾鄉蘭亭之足登簿目〔校〕黄本作『録』。者。范君永恒乞予記其家藏，予乃詮次舊聞，以題於後。

## 宋神宗桃源書院御筆記

桃源書院舊在城西武陵之林末，即王先生酌古堂也。迨王氏之裔由林末遷罌湖，而書院未嘗移，明初始爲官所有，乃移之罌湖。獨宋神宗之御書，歷七百餘年，巍然無恙。嗚呼！是真王氏之球璧也哉。『五先生』之倡道，其三皆以布衣終身，即仕者亦不達，而先生獨邀宸奎之賜，固異數也。〔嚴注〕宋時桃源王説應求同季父致，招樓郁、楊適、杜醇諸公，因就妙音院，立孔子像，講貫經史，學者宗之。應求所著五經發源五十卷，奏議、書疏、詩文二百十一篇，薦者列其事，召爲明州長史，應求辭，歿，建桃源書院，贈銀青光禄大夫，賜紫金魚袋。桑海歷劫，天府金石之藏，且不可保，而是額乃獨留，一若有鬼神呵護之者，王氏之子孫，其幸爲何如。

吾鄉之得拜御書者，宋時自先生始，其後遂日多，史忠定〔嚴注〕浩。『御香龍茶』手跡，高宗筆也；

『明良慶會』之閣、真草書『舊學』二字及送東歸諸詩，壽皇筆也；壽皇又嘗録忠定野菴分咏以賜魏文節公，〔嚴注〕杞。而忠定『四明洞天』之題，光宗在東宮時筆也；史忠宣之『滄洲』、鴻禧〔嚴注〕守之。之『碧沚』，寧宗筆也；史忠獻〔嚴注〕彌遠。之墓碑，理宗御製并書者也；鄭忠定〔嚴注〕清之。『輔德明謨』之閣、『安晚』之圃及『甬東書院』，趙清敏之『直清亭』、『乳泉』及『安貧樂道』，王直閣〔嚴注〕撝。之『汲古傳忠』、陳清敏〔嚴注〕與歡。之『世綸堂』、應衛公〔嚴注〕傜。之『翁洲書院』，皆理宗筆也。而鄭魯公未生忠定時，營壽藏於塔嶺，夢隔岸有菴，高懸『嘗充達』三字，擁以蟠龍，顔以泥金，作紀夢長句以志之。忠定稍長，聞魯公語，遍閲釋道諸書，不得其解。魯公曰：『蟠龍泥金，殆御書耶？兒志之。』忠定既相，理宗偶於燕閒詢其家世，以先夢對，理宗即賜此三字，懸之嶺上，以成其兆。王元恭修至正志，特載魯公之詩，以爲異聞。其餘不見於紀録者尚有之，而阿育王、天童、雪竇諸梵所賜不預焉。

顧就中分别言之，或中興以來賢相，或直節不屈宗衮，或以清德，或昌其子，或表其師，斯足與御書争光者也。亦有幸成夾日之功，遂爲當國之徑，奎章愈富，反滋物論者，是在當日已難概論。或求其傳，或正不必其傳也。乃若是額之存，則四明之學統所係，登其堂者，肅然起酌古之思，是豈獨王氏孫子之球璧也哉。爰再拜而爲之記。

# 山陰縣西北葛仙人洞記

浙東山水之附稚川以名者最多，然不可信。山陰縣西北六十里，有葛仙人洞，則宋末南康高士葛慶龍也。洞中雲霧清瑟，古蘚斑駁，使人神骨清冽。洞前有一石像，即慶龍也。洞中有石鶴軒然，則王主簿理得鐫以侍慶龍者也。洞旁多長松修竹，風味瀟灑，然在山陰道中，尚非絶勝，而其所以得名，則但以慶龍故。

予考慶龍字秋巖，又號寄漁翁，又號江南野道人，晚號飛筆仙人，及老卜葬於山陰，又號越臺洞主，即指是洞也。南康人。早年嘗入匡廬學浮屠，稱璹書記，不樂；中更爲道士，卒返於儒。潛溪聞之皋羽，以爲即廬山人者，非也。放浪江湖中，巨公名卿，酒徒劍客，多與之游，以上采霏雪録中語。其詩務出不經人道語，甚者鉤棘不可句，酒酣落筆，颯颯不自止，皆鵬騫海怒，欻起無際。然爲人簡躁，【校】黄本作『疎』。喜面道人過，一有所忤，即發洩無留隱，人亦知其磊落無他腸，然多疏之。嗜聞音樂，又不甚解，居一室，雜懸藥王磬鈴，醉後自揚扇撼之，閉目坐聽，殷殷有聲，至睡熟，扇墮乃罷。以上見潛溪集。

初慶龍流寓鄞之南湖延慶寺，其爲詩尚操唐律，喜精整，有什一集，然多不自收存，以上見清容集。則潛溪所云慶龍詩，乃其晚年之變境也。晚尤落魄，依王主簿居，每遊石洞，見樵獵過者，必祝，以爲有神。慶龍乃刻己像洞前，稱『洞主』。見潛溪集。年逾七十，兒齒童顏，終歲不澡沐，肌體清潔，衣無蚤蝨，風日清美，輒乘筍輿遊天衣、雲門諸勝。霏雪録。將死，遺言：『葬我當於是洞，且用儀衛鼓吹爲導，使樵獵祝我如山神。』潛溪集。故至今人稱爲葛仙。

予求慶龍所著集既不可得，於諸書中見所載慶龍詩，似非其至者，求其如潛溪所云『奇氣横發，欲騎日月而薄太清』者，未之見也。

慶龍以其才，忽而釋，忽而道，忽而儒，其究也，慕爲仙爲神，非果好怪也，遭時之亂，胸中殆有耿耿不可下者乎？而皋羽諸公未盡爲之表白。然則慶龍之不盡見者，豈徒其詩而已哉。老友五岳遊人鄭性同遊，聞予言曰：『然，請記之，吾將勒石於洞，以爲慶龍慰重泉之靈，且慶龍固亦吾鄉之寓公也。』爰序次而畀之。〔一〕

## 祭甲申三忠記

甲申之難，左班十九忠臣，其曾任吾鄉長令〔校〕黄本作『吏』。者：御史王忠烈公，〔嚴注〕章。故鄞

〔一〕〔校〕黄本列遊華不注記於此後。〔嚴評〕古來豈有百衲衣之古文哉，殆謝山之刱例矣。

令；檢討汪文烈公，〔嚴注〕偉。故慈令；吾鄉則御史陳恭愍公也。〔嚴注〕良謨。忠烈、文烈之令吾鄉，愛民下士，古來循吏所不能過，故其殉難也，鄞人歲以三月十九日祭忠烈於天封寺，慈人則祭文烈於城西。而忠烈有子瞻卿，丙戌嘗知鄞縣事，其後殉於金華，鄞人祭忠烈，因以瞻卿配。其後廢弛者六十年矣。

今年予與慈人鄭君南溪，議於府城合祭之，而增入恭愍。董君愚亭遂謀爲置田，以永其事。嗚呼！桑海之交，吾鄉死國者六十餘人，遂爲忠義之邦，此固出於三百年之教化，而忠烈、文烈之所薰陶，其時最近，抑亦恭愍之所倡率也。惟忠與孝，歷百世而不可泯，於斯祭也，尚其有所觀感哉。

## 題蓮花莊圖記

〔校〕黄本列笠山圖記後。〔嚴注〕姚世鈺。

歸安姚兄薏田所居，爲松雪王孫故址，世稱蓮花莊者也。松雪之先，莫氏居之，世稱『宋乾、淳宏詞世家』者也。松雪之後，歸於莘氏，世稱『棗強莘令』，以善畫著者也。然於是莊，皆未嘗有圖咏者，亦缺事也。薏田居此已四世，一日，讀右丞孟城坳之句而有感也，因令敬亭沈高士樗厓繪之於素，自爲文以記之，而復徵言於予。

浙河東西山川皆清遠，而吴興池亭臺榭之勝，尤與杭、越鼎足。其在前人掌故所録者，至今尚令人神魂飛動，顧惜其不可復按。蕙田謂陵谷之易以板蕩，而丹青石緑，遂足綿亘於天荒地老之餘而不朽耶？畫師之神力，未必若是之遠也，則亦不過好事者之惓惓而已。

夫清景不羅俗物，則其福命未有艾者。是莊自季宋以來，代有雅人居之，劫火頻乘，靈光無恙，蓋其乞靈於大造者，有深幸焉。蕙田以煙霞之癖，驅使翰墨，方且撰蓮花莊志，用補前人之闕，而搜文獻以實之。予聞清江敖叟繼公，閩人，而居於苕上，松雪兄弟師之，其説儀禮，在是莊也。芙蓉百頃之旁，當日書帶之草，或者尚有存焉，其曷爲我訪之。

## 笠山圖記

東浙山陰之臨浦，有小山焉，蓋一卷石之多也。予友徐君廷槐世居其地，從而名之曰笠山，因以爲字。雍正庚戌秋，君以新進士需召見，與予密邇邸舍，蹇驢短褐，朝夕過從，乃出舊所繪圖，屬予作記。君爲伯調先生之孫，少以文章雄於海内，珠盤之會，所至傾倒其羣。然而天性沖夷淡蕩，遺棄一切，是以公車老困，僅得一第，即謝選人之籍，乞改廣文以歸，論者惜之。不知君之得於山水者深，固不以盈虚屑屑也。

雖然，會稽古來山水之窟，筆牀茶竈所堪，枕流漱石之區，目不暇接。其最著者：夏后氏之穴，周官淮海作鎮之山、於越之臺，右軍、太傅修禊之亭，祕書敕賜之宅，殘宋之攢宮，皋羽、白石冬青之寺，抱遺老人之居，青藤之閣，皆至今存。君以笠山崛起，雄長其間，振部婁而成松柏，可謂壯已。山陰故予先人舊里，有枌榆桑梓之遺，屐齒往返，一歲數至，獨於笠山未到，茲披君圖，并讀自序，蒹葭秋水之慕，約略得之。邇者笠山已束駕將行，西風朔雁，即以此當離亭之句。笠山歸，共掃三徑以相待，吾當乘春波南下，過問伯調先生遺書，再話春明舊雨時也。

## 冬心居士寫鐙記〔嚴注〕金農。

吾友錢唐金君壽門，畸士也。其博學好古似楊南仲，古文詞似孫可之，詩似陸天隨，其磊落似劉龍洲，潔似倪迂，尤喜狹邪之遊，似楊鐵崖；而其癡甚篤，遠似顧長康，近似酈湛若，以故奔走江湖間，所際會亦不少。而年過五十，拓落如故。初浙中學使者帥公蘭皋嘗以壽門應詞科之檄，力辭不就，而蹇驢之都下，或問之，則曰：『吾特欲觀徵車中人物，果何等耳。』數月橐中金盡，始歸。

壽門所得蒼頭，皆多藝，其一善攻硯，所規橅甚高雅。壽門每得佳石，輒令治之。顧非飲之酒數斗，不肯下手，即强而可之，亦必不工。壽門不善飲，以蒼頭故，時酤酒。硯成，壽門以分書銘其背，古氣盎然，蒼頭浮白觀之。其一善攀東絹作烏絲，嘗遊鐙市，擇其品之最高者買歸，以烏絲界之，清瘦有寒芒，請〔校〕黄本作『令』，嚴云鈔本作『令』，『令』字有意致。壽門作分書其上，則石湖詩中所稱『吴鐙』不足道也。於是壽門雖窮愁，時時有户外之屨，或以硯，或以鐙，其銘硯之多，遂成一集。而其寓揚也，則鐙之行爲尤盛。夫以壽門三蒼之學，函雅，故正文字，足爲廟堂校石經，勒太學，不僅區區銘硯已也。而況降趨時好，至於寫鐙，則真窮矣。

雖然，吾觀壽門窮且老，顧其著述益深湛，其平昔所嗜好，一往而情深如故也，則誠不能不謂之癡之至者。冬心居士者，壽門五十所别署也。

## 遊華不注記

〔校〕黄本列題蓮花莊圖記後。

予以辛亥七月從歷下南歸，先束裝之一日，向羅學使竹園借騎往城東，遊華不注峰，以前此往遊時，苦寒弗果登，而前輩盛稱『鵲華秋色』，故再過之。是日，尚覺炎熇，華陽宫沙門笑曰：『檀越之來，不寒則暑，山中亂石横亘，蹊徑蕪塞，何自苦爲？』予不聽，策杖至山半，有洞賓祠，蓋遺山所夢地也。沙門汲華泉至，拾亂薪烹之，小憩，登其巔，直見渤海。時則天風颯颯，始知秋氣，山門青緑隱隱，初有萌芽。道元『單椒秀澤，虎牙兀立』之語，可爲神肖，不能復措一詞。沙門爲予言明德邸在歷下時，此間花鳥之盛，不下虎邱，今則華泉一綫，漸淤爲小溝，遊人亦鮮過者。於是西爽漸斜，僕夫促駕，遂循鵲山而西，竹園方治具話别，乃書此以柬之。

## 謝御史再入院補題名記

桂林謝御史以言事得罪遣戍，同官以其得罪也，削去其題名，聞者駭之。不十年，御史還朝，再入臺，曩時同官搒此舉者，蓋已外遷至藩使，被逮入西曹，於是臺中補列舊額，而御史自爲之記以示予。御史之言曰：『題名者，特以其曾爲是官耳。觀温公諫院之文，是稱職者題之以垂法，不稱職者題之以示戒，未有竟削其名者也。』

予曰：『斯言固也。然而削亦有例：宋寇萊公之貶崖州也，錢惟演於樞使碑中削之；明阮大鋮麗逆案，姜如須於行人碑中削之；所削之人不同，或可詫，或可快，要其事固有之。昔人有曰：「一時有一時之君子，一時有一時之小人，其不爲時局所翻者，固無幾耳。」【嚴注】此倪文煥之言也，見南雷文定。彼奮然取寇萊公而削之者，亦以爲實有所見，而幾與姜如須之義憤同也。』

御史昔所論者，爲河南撫臣，撫臣舊亦嘗在臺中，其後貴盛無比，彼同官者方且心慕而思效法之，而惟恐不得也，而御史乃操白簡以擊之，至膺嚴譴，則其快然而必欲削去之也固宜。迨酷吏之奸私既著，累已見詰於詔書，又幸而遽死，御史又賜環重入臺，使同官者而猶在臺，則必重爲補也，曷足怪哉。

然御史之言又曰：『吾往者誠過，過之可補，猶此額也。』予謂此特立言之體耳，予於御史爲同館後輩，辱相知最深，薑桂之性，非如橘枳梅杏之易移也。此老崛强，補過之説，將無託之空言也夫。

## 廣陵相公傷逝記【嚴注】陳文簡公元龍。

明太師劉文靖公【嚴注】健。之家居也，楊文襄公【嚴注】一清。以故相起爲三邊總督，謁之洛陽里第。文靖咎之曰：『公爲閣臣，而今乃俯就此任，政府之體，吾恐其自公而褻也。』文襄有媿色。予竊謂唐、宋宰相，其出爲牧伯而復入中書者，不可指屈，大臣受國恩，亦豈得以内外資地之隆殺爲去就。文靖宿德老臣，而爲是言，似乎不廣。然有明官府之儀數則固如此，故自吏、禮二部及翰詹長官，輒不欲外任，以其損入相之望也。

今海寧相公陳公之夫人，長洲相公宋公第四女也。宋公六女，長者適合肥相公李公之子宫詹學士，其次適太倉相公王公，其次適海寧顧侍郎，其次即相公，其次適長洲繆宫諭，獨少女適陳氏者僅以甲科知南充縣。襟袂相連，俱在翰詹坊局清華之選，而宣麻者二，開府者二，前代晏元獻公以善擇壻稱，亦未有若是之盛也。方相公官吏部侍郎兼掌院學士，已而出爲廣西撫軍，當改吏部爲兵部，去掌院銜，夫人愀然不樂者數日。内外親表姑婦聞之，皆不解其所以，争來慰問，則曰：『少宰與翰長皆入相之資也，今一麾而出，委蛇聶官，豈非恨事，吾無以見仲姊矣。』聞者皆笑之，而同館老成相告曰：『古人所以重世家者，豈不以通明典故，諳習體統，有非小家子所能者乎？今觀夫人之言，乃知天下膏粱之貴，其所見固自不同，足以證明三百年來之史案。』相公撫軍數年，入司工部，已而卒正揆席，則夫人已先卒矣。沙堤拜命，泫然流涕，悵夫人之不及見也。

嘗語臨川侍郎李丈穆堂欲爲文以記之，而侍郎轉以屬之予。予以爲王事之不以内外分者，人臣之誼也，若今之官翰詹坊局者，不安於侍從之枯寂，而垂涎於外吏之足以自潤，甘去清華而思叢雜，斯則可恥也。是夫人之所不屑見者，不特文靖所羞稱也。是爲記。

〔嚴評〕始讀此文，以爲小説體耳，既而思之，甚有害於名義。夫以夫爲巡撫，而無顔以見骨肉，設使此女嫁知南充縣者，則必狃猾視其夫，而不安於室矣。古文無益於綱常名教者，不作可也，而况於此文乎？穆堂先生生平以立言自任，宜其不屑下筆，屬之謝山，豈重之哉？謝山此文，誠可不作，然在近日大足矯俗。

## 燕堂奉母圖記

蔣增。〔校〕黄本列笠山圖記前。

江都馬母汪太孺人，未昏守節，歷經大吏上陳天子旌其閭。初，太孺人家居甫及笄，忽有孤燕來巢，日徘徊窻前不能去，其家皆心惡以爲不祥，而弗敢言也，未數日而果驗，太孺人嘆曰：『天定之矣。』

既歸馬氏，撫其爲後子開熊甚篤。開熊稍長，感柏舟之節，而睠懷於鞠子之恩，惟以不當太孺人晨昏之意爲懼，左右就養無方。太孺人曰：『汝何以事我，其亦讀書敦行，斯爲孝矣。』已而開熊學行皆醇備，宣文絳幔之暇，優游襟背，融融如也。內外親表乃共署其寢門曰『燕堂』以美之。太孺人以天年終，不幸開熊亦中道下世，其弟秋玉流涕曰：『吾世母之大節，則既有詔，有祠，有狀，有志，有表，有家傳，亦足稍慰青燈苦蘗之素矣，而吾兄之至性，其誰爲寫之者？』於是作燕堂奉母圖，而屬予爲文以記之。

嗚呼！太孺人當讀女戒之時，貞禽已爲之感召，斯其素行之足以陵霜蹈雪，通於神明，非猶夫一時激發慕義好名者所可比也。世儒論此案者，多泥禮文以相疑難，或且操『女而不婦』之説，以爲微詞。予謂此在遺經，有可旁證，汪錡髫年而執干戈以衛社稷，則孔子以爲可無殤也。若如世儒之論，則汪錡可以無死，而死當在不弔之列矣，而何以聖人不然。又況太孺人之大節，天且弗違，先時而告，其膺九重雙闕之榮，又何歉歟？雖然，『莫爲之後，雖美弗傳』，開熊之純孝，天之所以報太孺人而弗負其節也。開熊齎志以殁，而又有其弟勤勤懇懇，不欲泯其兄之遺行，則又天之所以報開熊也。然則一門之鸞停鵠峙，皆『燕堂』之貞符也。

開熊名曰楚，一字橘園；秋玉名曰瑄；其少弟佩兮名曰璐，予徵車同籍也。

# 江浙兩大獄記

蔣增。〔校〕黃本無本篇。　〔嚴注〕此記事之文，當編入雜著。

本朝江、浙有兩大獄，一爲莊廷鑨史禍，一爲戴名世南山集之禍，予備記其始末，蓋爲妄作者戒也。明相國烏程朱文（恪）〔肅〕公〔嚴注〕文肅諱國楨，文恪諱國祚，竹垞之祖也。〔李注〕朱國楨，謚文肅，即著南宋書及湧幢小品者，其書本名史概，亦名大事記。文恪乃秀水朱國祚之謚。嘗著明史，舉大經大法者筆之，已刊行於世，未刊者爲列朝諸臣傳。國變後，朱氏家中落，以稾本質千金於莊廷鑨。廷鑨家故富，因竄名己作刻之，補崇禎一朝事，中多指斥昭代語。歲癸卯，歸安知縣吳之榮罷官，謀以告訐爲功，藉此作起復地，白其事於將軍松魁。魁移巡撫朱昌祚。朱牒督學胡尚衡。廷鑨並納重賂以免，乃稍易指斥語，重刊之。之榮計不行，特購得初刊本上之法司。事聞，遣刑部侍郎出讞獄。時廷鑨已死，戮其尸，誅弟廷鉞。舊禮部侍郎李令皙曾作序，亦伏法，并及其四子。令皙幼子年十六，法司令其減供一歲，例得免死充軍，對曰：『予見父兄死，不忍獨生。』卒不易供而死。序中稱『舊史朱氏』者，指文（恪）〔肅〕也。之榮素怨南潯富人朱佑明，遂嫁禍，且指其姓名以證，并誅其五子。松魁及幕客程維藩械赴京師。魁以八議僅削官，維藩戮於燕市。昌祚、尚衡賄讞獄者，委過於初申覆之學官，歸安、烏程兩學官並坐斬，而二人幸免。湖州太守譚希閔涖官甫半月，事發，與推官李煥，皆以隱匿罪至絞。滸墅關榷貨主事李尚白，聞閶門書坊有是書，遣役購之，適書賈他出，役坐其鄰一朱姓者少待。及書賈返，朱爲判其價，時主事已入京，以購逆書立斬，書賈及役斬於杭，鄰朱姓者因年踰七十免死，偕其妻發極邊。歸安茅元錫方爲朝邑令，與吴之鏞、之銘兄弟嘗預參校，悉被戮。時江、楚諸名士列名書中者皆死，刻工及鬻書者，同日刑。惟海寧查繼佐、仁和陸圻當獄初起，先首告，謂廷鑨慕其名列之參校中，得脱罪。是獄也，死者七十餘人，婦女並給邊，蓋浙之大吏及讞獄之侍郎，鑒於松魁，且畏之榮復有言，雖有冤者不敢奏雪也。之榮卒以此起用，并以所籍朱佑明之産給之，後仕至右僉都。

桐城方孝標嘗以科第起官至學士，後以族人方猷丁酉主江南試，與之有私，並去官遣戍，遇赦歸，入滇，受吴逆僞翰林承旨。吴逆敗，孝標先迎降得免死，因著鈍齋文集、滇黔紀聞，極多悖逆語。戴名世見而喜之，所著南山集多采録孝標所紀事，尤雲鶚、方正玉爲之捐貲刊行。雲鶚、正玉及同官汪灝、朱書、劉巖、余生、王源皆有序，〔李評〕不先敘雲鶚、正玉之官，則所謂同官，是何官乎？板則寄藏於方苞家。都諫趙申喬奏其事，〔李評〕趙恭毅時爲都御史，不應稱都諫。九卿會鞫，擬戴名世大逆，法至寸磔，族皆棄市，未及冠笄者發邊。朱書、王源已故免議。尤雲鶚、方正玉、汪灝、劉巖、余生、方苞以謗論，罪絞。時方孝標已死，以戴名世之罪罪之，子登嶧、雲旅，孫世樵並斬，方氏有服者皆坐死，且剉孝標尸。尚書韓菼、侍郎趙士麟、御史劉灝、淮揚道王英謨，庶吉士汪份等三十二人，並別議降謫。疏奏，聖祖惻然，凡議絞者改編戍，汪灝以曾效力書局，赦出獄，方苞編旗下，尤雲鍔、方正玉免死，徙其家。方氏族屬止謫黑龍江。韓菼以下，平日與戴名世論文牽連者，俱免議。是案也，得恩旨，全活者三百餘人。康熙辛卯、壬辰間事也。〔一〕

〔一〕【嚴注】此事諸家記載多不詳，惟楊鳳苞記莊廷鑨史案本末最爲備核，見汪日楨南潯鎮志中。【李注】據蔣良驥東華録載：康熙五十一年正月，刑部題請汪灝、方苞俱應立斬，方正玉、尤雲鍔聞拏自首，應發往寧古塔，劉巖應革職。與此不同。又登嶧官工部都水司主事。登嶧等俱發黑龍江。登嶧子武濟，康熙己丑進士，官中書舍人。武濟子觀承，由監生賞中書銜，從軍，官至直隸總督，加太子太保，謚恪敏。觀承子維甸，乾隆庚子進士，官至閩浙總督，謚勤襄。

# 鮚埼亭集外編卷二十三

## 序一

### 周易義序

周易口訣義六卷，〔馮注〕武英殿聚珍本從永樂大典輯出。本名周易義，史文徽所著也。文徽名徵，河南人，宋人避御諱作證。自荆南田氏書目誤以爲唐宰相魏文貞公之書，紹興中續編四庫書目亦因之，至昭德晁氏始正其謌。陳振孫謂三朝史志已載其書，非五代人則唐季是已，其人本末不可考。崇文總目謂史氏直鈔正義，略删節以便講習，故以『口訣』名之。今觀其書亦有不同於孔氏者，如『臨象八月有凶』，正義主荀氏以爲三陰之否，文徽主何氏以爲四陰之觀，則崇文目所云，亦未盡然也。但其談義理而略象數，則王、韓之家法耳。

唐人經學最草草，見於史者不過數家，易祇推蔡廣成一人。廣成所著啓源十卷，外義三卷，明人一齋書目尚列之，而予未之見。其餘則陰洪道、陸希聲、東鄉助、高定諸家，恐皆無存者。其幸得存者李鼎祚集解，乃所以輯三十六家之緒言，在唐人説易，别爲一派。其餘則郭京、邢璹之書。然則文徽易義足備正義以後之一種，不可聽其無傳也。五代則蒲乾貫有易學，亦談象數者。

總之關、洛以前，儒林寥略，苟有傳者，皆當存之，以備時代，不當苛論於其間。爰論〔校〕黄本作『鈔』。其書而藏之，且爲之序其端。

## 甘棠正義序

甘棠正義者，梁陝州大都督府左司馬任正一之易疏也。其書凡三十卷，孔氏正義以爲藍本，推演其説，崇文總目尚載之，則宋時其書未亡，故樂平馬氏亦述焉。明以後無復傳是書者，而忽有唐長孫無忌等周易要義。其書凡十八卷，第一卷分上、中、下，第二卷至第七卷分上、下，共爲十卷。其編首備載永徽四年所上表，長孫無忌、李勣、于志寧以下二十四人，連名署進，謂：『六經正義穎達雖加討覈，尚有未周，爰降絲綸，更令刊定，臣等上稟宸旨，旁摭羣書，謹以上聞。』

按唐藝文志及儒學傳，正義之作凡四修而始成。其初則穎達暨顔師古、司馬才章、王恭、王琰同撰定。藝文志作李子雲、王德韶。其後駁正者，則馬嘉運、趙乾協；覆審者，則蘇德庸、趙宏智。藝文志有隨德素、王士雄。〔校〕黄本列蘇德庸於趙乾協下。卒刊定於無忌等二十四人，而後頒行。是無忌之刊定此書誠有之，然頒行在刊定之後，則其書即今學官所具者，非别有一種也，故崇文總目云『周易正義十四卷，唐太尉長孫無忌與諸儒刊定』，則未嘗改名『要義』也。

吾取其書讀之，則更異焉，據云以其未周，故有旁摭，則必多出於孔氏之外者，乃今以學官之本校之；今本不及略例，而是本附以略例之注一卷；又每卦注以八宫世數，爲今本之所無；今本不載字音，而是本有音；其不同者不過爾爾。然今本聯絡貫穿，皆依卦爻爲次，而是本則草草分條，似反屬未定之藁。今本每卦下一爻必有數語，而是本或竟無之；今本所言反詳，而是本轉略；則今本出於是本，或增而或删，乃謂是本在今本之後，謬矣。故吾斷以爲是即任氏甘棠正義，而孔氏之所自出，後人不知妄爲〔校〕黄本作『謂』。長孫無忌箋表改易其名，離合其卷帙，以欺後世，而不知其原委之歷然可考也。

隋以前江南易疏十餘家，今更無存。任氏所作雖已備見孔氏書中，然要其故物，不可不加珍惜，而略例注一卷，遠出邢璹之前，尤可貴也。秀水朱檢討經義考亦疑是書即孔本，而不知爲任氏。但陜州大都督府之名，蕭梁時所未有，當更考之，爰校其譌謬，而别爲之敘。

# 田氏學易蹊徑題詞〔嚴注〕疇。

宋華亭田興齋，在嘉定間，嘗設講席於國學，六館之士皆北面焉。不知宋史何以不傳之於儒林也。其所著學易蹊徑二十卷，在吴文正公纂言中頗及之，今始得見其書於都下。

宋人之言互體者，梨洲祇舉漢上、黄中二家，今觀興齋之説又有出於二家之外。其每卦一圖，皆以正卦兼變卦而言，而並取其正變之互。嘗考其所自出，則吴興沈氏也。沈氏謂睽三則下互爲離，其變則上互爲兑，即興齋之説也。夫正卦之互，在聖人取象，或有時而用之，若變卦之互，非取象所及也。一卦自有一卦之象，不容兼正變而互之也。或曰：左氏陳敬仲筮詞，風爲天，於土上山也，杜元凱謂此觀之否，正卦之三四五爻爲艮，變卦之二三四爻亦爲艮，故曰山，則固合正變之互言之矣。興齋之所本者此耳。予曰：此筮法也，筮法合正與變而占之，則亦得兼正與變之互而象之。當聖人作象詞，但發揮是爻之象而已，安得預計其變而求合之，將不勝其緒之紛矣。

易雖爲卜筮而作，然要自有節次也。沈氏不過偶一及之，其説尚未及成，興齋則每卦列焉，竟欲以之定互體之説，竊以爲未安。若其餘甚有佳者，嘉定以後經師如此，不易得也。

# 曹放齋詩説序

放齋曹先生粹中，吾鄉定海人也，字純老，李莊簡公光之壻，宣和六年沈晦榜進士，釋褐黄州教授。莊簡由吏部尚書參預機務，秦氏勢正殷，聞先生名，欲見之。先生辭焉，私語婦曰：『尊公其能終爲首揆所容乎？何不早去。』已而莊簡果被出，嘆曰：『吾媿吾壻。』先生自是隱居，終秦氏之世，未嘗求仕。莊簡退居，著讀易老人解説，而先生箋詩，各以其所長治經。嗚呼！先生皭然於姻婭之膴仕，而潔身於十畝之間，不媿其婦翁，且加以先幾之哲焉，可謂百世之師矣。世有改修宋史者，當附之莊簡傳中也。張魏公晚年入相，薦於朝，通守建寧，不久乞身而歸，贈侍講。

深寧王氏解詩多有取於先生之説：如據太始天皇之策，包羲綱罟之章，葛天之八闋，康衢之民謡，以爲詩本；而『瞻彼旱麓』以漢書地理志證之，知爲旱山；『四月秀葽』，以爾雅本草證之，知爲遠志。又引齊詩以定『采蘋』、『草蟲』之先後，其所引名言尚多有之，而完書則意其不可得見矣。忽見永樂大典中有之，乃鈔而謀付之梓。因念少時讀深寧四明七觀，其於經學首推先生之詩，今幸得拜而讀之，奚翅南金，不徒桑梓敬恭之思也。

自先生之詩説出，而舒廣平、〔嚴注〕璘。楊獻子〔嚴注〕銖。出而繼之，爲吾鄉詩學之大宗。慈湖之詩傳相繼而起，咸淳而後，慶源輔氏〔嚴注〕廣。之傳始至甬上，則論吾鄉詩學者，得不推先生爲首座歟？

# 荆公周禮新義題詞

三經新義盡出於荆公子元澤所述，而荆公門人輩皆分纂之，獨周禮則親出於荆公之筆。蓋荆公生平用功，此書最深，所自負以爲致君堯、舜者，俱出於此，是固熙、豐新法之淵源也，故鄭重而爲之。蔡絛以爲政和祕閣所藏，其書法如斜風細雨，定爲荆公手蹟。其後國學頒行之，板爲國子司業莆田黄隱所毁，世間流傳遂少，僅見王氏訂義所引而已。而明交淵閣書目所有，當猶屬政和底本，顧世之人無從見，今則無矣。相傳崑山徐尚書雕經解，以千金購之不能得。

雍正乙卯，予於永樂大典中得之，亟喜而鈔焉。會修三禮，予因語局中諸公，令〔校〕黄本作『會』。鈔大典所有經解，而荆公書尤爲眉目。惜其地、夏兩官已佚，終不得其足本也。

荆公解經，最有孔、鄭諸公家法，言簡意核，惟其牽纏於字説者，不無穿鑿，是固荆公一生學術之祕，不自知其爲累也。蓋嘗統荆公之經學而言之，易傳不在三經之内，説者謂荆公不愜意而置之，然伊川獨令學者習其書。容齋記毛詩『八月剥棗』，荆公一聞野老之言，輒改其説，則亦非任情難挽者。朱子於尚書推四家，荆公與焉，且謂其不强作解事，而禮記之方、馬數家亦稟荆公之意而爲之者，至今禮記注中不能廢。爾雅成於陸氏，而以其餘爲埤雅，既博且精。彼其門人所著，尚有不可掩者如此，至若春秋之不立學官，則公亦以其難解而置之，而並無『斷爛朝報』之説，見於和靖語録中所辨。予觀宋志，荆公嘗作左氏解二卷，則非不欲立明矣。荆公又嘗與陳用之、許允成解論、孟，然則去其字説之支離，而存其菁華，所謂六藝不朽之妙，良不可雷同而詆也。而況是書，又荆公所最屬意者乎。

荆公之書，五官而已，有鄭宗顔者采其説，別注考工記二卷。今新義已缺其二，而考工尚有存者，并附之。〔一〕

## 史（衛）〔魏〕從嚴校改王周禮講義序

〔校〕黄本無此篇。〔嚴注〕魏王，史浩也。衛王，乃彌遠也。宋史：浩封魏公，贈越王。據友林乙稿序，稱浩爲魏王，則宋史誤也。

予嘗言吾鄉經學，先師陳文介公〔嚴注〕禾。於諸經，俱有論説，此外，易則王處士茂剛，春秋則高侍郎閌、高處士元之，詩則曹通守粹中、舒通守璘、楊教授銖，尚書則袁學士燮，周禮則史丞相浩、鄭教授鍔，皆鼻祖也。

〔一〕〔蔣注〕是書先生殁後歸於予，而盧月船復借去其半。月船未及鈔而逝世，其子祕不肯還。讀此序，爲之悵然。

〔衛〕〔魏〕王之書，孝宗爲建王時，在講筵分講。其書自天官起，止於地官司關一十四卷，中興藝文志謂其多所啓發，孝宗稱之者也。當宋時有雕本，今則無矣。明文淵閣書目有之，康熙中崑山、徐尚書請權發閣中書付志局，則皆殘本，而是書天官自司書以前俱闕，地官以下闕。

# 禮記輯注序

禮記之學，莫如櫟齋衛氏〔嚴注〕湜。之書爲大備，其序有云：『世人之言，惟恐其不出於己；吾之言，惟恐其不出於人。』可謂述古之名論也。然其書綜羅極博，而竟未嘗有所折衷，意欲使學者深思而自得之，其不得列於學官者亦正以此。櫟齋之後，吾鄉黄文潔公〔嚴注〕震。始取其書釐而定之，删繁就簡，最爲有功。文潔日鈔諸經，惟禮記爲成書，别〔號〕〔作〕從黄本改。禮記集傳，而世之人鮮知，不能取以易陳匯澤之陋學，爲可嘆也。

有明經術稍衰，然説禮如南山、叔陽、彭山、浚川輩，皆卓然可傳，而莫有纘衛、黄之緒者。吾鄉萬先生充宗湛於經學，六經自箋疏而下，皆有排纂，三禮爲最富；三經之書，其成帙不一種，禮記爲最富。方崑山通志堂經解之未刻也，櫟齋之本，世間流傳頗少，先生求之不可得。會姚江黄徵君自山陰祁氏書閣見之，遽售以歸，踔急足告先生，而中途爲書賈竊去。先生曰：『以吾所見，未必較櫟齋爲少。』乃自注疏，暨陳、馬、方、陸而下，錯陳而貫穿之，豪鈔摘抉，裒然成編。俄而或以其本至，取而讐之，則凡櫟齋之所有者無不在，後乎此者倍之，而和齊斟酌，審異致同，極之於繭絲牛毛之細，直足過櫟齋而抗文潔。先生曰：『吾於是可以無憾矣。』

先生之書，其盛傳於世者，莫如學禮質疑，蓋條禮經諸大節目，前人聚訟未決，而詳爲論定者也。是書則以部帙之繁，未有能梓者，予從其家借鈔之。

徵君嘗謂學不患不博，第患不精。充宗由博以致精，故其書必傳。雖然時風衆勢，方窮老盡氣於帖括而未有極，出於己者固無有，出於人者直罔聞，其能讀先生之書者，恐亦難其人也。

## 春秋輯傳序

春秋筆削之旨，如高山深谷，不易窺探，故有爲三傳之所不得，而啖、趙見之者；有爲啖、趙之所不得，而宋、元諸家迭相詰難而見之者，甚矣夫會通之難也。往者姚江黄徵君以經學大師，倡教浙東西之間，嘗欲推廣房審權、曾稑、衛湜諸君之緒，大修羣經，而首從事於春秋。先令其徒薈萃大略，輯爲叢目，只篇首『春王正月』一條，草卷至五大册猶未定。〔校〕黄本作『足』。徵君笑曰：『得無爲秦延君之説尚書乎？』度難以成編而止。

萬充宗先生者，徵君之高弟也，不以爲然，退而獨任其事，取其重複者去之，繁蕪者删之，分别門户，芋區而（爪）〔瓜〕從黄本改。疇，輯成二百四十卷，一夕爲大火所燼，徵君爲之悵然。時先生方纂禮記解既畢，復重輯之，而先生已病，猶矻矻不倦，至昭公而絶筆。方易簣時，顧左右而言曰：『吾魂魄中，不了季武子立後一事，彷彿劉原父權衡在目前也。』嗚呼！士爲科舉之學，遺經長束高閣，官羊市餅，總不識爲何物。先生竭膏肓之力，繼之以死，可謂志士也已。故徵君爲先生作哀詞，擬之於宗汝霖之呼『渡河』。

先生之書卷帙既繁，嘗令嗣子九沙編修輯其自得之言，爲學春秋隨筆四卷，已行於世。歲在己酉，予從編修借鈔全本，歸安姚世鈺欲使予續成之。予曰：『昔林少穎解尚書，於洛誥而下未備，東萊補之，自秦誓以逆泝焉，至今兩家之書皆孤行，而實合璧也。顧予何人，敢援東萊之例，無已，請以俟諸異日。』因即書以爲序。

## 高氏春秋義宗序〔嚴注〕高元之。

諸經箋故既多，必有集大成者出，而摭拾之：周易則李鼎祚、房審權，尚書則林少穎，詩則吕東萊、戴岷隱，禮則衛正叔，周禮則王與之，而春秋則吾鄉高端叔也。

端叔爲澶淵功臣瓊之後，南渡後居四明，家貧無書，借之鄰家，不暇盥櫛而讀之，鄰人憐焉，遂盡發其書使縱觀。已而受學於沙隨程氏，〔嚴注〕迥。學日以博，故其於周易，於毛詩，於論語，皆有撰著，而摭拾之富，至三百餘家者，春秋也，爲書百五十卷。五上禮部而不第，傅公伯成教郡，以端叔爲經師，令學者從之。

先是，高憲敏公息齋曾有春秋集注，而端叔繼之。故吾鄉稱爲『春秋二高』，不以名位甲乙也。然端叔之書之博，過於息齋。自予治春秋以來，求端叔之書不可得，今年鈔永樂大典得之，爲之驚喜，雖頗有殘缺，要爲經苑中所當珍惜也。

嗚呼！以端叔之經學如此，而厄於青衫以老，嘗觀剡源所記，謂其先塋在萬竹山中，學者因稱爲萬竹先生。然端叔實未嘗久居萬竹，其居萬竹之大家爲王氏，而菲薄端叔之學。每端叔至萬竹，王氏奉之甚嚴，退而即嘆其無成，惜其徒老以死，豈知由今日觀之，固有不以彼易此者乎？

端叔有茶甘甲乙藁，其詩三千，其文五百，又作變離騷九篇，曰愍畸志，曰臣薄才，曰惜來日，曰感回波，曰力陳，曰危衷，曰悲嬋娟，曰古誦，曰繹思，時以爲宋人擬騷者弗逮。而是時以詞賦取士，詩亦非所尚，故端叔之茶甘，亦莫有取而嗜之者。嗚呼！世之以祿位容貌見斥於人者，豈獨揚子雲也哉。

端叔之後，在明爲陝西撫軍斗樞，至今猶以讀書世其家。

# 陳用之論語解序

荆公六藝之學，各有傳者，考之諸家著録中，耿南仲、龔原之易，陸佃之尚書、爾雅，蔡卞之詩，王昭禹、鄭宗顔之周禮，馬希孟、方慤、陸佃之禮記，許允成之孟子，其淵源具在，而陳祥道之論語，鮮有知者，但見於昭德晁氏讀書志而已。荆公嘗自解論語，其子雱又衍之，而成於祥道。長樂陳氏兄弟深於禮、樂，至今推之，乃其得荆公之傳，則獨在論語。昭德謂紹聖以後，場屋皆遵此書，則固嘗頒之學官矣。或曰：是書本出於道鄉鄒公，而託於祥道。予謂道鄉偉人也，豈肯襲阮逸輩之所爲哉？諸家爲荆公之學者，多牽於字説，祥道疵纇獨寡，爲可喜也。況荆公父子之論語不傳，而是書獨存，〔校〕黄本作『出』。亦已幸矣。

予鈔是書，蓋於天一閣范氏。前此崑山徐尚書開雕宋儒諸箋詁，其得之天一閣最富，而是書不預焉，殆以其闕文誤字之多，故置之。予家居細爲校讎，稍復可通，欲覓窮經家之有力者，取荆公周禮新義、王昭禹周禮解、鄭宗顔考工記注，陸佃爾雅新義暨是書，合梓之，以見熙、豐之學之概，無使蔡卞之詩獨行，而未能也。

經師之作，存於今者稀矣，雖或不醇，要當力爲存之，乃敘以藏諸篋中。

# 新雕五經文字九經字様題詞

唐石經在關中者，一厄於韓建，再厄於向拱，三厄於韓縝，而當時之完本不可見。金源〔校〕黄本作『元』。以後，累經修治，迨明嘉靖乙卯地震，而元以前之補本亦不可見。吾友甘泉馬君嶰谷昆弟，得宋搨五經文字、九經字様，以爲是希世之珍也，亟爲雕本以傳之。

予讀舊唐書，頗譏開成石本之蕪累，顧當時寫官既不一，容不能無棼錯，而張參、唐元度之書，則固有功於遺經者也。向嘗聞之顧先生亭林、朱先生竹垞，謂是二書自田敏後，無鏤板者，以嘆息於好事者之難。以予考之，二書之刊於田敏，已非石本之舊。洪容齋云：『晉開運末，國子祭酒田敏合二書爲一編，以考證俗體譌謬。』深寧王氏玉海亦云。而婁機廣干禄字書竟稱爲田氏之作，則開運所定者，乃二書之合編，册府元龜仍分列爲二者非也。陳直卿云：『九經字様一卷，唐元度撰，晉開運中刻本。』近有作石經考異者，疑其別爲一書，不知此即田氏之定本，直卿因其卷首但存唐氏序文，遂誤以書屬元度，正猶婁機之竟以屬諸田氏也。

田氏於五代時，號爲儒林，其校石經，用功尤久且勤。然擅改尚書盤庚之文，於爾雅不識『日及』，〔校〕黄本作『仄日』。頗爲經師所笑。其於二書，猶幸其無甚改竄，而要不若石本之舊，爲可信也。然則二書石本之舊，蓋八百年以來無鏤板者。嶰谷昆弟之爲是舉，不可謂非補經苑之憾矣。

張司業於唐史無專傳，及考范傳正之言：唐世士大夫祭祖先，能崇古禮，不用紙錢者，祇顏魯公與司業二家，則其卓然有得於經，又可知也。韓退之集稱司業爲敦煌人，亦言其有大名。而石經之末，又載司業有孫自牧，官毛詩博士，能以家本佽助。元度列名參校之次，則經苑之能世其家者，此皆足以補前人之遺也。

# 重和五經字樣板本題詞

唐開成石經之末，有張司業五經文字、唐待詔九經字樣附勒於石，暨晉開運中田祭酒合二書爲一，造成板本，是爲五經字樣，及宋重和中又重修之，顧其書不甚傳。乾隆辛酉，得見於杭之趙氏，係宋刻，爲明文淵閣本。吾友谷林徵士之子誠夫摹鈔之，而疏開成石本之異同於其下。前年揚之徵士馬四半查得宋搨開成石本，已雕之矣，予乃亟令並刻此編。而誠夫喜爲難得之書，令予題之。

按宋會要，重和元年十一月丙子，提舉成都府路學生翟栖筠奏：『王安石參酌古今篆隸而爲之説，此造道之指南，窮經之要術也。然字形書畫，纖悉委曲，咸有不易之體，世之學者從俗就簡，轉易偏旁，傳習既殊，漸失本真：如期朔之類從月，股肱之類從肉，勝服之類從舟，丹青之類從丹，靡不有辨，而今書者乃一之。若此者不勝舉。故幼學之士，終年誦書，徒識字之近似，而不知正形，甚可嘆也。臣竊見國子監有張參五經文字，唐元度九經字樣，所以辨證書名，頗有依據。然其法本取蔡邕石經、許氏說文，而蔡、許之學，頗有未盡：如是從日而從月，昏從氏而從民，謬戾甚衆。願詔儒臣，重加修定，去其譌誤，存其至當，一以字說爲主，分文部類，爲新定五經字樣，頒之庠序。』詔可。於是太學官集衆修之。然則是書之作，蓋荆公字說之嫡傳也。予嘗謂荆公三經之頒學官，蓋已有勒石之漸而不果，故嘗徵洛人王耆卿令篆字說。耆卿，祖擇之外孫也，世受泰山孫氏之學，辭以所業不同而止。而晁說之作儒言，引崔浩所作石經以諷，及荆公殁，而栖筠之爲是編，猶此志也。

從來石經之舉，必有小學之書以正文字，故李陽冰在天寶中欲寫石經則有說文字源；開成則有張、唐二家，廣政則有林罕說文字目，而趙克繼預於汴京之役，亦有古文篆韻。然則重和之舉，其殆欲述荆公未遂之志，而卒不果耶？

荆公之字說，予嘗得見之吴下，其中蓋有卓然足以正前人之失者，未可盡指爲穿鑿。故當時雖以山谷之不相苟合，亦謂其妙處足以不朽，是非雷同之徒所能知也。然則是編也，不亦可寶乎哉？

近日藏書之富，大江以北推馬氏，大江以南推趙氏，故開成之舊刻，重和之編，駢聚於二家，其亦學者稽古之幸也夫。

# 石經考異序

吾友杭君堇浦纂輯石經考異一卷，蓋惜昭德晁氏之書之佚，而爲亭林顧氏拾遺者也。自六朝以迄今，古文之日剥日落，不必水火盗賊，蓋有坐消於風塵俗吏之手，如馮熙、常伯夫之徒，而一二好古儒者，旁皇委曲求之片文隻字間，豈不重可悲夫。

其中尚有與堇浦討論者。竊嘗考熹平石經始終蔡邕諸公，而邯鄲淳修之，正始石經亦出於淳，而嵇康等祖之。魚豢魏儒宗傳序曰：『黄初元年之後，新主乃始掃除太學灰炭，補舊石碑之缺壞。』時淳方以博士給事中，是補正熹平隸字舊刻者，淳也。衛恒四體書勢謂魏初傳古文者，皆出於淳；正始所立，轉失淳法，則淳於補正熹平隸字之外，别用壁中書寫一本，爲正始之祖。晉書趙至傳曰：『詣洛陽，游太學，遇嵇康寫石經。』嵇紹亦曰：『先君在太學寫石經古文。』是即正始間事。然則邯鄲石經之上接熹平者，是隋志以一字爲魏刻之誤所自也。其下開正始者，是范書以三字爲漢刻之誤所自也。楊衒之、江式所言，大抵皆因此而錯。况黄初所補，非僅舊碑之缺壞，尚有增多於熹平之外者。隋書、五代史志一字石經：周易一卷、尚書六卷、魯詩六卷、儀禮九卷、春秋一卷、公羊九卷、論語一卷；又引七録一字石經：鄭氏尚書八卷、毛詩六卷，以較熹平五經之目，其增多者，更出誰人之手？然則邯鄲氏石經之功亦誃矣。若魏明帝刊典論，事在太和四年，隋志亦稱爲一字石經。典論又屬黃初之後，正始之前，而酈元謂六碑附於正始四十八枚之次，不又舛歟？至南齊書魏佛狸於城西三里刻石寫五經及其國記，則不必以魏本紀不載爲疑。是時崔浩方領祕書，與高允等共撰國記。陳留江强即江式祖。以進所輯經史文字，授中書博士。而著作令史閔湛輩諂浩，請取浩所注易、論語、書、詩頌之國中，以易先儒箋，故并敕浩注禮傳，又勸浩以國記及五經並勒之石。浩遂自鄴取石虎文石屋基六十枚充用，樹碑平城之郊壇東方三百餘步，用工三百萬。其後國記既毁，而石經亦不卒業，斯本紀所以不載，而僅見之浩及高允傳。然觀浩奉詔書急就章，而改寫『漢疆』爲『代疆』，以媚其主，則石經之爲所改亂者，亦必不可數計，謂其能存古文而傳墜學，未必然矣。

堇浦之書所以發擿前人之譌者，覈矣。如愚所見，或亦附而存之，以備考索之餘，則未必非負暄之一得也。

## 增修復古編題詞 〔校〕黃本列卷二十五困學紀聞三箋後。

吴興張有謙中，吾浙中篆學之大宗也。謙中自幼不務進取，喜小篆，潛心許氏説文，其點畫之微，轉側縱横，高下曲直，毫髮有差，則形聲頓異。晁子止謂自陽冰前後名人，謙中格以古文，往往有失，其精博如此。虞仲房謂視徐楚金兄弟及郭恕先，謙中之精密尤過之。年五十餘始爲此書，手自寫之，至六十而成，凡三千言。晚年棄家爲黄冠，游心世外，最與陳了翁相契，是書即了翁所序也。

當崇寧時，以篆學知名者，歷陽徐(競)〔兢〕從嚴改。明叔。然觀李仁甫言，則明叔攀援姻戚，以入書藝局，登進未幾，旋遭汰斥。其人不及謙中遠甚，而仲房言其小學亦非謙中之敵，是復古一編，蓋許氏之功臣也。陳直卿又記謙中爲林侍郎攄書母夫人碑一事曰：『手可斷，字不可易，林不能强。』善哉其風骨之高，益足以徵其書之珍重也。

明初，吴均仲平又爲增修之，旁收林罕、鄭樵、戴侗諸家以附於下，其亦好古之士歟？小學日衰，留心於古文者已爲絶響，吾故不能不於是書三致意焉。

# 鮚埼亭集外編卷二十四

## 序二

### 公是先生文鈔序 〔嚴注〕劉敞。

予嘗謂文章不本於六經，雖其人才力足以凌厲一時，而總無醇古之味，其言亦必雜於機變權術，至其虛憍恫喝之氣，末流或一折而入於時文。有宋諸家，廬陵、南豐、臨川，所謂深於經者也，而皆心折於公是先生。蓋先生於書無所不窺，尤篤志經術，多自得於心，所著七經小傳、春秋五書，經苑中莫與抗，故其文雄深雅健，摹春秋公、穀兩家，大小戴記，皆能神肖，當時先生亦自負獨步，虎〔校〕黄本作『偉』。視一時，雖歐公尚以不讀書爲所誚，而歐公不敢怨之。世或言先生卒以此忤歐公，今稽之墓志，始知其不然也。然聞先生垂歿，戒其弟公非先生，毋得遽出吾文，百年後當自有知之者，故其家藏遺集，不肯輕以示人。其後東萊、水心始極口稱之，列之歐、王之間，先生之言，似乎驗矣。乃自元以來，文章之道日衰，先生之文復束高閣，而并其集俱不完。然則不特以經術爲文之難，即取經術之文，而知好之者亦難也。

先生春秋其傳於今者三種，與七經小傳皆盛行。總集七十五卷，明文淵閣已無足本，相傳常熟錢氏嘗有公是、公非、仲馮三集，而燬於火，若吾鄉天一閣范氏、江都葛氏、崑山徐氏，皆不過有原集之什一，後得臨川侍郎李丈穆堂本，則視諸家倍之。時方從永樂大典求前輩遺文，得所未見者頗多，因與侍郎合鈔，訂爲二十四卷，而命之曰文鈔，從其實也。

先生尚有弟子記五卷，乃學者答問之言，皆有關於經學，今亦不存。〔馮注〕武英殿聚珍本公是集五十四卷，弟子記四卷，劉攽彭城集四十卷，皆從永樂大典中輯出者。其偶見於諸書所引者，今爲編入附録。將以次緝公非之作，并及仲馮，雖未免泰山豪芒之嘆，然猶愈於并此而失之也。

## 唐説齋文鈔序

〔嚴注〕唐仲友。

唐台州説齋以經術史學負重名於乾、淳間，自爲朱子所糾，互相奏論，其力卒不勝朱子，而遂爲世所訾。〔嚴評〕此事當論理不論力。朱子劾唐仲友一案，癸辛雜識摭拾浮詞，致後人多生妄議。余謂此案當取徵于陸文安公。文安之言曰：『朱元晦在浙東，大節甚偉。其劾台守一事，尤快人心。』云云。謝山最信文安，于此案獨不引文安語，何耶？方乾、淳之學初起，説齋典禮經制，本與東萊、止齋齊名，其後浙東儒者絶口不及。蓋其以公事得罪憲府，而要人爲之左袒者，遂以僞學詆朱子，并其師友淵源而毁之，固宜諸公之割席。而要人之所以爲説齋者，適以累之，可以爲天下後世之任愛憎者戒也。

詳考台州之案，其爲朱子所糾未必盡枉，説齋之不能檢束子弟固無以自解於君子，然彈文事狀多端，而以牧守刻荀、楊、王、韓四書未爲傷廉，其中或尚有可原者。〔嚴評〕彈文中，除此一事外，恐無可原者矣。況是時之官，非一跌不可復振者也，説齋既被放，杜門著書以老，則其人非求富貴者，不可以一偏遽廢之，是吾長於善善之心也。予少時未見説齋之文，但從深寧困學紀聞得其所引之言，皆有關於經世之學。深寧私淑於朱子者也，而津津如此，則已見昔人之有同心。

説齋著書，自六經解而下，共三百六十卷，文集又四十卷，今皆求之不可得。近於永樂大典中，得其文若干首，詩若干首，鈔而編之，以備南宋一家之言，因爲論其人之本末。或言説齋自矜其博，嘗詆朱子不識一字，故朱子刻之。〔嚴注〕此即癸辛雜識之言。或又言説齋不肯與同甫相下，同甫搆之於朱子，此皆小人之言，最爲可惡。要之，説齋之被糾，所當存而不論，〔嚴評〕使説齋不當糾，而朱子以私劾之，亦何妨極論之。而其言有可采者，即令朱子復起，或亦以予言爲然也。〔校〕黄本『即令』至『然也』兩句在前『因爲論其人本末』句下。

# 鄮峰真隱漫録題詞 〔嚴注〕史浩。

史忠定王鄮峰真隱漫録五十卷，天一閣范氏藏本也，是在諸儲藏家俱未之有，至予始鈔而傳〔校〕黄本作『得』。之。吾鄉宋人之集，由忠定以前亦皆無傳，當以是集爲首座矣。

忠定深於經學，所著尚書、周禮、論語諸種，予皆從永樂大典中鈔之，而惜其不完也，獨是集無恙，至其直翁外集則不可得矣。忠定最受横浦先生之知，故其淵源不謬。其爲相，自屬賢者，特以阻規恢之議，遂與張魏公參辰。然忠定蓄力而動，不欲浪舉，不特非湯思退、沈該之徒，亦與趙雄之妬南軒者不同，而梅溪劾之，其言有稍過者。不然忠定首請褒録中興將相之爲秦氏所陷者，而乃自蹈之乎？

至其有昌明理學之功，實爲南宋培國脈，而惜乎舊史不能闡也。忠定再相，謂此行本非素志，但以朱元晦未見用，故勉强一出耳。既出而力薦之，并東萊、象山、止齋、慈湖一輩盡入啟事，乾、淳諸老其連茹而起者，皆忠定力也。其於文人，則薦放翁；其家居，則遣其諸子從慈湖、絜齋講學。又延定川之弟季文於家，以課諸子，故其諸子率多有學行可觀者，其不馴者止同叔子申耳。吾考嗣是而後宰輔之能下士者，留公正、趙公汝愚、周公必大、王公藺皆稱知人，而忠定實開其首，忠定之功大矣。彼夫王淮之徒，以私昵阻正人，刱爲學禁，貽慶元以後之禍，等量而觀，豈不相去懸絶歟？

今讀忠定之集，〔蔣注〕是集，今其後人重彫，改其漫録之名，而竟稱史忠定公集。其文奏議爲長，餘亦多平衍直率之作。先生特以其足資里社間掌故而愛重之。其資善堂諸文字所以啟沃孝宗於潛藩者也；其兩府文字則即吹噓諸老不遺餘力者也；其歸田以後文字，所以優游林下，舉行鄉飲酒禮、建置義田者也。中興宰輔，如忠定者，蓋亦完人也已。其詩文春容大雅，有承平之餘風，所謂廟堂鐘吕之音也。鄮峰真隱者，忠定家居時所署，因築觀於月湖之南，最稱佳勝，即竹洲也，明中葉後始廢，先宫詹以爲别業，去吾家不百步耳。然則是集，又吾湖上之文獻也。

## 廣平先生類藁序〔嚴注〕舒璘。

舒文靖公之學，得於其婦翁童公持之，故楊文靖公高弟也。文靖未成進士，又受業於張公南軒，因遍求益於晦翁、東萊，而卒業於存齋。四先生之中，莫若文靖之淵源爲最博，其行亦最尊，其生平所著詩説、禮説皆爲經學之宗，廣平類藁則其文也。〔馮注〕四庫著録者，舒文靖公集二卷。成化間，其六世孫讓刻本曰廣平先生類稿，凡四卷。寶慶志云：『嘉定初，朝廷革文弊，選前輩之文以範後學，舒文靖公實冠編首。』世知文靖之理學，而不知其文爲當時宗仰若此。當文靖時，巨公元夫甚多，乃以其文冠者，蓋其心氣和平，而議論質實，足以消詭誕之習俗。嘗聞諸清容之言，以爲淳熙以後，多竊取國策、莊周之詞，事遽起而輟，語未畢而更，斷續鈎棘，荒唐變幻，淪胥而莫能以救，斯其所以亟取於文靖之文也。

夫六百年以來，遺藁脱落，康熙中同里萬先生充宗求之其家，得其奇零不完者四卷，南雷寄之詩，曰『甬上舒公有舊文，郵筒千里特相聞』是也。時南雷方輯宋儒學案，爲撮其論道之精者，以及常平義倉、鹽法、茶法、保長、學政諸科，可以見之施行者，其輯宋文鈔亦録其尤。予乃更釐定之，是雖不足以盡文靖之文，然而其得存者，亦幸矣。『昔我有先正，其言明且清』，雖殘編，要可寶也。〔蔣注〕鏞假館奉川，屬諸生求文靖遺集，得其彫本二册，按其目與先生所鈔略同。蓋明時，其後人固嘗刻之，未知充宗先生所得，即是本否。

行狀稱文靖於舉主無稱門生者，今觀其謝薦諸啟，皆引古誼以相規，大儒風節，不肯少屈如此，是豈可以區區文字目之哉？四先生之後裔，舒氏爲盛，明嘉靖中建正學〔祠〕從黄本補。於府城者，舒氏之後人也，近已頽矣。予方謀重爲補葺，而舒氏之後人復新之，予喜其不忘先生之學統也，乃勸以是藁付之梓人，而序其首。

## 二袁先生文鈔引〔嚴注〕正獻公燮、正肅公甫。

淳熙四先生之遺文，惟慈湖之集尚完，廣平則近世始得其殘編，而絜齋先生父子與定川，皆不可得。予於永樂大典中見二袁集，〔嚴注〕今聚珍本有之。大喜，隨見即鈔，意謂可得還其足本，而未及徧覽。左降出都，因念玉皇香案，遥隔蓬萊，未知他日尚得輟業焉否也，乃即所鈔而先編次之，附以吾鄉志乘所載，共得九卷：絜齋居其五，蒙齋居其四，不猶愈於定川之無有耶？

二公之文頗相肖，較之慈湖則平正，而視廣平又暢達焉。其在南宋亦名家也。清容居士在元文中爲眉目，接剡源之文統，予觀其集，源流頗自二公而出。清容之祖衛公，絜齋之徒也。衛公得師而不能傳其學，至爲史氏之私人，而清容亦僅傳其文，惜夫。

## 黄南山先生傳家集序 〔嚴注〕黄潤玉。

南山先生遺集五十六卷，藏於天一閣中，予讀而歎曰：『是先正之緒言也。』先生所著之書，爲儀禮戴記附注、中庸脈絡、大學旨歸、經書補注、道德經附注、陰符經附注、四明文獻録、寧波簡要志、含山縣志，其雜記爲海涵萬象録。予所見者二禮、道德、陰符之注，四明文獻録、簡要志而已。最後得是集，據其孫存吾之序，凡五編始就，而其前此之散失〔校〕黄本作『佚』。者已不可收拾；即存吾所編云卷末附以經書補注、含山志，而今無有。成化四明志又載有參同契綱領、孫子綱領，而今無有，著述之不能保其必傳如斯也。

明儒自成化、弘治以前，大率篤實醇懋，脱盡粉飾，如月川、敬軒、康齋，皆有躬行君子不激不隨之風，至白沙出，而氣象爲之一變。先生之於諸公，其伯仲也，故讀其集，信筆直道其胸之所有，勤勤懇懇，藻采盡落，而以理勝。其論太學古本、武成詮次以及中庸三重之旨，何嘗不異乎朱子，而未嘗有意爲異，正與後來諸公立意争奇者迥然。故先生雖不自預於能文之列，而讀其文者，不當以文觀之，蓋皆其心之所自得，而非浮虚剽襲之言。顧世之所尚者文而已矣，是以四百餘年以來泊如也。存吾所編尚屬草本，其中舛錯甚多，予爲校理而出之，太羹腥魚之味，非甘口腹者所知；大帛大布之冠衣，非侈文繡者所悉也。

先生由臺諫而爲監司，皆以剛正清白有聲，最後觸忤都御史李實，左降含山，致仕，築南山書院以講學，享年最高。顧先生之聞道，少時已見其端。其代父行役燕中也，富室委産而不受，力辭大賈託女之嫌，見者皆嚴事之，而先生曰：『吾幸識理趣於穉年者，皆吾師遯翁先生之教。』遯翁名彦，予族祖本心先生子也。本心傳慈湖之學以世其家，遯翁爲洪武中徵士，辭不就，而傳其學於先生。故予讀先生之文，未嘗不三嘆於吾家之學統，而茫然於弓冶之莫繼也。

## 滎陽外史題詞

明廣信教授鄭先生千之〔嚴注〕真。所著滎陽外史一百卷，吾鄉之以文章擅名於洪武時者也。甬上文統，自樓宣獻公〔嚴注〕鑰。始爲大家，而王尚書深寧〔嚴注〕應麟。繼之，深寧之徒爲戴户部剡源，剡源之徒爲袁學士清容。〔嚴注〕桷。其與剡源並起者，爲任山長松鄉，〔嚴注〕士林。是稱『宋元五家』，迂齋、〔嚴注〕樓昉。本堂，〔嚴注〕陳著。又其亞也。暨於明初，即推先生。

鄭氏自德仲、求齋以來，一門以文獻世其家，其與深寧之孫遂初砥礪最切。先生兄弟並能文，而先生之文益昌。其時楊徵君廉夫以文章起越中，先生從之學文，然楊氏之文奇而葩，先生之文質以厚，其於師門稍爲轉手。蓋先生最留心經學，嘗及見草盧吴文正公問道，其文平正通達，而不求異於時，此自宋乾淳而降，儒者之文皆然，而楊氏所傳，反稱别派。故先生雖討論其門，而其文不甚肖。先生嘗爲裴氏作著存堂記，宋學士潛溪嘆曰：『使我執筆，不能過之。』裴氏固請，潛溪卒辭不作。姚江趙古則於同輩尤服先生春秋之説，其爲巨公心折如此。

先生所輯四明文獻，至今流傳，而其集希有，朱檢討竹垞求明人集，謂『安得滎陽外史讀之』者也。予求之天乙閣范氏則在焉，顧集本稱一百卷，而成化郡志祇稱六十卷，今范氏藏本則七十卷，蓋其孫假之於人而失去不完，予乃重爲詮次而序之。

明文莫盛於初年，其醞釀於根柢者，大率皆深厚，而又恪守高曾之規矩，所謂典刑未替者也。其後漸衰漸支，而别體錯出而不一，彼其作者之心，孰不有矜厲自高，蔑視前人之氣，而豈知其日趨而下也。讀先生之文，不禁爲之三嘆。

## 吕語集粹序

〔校〕黄本列卷二十五增補宋元甬上耆舊詩序後。

洛、閩遞興而後，正學昌明，語録、講義之書，列屋兼車，而明儒爲尤多，其所發明，皆各抒其所自得也。然而渾涵平正一種，或疑其爲正心誠意公家之言，不足以竦發靈機，而語涉微奥者，或不免出入二氏，且非細參，不足以見其妙也。寧陵吕先生新吾，明隆萬間醇儒也，所著有呻吟語一書，其言立身行己，處事接物，以及居官行政之道，各明其生平所得力之處，即身説法，洞徹乎物理人情，能使迷者醒，醒者懼，懼者安。如斯人及身痌瘝之相關，而怡然有所即安也，不以泥古者傷今，復不以宜今者背古，問學經綸，一以貫之。蓋所謂先行其言而後從之者，而非世之張皇門户，哆陳頰舌者倫也。

予嘗讀姚江黄氏明儒學案，言先生少時甚魯，讀書不能成誦，乃一切棄之，澄心體認，久之豁然，自是遂過目不忘。有是哉，從事於口耳之無益，而深造嘿成之神也。先生揚歷中外，宵人多所不悦，加以閨範圖説之謗，而世莫之信，至誠足以自白也。

睢州湯文正公最愛讀此書，博陵尹公因采其粹言，梓爲四卷，予愛之，乃更勒於粤中，以廣其傳。先生之自序曰：『呻吟者，病語也。病語狂，擇其未甚者存之。』予觀先生之論道體曰：『道無津涯，非聖人之言所能限；事有時勢，非聖人之制所能盡。後世苟有明者出，發聖人所未發，而嘿契聖人欲言之心；爲聖人所未爲，而脗合聖人必爲之事。此固聖人之所深幸，而拘儒之所大駴也。』又别録曰：『明道之學，蓋有得之佛、老者；康節之學，蓋有得之莊、列者。然二公能奴僕四氏，而不爲其所用，亦非深於四氏者不能知此意也。』如斯二條，其殆先生之所自以爲狂者乎？今尹公之所采，則無一語不近人情〔校〕黄本無此字。者，而予復引此二條於題詞中，以見先生之所自以爲狂者，其實亦未嘗狂也。

## 穉山先生殘集序〔嚴注〕吴鍾巒。〔校〕黄本與吴少保文稿并列董户部擥蘭集題詞後。

穉山先生殉節翁洲，其遺集在補陀三元寺中，浮屠敬中藏之，以故紙反書，磨糊汗漫，不可識别。萬農部履安求而手鈔之，共四册。農部身後，歸於叔子褐夫先生，九沙編修之父也。顧世未有得見者。予不及侍褐夫先生，而九沙以忘分、忘年之交，待予最厚，嘗請借鈔之，九沙許諾。顧以南北往來，未及踐約，而九沙家被火，是集遂歸天上。農部之得是集於補陀也，尚有稺山叢談四册，其間過從雜沓之言，紀聞紀夢，靡所不載，雖出率筆，未盡成文，而頗有關係者十之六。農部未及鈔，身後歸於少子石園先生，予亦嘗得見之。嘗語石園之子欲借歸，摘鈔其中之可存者，附之集後，亦未及得，而其子死，家書蕩盡，不知所之。又嘗聞稺山先生在翁洲，輯文史一書，其中皆同時諸公之作，足備桑海以來之史料者，其部帙甚侈，錢退山侍御兄弟曾及見之，此尤勝國之寶書，而今亦不可問。〔注〕余舅氏沈明府北垞云，見此書，無卷帙，凡二十册，每册約百餘番，出金處士耿菴手謄，後有自跋，僅識寫畢歲月，朱上舍文游舊藏本。紀江東事者，率多譌傳，雖黄太史不免。文史大半可作魯監國實録，餘亦從亡諸君子指南録、蹈海編也。惜乎黄、全二先生均未之見。嗚呼！兵火之際，忠義之翰墨往往難傳，其幸而存者蓋百之一。顧先生之集，幸而傳者幾及百年，而復失之，爲可恨也。先生之殉節，積薪文廟，抱先聖之粟主，賦詩自焚，浩然之氣，復還太虚，又何有於遺集。顧後死者之不能廣其傳，於誰是問，則予之罪也夫。

今予家尚有先生詩文集一卷，乃高隱君辰四物，而先贈公得之者。又有歲寒松柏録一卷，乃陸隱君春明物，而先子得之者。予乃合爲二卷序之，而題曰稺山先生殘集。嗚呼！此廣陵散之僅存者，即令斷曲單詞，皆可起愛而起敬也。序成，令錢君濬恭鈔一副本，濬恭之尊公太保，乃先生門下而先殉者。先生所録文史，其收太保之作最多，皆今錢氏所無也。濬恭鈔此集，其應同此欷歔也已。

# 吴少保文藁序〔嚴注〕鍾巒。

予鈔穉山吴公殘集，惜其非足本，五年之後得其文藁一卷於砌里李君甘谷，其中尚有公之手筆焉，喜其足以審證史事也，爲編之集中，而沈太保宸荃、馮侍郎躋仲諸公所與公書亦附焉。

嗚呼！海上之事，殘斷者十九矣，即以是卷言之，閩人周侍郎之夔，早年故與東林殊趣，及亡國後，皆言其殉難。今讀公請卹疏，則侍郎扼防三山，勞瘁而卒，是其晚節固不可謂不善，然非殉難也。歙人方侍郎端士，本與孫、熊諸公起江上，最有勇，錢忠介公謂其能上馬殺敵，下馬吟詩。相傳其曾出師江上大捷，惜諸營無繼之者，今讀公疏，乃知其亦從亡海上，在閩以都御史撫上游，在浙以侍郎副戎政，至己丑以後始不見，蓋不知其所終矣。禾人譚太常貞良挈家入閩，舉兵漳南，以病卒，今讀公請卹疏，則其子吉璁是時亦賜鄉貢進士，爲中書舍人，而其後諱之，皆異聞也。沈督師廷揚贈户部尚書，以其本户部侍郎也，然則今明史以爲兵部者非。馬閣學思理謚忠宣，曹尚書學佺謚文忠，王太常恩及謚忠襄，皆出於公之所請。李侍郎長祥亦從亡健跳，然則野史以爲越中敗後即行遯者非。至如鄭彩之子以己丑尚郡主，讀之令人憤恨。孫尚書延齡家屬盡爲大兵縶於健跳，讀之令人流涕。更有大者，監國以丙戌爲元年，故野史皆於庚寅書五年，辛卯書六年，及讀公集，乃知王自健跳入翁洲，以諸臣之請，更用庚寅爲元年，有奉敕撰上詔書，此所當爲表出者也。公之請休在庚寅，而是年尚有疏，懇懇以王忽有内降之旨，不由閣票，正詞力諫，可謂大臣矣。

嗚呼！陸秀夫之日記，鄧光薦之填海録，後世惜其不可得見，公書雖不完，要亦考索之資也，乃更爲之序。

# 四明文獻録題詞

吾鄉自鄭教授千之輯四明文獻集，其於鄉先輩著述所存，甚爲有功。其後李處士孝謙預修永樂寧波府志畢，又爲四明文獻録以續千之之緒，其書精博，張制置之圖經，非是録幾不得傳。然其書尚未分卷次，蓋垂成之作也，予鈔自天一閣范氏，重爲釐而次之，自圖經後別爲二十四卷。

處士之至行，見於舊志，予不具録。其讀書則歷嘗受業於胡舜咨、戴九靈、楊彦常、吴主一、揭伯防，遠有端緒。其生平所著，尚有經書問難、通鑑考證、許心百忍箴注、急就章解、長律英華、中林集，而今不可得見矣。其是録之餘，亦别有四明名賢記，今亦不可得。其後成化間黄僉事南山亦有四明文獻録，蓋因張太守之請而作，則祇文種以下四十餘人之贊而已，不比是録之精博也。

# 四明雅選題詞

明少參南江戴氏四明雅選三卷，所輯吾鄉詩老五十七人，蓋廣宋高士宏之之集而爲之者也。先是鄭千之有四明文獻集，李孝謙有四明文獻録，皆兼言行而記之，是後未有繼者。宏之爲弘治中詩人，乃專輯洪武以來詩二卷，而署之曰四明雅集。嘉靖中李侍郎堇山既緝四明文獻志以接二公之傳，又思選詩而未就，少參適得高士舊本，乃令沈山人嘉則更論定而增多之，共得五十七家，更其名曰雅選。其書未開雕而逝，張尚書東沙從少參姪士光得之，復增之爲四明風雅，則所增者更數倍。自東沙之選行，而前此二本皆無稱矣。

予從范侍郎東明家得雅選鈔本，乃知其前二卷即宏之之集也，其後一卷則少參之選也，詩間有評，蓋綜羅輯朁，亦具見前輩之留心於表章焉。椎輪爲大路之始，則是書也，詎非吾枌社之所當珍重者哉。爰詮次其原委，而題之卷首。

康熙寧波府志作少參傳，謂少參於楊知州茂清得其父尚書碧川先生所輯先輩詩而增訂之。考之少參所自爲序，無此語，蓋誤也，少參又有四明文獻，今亦不傳。

# 永樂寧波府志題詞

成祖詔天下府州縣皆修志書，時方修永樂大典，天下之志皆入焉。諸書皆以爲十七年所修，考大典成於永樂六年，則志之修亦在六年以前也。書專爲大典而作，既貢，書局未嘗付梓，故今天下之傳永樂志者最少。吾鄉志書其爲吾家所藏者，自宋以下無一不備，所少者永樂志耳，及鈔大（興）〔典〕始得之。〔一〕

是志也，里人紀徵士宗德、李處士孝謙爲之。其書體例絶佳。生平不喜袁清容志，謂其黨仕元之匪人，没前宋之遺事，得此書以補之，真大快事也。成化中楊實所修，未見此書，故過於略。今而後，枌社之志畢具矣。

〔一〕《繆注》大典例：宋、元志外，洪武年修者，謂之『舊志』；永樂年修者，謂之『新志』。曾鈔出吴興志、廬州志，皆永樂志。《高于泰注》永樂志不著撰者姓氏。□於黄南山集，張德惠墓志言其博學好古，預修永樂志，惜未及刊同修者。鈔帙甚偉，最爲詳備，論四明志者，當以此爲首。人有鬻之於糊傘舖者，友人見而贖之，已失其數帙，所載鄞事，幸尚存十之七。當時或以巨籍，未經付鋟，必無副本，深可惜也。

# 錢忠介公葬録題詞〔校〕黄本作『弁首』，又列此與此下三篇於二十五卷董氏重修族譜序後。

予少時讀漢人平陵、黄犢之謡，以爲此一時義士生不能救，死而謀葬之之〔校〕黄本無此字。作也。若王子珩死，諸義士有請尸之書，有竊尸之舉，温公皆紀之通鑑；文宋瑞死，而張毅夫亦以此垂名。嗚呼！是所謂附青雲而顯者矣。

錢忠介公之葬也，諸義士合力營之，其時閩南未盡底定，海師尚在島中，故豐碑、幽誄，以及啟攢、祭告、哀輓之作極盛，亡國之大夫所未有〔校〕黄本下有『如公者』三字。也。公既葬之數年，閩之制府陳經征海，道出黄檗，嘗親往祭於墓下，是非人心是非之公，有脱略於忌諱者歟？

葬録中人物之著者：大學士劉公沂春，忠介所薦，同升相位者也；都御史徐公孚遠，忠介舊交也；定西侯張名振、平〔彝〕〔夷〕侯周鶴芝、儀部紀許國，忠介舊同事也；尚寶葉進晟，文忠公之孫，海上曾改官翰林，姚翼明，曾官職方，而是時爲僧，即所稱獨耀上人也。葬事出於葉、姚二公之手最力，閩僧預其勞者亦多，俱詳録中。

予嘗讀故都御史林公藺菴集，載甲午莊烈皇帝忽降神於浙，所降之家驚問帝從何來？則曰：『吾往臨故大學士錢肅樂之葬。』其家訝之，已而聞公果以是日葬，其事頗怪，抑或忠臣所感，信有之乎？

初公之卒也，同里紀侍御衷文，故公弟子，江上從公幕下，丙戌以後隱太白山中，鍵户久矣，至是忽失所在，閲十旬始歸，叩之，則會公之喪也。時侍御意欲爲公謀葬而不克，公弟侍御肅圖官翁洲時，亦嘗乞墓銘於大學士張肯堂，未及作而翁洲陷，閩中道梗。至甲午，而尚賓諸公卒成之，吾聞紀侍御之集家藏無恙，其會喪之作，有足以附之此録者，行當訪而補之。

康熙丙子，吾鄉陳公汝咸令漳浦，聞忠介墓田多被人據，貽書古田令清釐之，繪圖以歸錢氏。予謂濬恭，使皆附入葬録中，而併紀其顛末焉。

## 錢忠介公年譜引〔校〕黄本列卷二十五。

錢忠介公事跡，自乙酉六月以前，皆譜以年；乙酉六月以後至戊子六月，皆譜以月；蓋此三年中事跡繁多，但譜以年，不能盡〔校〕黄本下有『之』字。也。史記年表之外別有月表，今援其例，即於年譜之中寓月譜焉。戊子六月以後，無所用譜矣，而直引之。附記其諸弟殉節之年，及同事諸公殉節之年，以接於立後之年至丙戌。〔校〕黄本作『丙辰』。蓋嘆忠介至是始有後，亦幸其至是終有後也。一線之寄，濬恭其勉之矣。

# 楊氏葬録序〔校〕黄本列卷二十五。

楊氏四忠之喪，謀其葬者，始於王水功太常而不克，卒成於石門曹給事遠思，爲功甚巨。竟其局者林太常繭菴與先贈公。楊氏之族子始終有功於是舉者，諸生式傳也。葬録一卷成於式傳，述其事甚詳。予少時求之式傳之後人不得，歲在戊午，因撰李舍人昭武阡表，昭武之曾孫貧甚，困於屠，顧能以表章先人爲念，爲之起敬。問以昭武遺書，則散佚無有，顧獨以楊氏葬録來，予驚喜，蓋楚石先生與昭武同被囚，昭武獄中與楚石弟圓石爲兒女姻，故是書存於李氏。

嗚呼！楊氏兄弟死義，其家靡有孑遺，而遠思以圓石同年貢士，地之相去八百餘里，乃推愛於一門，十棺同葬，〔校〕黄本無此二字。以同里諸公所未能者，一人任之，高義孰與京哉！吾聞乙酉之夏，遠思預於禾中城守之役，僅而得免，其後累以蠟書致海上，頻遭不測，蓋平日素同臭味，非一時慕義强仁者比也。

嗚呼！古今賢愚總隨大化以俱盡，即鏡川之抔土，今亦鞠爲荒丘，惟是殉國之大節，閔忠之古道，天荒地老，終於不朽，讀斯編者，其尚有感於斯文。

# 鮚埼亭集外編卷二十五

## 序三

### 錢忠介公全集序

〔校〕黄本自本篇至南雷黄子大全集序皆列入卷二十四。

太保錢忠介公遺文，舊分三集：其正氣堂集則乙酉六月以前之作也，越中集則倡義以後『畫江』一年中作也，南征集則乘桴以後三年中作也。正氣堂集嘗刻詩百十首而未就，越中集嘗刻奏疏數十首而未就，南征集則闕本也。戊子以後，公仲弟退山侍御藏之，展轉柳車複壁之間。未幾季弟推官航海取正本以行，僅存副本，推官死而正本失。侍御奔走衣食，喪失者多，所餘止二十卷，侍御合之爲一集，以付其子濬恭，屬以謹收笥篋，即至親密友不可出示，故世莫得而見也。

而予家自先贈公崎嶇桑海，所摭拾同事諸公文字，其中頗有忠介之作。予年來搜討故國遺音，亦間或得所未有，於是濬恭捧其先集來，與予互相讐校增補，予驚喜不勝，不知何以得此於濬恭也。顧以爲卷帙不如仍前分集之善，按年徵事，惟分集易於有考，非敢妄改侍御定本，乃依忠介之舊耳。於是編次正氣堂集爲八卷，越中集爲二卷，南征集爲十卷，附以碑記、傳記及葬録共四卷，通爲二十四卷，以歸濬恭。

嗚呼！文丞相指南、集杜諸編，後世奉爲德祐以後三朝史料；陸丞相海上日録，君子惜其不傳。忠介之集，文、陸之遺音也。正氣堂集在未經倡義之先，然讀丁孟榮傳則知公之蒿目於諸將也；讀詩注所載福藩被禍，宰執委諸氣數之説，則知公之切齒於諸相也；讀與堵牧游、高玄若書，則知公之嘆息於諸牧守令長也。至蘇、松之民焚從逆諸家，當事治之，而公尚以爲當少〔校〕黄本無此字。原其心，則公平日之所素定者何如歟？而丙戌以後之作無論矣。

自〔校〕黄本作『有』。明之季，吾鄉號稱節義之區，其可指而數者四十餘人，而惟忠介暨蒼水二家之集得傳，其餘如眉仙、彤菴、躋仲、篤菴、長升、嘿農、幼安諸公，蓋四十餘人中之表表者，或不過斷簡殘編，或并隻字不可得，則是二家之集，不亦與球璧同其矜貴也歟。

退之詆張、許兩家子弟庸下，不能表章先世名德。今濬恭行年七十，舌耕代食，而凜然時以流於張、許子弟爲憂，蠅頭小字，表章先世之遺文，而名德所著，因遺文而益爛，使退之見之，亦當爲之欣然。更於三集之首，弁以年譜，使釐然有考焉。

# 張尚書集序〔嚴注〕煌言。

尚書詩古文詞，皆自丁亥以後，才筆横溢，藻采繽紛，大略出華亭一派。明人自公安、竟陵狎主齊盟，王、李之壇，幾於阨塞，華亭陳公人中〔嚴注〕子龍。出而振之。顧其於王、李之緒言，稍參以神韻，蓋以王、李失之廓落也。人中爲節推於浙東，行其教，尚書之薪傳出於此。及在海上，徐都御史闇公故與人中同主社事，而尚書壬午齊年也。是以尚書之詩古文詞，無不與之合。雖然尚書之集，日星河嶽所鍾，三百年元氣所萃也。而予以藝苑之巵言，屑屑考其源流之自，陋矣。

嗚呼！古來亡國之大夫，其音必淒楚鬱結，以肖其身之所涉歷，蓋亦不自知其所以然者也。獨尚書之著述，噌吰博大，含鐘應呂，儼然承平廟堂巨手，一洗亡國之音。故闇公之序，欲以尚書所作而卜崦嵫之可返，此其故良有不可解者，豈天地間偉人，固不容以常例論耶？當是時，以蠣灘鼇背爲金湯，以鮫人蜑户爲丁口，風帆浪楫，窮餓零丁，而司隸威儀，一綫未絶，遺臣故吏相與唱和於其間，其遇雖窮，其氣自壯，斯其所以爲時地之所不能囿耶？

嗚呼！尚書之集，翁洲、鷺門之史事所徵也。吾聞尚書既被執，籍其居，無所有，但得箋函二大簏，皆中原薦紳所與往來，送入帥府，薦紳輩懼，遺説客請帥焚之，帥府亦恐摇人心，如其請，投之一炬。火既息，有二殘册耿耿不可爇，左右巽而視之，則尚書之集也，説客因竊置懷而出，遂盛傳於人間。

嗚呼！尚書之身可死，集不可泯，殺其身者梁父、亢父，所以成一代之純忠；存其集者祝融、吴回，所以呵護十九年之心氣，夫孰非天之所爲哉。乃爲詮次審定，其奏疏、書檄諸種，曰冰槎集；其古今體詩曰奇零草，曰采薇吟；其己亥紀事曰北征録，共十二卷，附以鄉薦經義一卷，予又爲作詩話二卷，年譜一卷，以詳其集中贈答之人與其事云。

## 周先生囊雲集序〔嚴注〕齊曾。

囊雲先生逃禪，而不肯上堂嗣法，高公檗菴所以序之，已〔校〕黄本無此字。極詳矣。當時如林閣學增志、方閣學以智、熊給事開元皆逃禪之最有盛名者，然不能不爲君子所譏，囊雲夐乎上矣。

然吾讀其集，則佛語何其多也。曰此特其悲憤之放言耳。夫屈子之爲文也，其言至於杳冥荒誕而不可詰，先生之佛語，亦猶是也。若其志吴太常〔嚴注〕麟徵。墓，則足以見其忠孝淵源，終身自謂負師者，正其不肯負國者也。〔嚴注〕先生癸未進士，太常是其房師。志邵尚書〔嚴注〕輔忠。墓，直筆廪〔校〕黄本作『凜』。然。其答王觀察書尤世人所傳誦。其小者，如不爲高祖東蕃府君乞入鄉校文字，亦足以矯末俗。

予嘗見鄭所南謬餘集，其中多佛語，幾與先生同，要之皆非釋門所得收拾。先生詩亦自成一格，舊所定卷次未當，今其雕本已焚於火，予乃爲重定之，文二卷，詩二卷，而序之於〔校〕黄本無此字。其端。

〔馮注〕囊雲詩文集，予從煙嶼樓徐氏訪得之。

# 觀日堂詩集序 〔嚴注〕陸宇燝。〔校〕黄本序作引。

春明先生觀日堂集六卷，前太常林公序之，董曉山先生又序之，已足以盡先生之詩，而先生之子經旦屬予重爲論定。

嗚呼！宋謝皋羽作獨行之士月表，又選天地間集，蓋傳其人，即思傳其言也。先生之人，獨行表中人也；先生之詩，天地間集中詩也。今世好古之人，其於皋羽一輩，流連不置，爲之考索其生平，搜尋其著作，而如先生者，其遺行固不甚表章於世，其遺文亦無過而問者，可不爲之痛心歟？華亭之二陸，其才非流輩所幾，赧焉入洛，至使人大呼其祖父之名以問之，而不自媿，不知問者之深心也。先生偕其兄，力持苦節，以不媿世臣之後，今讀其詩，淚痕隱隱行墨間，是豈華亭之所可及哉。

然而自先生喪失其家，窶貧日甚，經旦亦老病，嘆諸孫之不學，故以遺集屬予，望爲傳之，其亦可謂不忘其父者矣。未知予文之力，〔校〕黄本作『劣』。其能不負斯諾否也。

先生之與予家，交誼最篤，先族祖葦翁嘗貸金於先生，因請以百尺西樓七間歸之，未及致，而葦翁以國難死。先生以其同袍澤也，以券來歸，蓋其義襟若此。乃予爲先生作阡表，已備書其大節，顧於吾家之事闕焉，因序先生之集而見之。

## 董户部擥蘭集題詞

董户部官江東，其不屈於悍帥，南雷先生作志銘詳之矣，於其擥蘭集則略焉，豈知户部之大節，讀其集尤令人淚淫淫下也。户部少受業於漳海，講學大滌山房中，其所著易學，蓋猶漳海之緒言也。倪文正公見其文，大稱賞之。七上公車不第，會稽之棲，令之司餉，幾至殺身。國亡，遯跡荒郊。甬上遺民極盛，詩文亦極盛，顧或筆力不足達其悲憤之意，至於忼慨淋漓，莫有過户部者。屈、宋之騷，陶公之詩，方、謝之遊記，皆荒唐綿渺，故謬其詞，未嘗敢頌言不諱也，而户部恣其胸中所欲言，是在古今亡國大夫文字中，獨成一格，不祗同時諸公所不逮也。

户部於是集晚年手書，裝潢極精，題之曰擥蘭帖，未嘗示人。其孫胡駿藏之篋中，而胡駿出遊，是集爲人攜去。予訪之未遇，偶於陸丈書庫中，得其槀本，磨糊漫漶，亟喜而鈔之。其五哀詩、七哀詩、舟山九歌、六烈傳，文筆最壯，餘亦皆哀輓之作爲多，可當江東一小史也。嗚呼！由丙戌迄甲辰，户部之偃息衡門者一十九年，孰知其昕夕悲慟如此者乎？而户部猶痛自刻責，謂當時陳玄倩、余武貞奮憤自溺，何死不可共殉？靦顔一誤，謬於千里，中夜恥之。抑何其報國之〔校〕黄本無上三字。欿然常不足也。王、留之輩，其亦可媿死也矣。

姚江邵給事之詹〔校〕黄本無上二字。之仕江東也，諸野乘中無稱焉，今讀户部挽詩，盛稱其建義之功，借箸之策，錢塘既破，悲憤發疽而死，哭之甚哀，是又一異聞也，并紀之，以質越中之熟於舊事者。

## 馮侍郎遺書序

〔嚴注〕馮京第。

馮侍郎簞溪集已不傳，而其所爲蘭易二卷、蘭史一卷、鞠小正一卷、自課一卷、真至會約一卷，先贈公書庫中有之。或曰侍郎中興十二論尚有存者，而求之未得，乃鈔得姚江黄氏所作墓志，吾鄉董户部次公所作簞溪始末，皆并入焉。

蘭易以十二辟卦爲經，故附之以十二月令，而又有十二翼爲傳，託言受之鹿亭田父。其言：『蘭草今生大江以南者，皆非屈騷所樹所紉。然如漢高奮跡徒步，系統三代，天下所君，則即真矣，何僞之有？必將求所謂「九畹」、「十畝」者而種之，皆反古之僇民也。』其言之憤而怪如此。

蘭史先之以九品之表，有本紀，有世家，有列傳，有外紀，有外傳，以爲使非蘭而擬於蘭者隸於蘭焉，其言又與蘭易相反。

鞠小正，託言陶公所著，謂：『陶公以秋九月爲正，即不奉宋正之微旨。黄者，魏統之色也，晉所受代，子滅則思母，故宋運當用魏德勝之。抑鞠之爲言窮也，華事至此而窮。』則其言更誕而無徵。嗚呼！屈、宋之悲鬱，亦嘗荒唐其詞以自抒寫，而侍郎之寄意，則幾入於無何有之鄉而出之，亦已過矣。

自課一卷，國難前所定讀書之程也。真至會約一卷，則其諸父都御史所爲，而侍郎定其約者也，附以上吴尚書箋，則已丑所作也。先贈公題其下曰『此其晚年手定之藁』，及覆審别本，果稍異焉。〔一〕

侍郎之被戮也，黄氏墓志以爲别將王昇來降，請導軍以往。侍郎以病不能行，在灌頂山〔校〕黄本『灌』作『鸛』。中，昇竟得之。高氏雪交亭集亦同，而云不久王昇亦伏誅，獨董氏所記謂出於麾下陳甲，既降復歸，侍郎推心不疑，遂爲内應，被執於仗錫之三官寺。予參考舊聞，則墓志是也。

嗚呼！以侍郎之梗命，聖朝不得不戮之，以警多方，而要之亦諒其心，故降將卒遭丁公之誅。侍郎有知，其亦可以瞑目矣。

---

〔一〕《馮注》侍郎遺書，予搜得自課一卷，讀書燈一卷，三山吟一卷，凡三種。又從浙江圖書館鈔得蘭易二卷，蘭史二卷。

# 陸大行環堵集序 〔嚴注〕符。

陸大行遺集，散佚於兵火之餘者，其嗣子攜入京，未幾亦卒。族父友仲先生，故大行外孫也，時亦客京，亟攜之歸，以與其孫。又數十年，而其家索予爲序。向嘗聞之南雷先生，以爲先生蓋陳同甫、辛幼安之流，其古文詞，鵬騫海怒，意之所極，穿天心月脅而出之，苦其才多，使天假之年，自見涯涘。詩皆志意所寄，媚勢佞生，市交遊而作聲色者，未嘗以片語汙之。及讀先生遺集，雖奇零非完本，然想見其磊落英奇，如遇之眉宇也。

先生嘗言明季士習之壞，以爲少讀書吴中，朋友親暱，署其刺曰『友』而止，未幾而概名以『社』，猶無乖於麗澤也；未幾而更益以『盟』。其後噉名者日多，踵事者日出，聞聲肸蠁，皆以此稱謂張大其聲氣，〔校〕黄本作『勢』。其盟主幾若齊、秦之欲自帝於東西；署置同事名曰『首勛』，擯排異己謂之『屏放』，狂惑至此，播爲亂氣，若瀾倒隄決，莫之堙塞。而登萊孔有德之難，渠魁遂亦〔校〕黄本無此字。以此相招集，流寇因而傚〔校〕黄本作『倣』。焉。夫人必身無亂氣，而後可以理天下之亂，故嘗馳書宣城沈眉生，相期禁絶，而狂惑不可户喻，可嘆也。嗚呼！由先生之言推之，蓋隱然比當時壇坫之徒於盜賊，至以此動色相戒。明季士風可以想見，而先生以布衣諸生，竊竊然懷天下之憂，是豈徒抽青儷白求之文字間者歟。

先生之死也，以馮千户之刺也，當是時小朝廷如蝸戰，武人大君，莫可嬰也。故朱閣部且死於方國安之手，顧尚書死於賀君堯，即董户部守諭亦幾死於王之仁，以先生之芒角，豈得免乎？吾又嘆有明之儒者，大率迂濶而乏才，使得如先生者，早據時位而有爲，未必無補於天下，乃以三舍齋長困於賢書，垂老得售，而滄海揚塵，書生報國，不能以赤手搏虎狼，身名與之俱斃，豈不悲夫！

先生之文六卷，詩二卷，予稍爲沙汰其應酬之作，定爲文四卷，而詩無所删焉。先生嘗與先宗伯公子非堂先生讀書竹洲，其後訂爲婚姻。而集之得存，亦以吾家，則序之者，莫予若也。

# 朋鶴草堂集序〔嚴注〕林時躍。

前大理寺左評事茘堂林公朋鶴草堂集共十二卷：〔馮注〕抱經樓藏有朋鶴草堂集，後歸上海張之銘伯嚴，已佚一卷。其中霜懷吟八卷則詩也，葵向篇四卷則文也。評事生平著書，於經學則有三易評林、毛鄭會箋、三易衍奥，於史學則有明史大事紀聞、明臣傳疏、甲申以後丹史，而甬東正氣録，蓋與徐監紀霜皋、高員外隱學共爲之，今其書多軼，不可得矣。朋鶴草堂集猶幸存，僅失去文一卷；甬東正氣録亦存，僅失去所選王評事文一卷。予乃論定其詩，精選得四百餘首，文三十二首，合爲六卷，别求得王評事文補人正氣録，而評事之集，即以編之正氣録之後，蓋評事固正氣録中人也，其著述亦正氣録中一種也。

吾鄉當改步之時，足稱忠義之區，其幸而不死者，皆不媿於古之逸民，而風格最高者，王太常水功與評事也。予嘗作評事墓表，已述其大節，兹者諦觀評事之書，重其介，未嘗不歎其愚。夫天既厭明，人力莫可如何，評事以朝不坐燕不與之身，潔己不出，其亦足以報國矣；冠裳不改，終身縞素，其亦足以見先人矣；而充其意，似乎必欲揮魯陽之戈，返西崦之日，如醉如夢，以相從於危機，其所望於故家子弟，必盡裹足不仕而後可，是不亦愚乎？

南湖九子之集，皆逸民也，其一晚年稍通時貴之交，評事與太常幾叱而絶之，欲廢社，其人謝過乃止。其一已逝，或以其遺行可疑，評事太息，以爲前此弗之知，特志之丹史中。門人有官通參者，正附要津，評事不之禮焉。及其以罪投繯，其家諱之，而評事筆之以爲世戒。自新朝之薦紳，其不爲評事所拒者，祇陳編修怡庭一人耳。嗚呼！其有不可及之愚也，斯其所以有不可易之介也。

評事當甲申以前，受業於蕺山先生之門，又從漳浦先生游，歸而與華、王二公爲鶴山書院之講，斯『朋鶴』所由名也，其可謂不媿師友者矣。評事僅〔校〕黄本無此字。一孫，今居天門山中，微甚。

# 雪交亭集序〔嚴注〕高宇泰。

前武部高公檗菴雪交亭集十二卷，桑海間著述也。自甲申以後，分年爲紀，至於癸巳而止。又有特紀、附紀，凡忠臣、義士、烈婦皆有小傳，并録其人詩文之有關大節者，而一時哀輓之作，有關其人者，亦預焉。

雪交亭者，前閣部張公鯢淵之寓亭，在翁洲，其左爲梅，其右爲梨，每歲花開，連枝接葉如雪。閣部正命，亭亦圮。而浙東亡國大夫，睠念不置，故姚江黄都御史棃洲以名其亭於姚之黄竹浦，武部以名其亭於鄞之萬竹嶼中。

武部生平著述極多，其詩古文詞爲肘柳集，其三度獄中，得琴法於華公嘿農爲琴譜，而所考證鄉里故事爲敬止録，敬止録部帙尤巨。〔馮注〕倪春如家藏有徐柳泉重編敬止録。今聞氏所作鄞志，辨黄公林，辨大禹廟，皆本於武部。顧藏於家，無副本，盡蝕於蠹，琴譜亦不傳，獨肘柳集尚無恙，而雪交亭集手藁在陸先生春明家，雖高氏亦不知有是集也。

雍正〔校〕黄本『雍』字上有『歲在』二字。戊申，予求故國遺事，從陸氏得之，爲之狂喜。其後奔走京洛者十年，乾隆戊午，乃招武部之孫石華觀之。石華肅拜手澤，摩挲百遍，潸然涕下，因請鈔所有肘柳集見遺，以易鈔此集。予曰：『諾。』然石華年已八十，兩手不仁，家貧甚，不能蓄寫官，雖有此約，未及踐也。而石華亦卒，其子以大故無暇及此，又不肯出其書，將來肘柳集之得傳與否，尚未可定，則是集也，武部之婆心碧血所成，其可不廣鈔以傳之哉。

武部之大節，讀是集者，如將遇之，顧所紀止於癸巳，其後如滇中死事諸公、海上從亡諸公尚多。武部卒於康熙初年，當必有續集，而今不可得見矣。嗚呼！故國喬木，日以陵夷，而遺文與之俱剥落，徵文徵獻，將於何所？此予之所以累唏長歎，而不能自已也。

## 春酒堂文集序

鄮山先生〔嚴注〕周容。以詩名甬上，甲於同里一時諸遺民。董户部次公謂其詩一，畫二，書三，文四，惟先生自序其文，亦以爲晨窻燈夕所成之小篇也。先生子宛春既乞予銘阡，又屬予論次其文。予爲去其十之五，而存其有關於名節者數十首，次爲二卷，足以想見先生之生平焉。且文之足傳者，亦不在多也。

往者同里左丈江樵，最持標格，其論先生，尚嫌其未絶酬應，遂以酬應而不無委蛇，因有商容之誚，此亦春秋責備賢者之義。然布衣報國，自有分限，但當就其出處之大者論之，必謂當窮餓而死，不交一人，則持論太過，天下無完節矣。

今觀先生之文，如神宗皇帝御書記、白尚書古卣記、浮光杯記、巾子岡記、己亥亂後憶記以及髮冢銘十篇，幾於每飯不忘故國，『黍離』『麥秀』之音，讀之令人魂斷。〔校〕黄本作『消魂』。他如謝氏宋槧漢書記、石將軍廟碑、睢陽廟碑、柳敬亭傳，觸目皆桑田之感，陸機、陸雲、鄭虔諸論，悲憤尤深。其上沈彤菴閣學書、江瑶柱賦，可謂不負知己者矣。祭金孺人文，可謂節義刑於妻子者矣。

吾聞先生之詩，其有關名節者，多以被焚不存，則今所存，亦非其至者。有此數十首之文，沙汰雖嚴，芒角愈出，即謂有光於〔校〕黄本無此字。其詩焉，可矣。〔一〕

## 杲堂詩文續鈔序 〔嚴注〕李鄴嗣。

李君甘谷出其王父杲堂先生未行之集，詮次開雕，令予任覆審之役。予喟然歎曰：先生是集之得傳也，悕矣。謝皋羽之卒也，自其晞髮集、游録而外，皆以殉葬，故不存；鄭所南沈心史於井底，三百年而始出。近有方韶父之裔孫，逢人頓首求其先集足本，而不可得。皋羽之幸而存者，冬青之歲月，西臺甲乙之

〔一〕〔馮注〕春酒堂文存四卷，詩存六卷，詩話一卷，外紀一卷，余有寫定本。

姓氏，尚成疑案。所南之幸而得出者，或且以爲姚叔祥之贋本。由此觀之，韶父之集之遇也，難矣。皋羽棄家客死，所南無後，其零落良不足怪。韶父之後人賢矣，而其生已晚，斯其所以爲好事之恨也。

殘明甬上諸遺民，述作極盛，然其所流布於世者，或轉非其得意之作，故多有内集。夫其内之云者，蓋亦將有殉之、埋之之志而弗敢洩，百年以來，霜摧雪剥，日以陵夷。以予所知，董户部次公、王太常無界、林評事荔堂、毛監軍象來、高樞部隱學、宗徵君正菴、徐霜皋、范香谷、陸披雲、董曉山，其祕鈔甚多，然而半歸烏有。予苦搜，得次公、荔堂、披雲三家於刼灰中，水功、隱學尚餘殘斷者存，而象來、正菴、霜皋，則不可得矣。然諸公猶非其絶無者，若駱寒足、李玄象、高廢翁，則竟不可得。即以李氏而言，戒翁、磐叟其與先生共稱『三李』者也，皆無完集得貽於今。嗚呼！諸公之可死者身也，其不可死者心也。昭昭耿耿之心，旁魄於太虚，而棲泊於虞淵、咸池之間，雖不死，而人未易足以知之，其所恃以〔校〕黄本作『其所以恃』。爲人所見者此耳，此即諸公昭昭耿耿之心也，而聽其消磨腐滅，夫豈竟晏然而已乎？勃菀煩冤，且將有所憑以爲厲，非細故也。

甘谷表章舊德，盡發羽陵之藏，加以疏證，使後世昭然見先生之大節，討論文獻者，不至有冬青歲月、西臺姓氏之疑，叔祥贋本之患，韶父後人之痛，予蓋爲之喜而不寐者數日。幸逢不諱之朝，采薇、采芝之音，得以不終湮没，其亦賢子孫之樂也。

甘谷去年一病幾死，病中之惓惓惟此集，予曰：『子能以此爲念，不須觀廣陵、曲江之濤也。』及其

愈也，始決意開雕，然則先生之集之得傳也，悕矣。〔一〕

## 礐樵先生集序

〔嚴注〕李文纘。

礐樵先生既出險，貧不可支，乃出遊，尋倦而歸，居城東箱〔校〕黄本作『鄉』。之薜蘿菴，無日不讀書，無日不鈔書，有所得則論次之。其著書之目，見予所作先生墓表中。今相去七十年耳，先生子孫困於市井，遺書無一存者，并所著亦喪其十九。予力求之，得其賜隱樓古文，要非足本，祇鹿溪新語尚無恙，而詩竟絶少，到處捃摭，不滿百首，乃合編之爲八卷，聊以存其一斑耳。

吾聞先生中年有春秋經傳纂注即所〔校〕黄本無此字。稱魯書〔校〕黄本作『史』。者也，忽失去，爰作大招廣招之些，望思之詞，以當臯復。踰二十年，而重得之商河，狂喜，祭以蒸豚，酹以百花露酒，同社諸公傳爲佳話，豈意一返道山，種種零落，可爲流涕。近者吾鄉後學，茫然於桑梓典型之望，如先生者，不過謂其能書，豈知其詩古文詞？縱稍耳食其詩古文詞，要不知其經學、史學之深沈博大，至於故國大

〔一〕〔馮注〕甲寅八月從湖西李彭年得杲堂未刻文六卷、詩九卷，出前所藏王斗瞻寫本互校，寫定清本，可付梓人。杲堂文，詳是集中李次行墓版文。

節，足以麗日星而降霆電者，則幾無一人能言之。

予留心耆舊，季漢獨行之士登月表者，先生其眉目也。先生對簿之詞，忼慨光明，足爲臧洪一輩寫照，底蘊具見，原不僅在區區著述間。而於其著述，亦正足窺其生平得力之所在，醲之有素，故一旦臨危遇難，確乎不拔，非匹夫卒然慕義因以成名者之比也。然則因先生之大節，而愈不能不惓惓於其著述者，蓋亦斯人之同情，而竟以叢殘厄之，其亦如之何矣。抑吾猶幸此叢殘之不盡澌滅，尚有足慰罔羅之願者。

方予之求先生書也，并得楊推官葬録一卷，中有先大父贈公與先生議葬推官兄弟始末，予尤訢然樂而鈔之。

## 耕石老人詩集序

耕石老人姓李氏，名文純，字一之，又字姬伯，鄞人也。鄞之砌街李氏，明室世臣，國難後，先生從父儀部預於『五君子』之禍，殉義，其嗣子文胤憧而得脱。同時九宗子姓：樞部文杲，農部文昱，從亡而死；樞部文纘亦以預『五君子』之禍幾死；評事文爟、參軍允智，坎壈以老。先生同在諸公入幕之列，顧別具保身之智，不罹其難，尋匿影奉化之求邨，事定始復入城，亦不輕見一人，其所唱酬止於兄弟，時人稱爲戒菴先生。

集中之詩，以五律爲長城，深入唐人之室。自其少時侍父宦蜀，即爲撫軍都御史曠昭所賞，訂忘年交，晚歲律益細。顧身後散失者十之五，今僅存瓢貯四卷，當時貯之於瓢者也。先生嘗自歎曰：『昔人恨無知己，欲以青蠅爲弔客，吾猶嫌其鬧，未若枯竹頑石，相與賞心，風味殊不惡。』而先大父贈公誚之曰：『青蠅豈僅嫌之而已也。夫北都之青蠅：陽羨、烏程、武陵、韓城、井研是已；夫南都之青蠅：貴竹、懷寧是已；夫越都之青蠅：戚畹之張、毛，閣臣之田、謝是已。是營營者，乘時而化，不可方物，或爲梟爲獍，或爲鬼爲蜮，方當投畀豺虎尚憂不食，而謂但移牀以遠之，閉門以拒之耶？如吾戒菴者，猶忠厚之論矣。』先生爲之欷歔流涕，相對不語者竟日。

予讀先生之詩，沖和雅淡，絕無怨悱之音，然亦尚有不能自禁者，如新樂府秦舞陽一篇，託辭於荊卿之降秦，以詆故國諸臣之改節；哭華嘿農王卣一詩二篇，消魂於山陽之笛；至若潮回京口，風利石頭，日月重開，山川一洗，則猶向丁鶴年海巢中，有宣光綸旅之盼焉。夫孰謂其守枯竹頑石以老者，雖以是瓢爲中流之一壺可矣。讀畢，因述先贈公之語，以序其端。茫茫桑海，想見欷歔流涕時也。

## 南雷黃子大全集序〔嚴注〕宗羲。

南雷先生之集，累雕而未盡，其稱南雷文案者凡四種，而壬辰、癸巳以前所輯曰始學菴集不預焉。

其稱南雷文定者又四種，而壬申以後曰病榻集，亦不預焉。先生嘗欲合諸本芟定之爲文約，未成而卒，而竟有所謂文約者，慈谿鄭南谿喜而雕之，然不知非先生之手裁也。先生之文其深藏而不出者，蓋以有待，不可聽其湮没也。而在雕本中，反疑多冒附之作，讀者多不之審，予乃從南谿家，盡取先生之草藁，一一證定，皆以手跡爲據，於是義熙之文畢出，而冒附者果不出予所揣，乃補其亡，汰其僞，定爲四十四卷，而廬山真面目見矣。先生之文，累有更竄，故多與舊所行世之本不同者，又皆以其晚年手跡爲據，惜乎南谿下世，不得與共討論之。

## 讀史通表序〔校〕黄本列歷朝人物世表序後。

在昔周、秦之世，百二十國各有寶書，而又别有太古以來年紀，則後世之年表也；世本，則後世之世表也；皆與正史相輔而行。是以旁行斜上之譜，太史公猶及見之，準以作史。夫既易編年爲紀傳，則表尤重。何也？本紀、世家總全史大綱，其初如羣雄割裂合并之歲時，其繼如百官策拜罷免之事跡，紛綸雜糅，是非列行縈紆，編字輯屬，即善會通者，不能舉其要也。

以志而論，宜若不關於表，然予觀班氏百官公卿表，勛階資格，一一詳列，而後備及其人之遷除，是表中有志也。其所載章采之制，又兼輿服一門，蔚宗於東漢百官芟去遷詔、崔寔、延篤之表爲志，則遷除闕如矣。宋藝文志尚有東漢百官表一卷。晉荀綽作百官表，當屬舊史十八家所有，而唐人去之，遂以無徵。新唐書方鎮表亦所以補地理志之不備，以視五代史職方考，詳略懸遠。巽巖嘗作江左方鎮年表，不知尚有存否？又有五代三衙將帥年表。〔校〕黄本無此注。然則表固有足以兼志者，而志不可以去表也。其餘功臣、諸王、外戚、恩澤諸表，封爵之籍，賴以不泯。故馬氏節略諸表，載入封建考中。雖新唐書宰相世系表世多誚其無補，然未嘗不與官氏志相表裏也。

列傳所載更繁，甲乙互混，前後迭移，大略以表正之。或者名薄功微，行事既不少概見，姓氏又莫可附麗，即籍本表以當附傳。即其有傳者，功罪事實，傳中之所未備，亦多於表見之。故吴江朱處士鶴齡謂史既無表，則傳不得不多，傳愈多，事愈繁，而其中或反有漏而不舉者，然則史之於表，其所係爲何如也。

至於列朝史例，不必相沿，其因革離合之間，當折衷以用之。太史公依受命譜作秦楚之際月表，班氏并入異姓諸侯王表，而月表之旨遂晦，後世不復有作月表者，皆班氏之失也。漢魏、隋唐之交，不以月計之，何能瞭然。新唐書宗室世系表通敘諸房支葉，然唐自天寶以前，帝子之封王，王子之封公者，並有世爵可稽，不比於宋天家子姓，原以傳爵爲重，不當混列。遼史譏公主不應作傳，不知唐以安樂、太平之故，故特置之，其餘史衹應如蔚宗附之后妃之末，而捌爲表，則又無謂也。惟屬國蕃部表，足與四裔列傳證明，爲古人所未有，而交聘往來，古禮攸存，又國事攸繫，皆當追補。元史三公之表，但須歸諸宰相，而以樞密院、御史臺增入之。世有作通史者，以檮昧之例求之，當百世不易也。

予初讀二十一史，即取諸表諦視，略得其義藴之所在，以爲是固全史之經緯，如肉貫弗，非徒取充口耳，雖誦三桓七穆以自夸者，因思盡爲綜勒獨成一書。但各史之未具者，多以萬處士斯同所補爲據，而萬氏之書尚多闕略，因爲稍稍續葺，更得如干，其於前人所已有，更爲疏證而審核之，或間遇訛錯，則仿温公考異之例略加訂正，聊以〔校〕黄本無此二字。充讀史者之目録。〔一〕〔校〕黄本有『也』字。

# 歷朝人物世表序〔校〕黄本列歷朝人物親表録序後。

歐陽公表宰相世系，讀者多以爲繁費無補，不知唐以前重族姓，至勤宰相之力爲之講明。歐公蓋有見於杜正倫、李義府寡恥之徒，故作此以别原委。蓋范宣子之言世禄，雖不可以當不朽，而至於數典

〔一〕《董注》是書，先生草創未定，且多以故時文反背書之，字畫半不可辨，又先後散亂無次序。先生卒後，予携歸，以萬氏歷代史表相參校，略得其梗概。方思别鈔清一本，又萬氏表有未刻數卷，其中頗有訛錯，將以此表正之。未幾有詔獄牽連，有司籍所藏書以去，幸萬氏底稿方付友人代鈔，而先生之稿遂没於官。事解，百計求之不得。閲是序，不勝憮然。

忘祖，則古人笑之，是可以見族姓之重，原不自過江始也。況故國之有世臣，非徒喬木之謂，封建既亡，諸侯王之表不作，而紀其系望以昭開國承家之旨，君子尤於此感世運焉。

予撰讀史通表既竣，別作歷朝人物世表二十卷，合二千餘年之王侯將相、卿尹牧守，凡累世有見於史者，即牽連志其人代，而儒林、文苑亦附見焉。其或陸陸〔校〕黄本作『碌碌』。無可書，則雖蔭襲之烜赫，門地之高華，概削不録，懼蕪文也。讀者披覽之下，若者家聲世接，若者種惡代傳，若者隕宗，若者幹蠱，是亦春秋之意已。

予友鄭箕谷檢討嘗語予，科舉既盛，世家將替，即有明一代可見。予於宰相傳中枚舉，如崑山之顧，合門仗節，禾中之錢，兄弟死事者，凡十數家，欲爲勝國系望生色。嗟乎！以九世之卿族，預累朝之佐命，此世家之極盛，而陽源子弟之所嗤，不知讀王、謝世表者，以其言爲然否也。巽巖作王謝世表一卷。

〔校〕黄本無此注。

# 歷朝人物親表録序

六朝重親表支系，其見於史家者，晉人有中表實録，齊人有永元中表簿，梁人有親表譜，是蓋當時甄別族姓之學，所藉以相羽翼者，平園謂天子以之定流品，士大夫即以之通婚姻也。三唐以後，科舉盛行，於是世人不尚譜牒，而此種書籍亦俱廢棄。

予謂爾雅於宗族之末，即以内外戚黨繼之，蓋數者雖非骨肉之親，而其於五倫也，如經之有緯，故國家一代盛衰之運，學業氣數〔校〕黄本作「類」。强半由此而分。雖或其中薰蕕雜出，未嘗不有參錯，然大略可觀也。

予既撰歷朝人物世表，因復仿前人之例，作古今親表録以輔之，其締姻帝室，得預戚里者，列之於首，次則内外大臣，皆以其於國事有關而推之。至於儒林、文苑，因記魏楊遵彦謂魏收修國史，論及諸家支葉親姻，過爲煩碎，頗與前史之體不合。收以中原喪亂，譜牒遺軼，是以具書其派，斯亦宏長舊聞之意，未可以穢史竟黜其言。至予之所葺直爲古今人物起見，非徒以存諸家之系望，似較當塗更進一義，而其書又孤行正史之外，并不必以遵彦所言爲嫌也。其間或參以議論者，大率皆前人未發之隱：如荀文若結連於常侍，不特朗陵公世德之衰，而可以見東京黨錮之餘，氣節漸以墜地，不待投身霸府而知之也。張延賞不受李晟之昏，則大曆以後朋黨之萌芽也。荆公之有蔡卞，其人本殊途，而竟以成新法横決之禍，是又運會之有嘿主其間者也。旁魄縱觀，固不得以簿目之書盡之矣。且夫江左、河北門户之習過甚，乃至天子厭之，爲之改定甲乙，猶有所謂禁婚之家，支拄牢固，是真極重難返之勢。若夫遭逢百六之世，雜亂搶攘，有如周伯仁之母，則是録也，其所感不既多乎哉？

是録一以正史爲主，其金石之遺文，别集之錯見者，亦附入焉。蓋溯濂溪之道脈者，必推原於鄭向、陸詵，而愛山谷之詞翰者，餘慶流於徐俯。是雖正史之所不書，要不謂非名教中之佳話也已。

## 困學紀聞三箋序

深寧王先生文集百二十卷，今世不可得見，其存者玉海，部帙最巨，尚有附刻於玉海後者十餘種，而碎金所萃，則爲困學紀聞。顧其援引書籍奥博，難以猝得其來歷，太原閻徵君潛邱嘗爲之箋，已而長洲何學士義門又補之。斯二箋者，世宗憲皇帝居潛藩，皆嘗充乙夜之覽。近年祁門馬氏以閻本開雕，而間采何説以附之。桐鄉汪氏又以何本開雕，良後學之津梁也。潛邱詳於開索，其於是書，最所致意，然筆舌冗漫，不能抉其精要，時挾偏乖之見，如力攻古文尚書，乃其平日得意之作，顧何必嘵嘵攙入此箋之内，無乃不知所以裁之耶？義門則簡核，而欲高自標置，晚年妄思論學，遂謂是書尚不免詞科人習氣，不知己之批尾家當，尚有流露此箋未經洗滌者。

歲在辛酉，予客江都，寓寮無事，取二本合訂之，冗者删簡，而未盡者則申其説，其未及考索者補之，而駁正其紕繆者，又得三百餘條。江西萬丈孺廬見之，歎賞以爲在二家之上，予學殖荒落，豈敢與前輩争入室操戈之勝，況莫爲之前，予亦未能成此箋也。

胡身之謂小顔釋班史，彈射數十家無完膚，而三劉所以正小顔者正復不少。是書雖經三箋，然闕如者尚多有之，又安知海内博物君子不有如三劉者乎？予日望之矣。

## 增補宋元甬上耆舊詩序

李隱君杲堂於甬上耆舊自謂用功多矣，顧宋、元諸公所佚者多，殆未見其集耶？杲堂向范侍郎天一閣求宋、元人集，乃史忠定王鄮峰漫録在閣中有二部，而亦失之；豐清敏公荷花詩載在宋文鑑，而亦失之；陳西麓之詩盛行於世，而亦失之；舉此三者，其餘可知矣。先公嘗手葺宋元甬上詩一十六卷，以補杲堂之闕至數十家，命不肖曰：『吾所見書不能備，汝可隨所見續之。』不肖學殖荒落，衣食奔走，無以仰副先公之意，謹再拜序之，以俟後世之博雅者。

## 帖經小課題詞

〔校〕黄本列句餘土音序後。

予主端溪講席未及期，坊人裒諸生所業，將以問世，而乞言於予。予歎曰：粤中，白沙、泰泉諸先生講學之地也，諸生勵勵從事於文，非先正之所望也。雖然，文亦大有差等矣，有見道之文，有經世之文，降而爲詞章之文。而詞章之中，差等亦正復不一，又降而爲場屋科舉之文，則本不可以文稱，特以其依託遺經而推之，而數百年來功名之徑所自出，愚者遂以爲天下文章，莫大乎是。端溪諸生，前此亦未能脱然自拔於時風衆勢之中，予至，稍以經史之學導之，其中亦多有志者，雨聚笠，宵續燈，相約不爲世俗之文，而曾未幾時，其文果爲之一變。試以是集觀之，不特不肯爲場屋下劣之文，若并不欲僅以詞章見者，由是而進之，未可量也，諸生勉之矣。夫粤中固白沙、泰泉諸先生之講堂也。

# 句餘土音序

吾鄉詩社其可考者，自宋元祐、紹聖之間，時則有若豐清敏公、鄞江周公、嬾堂舒氏，而寓公則陳忠肅公、景迂晁公之徒預焉。建炎而後，汪太府思温、薛衡州朋龜、王宗正珩，相與爲五老之會，以孝友倡鄉里敦龐之俗，而唱酬亦日出。乾道、淳熙之間，丞相魏文節公杞、史文惠公浩並歸田，張武子、朱新仲、柴張甫皆其東閣之彦，寓公則王季彝、葛天民之徒預焉。緑野、平原，篇什極盛。慶元、嘉定而後，楊文元公、袁正獻公、樓宣獻公，寓公則吕忠公，多唱和於史鴻禧碧沚館中，顧諸公以道學爲詩，不免率意，獨宣獻不在其例耳。同時高疏寮、史友林别有詩壇，則從事於苦吟者也。史樞密宅之兄弟，偕郎壻趙侍郎汝楳輩，在湖上又爲一社。咸淳而後，甬上之士不見用，禮部尚書高衡孫、軍器少監陸合、知汀州汪之林而下四十餘人，一月爲一集，顧其作少傳者。宋之亡也，遺老自相唱酬，時則深寧王公爲主盟，陳西麓尤工詩，寓公則舒閬風、劉正仲之徒咸預焉。已而有陳子翬、鄭奕夫、徐本原、章壘諸君嗣之。清容學士之家居也，鹿眠山人袁以兄弟相應和，而蔣遠静輩皆爲故家之良。其後則鄭以道、蔣敬之、王遂初稱繼霸焉。是宋、元三百年中，吾鄉社會之略也。

人代日遠，徵文徵獻，誰有若正考父其人者，然而豪芒流落，尚可收拾。予嘗欲爲李杲堂前輩補甬上耆舊録，首於此三致意焉。明之詩社，一舉於洪兵部，再舉於屠尚書，三舉於張東沙，四舉於楊泗陽，五舉於先宫詹林泉之集，是則杲堂序之詳矣。六舉則甲申以後，遺老所會，林評事荔堂有九人之序，寓公余生生有湖上七子之編，高隱君鼓峰有石户之吟，其中詩稱極盛，而尚未有人輯而彙之者。承平而後，詩盟中振，鄭高州寒邨、周即墨證山、姜編修湛園、董秀才缶堂、舒廣文後邨諸公爲一輩，胡京兆鹿亭、張大令萼山諸公又爲一輩，雖其才力各有所至，未盡足以語古人，然要之高曾之規矩所寓也。

數年以來，前輩凋落，珠槃之役，將以歇絶。予自京師歸，連遭荼苦，未能爲詩，除服而後，稍稍理舊業，與諸人有真率之約，盃盤隨意，浹旬數舉。而有感於鄉先輩之遺事缺失，多標其節目以爲題，雖未能該備，然頗有補志乘之所未及者，其敢謂得與於斯文，亦聊以志枌社之掌故，亦未必無助乎爾。會予又將有索食之行，未能久預此良會，同社諸公因裒集四月以來之作，令予弁首。予爲述舊聞以貽之，

而題之曰土音，以志其爲里社之言也。〔一〕

## 重修桓溪全氏宗譜序

吾家宗譜，肇自元代，王先生應鳳所爲序，至明則重修於直道、介菴兩府君，在弘治中而成於菊莊、芹塘兩府君，在正德中則楊尚書碧川序之。然體例猶未密，工部公重修在嘉靖中，體例備矣。宫詹公續之在萬曆中，宫詹卒，成於兼山府君，釐爲二十八卷，凡狀、志、碑傳之類，無不畢載。正本藏於宫詹書庫，副本藏於先贈公。國難作，贈公入山，其書被火。而宫詹書庫之本亦流傳〔校〕黄本作『轉』。於宗人，無收拾者，遂失其半。所失在正德以前，不可復輯，宗人死，并其半亦幾失之。先公急購而歸焉，禱於列祖之靈，魂搜夢卜，以求所失之半，頗聞其歸於錢唐宗人，而再三求之不可得。

雍正甲辰，以展墓入桓溪，不肖侍行，桓溪宗人多務力田，茶鐺藥竈之間，忽見有紙墨甚舊，則正德中草譜也，大喜。然其書已斷爛。蓋始祖侍御公以下分爲東、西、前、後、中、田、南、北八宅，工部公以下，南宅也，今惟東宅、田宅之譜完好無恙，而其餘多有闕者。先公徧取影堂栗主，首尾覆審，始得粗

〔一〕《馮注》鄞陳銘海有句餘土音注，已刻於嘉業堂叢書中，稍有删節，釐爲六卷，題曰句餘土音補注。

備，嘗太息謂萬編修九沙曰：『籍父數典忘祖，識者知其無後，然眉山蘇氏之先，自渤海府君後，失其世系者再，正不敢如沈約、魏收之誣祖以自欺也。蓋自唐以來，譜系之衰久矣。夾漈號博物，而序吾全氏世系，自祥符登科全安石始。吾家譜系之衰更久矣，今吾闕其不可考者，存其可考者，後有人焉，成吾志而竟其緒，其庶幾乎？』於是方排纂文獻之爲舊譜所遺者，又欲續萬曆以後五世家傳，而不肖負戾，牽連大故，悲夫！

予家自宋以來，父兄子弟所相詔相勉者，皆重不言而躬行。故咸淳八徵士之高風，義田宗老之卓行，本然、本心二先生之理學，遯翁、玉翁、修齋之詩詞，皆傑然可傳，而圖經所載無及之者。不肖嘗以問之先公，則曰：『蓋嘗聞之上世，斯民之直道久已泯矣。志乘之著録，大率以禄位聲勢爲主，非是者弗預也。』本然先生嘗讀延祐志書而歎曰：『袁氏號賢者，其狥私曲筆，一至於此，何況其餘。』因戒後世子孫，不必求人作傳。故自正德以前，吾家皆以潛德自勵。非是譜也，不知先世之厚積如此也。』嗚呼！爲善而不求聞於人，斯其爲真君子也。然則是譜之傳，所以示吾子孫之圭臬，而當恪守而弗失者，豈淺鮮哉。

桓溪之譜八百年矣，服則已窮，姓則已殺，屬則已竭，而其未窮未殺未竭者，舊德雖衰，規矩尚存；先疇雖減，阡陌未散；斯先公之所以惓惓而不能自已也。於是不肖抆淚含豪，百拜而爲之序。

# 董氏重修族譜序

鄞之董氏居於西廂者最大，蓋自東漢徵君之後，累遷之四方，及晚宋復遷於鄞，又由鄞而遷慈，至明初梅隱先生復居於鄞，其譜嘗累輯矣。今年董氏之賢者曰嵩愚、樂窩、學修，重論定之，而商榷於予。其自梅隱先生以後，蓋良譜也。而遞推而前者，有可疑焉。夫何以徵其良也，鄞之南湖亦有董氏，其最著者有明殉難兵科都給事中志寧是也，精忠大節，足重一代。鄞之北郊亦有董氏，其最著者有明户部郎守謙是也，碩學高行，蔚爲人師。是皆嘗與西廂諸董敘兄弟之歡者，而譜中弗敢收焉，其慎也。然則何以自梅隱先生而上，漫無依據，任心附會，質之唐、宋正史之系望而不合，考之宋、元舊志之支屬而不合。夫數典而忘祖，不可爲也；扳援華胄而誣祖，尤不可爲也。今董氏之載筆者，能嚴之於一二十世之中，而忽之於一二十世之上，是何以故？乃爲書一通，抉摘其誤之甚者以告之，而嵩愚兄弟曰：『善。是皆出吾慈水舊譜之所載者，先人亦嘗疑之，而弗敢遽删也。今得吾子之言，既明且清，請溝而出之，仍歸之慈水之舊譜，而今本弗令雜焉。』予喜其兄弟之虚衷也，遂爲更定其凡例，而甄别之，爲書一十六卷，皆其可信者也。

嗚呼！自宋以後，譜序已亡，予嘗欲纂甬上世家支系表，稍以爲同里正氏族之源流，弗令庸妄人得謬相因託，而忽忽未就也。甬上世家之譜，惟槎湖張氏最精，先宮詹公修吾家譜，實取法焉。其後秣陵焦文端公登其目於國史之志，今董氏之譜，其足以嗣響也夫。〔一〕

# 九日行菴文讌圖序〔校〕黄本列卷二十六。

揚州爲江北大都會，居民連甍接楹，笙歌輿從，竟日喧聚，其於清歌雅集，蓋罕矣。城北天寧寺，爲晉謝公駐節時所遊息，其中有行菴，吾友馬君嶰谷、半查兄弟之小築也。地不踰五畝，而老樹古藤，森蔚相望，皆千百年物，間以修竹，春鳥秋蟲，更唱迭和，曲廊高榭，位置閒適。出門未數百步，即黄塵濁流，極目令人作惡，一至此間，蕭然有山林之思。

乾隆八年九日，嶰谷兄弟招集同社一十四人祀陶公，出所藏仇實父白描像，懸於閣上，各賦一詩。予方留滯西泠，未得預也。又踰旬而予至，諸君方擬繪圖記之，嶰谷曰：『此中不可無君。』乃以展日更舉，令予得陪卷軸之末。而洪君曲溪兩度皆以病失約，然故吟社中人也，亦補入焉。

予太息謂嶰谷曰：『謝公之風流，千古如在。然公遊息於斯也，則與東山賓從之樂，稍不同矣。公

〔一〕〔馮注〕族譜稿本爲余所得，惜佚世系一卷。

之爲是行也，蓋以符氏之亂，思北定中原也。而其時公已困於讒口，不自安於朝，雖在河朔極有可乘之會，而神明内索，徘徊不能自前，老師左次，卒無尺寸之功，坐失事幾。吾每過召伯之埭，弔法雲之荒祠，未嘗不喟然三歎，以爲明德之衰也。至若九日嘉名，陶公高格，固在羲皇、懷、葛之間，然而讀其止酒之詩，蒼梧、漢水之感，則黄花白酒，蓋亦不得已而寄情焉者也。今吾輩生逢太平之世，書淫墨癖，是處留連，胸次中了無一事，爲江湖之幸民。論人雖甚媿，論其時與地，則不可不私相慶也。』諸君曰：『善。』

圖之詳，已見於厲君樊榭記中。一十四人者：胡都御史復齋、唐翰林南軒，皆楚産；厲徵君樊榭、陳隱君竹町與予，皆浙産；王徵君梅沜則吴産；餘皆居於揚者。予之許序斯圖也，三年於兹，今夏重披圖捉筆，而南軒已化爲異物矣，爲之惘惘。

## 公車徵士録題詞〔校〕黄本列卷二十六。

科舉簿目有出自官者，有出自私者。東觀奏記鄭灝知舉，宣宗索科名記，灝屬祠部員外郎趙璘採訪進士及諸科登名者，成十三〔校〕黄本作『二』。卷，始武德元年，至大中十年，敕付翰林，并著爲例。以後逐年編次，唐志又有崔氏顯慶登科記五卷，姚氏科第録十六卷，李氏登科記二卷，以訖於樂史、蔡元翰、洪适所輯，此皆廟堂所以備科名故事者，即今禮部春試、直省秋試所有進呈試録是也。館閣書目又有諱行録一卷，以四聲編登科進士，起興元元年，至大中七年，宋敏求續之，是後同年小録、同歲名諸書，相繼不替，則在下者所輯，以志一時同岑之盛，即今春秋二試所有齒録是也。蓋考其所自始，則漢時已有之。孔叢子孔季彦曰：『今之上計，追紀先君，下録子弟，同盟締素。』是非簿目之祖乎？詞科之在唐、宋，投牒請試，先獻所業，於典未爲甚隆。國朝則出自大臣之薦剡，而以鶴書致之，月給農部之金，以需試期，是漢人公車門待士之制也。

予作詞科摭言，於己未百八十六徵士，已仿高允徵士頌之例，詳爲書之；其接今科，則尚未能遽成書也，乃先取同薦諸公姓氏、里居、世系合爲一録。考漢晁家令、唐張文獻對策，皆先序其舉主，故於是録亦以舉主先之。夫公車之辟，出於尋常科舉之上，則是録固非春秋科目二簿之比，而要其所以爲公車重，以無負大對者，當何如歟？

## 重葺岳陽樓志序　代作

〔校〕黄本列帖經小課題詞後。

岳陽樓之著也，自唐始然。張燕公、趙冬曦則但稱南樓，崔魯則别稱洞庭樓，李羣玉則稱驛樓，而更追而溯之，顔光禄當六朝時已稱之爲巴陵城樓。或曰别自有樓，非一地也；或曰一樓而異名也；蓋世遠莫之能明，而以諸公之詩證之，則似即此樓爲近之。

惟洞庭爲湖南之勝，岳陽又爲洞庭之勝，而其所以得文正之記以著於天下，則實自太守滕公子京，乃志之所由始也。滕公爲安定先生高弟，其才跅跎千古，讀其上范公之書，以求此記，其詞巆屷𩋙𩊔，筆力浩大。世但知文正之記之工，足與少陵、襄陽之詩相配，而不知子京之書，已足與文正之記相配。所謂山川之靈，非偉人之文不足以發之者，斯之謂矣。嗣是以來，有明三百年，代有續編，而亦多所殘失，如滕公所稱丁侍郎、夏尚書諸作，不可得而見矣。予承乏一麾，間爲之補其遺佚，序其紊亂，而重雕之，自慙譾劣，不足以望子京，以振斯樓，其聊以充三湘之掌故焉爾。

# 鮚埼亭集外編卷二十六

## 序四

### 西湖金石文字録序

吾友仁和丁君敬身，今世之隱君子也，少不喜治舉子業，沈酣穿穴於古人之書。然家貧甚，其二親皆年高，敬身本郊居，日賣米以供甘旨，左手操釜庾，右手挾書，户外之屨，問字與請羅者半。予戲之曰：『昔宛陵先生言「廬陵自欲爲昌黎，乃以我爲孟郊」，今諸公多謬推予爲竹垞，將屈公爲周簣。』敬身曰：『謹如約。但吾所著西湖金石文字録，需君序之。』

敬身最留心史事，嘗舉集古録序，以爲殘碑斷碣，每足與紀傳正其闕謬，非徒以詞翰之工，區區取玩研席。而所居適在舊都，往往杖策懷乾糒，獨遊空山，經過一古寺，一荒塋，即婆娑其間，少有所得，若載七寶裝以歸。自南宋二百年以來帝王戚畹之營建，將相之居停，騷人俠客之寄寓，凡吾輩考據而未悉者，以問敬身，輒欣然胠篋，旁推曲證，如寘諸掌。予嘗謂宋史自南渡以後最略，得敬身之録，所補不少。西湖四山之中，多有遊人所未至者，一日敬身周走南北兩峯，徑入深處，有事於摩搨，突有一虎肩摩而過，山人踉蹌迸散，敬身不知也。日間既多俗務，夜分即手鈔之，十年間，其書裒然告成，箋疏確鑿，而未有有力者〔校〕黄本下有『能』字。梓之以行世。

嗟乎後世士不嗜古，或間有嗜之者，而力不足以售其志。熹平、政始石經，〔校〕黄本『政』作『正』。六朝牧伯以爲柱礎之用，又況其餘耶？敬身以一布衣躑躅湖山，〔校〕黄本作『上』。爬梳金石，雖其書止於一隅，而其事關於一代，不已偉哉。予因諧敬身曰：『周賀特詞人耳，〔嚴評〕青山爲人尚義，有氣節，不得僅以詞人目之。不若君是書之必傳也。』敬身曰：『然則尤賴子之文以壯之。』予雖媿不敢當，然不敢辭，作西湖金石文字録序。

## 厲太鴻湖船録序

雍正己酉，吾友厲二太鴻相遇於揚，以所輯湖船録示予，且令弁一言於其首。是年，予入京師，東臨碣石，以觀滄澥。辛亥南下，太鴻方卧病，不得一握手。明年予復北轅，轉盼五載，偶過唐丈南軒座上，則太鴻之書在焉，不禁棖觸於平山之諸，因輒濡筆爲文以寄之。

西湖爲唐、宋以來帝王都邑，一舉目皆故蹟。太鴻蒐金石之遺文，足以證史傳；訪池臺亭榭之舊事，足以補志乘；而獨惓惓於蘭槳桂棹之間，繁舉而屑【校】黄本作『悉』。數之，説者以爲是騷人之結習，學士之閒情也。雖然太鴻之志，則固有不盡於此者。江南佳麗，西湖實出廣陵、平江之上，至若高、呂妖亂，法雲、山光諸寺爲墟；淮張割據，虎丘亦遭城築；獨西湖自開闢以來，並無血瀑魂風之警，畫舫笙歌，不震不動，是固浮家泛宅之徒所不能不視爲福地者。然而時值雍平，人民豐樂，相與徵歌選舞，窮極勝情，泛桃花者除不祥，投楝葉者觀競渡，妖姬操檥，歌兒蕩楫，唱河女，和竹枝，當斯時也，鹿頭燕尾，亦共匆忙，而舟子聲價俱爲雄長。若其運會稍涉陵夷，則冶遊漸復闌散，敗艘蕭寥，聊備不時之需，即有行吟之客憔悴來過，落日荒江，不覺減色。是以李文叔記洛陽名園，以驗中州之盛衰；而魏鶴山謂花竹和氣，足徵民生安樂者，其即太鴻之志也夫。

嗟夫！太鴻以掞天之才，十載不上計車，荷衣槲笠，流連於揺碧之齋，不繫之園，而予歷陸風塵，未有寧晷，太鴻覩兹文也，其能弗動勞人之念哉。

# 王右丞詩箋序

吾友仁和趙君松谷〔校〕黄本作『谷林』。下同。來京，出所箋右丞全集示予，薈萃羣書，削去華葉，有是哉，其既博且精也。人代日遠，衆言紛綸，李嘉祐絶無白鷺黄鸝之句，而或妄誣右丞之蹈襲，向微晁子止辨之，彼燕説之謬，寧有窮耶？此猶其小者。右丞以遺世之高致，而見汙於僞命，至今遺議未已，松谷爲之一洗其沈屈，其言平允，足比於眉山之雪太白。

予謂是時天子入蜀，東宮起朔方，右丞不死，殆亦思乘間自脱向行在耳。豈知託病不遂，致遭維縶，斯烈士之所以致戒於委蛇也。雖然，右丞風期高雅，絶非塵世中人物，吾故信其晚節之可原。苟其人不如右丞，而欲於生平波〔校〕黄本作『淡』。蕩之後，籍口昔人，山妖水怪，反自訴其飛躍之不幸，斯則論世者之所弗寬〔校〕黄本作『置』。也。得吾説而存之，未必不與松谷之旨互相發也。即以右丞之禪悦言之，古松紫竹，同屬唐人佞佛之習，而右丞標格，尤其所近。若其弟夏卿爲之移華子岡、孟城坳之幽閑，欲以施之廟宁，可謂不善學者也。是皆右丞生平之概，而説詩者所當知。因松谷之索序也，爲并及之。

## 史雪汀注李長吉詩序〔嚴注〕榮。

世傳荆公讀昌谷詩，所譏雁門太守行語，蔡寬夫詩説辨之，以爲此不知詩者之言，必非荆公所有，然未有以明證之者。近偶憶臨川集古風集句送吴顯道一篇：『滕王高閣臨江渚，東邊日出西邊雨。』荆公有取於此句，則世所傳，真老頭巾之附會〔校〕黄本作『誣』。耳。予友史雪汀注昌谷詩，屬予爲序，予書此簡，請以附之卷末。雍正癸卯正月望日。

〔嚴評〕其詩不足序，則力辭之可耳。今若此文，是以爲戲矣。待朋友之道，豈宜爾乎？

〔馮注〕是書凡十八卷，爲雪汀生平精力所萃。首冠以復古堂本長吉詩集白文五卷，年譜一卷，末則附録殿焉。其書先列劉辰翁、吴西泉諸家補注，引申繁博，考證詳明，欲使人知長古詩中所隸有源有本，以力闢杜牧牛鬼蛇神之説。每句之注不下千餘言，全書計二千萬言，凡二十巨册。余于己酉冬日，以重價從王斗瞻後人處得之。

## 宋詩紀事序〔校〕黄本列厲太鴻湖船録序後。

厲徵士樊榭以所著宋詩紀事百卷，索予爲序。樊榭所見宋人集，於朋輩中爲最多，而又求之詩話、畫録、山經、地志、説部，雖其人無完作者，亦收其片詞隻句以傳之，蓋輯耆之功十年。

宋詩之始也，楊、劉諸公最著，所謂『西崑體』者也，説者多有貶辭。然一洗『西崑』之習者歐公，而歐公未嘗不推服楊、劉，猶之草堂之推服王、駱，始知前輩之虚心也。〔嚴評〕未可以北宋人爲前輩。慶曆以後，歐、梅、蘇、王數公出，而宋詩一變。坡公之雄放，荆公之工練，並起有聲，而涪翁以崛奇之調，力追草堂，所謂『江西派』者，和之最盛，而宋詩又一變。建炎以後，東夫之瘦硬，誠齋之生澀，放翁之輕圓，石湖之精致，四壁並開，乃永嘉徐、趙諸公以清虚便利之調行之，見賞於水心，則『四靈派』也，而宋詩又一變。嘉定以後，江湖小集盛行，多『四靈』之徒也。及宋亡，而方、謝之徒相率爲急迫危苦之音，而宋詩又一變。蓋此三百五十年中，更番間出，如晉、楚狎主齊盟，風氣皆因乎作者而遷，而要莫能相掩也。然而詩之爲道，蓋性靈之所在，不必謂大家之落筆，皆可傳也。即景即物，會心不遠，脱口而出，或成名句，則非言門户者所能盡也。

樊榭之爲是，蓋意存乎收羅廢墜，故薈萃唯恐有遺，正以見詩之有得於風雅之遺者，旁搜遠取，不必盡在大家，而又得因其詩以傳其人，使不與草木同朽，則亦表章之功所寄也。既各爲其人小傳，使得知其姓氏、里居、爵位、世系，又采前人詩話以附之，其中有足以補史氏之闕者，豈非藝苑之津梁乎？而作者之心亦苦矣。

予於永樂大典中，見宋人集爲世無者尚百數十家，樊榭聞之大喜，亟貽書令予鈔録，以補其所不足。予既諾之，而左降出都矣，事或有待，姑先以此行世也。

## 湯侍郎集序〔嚴注〕右曾。

前吏部侍郎西厓湯公以詩名世者四十餘年，其懷清堂集生前未及編次，身後門下士王君雪子收拾之，得二十卷。而湯氏後人陵替，遺書散佚，并是集亦爲人所賺而有之。前浙撫吏部侍郎崑圃黄公罷官僑居吴中，聞之悵惋，爲追理而得之，復以歸諸湯氏，鈔副本藏家，而命予弁首。

予聞侍郎爲掌科，出視河南學政，清苦無雙，河南之士，類至今猶交口頌其廉。及入爲少宰，回翔槐棘之間，聲名反減於前。説者謂侍郎以二十年偉望，深荷聖祖眷睞，諦觀晚節，不無慚德。又或者謂侍郎暮年善病，門舊弟子，因其宸眷之隆，竊以自營其私。嗚呼！大臣之末路，最爲難保，一有疏虞，百口莫雪，雖欲爲之鑒原，終何辭於責備，此可以爲君子歲寒之戒也。

雖然以國朝之詩宿言之，百年以來，海内之所共輸心者莫如新城，若吾浙中之所共斂衽者，莫如秀水，二家之外，無或先〔校〕上三字，黄本作『無過』。於侍郎者，此非一人之私言，天下之公言也。善乎崑圃前輩之言曰：『侍郎勳名操履，他年國史自有定論，吾輩可弗深求。但平情而言，欲謂非文苑之渠，詞人之傑，諒不可得，則聽其生平著述流落散漫，寧非後死之媿。「羊叔子自佳耳，亦何與人事」，此乃木强無情之言，不可訓也。』時座客聞此言，皆共爲欷歔於邑久之。

抑予又聞侍郎之引進後學，亦自有不可及者。歲在庚子，里中厲徵君樊榭以計車北上，侍郎觀〔校〕黄本作『見』。其詩，深賞之，置酒殷勤，因掃榻欲延之邸中。樊榭爲人孤僻，次晨遽束裝不謝而歸。説者服侍郎之下士，而亦賢樊榭之不因人熱。

嗚呼！侍郎當日，奔走幕府者如雲，小生下士，或以不得梯接爲恨，一坏未乾，空庭可張雀羅，蓋有荷其卵翼之恩，官至獨座，而漠然視其子弟若路人者，獨崑圃以騷雅之僻，與雪子、樊榭及予數人，留連寤慨，空堂相對，執卷踟躕，可爲長歎者也。

## 楊企山文集序

同年楊編修企山不相見者七年，癸亥之冬，遇於江都，出其詩古文詞如干卷，令予爲之序。向嘗與臨川李丈穆堂數詞苑掌故，百年以來，一門祖孫父子相繼，官翰詹坊局者，天下之大，不過十家：江南則武進楊氏最先，次之溧陽史氏、桐城張氏、常熟蔣氏、長洲韓氏；浙中則錢唐徐氏、歸安嚴氏、沈氏；直隸則静海勵氏；近日江南又得長洲繆氏，而其餘無有也。楊氏一門四世七人，其登一甲者二人，尤爲希遘。

雖然，今世詞苑之以資地自雄，自有明始也，而詞苑文章之誚，亦自有明始。洪、永以後，東里、蒙泉、西崖、守溪、匏菴、圭峰諸公，質有其文，一本高曾之規矩，過此以往，漸以就衰，荆川、大洲、南沙，不過數人。其後詞苑之作，幾不復爲通人所寓目。澹園、石簣，思爲中流之一壺，而才力不足以語乎古。蒼霞、黄離，春容大雅之音，而根柢稍淺。鴻寶、石齋以學行重，〔校〕黄本作『垂』。而弗盡醇。蒙叟力追八家，而累於排比。詞苑文章之難有如此，乃知浪負清華之選者，其已多也。

聖朝鼓吹休明，諸老先輩之以文鳴者盛矣。予生也晚，所及見者，似少孱焉。望溪、石源、穆堂之次，其以經學史學發爲文章，農先學士其人也。企山親稟學士之教，涵濡醖釀，蓋已有年，其不爲世俗之文章所汩没，而卓然有得於汲古者，行且爲詞苑吐奎婁之氣，而一洗折楊皇荂之恥，使後世有如巽巖李氏作詞苑年表者，不僅僅以累葉花磚，夸西清系冑之盛，而以克紹其家聲爲難，是則企山之資地也。企山之作，其才宏肆，其法謹嚴，其氣息春容而大雅，由是而進之陶鑄萬有，貫穿一切，吾未有以測其所至，其足爲諸老先輩之替人無疑。

予初入京，即荷學士過情之獎，得聆論文之緒，十年拓落，已見二毛，顧瞻玉堂，如在天上。企山其勿以吾言爲妄，然卒勿以充同直諸公胡荽之語也。

# 受宜堂集序

〔嚴注〕常安。〔校〕黄本列宋詩紀事序後。

受宜堂者，開府常公官山西時，世宗憲皇帝以潛藩降香五臺所賜奎墨也。公之自敘詳矣。及撫軍浙河，遂以名其集。公以文武憲邦之任，顧吏事之餘，不廢著作。歲在乙丑，郵筒傳致詩古文詞，下問於予，予得讀而序之。

在昔歐陽兖公之文章，足以嗣孟、荀，俳遷、固，擬韓、李矣。顧兖公平日每不談文章，而談吏治；今公揚歷三朝，累持旄節，勳名在江右，在淮上，在浙河東、西，説者以爲公之專精者吏治也，顧其於文章惓惓不置。予嘗講求其故，知二公之跡則異，而道則同。兖公以文章著名，當時户外之屨，不過求得其立言之法。兖公欲學者從事於有用之經濟，而不徒汩没於無益之詞華，故其坐而言，皆可起而行。公以吏治起家，若根柢薄劣，亦自無暇更分心於儒苑。乃公之經世務者，皆本經術，則其所以潤色鴻業，孰非彝訓之旁流乎？夫咿唔佔畢，從事於雕蟲之技，以鳴其抽青儷白之工者，委巷下士之文也。訏謨遠猶，發爲典册，舂容乎鐘吕之音者，廟堂元老之文也。國家值承平之會，必有大臣出而鼓吹休明，以追卷阿、天保之盛。即以兖公同時言之，其三省二府諸耆艾，如韓魏公、范文正公、文潞公、蔡忠惠公之徒，莫非有德有言，穆如清風者，蓋一代之元氣，川嶽苞符，於焉憑寄。試讀公之集，淵源本乎忠孝，涵養底於和平，函雅故，通古今，其真聖代之儒臣，可不謂之巨手歟？

往予在祕閣，公方撫軍江右，江右之薦紳先生，如前大學士高安朱文清公、前侍郎臨川李公、南昌萬翰林孺廬，皆予三館師友，晨夕追隨，每爲予盛稱公之著作。已而公入爲京卿，幸從班行之末，瞻望丰采，冀得一窺武庫之藏，而予遽以左降南歸。公督漕淮上，淮之寓公天門唐翰林南軒亦爲予言公之宏奬風流，篤嗜問學。迨移鎮吾土，予伏處菰蘆，不敢以閒放之身，妄干謁憲府，而公之不棄芻蕘，一若杜陵所云『有客傳何尹，逢人問孔融』者，第愧予之弗克堪也，爰再拜志於集端。

## 春鳧集序

吾友錢唐符君藥林，浙中詩人所稱『七子』者也。其西湖紀事詩久行於世，至是次其宦遊以後諸作，題之曰春鳧小稿，而問序於予。

昔東坡之論詩，謂李、杜以海涵地負之量，淩跨百代，古今詩人盡廢。然而魏、晉以來，高風絶塵，亦自此衰。蓋李、杜之詩不可幾，其神明魄力足以盡詩之變，而不善學者襲之，亦足以失詩之真。自是而還，昌黎、東野、玉川、閬仙、昌谷，以暨宋之東坡、山谷、誠齋、東夫、放翁，其造詣之深淺，成家之大小不一，要皆李、杜之別子也。然而流獘所極，叢篇長語，或爲粗厲噍殺之音，或爲率易曼衍之調，弔詭險誕，無所不至。永嘉四靈欲以清圓流轉一種，變易風氣，而力薄不足以勝之。故予言詩，自盛唐而後推三家：柳子厚不可尚矣，次之則宛陵，次之則南渡姜白石，皆以其深情孤詣，拔出於風塵之表，而不失魏、晉以來神韻，淡而彌永，清而能腴，真風人之遺也。乃藥林之言詩，則與予同，其生平嗜好寢食於白石，而惜其所作之不盡傳。今觀藥林集中詩，當其至處，幾幾欲登白石之堂，而奪其席也。

藥林初以大廷尉休寧汪公之薦，觀政户部，沈滯數年，乃有監倉之任，得以廪稍所餘，迎養兩尊人於京邸，未期年而遽丁内艱，貧不能扶櫬以歸，可謂窮矣。而其詩之春容駘宕，超然自得，絶不爲境所束，是豈可以近世詩人目之歟。爰即書之，以序其集。

# 祝豫堂詩集序

秀水祝君豫堂來京，以所著緑野莊詩索予爲序，諾之，兩年而未就。乙卯秋，豫堂試北闈，甫畢，遽爲關東之遊。予問〖校〗黄本作『聞』。之曰：『何不少待？』豫堂曰：『吾之遊，不過百五十日，倘得捷耶，歸來正及春試之期；不捷，買棹南歸可也。』達哉豫堂之言，請即以之序其詩。

今館閣中言詩者，共推江右萬先生孺廬爲第一，嘗過予邸，四顧壁間，獨長哦豫堂清明遊陶然亭詩，以爲沖融駿〖校〗黄本作『俊』。雅，有唐賢三昧集之遺，則豫堂之詩之工，固無待乎予之費辭。然古今人工文字者，類有藉乎山川之助，以昌其氣，關東國家王業所基，而列聖飛龍之地也。遊郊、岐者，慨然於稼穡艱難，爲周家粒我烝民之始；過汧、渭者，穆然於車轔駟鐵，爲秦人履至尊而御六合之階；則豫堂此行，瞻仰長白山弓劍之脈，周遊於大都之壯麗，婆娑三衛之故墟，縱觀秀巖、旅順諸城，而遥望夫鴨緑之巨浸，以想見國家草昧經綸之略，作爲詩歌，以志其盛。其小焉者，貂狼狐豹之産，參杞之植，瑰奇靈異，百珍交錯，皆中土之所未見，而詩人獨得之材也。是豫堂之歸，其詩必有更進於此者，目前之詩，未足以窮其變矣。

予觀今日之朋試於京者，如豫堂之才不可多得，吾固知其必遇。豫堂雖不及親預鹿鳴之席，其所得有多焉者也。豫堂行矣，吾將貯滄淶之酒以待子，新詩胠篋，當并約萬先生共讀之。

## 迎鑾新曲題詞

予考尚書大傳重華、省方、羲伯、和伯而下，各以八方之舞進，曰舞，則歌在其中矣。夫省方進樂，蓋以美盛德之形容，其義主乎頌，而八方各以其土之所出，則其義又兼乎風，斯六義之所以交資也。後世之樂，未足以語於古，然讀漢志則巴、渝、淮、楚之聲，俱登於史，而唐人盛稱魯山于蔿于之音，時世雖殊，其義一也。元人始變而爲曲，要亦樂之以時而變者。

今天子建中和之極，躬逢聖母南巡至吾浙，浙東西老幼士女，歡聲夾道。吾友杭人厲君樊榭、吳君甌亭各爲迎鑾新樂府，其詞典以則，其音噌吰清越以長，而二家材力悉敵，宫商互叶，鐘吕相宣，非世俗之樂府所可倫也。大吏令歌者奏之天子之前，侑晨羞焉。昔人以此擅長者：如元之酸、甜，明之康、王諸子，不過以其長鳴於草野之間，而二君之作，上徹九重之聽，山則南鎮助其高，水則曲江流其清，是之謂夏聲也矣。爰爲之弁其首。鮚埼亭長全祖望。

## 梁太公紀恩詩序

歲在辛未，天子奉太后省方吳、越，詔曰：『朕今南幸，正當慈寧萬壽，行見衢歌巷舞，乃朕以天下養之日也。』於是〔校〕黄本無此二字。吾友梁少師薌林以扈從出，維蓂之春十有八日，爲其太公溪父先生八十生辰，陳情乞假爲壽，天子許之。先時薌林在計部時，先生方七十，恩詔特賜之官誥，又賜以五言近體一首，又賜以『傳經介祉』四大字。薌林之兄䕫林以庶常侍養家居，特免其散館授編修。不十年，而薌林晉太宰，長六官，遂入中書參大政，任一子爲尚書員外郎。儤直燕閒，天子忽語薌林曰『汝父明年八十矣』。即日賜以閣部之封，踰年，屬車將至浙境，先生迎駕於吳江，天子停舟致問。已而召見於行幄，令二子扶掖上殿，歎其多福，賜貂，賜幣，賜餈餌，又賜以七言近體一首，又賜以『湖山養福』四大字。先生退而偕浙東西士大夫爲太后祝釐於淨慈寺，天子賜燕於湖上。瀕行，又賜蘂林『台階愛日』四大字，又賜以白金三百兩。先生送駕於吴江，適以初度之日歸，則浙東西士大夫踵門上慶，填塞衢巷，相與額手嗟歎，以爲先生視履之祥，足以上邀天祐，篤其蔭於嗣子，至使桑榆晚景，時縈注九重之寤寐。亦會逢孝治之隆，廣錫類之仁於不匱，故殊恩及於大臣尤渥。而蘂林顯揚之願，破格踰分，所以仰酬夫高厚者，亦遂竭滄海不足量其深，君臣父子之際會，未有盛於斯者也。且夫于公能高駟馬之門，而不及見西平之貴；魏公能大三槐之庇，而不及逮侍郎之存，寵光雖茂，猶有憾焉。以視先生之親承天語，入朝不趨，手奉奎綸，春容樂豈，其相去爲何如也。

先生神明正永，花晨月夕，猶能與吾輩賦詩於六橋三竺之間，後洋吟卷，里社兒童歌之。蔎林與其少弟循陔左右，上之則兄事三老，弟畜五更，而雄長於香山、睢州諸耆宿，天之呵護之者，未有艾也。先生乃哀其紀恩之詩，而令予序之。

## 館中贈史侍郎歸里詩序

同里禮部侍郎史先生慎齋，以雍正十有二年三月致仕南下。先生之在九列，尚稱茂齒，顧以足疾乞休，天子優詔許之。蓋自數十年來，大臣未及懸車之格，得邀恩命者，首推先生一人。於是，同館作爲歌詩以榮之，而命祖望爲之序。

予嘗謂自科舉之制行，而求世禄如六朝門第之盛，已不可得。若世禄而并世，其知止、知足之節，此雖古人未之或見者。史氏自南宋以來，甲第爲吾鄉第一，所稱史、鄭、樓、豐者也。近者三家孫支式微已甚，而史氏科名不絶於籍，槐棘之間，世有令人，枌榆社里，不媿喬木世家。其尤異者，先生世父立菴先生〔嚴注〕諱大成，字及超。以順治乙未大魁天下，由翰林歷講、讀，參東閣，晉秩禮部侍郎致仕。乃甲子甫周，〔徐球注〕按通志：『鄞縣史在甲，康熙癸巳科舉人，即以是年成進士。』合之文中『甲子甫周』之語，蓋即慎齋也。而先生亦以名進士選館，九遷亦至禮部，亦未及年而乞休。前光後輝，若合符節。青門餞別，乃昔日侍杖履以隨行之地，山陰道上，香火依然，後世有弇洲其人，紀一朝之盛事，以當外史嘉話，可不謂吾鄉之寵哉？

予又嘗考史氏先世，自開府儀同三司忠宣公華，直閣獨善先生，朝奉大夫鴻禧君，並當家門極盛之時，遺榮投老。一時大儒晦翁、慈湖、攻媿、西山諸公，交口稱慕，至今滄洲、碧沚之間，清風如在，其亦家傳櫄楷，至今猶有存者耶？是則區區世禄，與夫偶然履歷之符，又不足爲先生道也。

若以吾鄉言之，數年之中，耆老落落如晨星，先生之歸，靈光巋然，絲綸著作之手，後輩資之以有矜式，又不可謂非子弟之幸也。至若先生以槐棘重臣，敭歷有歲，而未竟其用，九重賢達之惜，其與魏闕之思，有相資而愈永者，不必予之縷縷而陳矣。

# 送沈徵士彤南歸引

予考索明十三朝舊事，得世廟時太常吴江沈公及其曾孫光禄公在神廟時封事，知其家世爲建言名臣。已而考索桑海遺聞，又知君晦、君牧兩先生殉節之詳，益慨然願見其子孫。雍正甲寅，長洲徐編修澂齋爲予言：『沈君彤者，明經修行之士也，將來見子。』翼日君至，詢之即太常裔孫，叩其所學，則實能貫穿古今經術而折衷之，文筆亦雅潔，不類吴下詞章之士。因是得知君之尊公真崖先生，自年三十後，即謝制舉業，閉關讀書，不求知於當世，課其子以古學，蓋今年八十矣，而手未嘗釋書。嗟乎！昔歐、蘇兩文忠公之稱劉道原，必溯其匡廬先生之美，蓋弟子之圭臬有自來也。太常諸公之明德，其益遠矣。君之來也，國家方有事於大科，内閣學士嘉興吴公以君薦。予頗以君文章矜慎，不苟落筆，幾幾有含毫腐穎之風，或不宜於臨軒急就之試，而君果以奏賦至夜分，不及成詩而出。士之得遇與否，固各有命存乎其間，其可傳與否，則又不繫是也。

今君以明發之懷，欲歸爲真崖先生稱觴，束脩所入，足以當三簠，力畊所餘，足以充南陔之蘭，穆然不媿爲清門之後，固足以浮一大匏者歟？况夫杖履巋然，神明如故，君以其新知之培養者進而質之，當更有得也。君之行，贈予以先世家集，而索一言以爲贈，余因書此以貽之。

# 送沈萩林之蔚州引

吾友仁和詩人沈君萩林，其骨相臞臞，負清氣，嗜讀書，家所藏宋、元諸槧最富，萩林沈酣其中，而見之於文詞者，詩爲多。當康熙中葉，鹽官查氏之詩，連袂成帷，掉鞅館閣，其氣力呼吸，足以鼓動一時後進。萩林之尊公文昌君爲聲山詹事愛壻，遂徙宅焉。萩林入奉庭誥，出與查田、查浦諸舅氏遊，凡其門牆間高弟，或有不能盡窺之窔奥，萩林無不傾筐倒庋而得之。小生曲學，争求梯接，猶恐不得自前，蓋一時膏粱之資地然也。

詹事下世，文昌牽絲作令，查田諸老，既已相繼歸里，而風波驟起，門户蕩析，文昌亦横遭吏議。萩林崎嶇患難者數年，驚魂雖定，而家已中落，藏書星散。再入京師，追溯風流故態，不可復得，枯菀之殊，令人不能不感慨繫之。然吾讀萩林之詩，春容閒淡，初無哀怨之音，其於友朋交好之誼，尤致意焉。萩林真不媿爲詩人者也。

歲在丙辰，萩林父喪服闋，貧不能自支，入京試北闈又不售，將爲蔚州之游，而索一言於予以自廣。嗟乎！萩林能以詩嗣其舅氏，得如山谷之有師川諸子，雖以此没世可也，又遑恤乎其窮。

# 鮚埼亭集外編卷二十七

## 題跋一

### 子夏易傳跋尾

子夏易傳，唐開元中曾詔列於學宮，同帖正經，以試多士。劉知幾爭之曰：『漢藝文志易十三家，無子夏傳，至七録始有子夏傳六卷，或曰韓嬰作，或曰丁寬作。然據漢志韓易二篇、丁易八篇，求其符會，事殊隳刺，豈非後來假憑前哲，必欲行用，深以爲疑。』詔下儒臣集議，司馬貞等以爲七略有子夏傳，不行已久；荀勗中經簿四卷、隋志梁時六卷，今二卷，則錯謬多矣。王儉七志引七略云：『易傳子夏二篇，韓氏作，而今題載薛虞記秘庫有之，傳文指趣質略，無益後學。於是停止帖經。』然則今所行十一卷，固屬贋本，即七略以來之書，亦依託耳。孫坦周易析蘊欲以漢之杜子夏當之，書録解題謂其無據。

夫曰韓，曰丁，曰薛，其見於前人著録者，尚難審〔校〕黄本無此字。定，況臆度耶？十一卷之顛末，已見於納蘭成氏之跋，余故追溯其舊本，而略記之，并取釋文、正義、集解所引附列之，因以笑張弧之疏略焉。

〔校〕黄本止此，無以下文字。

釋文引子夏傳，爲今本所無者，凡三十四條：

乾　亢，極也。

屯　如，辭也。　『乘馬』之『乘』音繩。　班如，相牽不進貌。

訟　眚，妖祥曰眚。

比　地得水而柔，水得地而流，故曰比。

小畜　『孿』作『戀』，思也。　『幾』作『近』。

履　『愬愬』，恐懼貌。

泰　『翩翩』作『篇篇』。

大有　『彭』作『旁』。

謙　『謙』作『嗛』，謙也。

豫　『盱』作『紆』，　『簪』，疾也。

噬嗑　『胏』作『脯』。

賁　束帛，五匹爲束，三玄二纁，象陰陽。　『戔戔』作『殘殘』。

復　傷害曰災，妖祥曰眚。

頤　『拂』作『弗』，輔弼也。　『逐逐』作『攸攸』。字林云：『「攸」當爲「逐」。』

習坎　『寘』作『湜』。

離　『戚』作『嘁』。

遯　肥，饒裕也。

晉　『鼫』作『碩』。

明夷　『夷於』之『夷』作『睇』。　『拯』作『抍』。

姤　『柅』作『鑈』。　『包瓜』之『包』作『苞』。

困　『徐徐』作『荼荼』，内不定之意。

井　甃，修治也。

豐　『沛』作『芾』，小也。『沬』作『昧』，星之小者。

渙　『拯』作『抍』，取也。

既濟　『茀』作『髴』。『繻』作『⿰衤烏』，『袽』作『茹』。

正義引子夏傳：

易雖分爲上下二篇，未有『經』字，『經』字是後人所加。

集解引子夏傳：

師　『丈人』作『大人』。

比　地得水而柔，水得土而流，比之象也。夫凶者生乎乖争，今既親比，故云比，吉也。

按正義、集解所引，今本亦無之。

中興書目云：陸德明釋文所引，與今本間有合者，若比云『水得地而流，地得水而柔』，今本作『地得水而澤，水藏地而安』，但小異耳。其釋文有，而今本無者，蓋後人附益者多也。

朱震曰：『孟喜、京房之學，概見於一行所集，大要皆自子夏所出。』

按此又真以爲子夏作者，姑録之，以備異聞。

## 跋楊誠齋易傳〔嚴注〕萬里。

易至南宋，康節之學盛行，鮮有不眩其説。其卓然不惑者，則〔校〕黄本有『楊』字。誠齋之易傳乎？其於圖書九十之妄，方位南北之譌，〔校〕黄本作『訛』。未嘗有一語及者，得意忘象，得象忘言，清談娓娓，醇乎其醇，真『潦水盡而寒潭清』之會也。中多以史事證經學，尤爲洞達。予嘗謂明輔嗣之傳，當以伊川爲正脈，誠齋爲小宗，胡安定、蘇眉山諸家不如也。是書崑山徐氏經解未刻，予得之謝太僕家。徐氏嘗得朱英叔所藏宋槧本，不知何故不刻。〔校〕黄本無注。

## 讀林簡肅公周易集解〔校〕黄本列卷二十七第一。〔嚴注〕栗。

崑山徐尚書健菴開雕林黄中周易集解，或告之曰：『是非糾朱子者耶？』尚書懼，亟斧之。其所見隘矣。竹垞旁援勉齋祭文，以雪黄中之冤。予謂黄中立朝風節卓絶，其論朱子，激於一時之勝心，不過如東坡之排伊川耳。後世不聞因伊川之争，而置東坡於淳、卞之間，安得因朱、林之争，而以黄中與陳賈、胡紘同傳，是固不待勉齋之文而雪也。

若其説易，則實有近於支離者。黄中謂一卦皆含八卦，謂之八象，如屯，則初震，二坤，三四爲艮、坎；三艮，四坤，五上爲震、坎。蒙則初坎，二震，三四爲坤、艮；三坎，四艮，五上爲坤、震。其前四卦，以兩正體兼兩互體也。其後四卦，以兩反對兼兩互體也。夫於反對之中，尚欲求互，則屯即爲蒙，蒙即爲屯，終何所别，是所謂『鹿旁求麞，麞旁求鹿』者也，無惑乎朱子之斥其説也。

黄中又謂八卦皆互相包以爲六畫，每卦取一互體，留一互體，一卦取上互，則一卦取下互，如乾包坤則爲損益，坤包乾則爲咸恒。一卦包三十二卦，八卦得二百五十六卦，是其説於易之經傳，全無所預。且同一互也，或取以致用，或留以植體，則又何也。是朱子之所未辨，而南雷黄氏以爲當日必因其不足辨而置之者也。

更有異者，黄中主張三代不改夏正之説，而謂十月乾亥，不得言坤；正月勾萌，不得言泰；三月微陽，不得言壯；舜典仲冬巡北岳，不得言『后不省方』；因謂正月爲復，二月爲臨，則豈有三代不改時不改月，而反能改陰陽之氣，直以六月爲乾者。且謂至日閉關，焉知非夏至，何其任情强辨，一至此歟？厚齋馮氏反謂足破千古之惑，則好奇之過也。

黄中之書，今所傳者皆無圖，獨楊止菴傳易考中有之，止菴蓋猶得盡見其書，而今止存集解一種矣。故撮止菴所傳者附之，以見其書之本有可斥，非果朱子之力能詘之也。

黄中之人不當以其糾朱子而遽黜，至其書，則正不必以其有異於朱子而反稱之，是吾持平之論也。予又讀後村所作黄中次子行知墓銘，其中述行知言：黄中爲兵部侍郎，方負殊眷，而朱子亦有重名，當事皆不喜之。適二人論易相撑拄，知其皆剛而不肯相下，遂亦除朱子兵部以鬬之，果以不咸皆去。時臺中胡晉臣最助朱子，周益公則相也。及光皇龍飛，周策免，胡出臺，黄中方次對，深以二人之去爲惜，亦見其無成心矣。行知説詩極宗朱子，謂其佳處聖人不易，然則當時兵部之争，别有本末，黄中固未嘗終執迷，而其子亦不守門户之見，後人可以釋然矣。

## 讀吳草廬易纂言〔嚴注〕澄。

草廬著易纂言，累脱稿而始就，其自言曰：『吾於易、書，用功至久，下語尤精，其象例皆自得於心，庶乎文周繫辭之意。』又曰：『吾於書，有功於世爲猶小，吾於易，有功於世爲最大。』及愚諦觀其書，如以大傳所釋諸卦、爻辭爲文言傳之錯簡，合作〔校〕黄本作『卦』。一篇；芟震彖辭『震來虩虩』八字爲爻辭所重出，增『履者禮也』一句於序卦傳，俱未免武斷之失。〔校〕黄本作説。而坤之二以『大不習』句，師之初以『以律不臧』句，小畜之四以『去惕出』句，履之上以『考祥其旋』句，皆未見其有所據也。若改屯初之『盤桓』爲『磐桓』，師象之『丈人』爲『大人』，否二之『包承』爲『包荒』，而以『億喪貝』爲後世意錢之戲，則經師家亦豈有信之者。然則草廬之所以爲自得者，殆其所以爲自用也。世所傳朱楓林卦變圖，以十辟六子爲例，實則本諸草廬云。

## 跋沈守約易小傳

宋沈丞相該著易小傳六卷，其書衹釋六爻，詳論變卦，多本春秋左傳占法，卦爲一論，又有繫辭補注十餘則，附之卷末。其中最誤者，以占課家『八宮世應』之説爲卦變，而逐卦注於其下，如姤曰『乾宮一世』，復曰『坤宮一世』之類，此其誤不始沈氏，唐陸德明釋文已有之。而荀慈明解隨卦曰：『隨者，震之歸魂。』則漢儒已先濫觴，不知占課之説，始自京房，而揲蓍變卦，則源遠流長，實自三古，認子作母，斷不可也。

## 周易總義跋

〔嚴注〕易祓。〔校〕黄本列本卷第一。

山齋易氏周禮總義，世多有之，其周易則未見也。予鈔得之天一閣范氏，其書頗參八宮言之，類沈守約易小傳，而較醇焉。

## 周易象旨決録跋

〔嚴注〕熊過。

程子嘗言易學多在蜀中，後三百年，而蜀又以來易名於天下。然來易自空山積悟，雖多心得之言，而目不見先儒諸箋疏，雷同者有之，或以僻陋乖戾者言之，良可惜也。不知來易之先，乃有南沙熊氏之易，蓋其謫居滇池所作。南沙於書無所不窺，而易爲尤邃，其博引諸先儒之説，最爲該備，來氏遠不逮也。以予所見宋、元易解一百五十家，明嘉靖以前亦數十家，南沙書中無不有之，而時時有予所未見者。即以吾鄉先輩易解，如宋之王先生太古，明之黄先生南山，其書今不可得矣，而南沙皆引其異同，博矣哉！甚矣，蜀之多易也。

其書名曰周易象旨決録，計上、下經五卷，大傳二卷。

# 題涂氏易疑擬題〔校〕黄本列跋倪文正公兒易後。〔嚴注〕涽生。

涂涽生，字自昭，江西宜黄縣人，而東里稱爲臨川鄉貢進士。蓋宜黄之涂乃著姓，而臨川則涽生所移居也。

涽生易疑擬題一册，見菉竹堂書目，而逸其名。所著易主意一册，見東里集，所著易義矜式見江西通志。其『擬題』者，皆其問目，貫穿古人之説，而質難之，極爲博雅，非如近日科舉之所謂『擬題』也。其易主意當即所以答『擬題』之疑，『矜式』則應舉程式文字也。

予初見永樂大典中引其『擬題』，以爲即此二字必無足觀，已而閲之，知其爲經學宿儒也，亟鈔之，而附其『矜式』文字於後，惜尚未見其所謂『主意』者。

## 跋黄漳浦易解〔嚴注〕道周。

漳浦先生於學宏通博達，世以爲如武庫之無不備。而所尤精者易，天根月窟，獨有神會，能於京、焦、陳、邵之外，頡頏一家。其所著三易洞璣、革象新書，鮮有得通之者，蓋别立一變法，因而重之，以推前世事跡，無不洞中。至有明思廟時，〔嚴評〕以陵名爲廟號，自來從無此例，試稱明太祖爲孝廟，有是理乎？此公真别有好尚。以爲當地水，大君有命，開國承家，小人勿用之時，由今觀之，是革命之應也。先生之學神矣。歲戊申，復得先生易卦要説讀之，則又平正通達，大似東萊、平甫諸家，於是歎先生易學之奇且法也。

〔校〕黄本無上二字。

## 跋倪文正公兒易〔嚴注〕元璐。

始寧倪文正公兒易，其自序曰：『漢儒説經，舌本强橛似兒强解事者。宋儒疏剔求通，遂成學究。學究不如兒；兒强解事，不如兒不解事也。』可謂奇語。又曰：『子雲太玄，童烏共之。童烏，子雲九歲兒也。』公之命名以此。公於學無所不通，但亦多好奇之過，一切文字皆然，而兒易其尤甚。公言『兒强解事，不如兒不解事』，予亦尚嫌公之强解事也。〔校〕黄本無『公於學無所不通』至尾文字。

## 黄梨洲易學象數論書後〔校〕黄本作讀易學象數論。〔嚴注〕宗羲。

姚江黄徵君易學象數論六卷，上自圖書九十之混，變卦互卦之異同，旁推交通，雖以納甲、納音、世應、軌革之法，莫不搜其原本，抉其譌謬，可爲經學中希有之書也。

徵君謂河圖在顧命，與大訓並陳，則是皆書也，使如後世所云，則爲龍馬之遺蜕歟？抑庖犧之稿本歟？不知『天垂象，見吉凶』，所謂仰觀天文；『河出圖，洛出書』，所謂俯察地理。圖書，即今之圖經黄册，其以河、洛名者，以其爲天下之中也。此其説，可謂百世不易之論，蓋嘗與學者言之，皆大驚莫能信，固難以口舌争。徵君之言，發源自薛艮齋，艮齋謂自來緯候諸家，所謂九篇、六篇者，亦原以爲地學之書，苟其是者，不可以緯候而廢也。

春秋命歷序曰：『河圖帝王之階，圖載江河山川州界之分野，後禹壇於河，受龍圖作握河紀，歷虞、夏、商咸亦受焉。』尚書中候曰：『禹自臨河受圖。』注云：『括地象也。』尚書刑德放曰：『禹得括地象圖，堯以爲司空。』河圖玉版曰：『禹觀於河，始受圖言治水之意。』李淳風乙巳占，其中引洛書，以禹貢之二十八山，分配二十八宿分野。夫其所謂『壇河而受』、『臨河而得』，實龍馬之説所由起也，而所指則猶主方輿之圖。自有以五行生成之數，附於天一地二之文，并以九宫太乙之數爲九疇者，而并緯書而失之。蓋惟圖書爲地理，故王者之迹既熄，諸侯吞噬山川之出入，職方不知；貢賦之多寡，地官莫問；聖人河不出圖之歎，至以比之鳳鳥。不然，馬毛之旋既有據之以作易者矣，即其浮河再出，亦雷同之陳迹，夫子猶思見之，豈得別爲一易乎？禮器成於漢儒，誤解論語，而又依傍緯書，於是以河出馬圖爲瑞，是則歐陽公辨之矣。

南昌萬編修孺廬嘗曰『大禹治水，乃有河圖；周公營洛，始有洛書。故作顧命時，洛書新出，尚未得與河圖並登東序』，是又疏證之最精者。今人徒泥於『河出』、『洛出』之文，以爲此必沿河溯洛而得之者，真解經之固也。同里李桐曰：『尚書出孔壁，儀禮出淹中，不必皆有符瑞。』諒哉。

徵君於易，遠覽千古，一洗前輩之支離，而尤有功於易者，此論也。若其談總象，予頗多以爲不然者，則別見於予説易之書。

## 題仲氏易〔嚴注〕毛奇齡。

百年以來，論古之荒謬者，蕭山毛氏爲尤。毛氏之論，説經爲尤。諸經之中，易爲尤。錢唐龔鑑嘗曰：『毛氏蓋讐其兄者也。』予曰：『何以知之？』曰：『聞其書之名，則友恭之意藹然。及讀之而爽然，愿者齒冷，强者髮指眦裂矣，非讐其兄而何？甚矣夫，其兄之不幸而有此弟也。』予爲之一笑，乃記其語於卷端。

〔李評〕蕭山之學，經爲第一。經則詩第一，四書次之，禮次之，春秋又次之，皆傑然可傳者也。易又在春秋之次，然亦確有所見。最下者，其古文尚書冤詞乎？謝山固深信古文，津津拾其唾者也，乃云論古之荒謬，毛氏爲尤，毛氏之謬經爲尤。嗚呼！是何言歟？

## 跋夏柯山尚書解〔嚴注〕僎。

王溥南曰：『宋人解書，惟林少穎眼目最高，既不若先儒之窒，又不爲近代之鑿，當爲古今第一，而邇來學者但知有夏氏，蓋未見林氏本故也。夏解妙處，大抵皆出於少穎，其以新意勝之者可數也。』按夏氏之解出於乾、淳間，其時王氏、蘇氏之説方行，蔡氏亦嗣出，而河北學者獨盛宗之，可以見其爲尚書家眉目也。

明初〔校〕黄本作『季』。頒諸經於學宫，書以夏氏、蔡氏，其後始兼采鄱陽鄒氏。季友。三家之中，夏氏爲首，是洪、永間，猶用之也。曾幾何時，專門之學盛，而是書束閣矣。嗚呼！專門之學，宋人所以詆黨局也，豈意其爲傳經之讖乎？

予鈔之天一閣范氏，其卷首爲金華時瀾序。夏氏名僎，字元肅，浙之龍游人也。〔一〕

## 讀吳草廬書纂言

宋人多疑古文尚書者，其專注今文，則自草廬始。是書出，世人始決言古文爲僞而欲廢之，不可謂非草廬之過也。近世詆古文者日甚，遂謂當取草廬之書，列學官以取士，亦〔校〕黄本下有『太』字。甚乎其言之矣。竹垞亦不信古文，然不敢昌言，而謂草廬之作尚出權辭。噫！權辭也，而輕以之訓後世哉。

〔嚴注〕謝山蓋信古文尚書者。

〔一〕〔李注〕『近儒多病易、詩之專用朱子，書之專用蔡氏，禮之專用陳澔，爲今學者，束注疏不觀，而雲莊禮記尤爲學術之害』。其言誠當矣，然世之能讀集説者，有幾人哉？上第之搢紳，高坐之逢掖，問以書之傳者何人？禮之注者何人？多茫然莫對，而禮記有終身僅見摘本者矣。果能胥天下之士盡讀功令取士之五經注，則場屋之人才且濟濟而極盛也，吾見弦誦之聲滿于里巷，而太平可興矣。悲夫！

# 題禹貢錐指後

〔嚴注〕胡渭。

近世專門禹貢之學，莫過於胡東樵者。前此宋之程文簡公，讀者譏其葛藤不了。東樵書出，文簡且東閣矣。然其實，葛藤猶文簡也，東樵之所以張其軍，在於徵引之繁，使讀者舌撟而不敢語。顧其最用功莫如水經，乃於河水篇金城郡下，則妄改洮水爲澆水；濟水篇欲攻蔡九峰砱礫溪之失，而自造爲北礫溪、南礫溪，分一水爲二水；濁漳水篇因仍俗本，誤以涑水爲陳水；而九江則深信長沙下雋之説，不知非水經之本文，乃後世所竄入也。即此數者，其於水經可知，其於禹貢亦可知矣。詳見予水經注重校本中，因以語學者莫深信也。

〔李評〕胡氏禹貢之學，豈程大昌所可髣髴者。謝山所校水經，世未嘗見，即此集所及者，固亦有所訂正，然前無以勝朱鬱儀，後無以及戴東原，而趙一清古本注中有注之僞説，實自謝山倡之，又不免自信而愚也。錐指固不能無少誤，蓋亦千慮之一失，近儒歸安丁杰及山陽丁晏皆有書指摘之，余俱未見。要之，拾遺訂訛，自爲經學之要務，不得以作者名重及其書盛行，遂不敢置喙，而如謝山毛舉一二細故，即欲盡没前人一生之心力，豈將胥天下後世惟信謝山一人之書乎？

## 題古文尚書疏證 〔嚴注〕此書本名尚書古文疏證。

閻徵君所著書，最得意者，古文尚書疏證也，其次則四書釋地。徵君稽古甚勤，何義門學士推之，然未能洗去學究氣爲可惜，使人不能無陋儒之歎，蓋限於天也。

〔嚴評〕釋地初刻猶可，至一續再續，則真學究矣。

〔李評〕閻氏固不得爲通儒，然其考訂之精博，陋何有乎？謝山喜罵人，又侈然以南宋之道脈，殘明之忠裔自任，遂於先儒近哲多所指斥。其平生最惡西河之書，無西河之才，而有西河之愎，可笑也。

## 跋范逸齋詩補傳 〔嚴注〕處義。

東海尚書刊經説，於逸齋之詩傳缺其名，豈失考宋志耶？宋志所載三十卷，其數與今本符，其爲逸齋書何疑。尚有解頤新語十四卷，詩學一卷，而今亡矣。東海所刊詩，諸家皆劣，以逸齋之書爲佳。

逸齋，浙之金華人，吾友鄭筤谷贊善謂逸齋曾劾趙忠定公，蓋其人不足道。按宋史，光宗受禪，召忠定於四川未至，逸齋論其稽命，此於忠定無大疵，非如後來京鏜輩所論也，豈遽足以累逸齋乎。

〔嚴注〕宋人詩説，以呂氏讀詩紀、嚴氏詩緝爲最佳。二書明時皆有刊本，故通志堂不刻。

## 讀吴草廬禮記纂言

禮記〔纂言〕爲草廬晚年所成之書，蓋本朱子未竟之緒而申之，用功最勤。然愚嘗聞之王震澤，謂四十九篇雖出漢儒輯睿而就，流傳既久，不宜擅爲割裂顛倒。有心哉斯言，朱子可作，亦不能不心折者也。草廬所纂，以衛正叔集説爲底本，予少嘗芟訂正叔之言，已及過半，後取纂言對之，則已有先我者矣。古人之著書，各有淵源如此。〔一〕

## 跋衛櫟齋禮記集説〔嚴注〕湜。

崑山衛正叔先生，薈萃百家之言，成禮記集説一百六十卷，采取極博，而已不廁一語焉。其言有

〔一〕〔蔣注〕禮記之書頗雜，前乎草廬而更定之者，已有魏鄭公類禮，惜其不傳。先生此言，特以宋儒之輕於改經，而以爲之戒耳。

曰：『歷考諸家訓解，發明經旨者固爲不少，其祖述先儒之意者實多。歐陽公云：「學者跡前世之所傳，而校其得失，或有之矣。若不見先儒中間之説，欲特立一家之學，吾未之信。」可謂至論。』〔李注〕然歐陽公於易不信繫辭，於詩不信小序，得毋與此言相戾乎？

又曰：『近日朱文公著詩傳，多刊削前言。張宣公謂諸先生之見雖不同，但各自有意，在學者理會如何耳。』

又曰：『他人著書，惟恐不出於己。予之此編，惟恐不出於人。』至哉言乎！世之狗偷獺祭以成書，矜爲自得，或墨守一家堅僻之學者，其亦可以已矣夫。

## 吴江徐氏禮記解跋〔嚴注〕徐師曾。

伯魯之解禮記，雖無大發明，然在傳注之體，則校之陳雲莊爲勝矣。予家有張別山學士與先太常公札，言其曾大父文忠公〔嚴注〕居正。當國時，請頒之學官，已得請矣，文忠下世而止，此前人所未及記也。其時別山方盡瘁危疆，而郵筒還往，猶能及經學之廢興，故國世臣所以貴也。偶檢舊笥，因以志於伯魯書後。

## 書周禮集説後〔嚴注〕陳友仁。

仁和嚴十區篤好經學，雍正癸丑四月以散館入京，贈予周禮集説十二卷，爲前代文淵閣藏書，元吳興陳友仁所編也。友仁自序言得此本於沈則正家，不知作者，因爲增益其所未詳，附以前輩諸老之議論，以廣其傳。予讀其書，雖不逮訂義之精博，要亦經師家一種也。

中間脱去地官一卷，明關中劉氏儲秀嘗補足之。今世所見皆元本，未得劉氏所補。友仁於五官俱有總論在卷首，祇考工記無之。今雕本多顛錯，有在凡例綱領中者，俟他日訪得劉氏本，再爲釐訂。其末附臨川俞氏庭椿復古編，蓋成化時張都御史瑄所合刊而傳。是録，以友仁别自有復古編，與庭椿之書並列，舛矣。

甲寅五日，十區以羸疾下世，偶繙書架，爲之腹痛。

## 王昭禹周禮詳解跋〔校〕黄本無『詳解』二字。

荆公三經當時以之取士，而祖述其説以成書者，耿南仲、龔深甫之易，方性夫、陸農師之禮，於今皆無完書，其散見諸書中，皆其醇者也。獨王光遠周禮至今無恙，因得備見荆公以字説解經之略。荆公周禮存於今者，五官缺地、夏二種，得光遠之書，足以補之。嘗笑孔穎達於康成依阿過甚，今觀此書亦然。顧宋人周禮之書甚少，存之以備一種。

## 儀禮戴記附注跋

〔嚴注〕黄潤玉。

黄孟清僉事爲吾鄉明初碩儒，其儀禮一書析爲四卷，以禮記比類附之。其不類者，載諸卷首或卷末，各有意義。又以軍禮獨闕，取周官大田禮補之，及禮記載田事者，别爲一卷。惟天一閣范氏有之。

方京師開三禮書局，同館諸公，皆苦儀禮傳注寥寥。予謂侍郎桐城方公、詹事臨川李公曰：『永樂大典中有永嘉張氏正誤、〔嚴校〕正識。廬陵李氏集釋。』二公喜，亟鈔之，雖其中有殘缺，然要可貴也。是年予罷官歸，始鈔是書於范氏，於是儀禮之書，自楊氏、敖氏外，添得宋人二種，明初人一種，插架稍生色矣。國朝諸儒，儀禮有張氏爾岐、萬氏斯大、應氏嗣寅、馬氏公驌四家，皆佳。〔嚴注〕近世秀水盛氏世佐儀禮集編出，斯集大成矣。

## 讀吳草廬春秋纂言

草廬諸經，以春秋纂言爲最，惜其開卷解『春王正月』尚沿陳止齋、項平甫二家之謬，蓋稍立異於胡傳，而仍失之者。是書通志堂未刻，流傳亦頗少，予鈔之同里陳同亮處士家。

## 跋黄梨洲孟子解

梨洲所解孟子一卷，名曰師説，以蕺山已有大學統義、中庸慎獨義、論語學案，惟孟子無成著，故補之也。梨洲於書無所不通，而解經尤能闢前輩傳注之訛。然亦有失之荒唐者，如指浙東之握登山、歷山、姚江、姚邱，〔校〕黄本無『歷山』『姚邱』四字。以爲舜居東夷之注，是乃前世地志笑柄，反謂顧野王『餘姚，舜後支庶所封』語爲妄。其解畢郢則宗孫疏以爲楚地，不可解也。〔蔣注〕梨洲，姚江人，故欲張皇其桑梓耳。從來記輿地者，多有此失，不謂梨洲亦爾。

師説：『由是觀之，則君子之所養可知。』集注：『孟子言由此二言觀之，則二子之所養可知，必不肯不俟其禮之至，而輒往見之也。』愚謂君子泛指夫人而言，不當專屬二子。

## 題程復心四書章圖〔嚴注〕復心字子見，新安人，其書名四書圖訓，袁文清公桷序之，見清容居士集。

宋儒自嘉定而後，多流爲迂腐，其所著書有絕可笑者，程復心四書章圖亦其一也。每章爲一圖，而爲之別白其岐趨，如儒則有君子、小人之分，學則有古爲己、今爲人之分，達則有上、下之分。但每章如此，不亦愚耶？是亦何勞爲之圖乎？〔一〕永樂大典載此書。

## 跋古本大學

古本大學，鄉先生黃孟清〔嚴注〕潤玉。僉事言之最精，新建之說出其後，不若僉事之渾成也。僉事曰：『三綱領後，自「知止」以下至「此謂知之至也」，正解格物致知，而包舉八條目於其內，所謂當格之

〔一〕〔蔣注〕豈特此書，宋儒自先天及太極圖既出之後，諸儒多無故爲圖。沿及明季，如念臺人譜亦踵其陋，何不明著之訓辭，而必以黑白圈別之耶？

物在身心、家國、天下，當知之事在修齊治平。其引淇澳之詩，曰「學」，正釋格、知；曰「自修」，正釋誠、正，皆明德也。曰「恂慄」，曰威儀，正釋齊、治、平，皆新民也。曰「盛德至善」，則釋止於至善也。曰前王不忘，乃三綱領之效也。』下文雜引詩、書，又釋三綱領，而以『此謂知本』二語，貫前『知所先後』以結之。但宜挑出誠意一章於其後，則渾全矣。予友謝御史石林，方集大學古説，書以寄之。

## 題郝仲輿諸經解後〔嚴注〕郝敬。

有明三百年，經師寥寂，而季長沙、〔嚴注〕本。郝給事稱爲雄霸。二人之不肯苟同於先儒者，皆觥觥如也。其可傳處以此，其不可爲訓處亦以此，〔李評〕二語亦有病，天下豈有不可訓者，而可傳乎？當云其佳處在此，其病亦在此。學者易其心而讀之可矣。先儒之説，返之吾心而不安者，固當博考之，深思之，力求其是，若豫儲參商之見以相尋於口舌，是則經學之賊也。和靖先生有曰：『説經而好奇，亦何所不至矣。』三復其言，不禁悚然。

吾友杭堇浦最推給事，以爲在長沙之上。予則謂長沙尚有敦龐渾穆之氣，給事頗嫌其辭費而支，恐尚非長沙匹也。士盡原伯魯之子，聰明錮於茅葦，以講章爲經學，可爲痛心。於是豪傑之士，憤而有激，而立異之書出矣。而蚩蚩講章家，以爲是所當火其書者也，豈知其中固自有不可抹殺者乎？如長沙，如給事，皆在乎學者之善讀其書乎？〔校〕黄本作『爾』。〔蔣注〕郝氏經解極多武斷，亦西河之前茅也。

## 石渠意見跋

〔嚴注〕王恕。〔校〕黄本『跋』作『録』。

少讀牧齋初學集盛稱：三原王端毅公石渠意見有功經學，顧無從見其書。既讀梨洲明儒學案，見所引入書中者幾一卷，猶以未得盡窺之爲恨。今年按年譜是乾隆三年戊午。始鈔得之天一閣范氏。端毅勛業，乃司馬温公、范蜀公流輩，行年九十尚續此書不輟，神明不衰，可謂偉人。其大學改本，即竹垞、西河二公，亦未見也。吾友謝石林侍御方輯大學，亟郵寄之。

## 跋養心亭經説

養心亭經説，張文定公〔嚴注〕邦奇。所著，於諸經皆有之，其言醇正，足以輔翼朱子者也。

# 題楊文懿公諸經私鈔〔嚴注〕守陳。

文懿在宣、正間，與黄僉事南山共講學，不專主朱，亦不專主陸，深造實踐，而未有後來門户紛争之習，故其宗旨不傳。梨洲但爲南山列學案，而不及文懿，殆考之未詳也。文懿諸經流傳於世者少，蓋其於先儒多異同。讀王文恪公〔嚴注〕鏊。所作墓志，則知當時能傳文懿之學者希矣，故雖黄泰泉〔嚴注〕佐。尚不能無訾。然文懿但就其心之所見者言之，非有必立異於先儒之見，斯其所以爲宿德醇儒，而後來之翹然自異者，弗能及也。〔蔣注〕文懿極詆大學亦屬通人之蔽。南山篤信傳注，而文懿反是，然文懿所最推重者南山耳。各遵所聞而行所知，要不害其爲五味之相調也。